S0-BUU-977

Los mitos de la Historia de España

Planeta Historia y Sociedad

Fernando García de Cortázar

Los mitos de la Historia de España

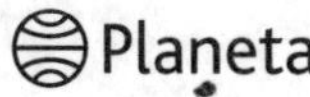

Diagonal, 662-664, 08034 Barcelona (España)

Diseño de la colección: Compañía
Realización de la sobrecubierta: Departamento de Diseño de Editorial Planeta
Ilustración de la sobrecubierta: «El enano Gregorio en Sepúlveda», de Ignacio Zuloaga, Museo Zuloaga, Castillo de Pedraza de la Sierra (foto Oronoz, © Ignacio Zuloaga, VEGAP, Barcelona, 2003)
Ilustraciones del interior: ABC, Aisa, Archivo fotográfico del Museo de Bellas Artes de Álava, EFE, Index y Oronoz

Primera edición: noviembre de 2003
Depósito Legal: M. 44.887-2003
ISBN 84-08-05009-5
Composición: Víctor Igual, S. L.
Impresión y encuadernación: Brosmac, S. L.
Printed in Spain - Impreso en España

Índice

Prólogo

Un mito es una raíz, una boca de sombra, un eco fosilizado. Un mito es como un hombre que habla en sueños, lúcido y sonámbulo... La suprema ficción que en la antigüedad el poeta interponía al horror que le inspiraba lo desconocido o la invención que hizo brotar la Europa de las naciones en el siglo XIX. Los mitos se entretejen, tejiendo y destejiendo el tapiz de la historia, entre disputas teológicas, delirios de progreso, sueños racionalistas y recuerdos de esperanzas. Los mitos no son falsas creencias acerca de nada, sino creencias en algo, símbolos santificados por la tradición y la historia. Los mitos son hechos de nostalgia, creaciones contra el absolutismo de la realidad. Fábulas, según el diccionario de la lengua española, predominantemente de carácter religioso o relatos que desfiguran lo que es una cosa y le dan apariencia de ser más valiosa o más atractiva.

Herrumbrosos o no, tísicos o llenos de vigor, los mitos que surcan las páginas de este libro responden a la segunda definición que recoge la Real Academia Española en su diccionario, giran sobre leyendas y narraciones que distorsionan el pasado, entorpecen su conocimiento, lo derrumban de otoños o lo engrandecen de glorias. Historias creadas por intelectuales para hacerlas pasar por verdad, historias que arraigaron en la biblioteca y la tertulia y que muchas veces terminaron atrapando a sus propios inventores.

La clave de este universo no es sólo el de la manipulación y el arrebato sentimental, sino también el del olvido y la amnesia.

Leyendo lo que escribieron muchos de los hombres de letras que atraviesan *Los mitos de la historia de España*, leyendo los relatos que cuajaron durante décadas o siglos, leyendo sus retazos de verdad y artificio, muchos tendrán la sensación de extraviarse en aquella fantasía de Borges en la que un oscuro intelectual, que había dedicado su vida a la lectura y a la soledad, era habitado por los recuerdos personales de Shakespeare. Una mañana el escritor, arrancado de su pasado, de su travesía íntima y sentimental, recordaba la tarde en la que había redactado el segundo acto de Hamlet y veía el destello de una luz perdida en el ángulo de la ventana y le desvelaba y alegraba una melodía muy simple que no había oído nunca.

«A medida que transcurren los años», anotaba el personaje de Borges, «todo hombre está obligado a sobrellevar la creciente carga de su memoria. Dos me agobiaban, confundiéndose a veces: la mía y la del otro, incomunicable. Al principio las dos memorias no mezclaron sus aguas. Con el tiempo, el gran río de Shakespeare amenazó, y casi anegó, mi modesto caudal. Advertí con temor que estaba olvidando la lengua de mis padres. Ya que la identidad personal se basa en la memoria, temí por mi razón.»

La metáfora de la memoria ajena, con su insistencia en la claridad de los recuerdos artificiales, está en el centro de la narrativa mítica que da su latido a este libro. ¿Qué pensó el tradicionalista de 1808 cuando, a mediados del XIX, el caudal de la historia liberal anegó sus recuerdos de la guerra contra Napoleón, descubriendo entonces que el pueblo no se había alzado en armas para defender la monarquía y la religión de la impiedad francesa sino que lo había hecho al grito «¡libertad o muerte! ¡nación o muerte!»? ¿Qué pensaba Valera cuando, de viaje por Europa, se tropezaba a cada paso con las leyendas románticas y escuchaba cosas como: «Un español es un hombre del Oriente, es un turco católico»; «España es todavía el Oriente; España es medio africana y África medio asiática», o «Sangre, costumbres, lenguaje, modo de vivir y combatir, en España todo es africano. Si el español fuera mahometano, sería un africano completo»? ¿Qué pensaron los perdedores de 1936 cuando al salir de las cárceles descubrían que la guerra civil había sido una guerra contra Stalin y el comunismo, que sólo ellos, caínes sempiternos, habían calcinado los campos de España y que tras su derrota todo era paz y banderas victoriosas? ¿Qué pensaron los exiliados del 39 cuando al regresar de su destierro, aquellos que regresaron, se toparon con una izquierda que, perdida en el laberinto de los nacionalismos había echado paletadas de tierra sobre su España peregrina, la España más utópica y quijotesca, pero también la más universal y rica, aquella que se había desamarrado de militares y arados y se había llenado de mundo la retina? Tal vez que su anhelo de España, su verdad íntima de España, era un mundo en ruinas.

Los mitos son máscaras, relatos que tallan en la memoria de la gente recuerdos falsos y creencias impersonales. Quizá el único capítulo de este libro que no responda exactamente a esta definición sea el que arranca con el exilio del 39. Trágico y real, demasiado real, su presencia aquí se justifica porque, contrariamente a lo que se improvisa en periódicos y tertulias, aquel éxodo no fue excepcional ni supuso un episodio aparte en la historia de España. «De ninguna patria» recuerda que el exilio español después de la guerra civil pertenece a la misma desbandada universal que golpeó Europa tras el ascenso de los fascismos en la época de entreguerras y que al mismo tiempo vino a seguir una triste tradición autóctona poblada de destierros. Los republicanos que escapaban de la persecución franquista repetían el mismo destino melancólico de huida que siglos atrás había llevado a judíos, moriscos, erasmistas, ilustrados, liberales y carlistas a abandonar la tierra que habían imaginado suya. En un tiempo en que el llanto del exilio resuena en el País Vasco, lo que viene a subrayar el capítulo «De ninguna patria» es que lo que fue pudo haber sido de otro modo y que lo que determina las posibilidades de prosperidad y de convivencia en un país no es el pasado sino la razón política de quienes lo habitan, la voluntad de hacer del presente un territorio moral, un lugar hospitalario para todos.

«Cuando Dios era español», capítulo que recogiendo el grito anticlerical que resuena en la historia de España desde la Edad Media, viene a deshacer el tópico de un país reserva espiritual de

Occidente, luz de Trento, martillo de herejes... y es una prueba de la capacidad destructiva que consigue alcanzar un mito. La Inquisición fue para teóricos como Menéndez Pelayo el símbolo de una época católica llena de vigor, original en cultura y fértil en quimeras. Opinión no compartida por los españoles que cayeron en sus garras, ni por los filósofos y viajeros europeos, que en su murmullo fanático encontrarían el barro para crear una imagen de España que aún perdura. «El espejo roto» repasa ese retrato mítico de España, medio negra medio rosa, medio ensueño medio pesadilla, medio Andalucía medio Castilla, medio africana medio oriental, medio épica medio decrépita. Una imagen que en los siglos XIX y XX terminaron interiorizando los intelectuales españoles, convencidos de habitar un país enfermo y triste.

Siguiendo los versos de Quevedo y la matemática desconsolada de los arbitristas, siguiendo el llanto de ilustrados y liberales, hablando con los muertos y con las ruinas, con las ciudades dormidas de Castilla y el mundo inanimado del cacique, los Ganivet, Unamuno, Baroja, Machado u Ortega modelaron el perfil de una España sin pulso. «En las cunetas de la gloria» recorre las imágenes que el naufragio del 98 congeló en la retina de muchos españoles y desmitifica la idea de la decadencia como clave para entender el pasado.

El Desastre del 98 inventó también Castilla y alimentó, como reverso de aquella tierra arcaica y desolada, supuestamente imperial y supuestamente centralista, el mito de una Cataluña moderna y laica, siempre progresista y siempre heroica, siempre para la libertad sangrando, luchando, perviviendo. Hay un capítulo en este libro dedicado al mito bicéfalo de una Castilla soberbia y decadente, refugio de conquistadores, militares y fascistas, páramo de trigueros, caciques y curas, y de una Cataluña republicana y democrática, subida al tren de progreso, donde el fascismo y el nacionalcatolicismo serían contagios procedentes de la meseta. Salvador Espriu refleja magníficamente la ambivalencia de la actitud de no pocos catalanes respecto a esa España vieja identificada con Castilla.

¡Oh, qué cansado estoy de mi cobarde,
vieja, tan salvaje, tierra;
cómo me gustaría alejarme
hacia el norte,
en donde dicen que la gente es limpia
y noble, culta, rica, libre,
desvelada y feliz!
Pero no he de seguir nunca mi sueño
y aquí me quedaré hasta la muerte,
pues soy también muy cobarde y salvaje
y, además, quiero,
con un desesperado dolor,
esta mi pobre,
sucia, triste, desgraciada patria.

La guerra civil de 1936 fijaría de violencias y exilios aquellas dos imágenes. La guerra civil y sus mitos es precisamente el argumento que llena «Los odios que me habitan», capítulo donde la piqueta se aplica a la creencia, muy difundida en los años de la transición, de que aquella lucha fue el final lógico e inevitable de siglo y medio de pronunciamientos, guerras civiles, exilios y persecuciones. La violencia y el recurso a las bayonetas y fusiles para alcanzar el poder e imponer una visión determinada de España, como se expresa en «La tristeza de las armas», funcionó en los siglos XIX y XX a la manera de mito movilizador pero en 1936 ni el futuro estaba escrito en el pasado ni, como en el cuadro de Goya, los españoles estaban condenados a matarse a garrotazos.

El drama de 1936 se completa cuando, vencida la utopía republicana por las armas, es la imagen más negra de España la que triunfa. Tras el último parte de la guerra llegó la paz sombría de Franco, el orden sin libertad, la noche sin sueño. «Volverán banderas victoriosas» hace un recorrido por los mitos de la era de Franco, contraponiendo los cantos a las virtudes del régimen al silencio en el que fueron sepultados los vencidos del 39, las muchedumbres de estómagos agradecidos y creyentes en la religión franquista al optimismo ingenuo de los opositores, que hicieron popular aquel desideratum «de este año no pasa» referido a la jubilación eterna del dictador. «Entre el arado y la Constitución» habla de aquella España progresista, de sus mitos y esperanzas, desde el desvarío constitucionalista de Torrijos a la caída en la taifa medieval de hoy, pasando por la invención de un pueblo revolucionario, la ilusión republicana y el delirio regionalista de la transición.

Todas las historias de todas las naciones de la Historia están trufadas de mitos, muchos de ellos nacidos al calor de la falta de libertad, la obsesión étnica o la ausencia de ciudadanía. El deseo que inspira *Los mitos de la historia de España* es el de afirmar una nación desnuda de fábulas y leyendas, donde la razón predomine sobre la ingenuidad y el ciudadano suplante, de una vez por todas, a la tribu, la ciudad a la aldea. La idea que mueve cada página de este libro es la de que el presente de cualquier nación lo definen sus ciudadanos, no las voces ancestrales de su tierra, la historia de la vida en común, no la memoria impostada de la teología nacionalista; la convivencia integradora, no la soledad del campanario. El camino, decía Cervantes, es siempre mejor que la posada, y el camino, en el siglo XXI, no debería pasar por el mito ni el saqueo sectario o regionalista del pasado sino por el ejercicio público de la razón y el sentido universal de ciudadanía.

Y si el mundo de los españoles ha estado perdido en muchos pedazos, si los campos han sido removidos y arados con la sangre de todos, si es difícil soñar, después de tantas ilusiones vencidas, la Historia deberá reafirmar la esperanza constitucional de 1978 de una nación crecida para la luz, la reconciliación... no para la sombra, el odio, no para la negación. *Los mitos de la historia de España* quiere ser eco de lo que un día, pensando en su país, escribió Octavio Paz: «Si nos arrancamos las máscaras, si nos abrimos, si, en fin, nos afrontamos, empezamos a vivir y a pensar de verdad. Nos aguardan una desnudez y un desamparo. Allí en la soledad abierta, nos espera también la trascendencia; las manos de otros solitarios. Somos, por primera vez en nuestra historia, contemporáneos de todos los hombres.»

CAPÍTULO 1

Cuando Dios era español

> España, evangelizadora de la mitad del orbe; España martillo de herejes, luz de Trento, espada de Roma, cuna de San Ignacio...; ésa es nuestra grandeza y nuestra unidad; no tenemos otra.
>
> MARCELINO MENÉNDEZ PELAYO,
> *Historia de los heterodoxos españoles*

¡Abajo los jesuitas!

En los márgenes de aquella obra teatral que Galdós estrenara en 1901, Electra de tempestad y ceniza, Electra de rayo y melancolía, resuenan aún los gritos no temperados, los vivas, los mueras, las creencias indomables extendidas sobre los corazones, la prensa incendiada de progreso y sotana, los parlamentarios disfrazados de frailes y demonios, los edificios, años después, atravesados de llamas, agonizantes... Aquella obra, Electra de cabellos de fuego, Electra de primavera y de humo, tenía, como los libros canonizados por los jóvenes intelectuales de la época, un ala de moralidad y otra de caos. Galdós, con el estreno de su drama en el Teatro Español de Madrid, venía a remover los círculos concéntricos que se expandían y desvanecían en la historia de España: los círculos del anticlericalismo, agitados furiosamente de nuevo al declinar el siglo XIX...

Era la época inmediatamente posterior al Desastre, el tiempo de la resaca colonial. Los pensadores progresistas, despertados en Cavite de la quimera que les había llevado a cabalgar contra el yanqui, creyeron hallar la raíz del problema de España en la hegemonía de una religión omnipresente y opuesta al avance de la cultura.

Las pequeñas iniciativas aperturistas o de justicia social que se habían dado en la Iglesia o la participación en el régimen canovista no invalidaban el discurso antiliberal que siempre acompañaba a la jerarquía, dentro, además, de una visión del mundo en la que la defensa de la doctrina y las instituciones católicas eran su principal objetivo. Surgió por esta razón, recuperado del naufragio del 69, un anticlericalismo político, perfectamente compatible con el sentimiento religioso, pero convencido de que la prepotencia eclesiástica era una de las causas de la ruina de España. En las páginas de la prensa, en la voz de intelectuales y políticos, en aquella hemorragia de ilusiones que se aceleró tras la pérdida de las colonias y llevó a muchos escritores a bruñir sus palabras de rabia y de nostalgias, creció la repetición de una idea: la Iglesia y su intolerancia eran una rémora importante para la modernización y el progreso de España, la Iglesia era el enemigo del sueño llamado Europa.

El anticlericalismo, su murmullo incendiado de honda reflexión de intelectuales pero también de fanatismo popular, se recrudeció con la repatriación de los religiosos de Filipinas, a cuyo influjo la prensa de izquierdas achacaba el hundimiento de la colonia, y la entrada en España de los miles de frailes y monjas exclaustrados por la Tercera República francesa. Fue entonces cuando cristalizó en cuestión política. Prendió, con renovado vigor, en el parlamento, desde el calculado discurso de Canalejas, político educado en el krausismo que izando la vieja bandera del partido liberal contra la Iglesia anhelaba un país laico, liberal y moderno, y una ley de asociaciones que sometiera los institutos religiosos al código civil, hasta las posiciones más radicales del republicano Pi i Margall, que en el ocaso de su vida, fiel hasta el fin a la utopía republicana y su pasado, no sólo exigía la supresión legal de las órdenes religiosas sino también su salida de España y su extinción. Prendió en el artículo y la novela, desde la grotesca y vulgar soflama de Nakens y su semanario satírico, *El Motín*, que entre chistes y obscenidades a cuenta de frailes y monjas presentaba a Cristo como a un revolucionario amigo de los pobres, a los papas como grandes falsarios y a la Iglesia como una gran compañía comercial, hasta las novelas de Blasco Ibáñez o el descarnado retrato que sobre la hipocresía religiosa de la Restauración y los deseos ocultos de un magistral dejaba Leopoldo Alas, «Clarín», en las páginas de *La Regenta*:

«De Pas —escribe Leopoldo Alas, «Clarín»— ya no era el mismo que sentía remordimientos románticos aquella noche de luna al ver a don Santos arrastrar su degradación y su miseria por el arroyo; ahora no era más que un egoísta, no vivía más que para su pasión; lo que podía turbarle en el deliquio sin nombre que gozaba en presencia de Ana, eso aborrecía; lo que pudiera traer una solución al terrible conflicto, cada vez más terrible, de los sentidos enfrentados y de la eternidad pura de su pasión, eso amaba. Lo demás del mundo no existía. Y ahora don Santos moría escandalosamente, moría como un perro, habría que enterrarle en aquel pozo inmundo, desamparado, que había detrás del cementerio y que servía para los enterramientos civiles; y de todo esto iba a tener la culpa él, y Vetusta se le iba a echar encima. Ya empezaba el rum rum del motín, el Chato venía a cada momento a decirle que la calle de don Santos y la tienda se llenaban de gente, de enemigos del magistral...»

Y del parlamento y la literatura se extendía a la calle, a los medios obreros, donde la escasa presencia de la Iglesia fomentó un anticlericalismo social, atizado por los predicadores anarquistas o por políticos republicanos de verbo inflamable. Como Alejandro Lerroux, quien en 1906 anunciaría la bocanada de aire requemado que tres años más tarde iba a recorrer Barcelona:

«Jóvenes bárbaros de hoy, entrad a saco en la civilización decadente y miserable de este país sin ventura, destruid sus templos, acabad con sus dioses, alzad el velo de las novicias y elevarlas a la categoría de madres para virilizar la especie [...]. Difundid el contagio del heroísmo. Luchad, matad, morid...»

Se extendía, del parlamento y la literatura, a las clases medias progresistas, cada día más cerca del republicanismo de Salmerón, Blasco Ibáñez o Lerroux que del partido liberal de Sagasta y Canalejas...

En 1901 la obra de Galdós hizo estallar este polvorín. Las palabras de los personajes del escritor canario, la jovencita y hermosa Electra; don Máximo, científico modelo enamorado de ella; el intrigante Pantoja, ansioso de enclaustrar a la muchacha en un convento... trajeron a la mente de los espectadores la peripecia judicial de la bilbaína Adelaida Ubao, una muchacha de familia muy católica, heredera de millones, que había sido ingresada en un convento de monjas, según se decía, sugestionada por su confesor y sin la autorización materna. El drama cayó como una bomba en aquella España rotulada de monjas y tricornios, sembrada de Cristos sanguinolentos de Semana Santa y castillos de Montjuïc, España de monjas andariegas y republicanos exaltados, de obispos y anarquistas, aquella España, liberal o conservadora, clerical y anticlerical, según el turno, que ese mismo año veía cómo la princesa de Asturias se casaba con Carlos de Borbón, conde de Caserta, hijo del último comandante en jefe del ejército carlista del Norte.

Ya el día del estreno, apenas quince días antes de que un reaccionario entrara por la puerta grande en la familia real, se repitieron los gritos contra los jesuitas, los «neos», los «luises»... Tiempo después, en sus memorias, Pío Baroja recordaría los alborotos de aquella noche en el Teatro Español, recordaría que en el momento en que don Máximo derribaba a Pantoja, Ramiro de Maeztu, entonces un rebelde periodista que vivía sus años de joven furioso y desaforado, «dio un terrible grito de ¡Abajo los jesuitas!»; recordaría cómo la emoción se apoderó de muchos espectadores, entre ellos Canalejas, que se pusieron en pie y corearon vivas y mueras y agitaron sus sombreros; recordaría cómo, en aquella fría madrugada de enero, «la gente acompañó a Galdós por la calle, entre gritos y aplausos»; y ellos, los periodistas, Azorín, Maeztu, el propio Baroja, «nosotros, los periodistas, fuimos a la redacción de *El País*, y escribimos cada cual un artículo sobre el drama...».

«Galdós es un profeta», dijo Azorín, lamentándose después de aquella frase y del éxito ruidoso y populachero que iría tomando la obra con los pases sucesivos; «*Electra* es un gran valor político, además de literario», proclamaba Maeztu; «Galdós ha sido el héroe legendario que ha cortado las ligaduras, que ha iniciado la Libertad; *Electra* ha sido el primer grito lanzado al aire; ahora todos debemos corearlo...», redactaba pomposamente el cronista de *La Correspondencia de España*.

El éxito del drama, más político que literario, se consolidó, y el entusiasmo se extendió de la capital a las provincias, de donde llegarían noticias de disturbios y tensiones: protestas de obispos y declaraciones de que era pecado mortal ver y oír *Electra*, amenazas de despedir a servidores y trabajadores si acudían a ver la obra, maniobras para ocupar la sala comprando todo el billetaje... La marea anticlerical no cesaba de crecer y el mismo Galdós se vio superado por toda aquella tempestad que su pluma había levantado en las calles. Pío Baroja lo recordaría en sus *Memorias*:

«Estábamos charlando en el saloncillo del teatro, cuando se oyeron gritos en la plaza de Santa Ana.

»Salimos varios a los balcones. Era una manifestación espontánea que desfilaba. Galdós, dirigiéndose a mí, dijo:

»—Acompáñeme usted a casa.

»Salimos, y, sin ser advertidos por nadie, tomamos un coche. Éste fue por la calle del Príncipe en medio del vocerío de ¡Viva Galdós! y ¡Muera el clericalismo!

»Los manifestantes estaban muy ajenos a pensar que el autor de *Electra* pasaba entre ellos. Galdós se escondía en el fondo del coche y fumaba sin decir palabra.

»—¿Qué piensa usted hacer, don Benito? —le pregunté yo.

»—Yo me voy al extranjero. Yo no tengo nada que ver con estas algaradas —respondió, a todas luces muy molesto.

»—Don Benito, yo comprendo que no tenga usted relación con un movimiento político, si lo que presenciamos es político; pero usted no puede negar la tendencia de su obra.

»Galdós no replicó; pero le vi inquieto, y cuando llegamos a la calle Hortaleza, se despidió de mí muy afectuosamente.»

Educados a sus pechos

Lejos de la melancolía de Galdós, teñida de fastidio por aquel bullicio de manifestaciones y proclamas que él mismo había ayudado a desatar, la agitación se expandía y se desvanecía, resonaba movida por las cuerdas del fanatismo popular o la reflexión crispada de intelectuales, periodistas, regeneracionistas y políticos. España entera comenzó a tomar partido por una u otra ideología, sobre todo después de que el huracán anticlerical terminara despertando al león católico, que a través del Comité de Defensa Nacional y de los mítines conservadores, carlistas e integristas mostraría pronto su capacidad de arrastre. En diciembre de 1906 cincuenta mil personas se reunían en Pamplona para amenazar al gobierno del partido liberal y disuadirle de su anticlericalismo, y veinte mil lo hacían en San Sebastián, donde oyeron decir al carlista Víctor Pradera que la mitad de España lucharía contra la otra antes que permitir los ataques a la Iglesia. La cuestión religiosa ponía en danza el fantasma trágico de las guerras civiles. Y la Iglesia, que había bendecido a los combatientes españoles de la guerra de Cuba con sermones como el del padre Calpena, pronunciado el 2 de mayo de 1898 en la catedral de Madrid:

«A España le está encomendado un destino providencial en la historia [...]. El pueblo español es el campeón del cristianismo, destino análogo al del pueblo de Israel; su historia es la del soldado de la civilización cristiana. Hoy nos atacan bárbaros que no vienen desnudos ni envueltos en pieles de pantera [...] sino montados en grandes máquinas de vapor, armados con electricidad y disfrazados de europeos. Pero como todas las tribus bárbaras, no tienen más ideal que la codicia ni más código que los desenfrenos de su voluntad [...]. Quieren destronar a Dios y colocar en sus altares al dólar como ídolo universal [...]. Esta guerra no es sólo una guerra religiosa, sino una guerra santa, una cruzada...»

... La Iglesia, en lugar de reflexionar sobre las causas de su desprestigio, situó en «el enemigo de la religión», y en consecuencia «enemigo antinacional», las causas del hundimiento colonial. Cerrados los ojos a las demandas secularizadoras de los grupos progresistas, la jerarquía hinchó el discurso nacionalista intolerante con ánimo de alcanzar la definitiva nación católica, una comunidad nacional en la que la sociedad estuviera integrada en el Estado, la religión definiese la nacionalidad y la participación política se redujera a facilitar la comunicación Iglesia-nación. Del mismo modo, la intelectualidad conservadora, desde la oficialista de Cánovas, la integrista de Nocedal a la regeneracionista de Maura o la erudita de Menéndez Pelayo, centraría la mirada en la pérdida de la identidad nacional, tallando con su discurso la esencialidad intolerante del nacionalcatolicismo.

El historicismo centroeuropeo y el tradicionalismo francés se fusionaron en aquel cambio de siglo con el conservadurismo arcaísta español, configurando un relato de la historia de España con Dios como principal fuerza dirigente. La España eterna, la España reaccionaria e inmóvil de Donoso Cortés y Jaime Balmes, la España romántica e inquisidora de Menéndez Pelayo, la España regeneracionista y clerical de Antonio Maura o la caballeresca e imperial de Ramiro de Maeztu, transformado en los años veinte en paladín de la derecha militante, se recuperó del naufragio del 98 y se llenó de religiosidad doctrinaria para oponerse a la peligrosa nación liberal que desde Mendizábal, Giner de los Ríos, Pi i Margall o Pérez Galdós y, luego, Unamuno, Ortega o Azaña se presentaba como alternativa... Había cuajado, finalmente, el mito elaborado por Marcelino Menéndez Pelayo al declinar el siglo XIX:

«La Iglesia nos educó a sus pechos con sus mártires y confesores, con sus padres, con el régimen admirable de sus concilios. Por ella fuimos nación, y gran nación, en vez de muchedumbre de gentes [...] nacidas para presa de la tenaz porfía de cualquier vecino codicioso...»

El mito de la España católica, religiosa y guerrera, pueblo de teólogos y soldados, se hizo materia política en un momento de crisis: cuando la rebelión de las masas, el pluralismo con su secularización incontenible, los antagonismos entre la legislación laica y los derechos de la Iglesia y la pérdida de su influencia social despertaron en la derecha el miedo tradicionalista a «la descatolización de España y su alejamiento de la voluntad divina». Menéndez Pelayo, el más ilustre creador del mito católico, llegaría a la escena histórica desde una idea romántica de España, una idea impermeable a los cambios de la modernidad.

Llegó don Marcelino a la universidad desde una nostalgia de futuro. Católico y montañés, como proclamaba con orgullo, «Soy montañés», diría a quien quisiera escucharle, el atrevido forjador de mitos pasó sus años de estudiante en bibliotecas y despachos. Fernández Guerra lo describió en la biblioteca de la Academia de la Historia, desgarbado, envuelto en una capa castiza, moviendo sin parar las piernas, pendiente de quién entraba y quién salía, preguntando a unos y a otros pero tomando en todo momento notas de varios manuscritos. Estudiando los libros de los siglos XVI y XVII —textos de literatura, derecho, filosofía, religión...—, reavivando en pugna dialéctica con Gumersindo Azcárate la polémica sobre la ciencia española, Menéndez Pelayo tuvo la idea de analizar la historia de España con las lentes del dogma: la radiante verdad católica, siempre idéntica a sí misma, contra el «error protervo y multiforme», protestante, ilustrado o liberal. Luego de sus muchas lecturas, en 1876 publicaría *La ciencia española* y cuatro años más tarde, entre 1880 y 1882, *La historia de los heterodoxos españoles*, revelando al mundo sus ideas: todo pensamiento o ciencia de España es un monumento levantado al Dios personal y vivo; el ser de España es esencialmente católico; las razones que han hecho grande a la España del pasado pueden ser también remedio para la España del presente...

Bendita Inquisición

La teoría elaborada por el intelectual santanderino no destellaba por su originalidad. Era sin duda una mistificación religiosa de España, como antes lo habían sido las páginas escritas por Jaime Balmes —quien había modelado la idea de la unidad católica como expresión de las leyes y costumbres de España—, la obra de Juan Donoso Cortés —que a mediados del siglo XIX había cincelado la imagen de una España providencialmente destinada a ser el baluarte extremo del catolicismo en un continente inmerso en la revolución—, o el sermón de aquella Iglesia tradicionalista que había presentado las guerras contra la Convención, contra Napoleón y luego contra el Estado liberal como una cruzada religiosa, una cruzada contra el ateísmo ilustrado y el jacobinismo revolucionario...

No era la originalidad de la tesis sino el modo con que era expuesta. La razón del éxito duradero de la obra de Menéndez Pelayo hay que buscarla en el estilo, el lenguaje, en sus iluminaciones lapidarias, que quedan grabadas en la memoria del lector. Las páginas de *Los heterodoxos españoles* unían su aliento al aliento del lector; los personajes iban y venían dentro de tramas principales y secundarias; la prosa de don Marcelino, rebozada de casticismo y erudición, de leyes, sucesos, causas, su fervor inquisitorial, le llevaba con una emoción de novela de un siglo a otro, sin medias tintas; o bien o mal, o luz o tinieblas, o verdad o error; el mismo libro parecía un enciclopédico auto de fe, implacable con los heterodoxos, desde Prisciliano al krausismo. Fueron multitud los españoles que, leyendo la obra, creyeron visitar el pasado, vivir, página a página, las secuencias de un proceso que reducía el pensamiento moderno a cenizas heréticas.

«Bendigo la Inquisición —retumbaba su voz en el recuerdo del lector— como fórmula de pensamiento de unidad que rige y gobierna la vida nacional a través de los siglos»... «la Iglesia es el eje de oro de nuestra cultura»... «nada más impopular en España que la heterodoxia»... «Dos siglos de incesante y sistemática labor para producir artificialmente la revolución han conseguido, no renovar el modo del ser nacional, sino viciarle, desconcertarle y pervertirle»... «España es el pueblo escogido para ser la espada y el brazo de Dios»... «España, evangelizadora de la mitad del orbe; España martillo de herejes, luz de Trento, espada de Roma, cuna de San Ignacio...; ésa es nuestra grandeza y nuestra unidad; no tenemos otra.»

Teólogo e historiador, don Marcelino había tallado con su prosa febril una España católica, eterna, tal y como la podía soñar a finales del siglo XIX un intelectual católico desbordado de ideales románticos. El polígrafo santanderino moriría en 1912, pero sus obras, tras haber suscitado muchas pasiones y muchas dudas, caerían sobre un suelo fértil, desellando el oído de muchos españoles proclives a las revelaciones místicas. Tal vez, pese a la fama que le acompañó en vida, murió don Marcelino sin saber que con las páginas de *La historia de los heterodoxos españoles* había redactado una ciencia de esperanzas mesiánicas, de creencias y prejuicios, de ilusión y de castigo, una ciencia que armaría de ideas el discurso de la derecha militante y que tiempo después se vería corroborada *cara al sol.* Y es que como gran profeta del moderno patriotismo su descomunal obra se adentró en el siglo XX por medio de las elaboraciones y distintas modalidades del nacionalcatolicismo. Maura la envolverá en su conservadurismo cerrado de catolicismo y monarquía. Ramiro de Maeztu, curado de su anarquismo y anticlericalismo juveniles, buscará en la figura de Menéndez Pelayo, «el hombre que había devuelto a los españoles intelectuales el respeto de España», el soporte intelectual de la revista *Acción Española.* José María Pemán, juglar de la rebelión militar de 1936, glosará su figura de inspirador, como lo llamaría en el aniversario de su fallecimiento. Y Eugenio d'Ors, escritor de prosa clásica que abandonaría el nacionalismo catalán por el español y el liberalismo por la dictadura de Primo de Rivera, llevaría con frecuencia la autoridad de Menéndez Pelayo a sus reflexiones: «El catolicismo en España —escribirá el filósofo catalán— no es un fenómeno histórico, antes forma parte de la definición misma de España.»

La derecha tenía, por fin, después de muchas elaboraciones y muchos vaivenes, su ídolo y su mito. La obra de Menéndez Pelayo no era simplemente una fábula o una invención, sino algo más. Un relato que tejía una historia ejemplar, un tiempo sagrado: el nacimiento de una nación, sus comienzos absolutos, su forma más pura bajo la autoridad de los Reyes Católicos, luego pervertida y oscurecida aquella época mística y guerrera por la respiración de los «antiespañoles» que extenderían su veneno sobre las extensiones de la prosa, de la política, de la vida, de la realidad... Las páginas del erudito santanderino permitían, como dirá Pemán en tiempos de la Segunda República, celebrar el misterio de la pérdida de España, caída desde su altura inmortal a los abismos de la perdición.

La caverna iluminada

El mito católico, sin embargo, encerraba en las mismas imágenes que había creado su propia contradicción. Hacer del catolicismo un lema del espíritu nacional y sostener que el afán perenne de quienes habían suspirado por otro sueño, por vivir otra religión o abrir el espíritu a las corrientes procedentes de Europa, no participaba del auténtico ser de la nación, de modo que ni los musulmanes ni los judíos de la Edad Media, ni los «protestantes» de los siglos XVI y XVII, ni los ilustrados del XVIII, ni los liberales y krausistas del XIX, ni los institucionistas e intelectuales liberales del XX, podían llamarse españoles, era desterrar de España un terrón de su tradición colectiva. Juan Valera, con su habitual mezcla de ironía y moderación, diría de la obra de Menéndez Pelayo que si bien trataba de probar que el genio español era católico, el inventario largo de heterodoxos demostraba todo lo contrario, es decir, que cualquiera que hubiera dicho algo de valor en España tenía ribetes de hereje.

Llena de paradojas estaba también aquella relación idílica entre la Iglesia y el Estado. En verdad fueron escasos los momentos en que el diálogo entre Roma y la monarquía hispana no se vio sometido a fuertes tensiones. Ya los Reyes Católicos tuvieron confrontaciones con los papas para que se reconocieran sus derechos y la misma casa de Austria por la que Menéndez Pelayo brindaba en 1881, con motivo de la celebración del centenario de Calderón de la Barca —«Brindo por la casa de Austria, que con ser de origen extranjero y tener intereses y tendencias contrarios a los nuestros, se convirtió en porta-estandarte de la Iglesia, en gonfaloniera de la Santa Sede durante toda aquella centuria»—, mantuvo durante los siglos XVI y XVII pésimas y violentas relaciones con Roma. Varias veces los papas se unieron en coaliciones y hasta las iniciaron para expulsar a los Austrias de Italia y restablecer el equilibrio europeo. Clemente VII se enfrentó a Carlos V, a quien en su introducción al teatro de Calderón de la Barca Menéndez Pelayo llamaría «primer caudillo de la plebe católica», y los mercenarios que engrosaban el ejército imperial ocuparon y saquearon Roma el año 1527. Las escenas que llegaron a oídos del emperador eran espeluznantes: los príncipes de la Iglesia despojados de sus riquezas, las calles atestadas de objetos sagrados y reliquias destripadas, los soldados jugando con las calaveras de San Juan, San Pedro, San Pablo... quemando artesonados y escrituras para protegerse del frío invierno, saliendo de la Ciudad Eterna cargados de oro y botín... El eco del saqueo de Roma resonó en toda Europa y Alfonso de Valdés, secretario de Carlos V, trataría de restaurar la honra de su señor con una obra que compuso durante el verano de 1527, *El Diálogo de las cosas ocurridas en Roma*.

La mano de Valdés escribió aquel documento sin saber que sus palabras le encadenarían a otro tiempo, otros saqueos, otras llamas purificadoras que iban a arder en siglos posteriores. Las imágenes de conventos e iglesias congeladas en el desamparo de la ceniza, el mecanismo anticlerical que desemboca en el fuego, se hallaban ya en las razones que el secretario del emperador esgrimía para justificar el expolio de la Ciudad Eterna. El proceso mental que conduce al anticlericalismo está ya elaborado en *El Diálogo de las cosas ocurridas en Roma*: la religión cristiana es bella, buena y verdadera, pero los que la sirven son malos, mentirosos y de fea conducta. La mano de Valdés escribía en un tiempo sacudido por la Reforma:

«Lo primero que haré será mostraros cómo el Emperador ninguna culpa tiene en lo que en Roma se ha hecho. Y lo segundo, cómo todo lo que ha acaecido ha sido por manifiesto juicio de Dios, para castigar aquella ciudad donde con grande ignominia de la religión cristiana reinaban todos los vicios que la malicia de los hombres podía inventar, y con aquel castigo despertar el pueblo cristiano para que, remediados los males que padece, abramos los ojos y vivamos como cristianos, pues tanto nos preciamos de este nombre.»

Alfonso Valdés había elegido el erasmismo frente al radicalismo de la rebelión protestante. En sus *Diálogos* el secretario del emperador, como otros muchos pensadores españoles que soñaban con una paz universal y un renacimiento de la espiritualidad cristiana, había criticado la corrupción de la sociedad y sobre todo de la religión, exigiendo una reforma que alcanzase al papado.

El tiempo de la crítica erasmista fue, sin embargo, un tiempo de espejismos, roto tras el Concilio de Trento, que instauró la ortodoxia. Felipe II aplicó estrictamente los decretos de la Contrarreforma en sus dominios, aunque no por ello dejó de heredar de su padre las difíciles relaciones políticas de la monarquía hispana con el papado. El rey burócrata se vio a comienzos de su reinado en la embarazosa obligación de mantener un ejército real en Italia, luchando contra las fuerzas del papa Paulo IV, quien llegará a llamar a los súbditos españoles «la hez de la tierra, crianza de moros y judíos» y a su rey «esta bestezuela engendrada por ese padre diabólico». En el retiro de Yuste la conciencia de Carlos V se vería agitada por la excomunión lanzada momentáneamente contra él por el violento y profrancés papa Caraffa. Luego la piedad llevaría a Felipe II a ordenar al duque de Alba que se arrodillara ante aquel pontífice que odiaba a los españoles, para pedirle perdón, pero los desencuentros persistieron, tensándose de nuevo con ocasión del proceso del dominico Bartolomé Carranza, arzobispo de Toledo.

El asunto Carranza es un reflejo de la severidad con que la Inquisición actuaba en España y del clima de sospecha que cubrió a todo pensador que hubiera navegado con pasión por las lecturas de Erasmo. En 1559 la Inquisición prendía al arzobispo y lo acusaba de herejía a pesar de la admiración que éste despertaba en los círculos católicos de Europa. Para el distinguido fraile fue el comienzo de un encarcelamiento que duró diecisiete años. Aislado completamente del mundo exterior en los calabozos de la Inquisición, su único consuelo era la protesta de los padres del Concilio de Trento y la intervención del papa para que su causa pasara a Roma. La controversia sobre su proceso llegaría a convertirse en un espinoso problema diplomático entre el papa Pío V, dispuesto a absolver al reo, y Felipe II, celoso de salvaguardar los privilegios y el buen nombre de la Inquisición ante

Roma. Finalmente, después de muchas presiones y resistencias, de muchas envidias y mentiras, de tantos años y acusaciones, Carranza fue absuelto. Enfermo y cansado, moriría pocos días más tarde. Moriría el hombre de letras, el predicador sencillo y humilde, no su recuerdo ni las tensiones con Roma, que arreciaron tras el remanso de Lepanto y aumentarían en el siglo XVII, añadiéndose a las cuestiones de política internacional otras de índole económica.

Lejos de ser espada de Roma, y luz de Trento, los Austrias supeditaron las más de las veces la religión a la razón de Estado, hicieron prevalecer en sus dominios la voluntad real en los asuntos temporales de la Iglesia y consiguieron de los papas, después de enfrentarse a sus ejércitos en el campo de batalla, que reconociesen sus derechos. Los Borbones no carecían, pues, de precedentes significativos a la hora de imponer la autoridad de la Corona. Felipe V, Fernando VI, Carlos III y Carlos IV ya no se preocuparían por la reforma religiosa sino por el dominio político y económico de las actividades de la Iglesia. La Corona, digna sucesora de Carlos V, Felipe II o Felipe IV, no podía permanecer pasiva ante los movimientos de una institución sospechosamente apegada a una potencia extranjera, los Estados Pontificios. Llevados por un regalismo de inspiración francesa y preocupados por sacar al país de su estado gotoso, los Borbones del siglo XVIII iban a restringir la independencia de la Iglesia y a echar mano de sus riquezas, y en ese impulso se verían acompañados por los consejeros ilustrados y un sector del clero.

Las medidas llevadas a cabo por Carlos III, más tenaz y más decidido que sus antecesores en la idea de rematar la subordinación de la Iglesia al Estado, extenderían la voz, sobre todo después de la expulsión de los jesuitas, de que el rey y sus ministros perseguían a la Iglesia. Y ese murmullo sería recogido luego por los juglares del mito católico, que situarían a los ilustrados en la lista de enemigos de la religión y, en consecuencia, «antinacionales».

«La raíz de la revolución en España —escribirá Maeztu en los años de la Segunda República inspirándose en el mito elaborado por Menéndez Pelayo— allá en los comienzos del siglo XVIII, ha de buscarse únicamente en nuestra admiración hacia el extranjero... Por eso, sin propósito de ofensa para nadie, la podemos llamar la antipatria, lo que explica su esterilidad, porque la antipatria no tiene su *res* más que en la patria, como el Anticristo lo tiene en Cristo.»

Carlos III, sin embargo, era un rey piadoso y los ministros más sobresalientes del siglo XVIII, incluso los que se confesaban regalistas, eran católicos. Lo que había detrás de sus desvelos no era persecución sino un intento de limitar la influencia de la Iglesia, que en el Siglo de las Luces no sólo había mantenido su poder sino que lo había acrecentado. Jovellanos, uno de los consejeros más jóvenes de Carlos III, lamentaba la mengua general de la riqueza española en los últimos siglos, durante los cuales, escribía, únicamente la Iglesia había prosperado:

«¿Qué es lo que ha quedado de aquella antigua gloria, sino los esqueletos de sus ciudades antes populosas y llenas de fábricas y talleres, de almacenes y tiendas, y hoy sólo poblados de iglesias, conventos y hospitales que sobreviven a la miseria que han causado?»

Los ilustrados quisieron cambiar la Iglesia y la religiosidad. Imaginaban una Iglesia nacional, conectaban con las reformas erasmistas y reaccionaban contra las formas barrocas de religiosidad, las exteriorizaciones exageradas, la irracionalidad y las milagrerías. Fueron comunes las críticas contra los frailes, a los que se consideraba una clase estéril, la ridiculización de las creencias en Santiago, en la Virgen del Pilar, en las reliquias y los falsos cronicones, o las utopías de regreso a una Iglesia primitiva, como reclamaba Tomás de Iriarte en su fábula *La barca de Simón*, de intensa circulación clandestina.

Jovellanos no sólo puso objeciones al dominio de una gran parte de la riqueza nacional por la Iglesia, sino también al mal uso que hacía de ella, manteniendo en baldío tierras que podían ser mejoradas en manos de particulares. Incluso su modo de hacer caridad resultaba perjudicial porque fomentaba la pereza. Su *Informe sobre la ley agraria*, en cuyas páginas el ministro ilustrado sacralizaba el valor de la propiedad privada y los intereses individuales, adelantaba por escrito las desamortizaciones del siglo XIX, siglo atravesado por un anticlericalismo exasperado, político y revolucionario, popular y bullanguero.

La alacena de los frailes

Pero ni los consejeros ilustrados ni las Cortes liberales ni las teas exaltadas de la revolución inventaron el anticlericalismo español. Heredero de tópicos antiguos y fervores místico-religiosos, el anticlericalismo había sido desde tiempos lejanos materia y sustancia de la cultura popular. El manantial subterráneo de donde saldría borboteando en el siglo XIX remontaba su origen a la Edad Media. Ya entonces la hostilidad hacia el clero respiraba seductora, dudosa y violenta en la mente del pueblo, llegando incluso a rebelarse en crimen, como en Orense, cuando en 1419 los habitantes de la villa, cansados de su obispo, se sublevaron, lo prendieron y lo arrojaron al río Miño. La literatura y el arte tampoco eran extrañas a su balbuceo: las danzas de la muerte tenían como primeros personajes a papas y emperadores, para seguir con reyes, cardenales y obispos, y los vicios del clero, la avaricia, la lujuria, la holgazanería, el ardor guerrero, palabras transfiguradas en tópico, pasando por los siglos para ser pronunciadas después con un acento de llama, quedaban reflejados por los artistas góticos en los coros de las catedrales, en los pórticos y los capiteles profusamente decorados, en las pinturas piadosas y en un sinfín de composiciones debidas a hombres de Iglesia. Literato y socarrón el Arcipreste de Hita trazaba en su *Libro del Buen Amor* un admirable cuadro de las costumbres relajadas de su tiempo y teñía de humor sus críticas contra la codicia de los monjes y la costumbre de especular con la fe:

> *Yo a muchos monjes vi en sus predicaciones*
> *denostar al dinero y a las sus tentaciones;*
> *pero, al fin, por dinero, otorgan los perdones,*
> *absuelven el ayuno y ofrecen oraciones.*

Pues, aunque lo denuestan los monjes por las plazas,
guárdanlo en el convento en sus vasos y tazas,
—de este mismo dinero bien usan en sus bazas—,
¡más escondrijos tienen que tordos y picazas!
Y, aunque los mismos frailes no tomen los dineros,
bien les guiñan el ojo a los sus medianeros;
luego los toman, prestos, sus hombres despenseros;
ellos se dicen pobres, mas tienen tesoreros.
Monjes, clérigos, frailes a Dios dicen servir,
mas, si el rico barruntan que está para morir,
cuando oyen que el dinero comienza a retiñir,
por llevarlo comienzan, en seguida, a reñir.

Tópico y popular es también el anticlericalismo que recorrió las páginas de la novela picaresca, retales de ironía zurcidos con las miserias y problemas de los siglos XVI y XVII. El anónimo autor —¿o es el erasmista Alfonso de Valdés?— del *Lazarillo de Tormes* congelaría en su prosa llana la silueta de un clérigo farsante y huraño:

«... Fuime —recuerda el Lazarillo— a un lugar que llamaban Maqueda, adonde me toparon mis pecados con un clérigo, que, llegando a pedir limosna, me preguntó si sabía ayudar a misa. Yo dije que sí, como era verdad; que, aunque maltratado, mil cosas buenas me mostró el pecador del ciego, y una de ellas fue ésta. Finalmente el clérigo me recibió de suyo.

»Escapé del trueno y di en el relámpago —sigue recordando el Lazarillo—. Porque era el ciego para con éste un Alejandro Magno, con ser la misma avaricia, como he contado. No digo más, sino que toda la laceria del mundo estaba encerrada en éste: no sé si de su cosecha era o lo había anejado con el hábito de clerecía.»

Y si el autor del Lazarillo criticaba al clérigo avaro y mendicante, Mateo Alemán arremetía en su *Guzmán de Alfarache* contra aquellos padres que obligaban a sus hijos a entrar en religión para facilitarles de este modo una fuga segura del hambre, el fisco o la milicia:

«¿Qué piensa que hace —escribe Mateo Alemán— cuando le mete fraile por no tener hacienda que dejarle o por otras causas mundanas y vanas? Que por maravilla de ciento acierta el uno, y se van después por el mundo perdidos apóstatas, deshonrando su religión, afrentando su hábito, poniendo en peligro su vida, y metiendo en el infierno el alma.»

La religión católica era una creencia en la que se estaba, una fe personal viva que no excluía la crítica feroz contra aquellos representantes de la Iglesia que corrompían el hábito con su comportamiento o contra aquella marea creciente de eclesiásticos que al buscar refugio tras las rejas de los monasterios pulverizaba y erosionaba los resortes vitales de Castilla. En tiempos de Felipe II los ataques a Roma o las censuras al clero comenzaron a ser considerados lenguaje de herejes. La Inquisición luchó contra el anticlericalismo, latente en hombres de gran cultura, como Lope de Vega o Cervantes. El autor del Quijote, escritor prudente en un tiempo de literatura prudente, se despachó a gusto en un pasaje de su novela, pintando al capellán de los duques con los pinceles más sarcásticos que tenía a mano. Era el capellán de los duques... «un grave eclesiástico destos que gobiernan las casas de los príncipes; destos que, como no nacen príncipes, no aciertan a enseñar como lo han de ser los que lo son; destos que quieren que la grandeza de los grandes se mida con la estrecheza de sus ánimos; destos que queriendo mostrar a los que ellos gobiernan a ser limitados, les hacen ser miserables».

Unamuno descubriría más tarde en Cervantes la historia interna del Siglo de Oro, y en don Quijote, que luchaba por lo que quería que fuese el mundo, la fe intrahistórica del pueblo, una fe heterodoxa frente a la Iglesia de la Contrarreforma. Literatura o mitología noventayochista, lo cierto es que la fe de aquellos españoles del Siglo de Oro parece más bien una fusión entre el idealismo de don Quijote y el realismo del pícaro Lazarillo. Existía en la época del imperio un anticlericalismo literario y popular. Latía éste en la novela picaresca y en la prosa de los arbitristas del siglo XVII, época de truhanes, de hambre, de epidemias, de ciudades congestionadas por curas, frailes y monjas...

Hablaban los arbitristas, decididos a remediar el mal estado de las cosas de España, de la pléyade de cristianos que buscaban refugio en el claustro, y proponían, como en un anticipo de la ley del candado del siglo XX, limitar la expansión monacal. Latía el anticlericalismo en los cantares de los ciegos y en las expresiones populares de las gentes. En 1627 se publicaba una colección de refranes que contenía trescientos dichos contra el clero. Tiempo después el *Vocabulario de refranes* elaborado por el catedrático de griego y hebreo de la Universidad de Salamanca, Gonzalo Correas, reunía docenas de proverbios relativos a clérigos y frailes. La obra de Gonzalo Correas recogía las expresiones que andaban pasando por plazuelas y corrillos, expresiones pulidas de tiempo, de voces, de acentos...

«*Clérigos, frailes y pájaros pardales son tres malas aves, pero galgos, hidalgos y rocines son tres más ruines*»;
«*Fraile que pide pan, toma carne si se la dan*»;
«*Fraile que pide por Dios, pide para dos*»;
«*Frailes y monjas, de dinero esponjas*»...

El religioso conocido seguía siendo el mendicante que vagabundeaba por los mercados y plazuelas, el que asistía a comilonas o el ignorante y osado de los sermones, como aquel que el padre Isla ridiculizará, ya en el siglo XVIII, en su popular *Fray Gerundio de Campanzas*:

«En conclusión, él era mozo galán, y juntándose a todo esto una voz clara y sonora, algo de ceceo, gracia especial para contar un cuentecillo, talento conocido para remedar, despejo en las acciones, popularidad en los modales, boato en el estilo y osadía en los pensamientos, sin olvidarse jamás de sembrar sus sermones de chistes, gracias, refranes y frases de chimenea, encajadas con gran donosura; no sólo se arrastraba los concursos, sino que se llevaba de calles los estrados.»

Lo que era del César

La crítica erasmista, la novela picaresca, los refranes, las viejas irreverencias, la ironía dieciochesca, toda esa pleamar de socarronería popular y espíritu rebelde invadió el siglo XIX como un Ebro desbordado de guerracivilismo. La invasión del ejército napoleónico y la guerra de la Independencia precipitaron la discordia latente entre las diferentes Españas posibles.

En 1808 España se dividía entre «afrancesados» y «patriotas». En 1812, luego del sueño de las Cortes de Cádiz y la Constitución, se subdividía, al quedar aquellos que luchaban contra el ejército de Napoleón separados por un delirio de voces irreconciliables. El afán de los españoles del siglo XIX fue violento y sombrío. Soñaban los tradicionalistas con preservar intactas las garras de la Inquisición y fosilizar el país en los tiempos del Antiguo Régimen. Soñaban los liberales con traer la revolución al parlamento y terminar de una vez por todas con la influencia del clero. La religión dejó de ser una creencia en la que se estaba para convertirse en una postura política, en una ideología, a favor de la cual o en contra de la cual se combatía. Fue el comienzo de la era del clericalismo y anticlericalismo militantes, de tan enorme alcance en los siglos posteriores y todavía presentes, aunque ya como una reliquia absurda del pasado, en el XXI.

El regreso de Fernando VII en 1814 devolvió el reino al absolutismo anacrónico y clerical que anhelaban la Iglesia y los realistas. Pero en 1820, después del pronunciamiento de Riego, sonó la hora de los revolucionarios liberales. Hubo de nuevo, como en 1812, sesiones de Cortes, discursos, sociedades secretas, intrigas y excesos militares, riadas de periódicos y literatura anticlerical... Utopistas y románticos creían que la libertad, el progreso, la civilización llegaría a España con sólo eliminar la influencia de los frailes. El tópico era el ataque al clero, representado en la figura grotesca del cura o el monje deshonesto, ignorante, avaro, hipócrita... que ocultaba su maldad tras el disfraz del hábito, las barbas, las capuchas, los cordones, los rosarios...; el cura o monje que se asomaba a los grabados de Goya y callejeaba por los versos del Arcipreste de Hita y las páginas de *El Lazarillo de Tormes*; el cura de los refranes y los dichos populares del Siglo de Oro y las sabrosas sátiras del padre Isla. En 1826, enredado en la escritura de sus *Memorias*, un absolutista catalán recordaba así la época del Trienio:

«Se pusieron en movimiento las armas de la invectiva y de la sátira. En el teatro se ridiculizaba a los religiosos, y eran presentados al público como perjudiciales al Estado, como gente mala y perversa, y lo mismo se hacía con respecto al clero secular. Una multitud de canciones infames se esparcieron por todas partes con rapidez, y los cuadernos obscenos se vendían sin hacer de ello el menor misterio...»

El anticlericalismo de prensa y sátira festiva que desencadenó numerosos actos de violencia contra el clero y algunos crímenes convivió con el de sillón y levita de los diputados exaltados, decididos a quebrar el latido pétreo de la Iglesia, latido de caverna y manos muertas que fosilizaba toda la sociedad. Las reformas iniciadas en el Trienio, liquidación del Santo Oficio, supresión de los diezmos, cierre de conventos con exclaustración de religiosos, desamortización eclesiástica... fueron continuadas en 1836 por Mendizábal, que centraría su mirada en los bienes de la Iglesia y los conventos. Héroe del progreso para unos, hereje para otros...

el que a los frailes echó,
el que cerró las ermitas
y mató de hambre a los curas;
el hombre que dejó a oscuras
a las ánimas benditas...

Juan Alvárez de Mendizábal proyectó la venta de los bienes eclesiásticos con la esperanza de dar un respiro a las arcas públicas y ganarse estómagos agradecidos para combatir el carlismo. La desamortización permitió ganar la guerra e inyectar salud al Estado, pero no cumplió sus objetivos sociales de creación de una clase media de campesinos con tierras ni consiguió proteger de la piqueta el rico patrimonio artístico de los españoles. Larra llamó la atención al gobierno por los conventos que se destripaban, pero su llamada apenas halló eco. «¿Para qué quiere el Gobierno esas tonterías —escribía Fígaro con su pincel sombrío e irónico—. ¡Librotes de frailes! ¡Chucherías de madres!» La desamortización, según las palabras de otra conciencia liberal de la época, tuvo su historia triste y su pena.

Doña Cecilia Böhl de Faber, la escritora costumbrista que firmaba *Fernan Caballero*, haría decir al personaje de una de sus novelas: «Te he dicho que este pueblo es bonito sin tener pretensiones de serlo; es un grupo de casas bajas rodeadas a la iglesia que descuella grave, y parece con su paz y su silencio un rebaño de fieles arrodillados alrededor de una cruz. Cerca hay un soberbio convento que ha comprado mi padre. ¿No te suena extraño al oído eso de comprar un convento como una vara de paño? No he querido ir a verlo porque me daría mucha tristeza entrar en él. ¡Silencio hosco en las bóvedas en que sonaban himnos y preces al Señor!»

Triste fue el saqueo artístico que propició la desamortización, del mismo modo que trágico resultó ser el destino de aquellos frailes ancianos, hechos a una vida severa y segura, que no conocían nada del mundo o casi nada y que, después de ser exclaustrados, soportarían su miseria, escuálidos, enlevitados, dando clases de latín o realizando otros trabajos mal pagados. Figuras oscuras y sin relieve, víctimas, sin ser violentos, de una época de violencia, aquellos frailes no llamaban la atención, al menos no tanto como la llamaban los frailes intrigantes o los clérigos trabucaires metidos a guerrilleros o a cortesanos en el séquito de don Carlos. El cura armado fue el tópico, triste y real, que acuñó la prensa liberal después de que, muerto Fernando VII, los españoles que tiraban hacia atrás y los que soñaban hacia adelante dislocaran los campos de la península Ibérica con el ruido de las armas.

El clima de ferocidad de la guerra civil y los discursos incendiarios de las Cortes dieron paso, además, a las teas populares, que dos años antes de los decretos de Mendizábal se ensañaron con los conventos de Madrid y sus inquilinos, antes de extenderse a Aragón, Cataluña y Murcia... Las escenas del motín popular de 1834 —en la penumbra de los conventos de Madrid yacen sobre charcos de sangre los cuerpos mutilados de ochenta religiosos— eran el resultado de aquel alarido de anticlericalismo que, desde el Trienio, había acompañado la voz de la utopía liberal. «Era jueves», escribe fray Francisco García y en sus palabras regresan sonámbulos los frailes asesinados, rescatan sus palabras el fogonazo de crimen que la prosa revolucionaria llevó a Madrid aquel 17 de julio de 1834: para Menéndez Pelayo «el pecado de sangre del liberalismo», para el historiador y republicano Miguel Morayta «una venganza justificada». La pluma de fray Francisco es la que recuerda:

«Era jueves, día en que los estudiantes, según costumbre, habíamos marchado de paseo...; y cuando estábamos en pleno goce de nuestro inocente recreo, un hortelano que venía de Madrid, nos sorprende anunciándonos la triste nueva del horrible conato que se anunciaba; de los numerosos grupos que ya recorrían las calles, dando los más desaforados y atronadores gritos de *Mueras a los frailes que han envenenado las aguas*, añadiendo dicho hortelano que no volviéramos a Madrid, que nos daba este consejo, porque, vista la actitud del populacho, y muchos trajes de miliciano nacional, seríamos asesinados [...]. Ya alarmados —escribe Fray Francisco—, nos dirigimos a Madrid.» Luego, más adelante, después de relatar su regreso y el de sus compañeros al convento de San Francisco el Grande, después de caer la noche y oír las campanas y ver «la turba» derribando las puertas del convento, después de verse huyendo, para salvar la vida, al bosque, escribe: «Desde allí se les oía decir: *No hay necesidad de gastar pólvora con esta canalla; a éstos los tenemos seguros; cuchillada, bayonetazo, sablazo, y ¡firme con ellos hasta que no quede uno!*»

La crónica desolada de fray Francisco, los ataques a la Iglesia, las llamas pálidas lamiendo conventos e iglesias, los cuerpos mutilados de curas sobre las calles, las figuras oscuras y sin relieve de los frailes exclaustrados... dejan testimonio del torbellino anticlerical que recorrió España en el siglo XIX. El pueblo de Madrid, armado de panfletos y artículos burlescos contra curas y frailes, acudió a la llamada ruidosa de los agitadores, como acudiría en 1835, 1854, 1868, 1931 o 1936... Desde esa hora todos los llamamientos a la libertad de los españoles serían acompañados del mugido anticlerical, con una salvedad, la del amanecer de 1975, a la muerte de Franco, cuando la clerecía más joven consiguió cambiar el rictus autoritario de la Iglesia del Concordato. En un país donde la jerarquía eclesiástica, con temor unas veces, con ferocidad otras, escuchaba mensajes tan llenos de ruido y furia como la sátira, la llama, el motín, el crimen, era un espejismo creer que la palabra de la Iglesia y sólo ella definía la realidad de España, y que lo demás no tenía consistencia alguna, voces y explosiones tejidas y destejidas por intelectuales y afrancesados.

En el mundanal ruido

Cuando los liberales radicales acuñaron la expresión conminatoria *la Iglesia, a la sacristía* estaban manifestando el deseo de laicidad que recorría Europa y que se consideraba conquista irrenunciable del espíritu moderno. La historia había llegado a un punto en el que se ofrecía la oportunidad de cumplir la encomienda evangélica de dar al César lo que le corresponde y a Dios su porción. La pérdida del poder temporal de los papas con la caída de los Estados Pontificios en manos de los liberales italianos podría servir, en 1870, para una recuperación humilde de la savia fundamental cristiana, libre de las ataduras terrenales que habían escrito la crónica del anticlericalismo. No ocurrió así. Desde ese momento la soberbia con que el autodenominado «prisionero del Vaticano» contagió el nuevo proselitismo católico aumentó la distancia entre los intereses populares y la pastoral eclesiástica.

El Concilio Vaticano I, clausurado en pleno estruendo de los cañonazos liberales de los nacionalistas italianos que golpeaban la Porta Pía romana, centralizó poderes y cúpulas, reuniendo las fuerzas dispersas y entregando a Pío IX el lenitivo de la infalibilidad como compensación de sus sufrimientos territoriales. La facultad unilateral de representar a Dios en la Tierra y la consiguiente inerrancia atribuidas al pontífice en el Vaticano I provocaron desgarros y deserciones vergonzantes de los prelados más sagaces, entre los que no se encontraba ningún español, que acertaron a comprender hasta qué punto aquella dictadura teológica significaba la tumba permanente para el incipiente catolicismo liberal de la época.

Los filósofos, los pensadores, los científicos y los políticos que buscaban el progreso de España, que respaldaban las doctrinas defensoras de la libertad, el desarrollo científico y la industrialización, se topaban con la muralla de los que proclamaban que el liberalismo era pecado y que la Iglesia católica no podía reconciliarse ni transigir con el progreso ni con la moderna civilización. Aquella extremosa actitud, asentada sobre el firme convencimiento de estar bañándose en una verdad indiscutible, contribuyó a radicalizar las propuestas secularizadoras de los grupos progresistas. En repetidas ocasiones el republicano Emilio Castelar expresó el desgarramiento que le producía querer ser católico y liberal, dos actitudes que la Iglesia consideraba incompatibles. Después de un viaje a Italia, su amargura rozó sentimientos de rechazo, al menos formal, de un catolicismo romano que le parecía «una secta». Su conmoción, sus palabras bien pueden servir de epitafio a toda aquella generación que soñó un sueño que no fue, la revolución de 1868:

«Cuando una religión se divorcia de su tiempo y de los progresos de su tiempo, ¡ay!, perece. Es imposible que se armonicen siglo liberal y religión autoritaria; siglo democrático y religión que se inspira en tradiciones muertas; siglo de derechos y religión de jerarquías; siglo que se abre a todas las ciencias y religión que se cierra a cuanto no sea teológico: en tal estado, en crisis tan pavorosa y suprema, o los pueblos se petrifican [...] o las religiones desaparecen...»

El anticlericalismo no era ni había sido mera pasión de zapateros progresistas, como pretendiera Menéndez Pelayo al declinar el siglo XIX. Todo lo contrario, gran número de los intelectuales nacidos entre 1840 y 1860 se manifestaron abiertamente contra la intolerancia y el fanatismo enraizados en la Iglesia. Benito Pérez Galdós, que vivió de joven la esperanza del Sexenio Revolucionario, era anticlerical de razón y de corazón; como anticlericales eran el novelista Leopoldo Alas, «Clarín», que pese a no concebir España al margen de la religión no se cansaba de denunciar con dureza la hipocresía del catolicismo oficial; o doña Emilia Pardo Bazán, que viajaba a Bélgica «movida por el deseo de ver cómo funciona una nación donde los católicos ocupan el poder desde hace diecisiete años y donde, sin embargo, no se ha acentuado indiscretamente el espíritu conservador; una nación que figura entre las más adelantadas y que es católica, al menos en gran parte, con un catolicismo activo, coherente, vivaz, sin letras muertas...».

Fue precisamente en la época del Sexenio Democrático cuando los krausistas salieron a escena con ínfulas de dirección intelectual y moral. Hondamente preocupados por el problema religioso, los Sanz del Río, Fernando de Castro, Gumersindo de Azcárate, Nicolás Salmerón, Giner de los Ríos... soñaron con desamortizar la fe, con devolverla al interior de las conciencias. La suya era una religión sin Iglesia, un afán de abrir ventanas, hostil al clericalismo y a su arcaísmo retardatario. Los hombres que se reunieron en torno a las ideas del filósofo alemán Friedrich Krause, traídas al Ateneo y a la Universidad Central de Madrid por Sanz del Río a mediados de siglo, se mostraban insatisfechos con la herencia cultural española y buscaban desesperadamente una renovación mirando a Europa; no sólo a Francia o a Gran Bretaña sino también a Alemania, a Bélgica e incluso, más allá de Europa, al otro lado del Atlántico, a Estados Unidos. La revolución del 68, cristalización política de su utopía liberal, como quedaría de manifiesto en la Constitución de 1869 —sufragio universal, derecho de asociación, descentralización administrativa, separación de la Iglesia y del Estado—, incendió su esperanza de progreso, pues en ella vieron, como escribe Giner de los Ríos: «La libertad de pensamiento y de la conciencia religiosa, irrevocablemente establecida ya en España, para que dejemos algún día de ser el *servum pecus* del mundo civilizado.»

La tierra negra

La primavera de 1868, sin embargo, no resultó ser otra cosa que un continuo deshojarse de ilusiones, un sueño que hundió España toda, de palabrería y quijotismo vestida, en una grave inestabilidad política. Época de marasmo, donde no hubo día sin sorpresa. Como un balneario de la historia capaz de curar a los españoles de los espasmos recientes, la Restauración, a partir de 1875, devolvió a los krausistas a la España de cerrado y sacristía. Terminó desalojándolos primero del sueño y, luego, después de que los españoles se dejaran mecer por el tedio y la apatía, de sus cátedras. Ocurrió en 1875, cuando el marqués de Orovio, ministro de Fomento, recogió el murmullo integrista que los acusaba de ateos y antiespañoles, contrarios a la Iglesia y a la Corona, y los puso en el dilema de ajustar su enseñanza a «la moral y las sanas doctrinas» o renunciar a sus cátedras universitarias. La mayoría eligió la segunda opción, de modo que cerrada la vía pública para difundir sus ideas y desarrollar sus empresas científicas, desviaron los esfuerzos a las instituciones privadas.

En 1876, de la quimera educativa de su principal portavoz, Giner de los Ríos, «formar hombres nuevos», «hacer hombres nuevos», nacería la Institución Libre de Enseñanza. Literarios y modernos, poetas de la naturaleza y el paisaje castellano, obsesionados por el clericalismo y la falta de neutralidad del Estado, los fundadores de la Institución Libre diagnosticaron el problema de España en términos opuestos a los de Menéndez Pelayo. España había decaído por el monopolio católico; la solución consistía en una religiosidad alternativa que autorizara la libertad de conciencia; el solar ibérico había sido rico en culturas y creencias; el catolicismo podía ser uno de los ingredientes de la tradición española, pero no el único...

Eran, aquellos tiempos de la Restauración, sin embargo, tiempos de sotana y escuela católica. La negativa a incluir la enseñanza del credo de la Iglesia en sus aulas, en una época en que la legislación conservadora había facilitado la recuperación demográfica, económica y mentalizadora de la Iglesia, llevó a los profesores de la Institución a encarnar la figura de educadores ateos, estereotipo que se reforzaba en el momento de su entierro, pues el funeral krausista se convertiría en muda protesta o demostración de dolor al margen del catolicismo. Julián Sanz del Río fue el primer cadáver enterrado en el cementerio civil que la revolución de 1868 acotó en Madrid. Fernando de Castro, un sacerdote que escogió para sí una tumba laica, le siguió en 1874. Y Giner de los Ríos en 1915. El funeral era sencillo, como sencilla era la tierra donde iban a parar sus ataúdes, la tierra negra, sin árboles ni hierba, del cementerio civil, como rezaba en las verjas.

La historia de los cementerios civiles, pozos inmundos, desamparados, que había detrás de los camposantos y que servían para los enterramientos de quienes morían sin confesión, es también una importante parcela de la historia de la espiritualidad española moderna y, desde luego, de su vida social y política. «Toda tierra es sagrada», dirían sus amigos después de arrojar un puñado de tierra a la fosa donde habían de enterrar a Fernando de Castro. Y Antonio Machado, con motivo de la muerte de Giner de los Ríos, después de contemplar cómo sus jóvenes discípulos cubrían el ataúd y la tumba de rosas, narcisos, violetas, escribiría:

Y hacia otra luz más pura
partió el hermano de la luz del alba,
del sol de los talleres,
el viejo alegre de la vida santa.
... ¡Oh, sí!, llevad, amigos,
su cuerpo a la montaña,
a los azules montes
del ancho Guadarrama.
Allí hay barrancos hondos
de pinos verdes donde el viento canta.
Su corazón repose
bajo una encina casta,
en tierra de tomillos, donde juegan
mariposas doradas...

Allí el maestro un día
soñaba un nuevo florecer de España.

Juan Ramón Jiménez, otro poeta discípulo de don Francisco, escribiría también su elegía, haciendo correr con su pluma la leyenda de aquel profesor liberal que hizo de su modesta casa del paseo del Obelisco un refugio contra los gobiernos que soñaban el futuro en el pasado:

«Don Francisco... —escribió Juan Ramón Jiménez— parecía que hubiese ido encarnando cuanto hay de ardiente, de tierno y de agudo en la vida: la flor, la llama, el pájaro, la cima, el niño... Ahora, tendido en su lecho, un río helado que corriera sólo por dentro, es el camino claro para el recorrido sin fin. Fue como la estatua viva de sí mismo, estatua de tierra, de viento, de agua, de fuego. De tal modo se había librado de la escoria menor cotidiana, que, al hablar con él, se creyera que habláramos con su imajen, que tornara a nosotros fiel y perdurable. Sí, se diría que no iba a morirse: que ya hubiese pasado, sin saberlo nadie, por la muerte, y que estaba para siempre, como un alma, con nosotros. Paz.»

Palabras de poeta que recogió, en 1921, un novelista norteamericano que viajaba por España. El escritor se llamaba John Dos Passos y sus estampas periodísticas llevarían la voz de Francisco Giner de los Ríos y de los institucionistas al otro lado del Atlántico. España europea y moderna, dentro de una España negra, clerical y atrasada; España de caciques y militares que doce años antes de que Dos Passos callejeara por Madrid había estallado en el verano trágico de Barcelona.

El fuego y la sangre

La mecha, con sus tintes sangrientos y anticlericales, prendió lejos de la capital de la nación, en Barcelona, la ciudad que Menéndez Pelayo veía «destinada acaso en los designios de Dios a ser la cabeza y el corazón de la España regenerada». La Semana

Trágica fue la culminación de la tormenta anticlerical que, recogiendo el viento y la furia del XIX, había levantado el mensaje de llama del XX y la pregunta de si perseguían a los curas por culpa de Jesús o a Jesús por culpa de los curas.

Comenzó aquella semana con una huelga general, expresión del descontento popular contra la guerra de África y la retórica patriotera de la derecha, cuyos hijos compraban la exclusión del servicio militar. Terminó con un torbellino de sangre y anticlericalismo que incendió conventos e iglesias, una tempestad de muchedumbres que disparó contra el cielo nocturno de Barcelona las antorchas del fuego; el fuego «purificador» de Lerroux y tantos otros periodistas metidos a revolucionarios; el fuego que disolvía en el viento las altas torres y los sombríos caserones, símbolos de los siglos de despotismo de la clerecía sobre las gentes humildes; el fuego que brotaría de nuevo de la primavera republicana de 1931, del grito incivil de la guerra de 1936.

Tras los sucesos de Barcelona, la España de sotana respondió poniendo el corazón en cirujanos de hierro providenciales, mezcla de Bismarck y san Luis Gonzaga, y recrudeciendo su ciego e irracional mensaje milenarista de la descatolización de España. Idea que recorrió la prensa cuando un representante de la otra España, la ignorada por el mito piadoso del Sagrado Corazón de Jesús, afirmara en 1931 que el país había dejado de ser católico. Según Azaña, proclamada la Segunda República, España no debía profesar creencia oficial alguna. La separación entre la Iglesia y el Estado pertenecía al repertorio legislativo de las naciones cultas de Europa, pero otras disposiciones, como la disolución de las órdenes religiosas consideradas un peligro para el Estado y el fin del presupuesto del clero, eran excesivamente agresivas y entrañaban un grave riesgo de confrontación con la opinión católica.

Miguel Maura, católico liberal y uno de los ministros del gobierno provisional, escribió, tiempo después: «Para ellos —se refiere a sus compañeros de aquel gabinete de 1931— República era sinónimo de laicismo integral y, dada la realidad española, ello equivalía a la persecución religiosa.» Fueran o no producto del desengaño las palabras de Maura, lo cierto es que las discusiones dividieron la cámara y la calle mientras el confesionalismo militante de laicistas y católicos amenazaba la vida de la República. Entre las llamas de la izquierda exaltada y las protestas de la derecha católica, el anticlericalismo, extendido desde los sillones oficiales, cristalizó en el decreto de 1932 que disolvía la Compañía de Jesús y en la Ley de Congregaciones Religiosas, que, al año siguiente, limitaba el ejercicio de culto católico, establecía normas secularizadoras de bienes eclesiásticos y expulsaba de la docencia a los regulares.

En vez de cumplirse el sueño secularizador de Azaña, el ideal que acabaría tomando forma sería el de la Iglesia, que desde la conmoción del Desastre de 1898 se venía preparando mucho más para recibir al franquismo que para actuar en una democracia liberal. La guerra civil puso en danza, desesperanzado y sin futuro, el fantasma trágico del siglo XIX, el de los frailes y obispos metidos a juglares de los ejércitos de la reacción, bendiciendo cañones, reventando odios; y el de las masas exaltadas persiguiendo a curas, frailes y demonios, incendiando, matando, fusilando el Sagrado Corazón de Jesús en el cerro de los Ángeles, el centro geométrico de la Península... En 1936 la historia de España volvió a ser, una vez más, la historia del antagonismo religioso, la del combate entre el confesionalismo laico y el católico, la de la pugna entre anticlericales y clericales. Los siete mil miembros del clero y congregaciones religiosas asesinados y los militantes católicos liquidados en las cunetas de los caminos o las tapias de los cementerios dejan testimonio de la persecución más sangrienta sufrida por la Iglesia en España.

La guerra civil sería también la historia de un mito y su victoria. «Por Dios y por España —escribía Enrique Plá y Deniel, obispo de Salamanca en septiembre de 1936— han ido nuestras juventudes cristianas en las distintas milicias voluntarias a la lucha. Por Dios y por España han derramado su sangre. Igualmente sucedió en 1808; pero luego las Cortes de Cádiz, en gran parte, malbarataron el fruto de tanta sangre derramada. El espíritu extranjero, vencido por las armas, se inoculó en la vida del Estado español. No quiera Dios, ni es de esperar, se repita el caso. Una España laica no es ya España.»

El mito católico, el credo del nacionalcatolicismo, elaborado por Menéndez Pelayo al declinar el siglo XIX, se hizo muchedumbre armada y sentido común en los años de la guerra civil por obra de la Iglesia, que lo transfirió de las clases intelectuales conservadoras y eclesiásticas a las masas. Luego de 1939, Franco transformaría el mito en ley al imponer una férrea recatolización y levantar a los forjadores de la España católica su túmulo y sus estatuas.

Procesiones solemnes, marchas militares, peregrinajes a lugares revestidos de histórica significación nacional, entronizaciones del Sagrado Corazón o desplazamientos de Vírgenes y Cristos de Semana Santa contribuyeron a afirmar el reino de Dios y ayudaron a distinguir la patria católica, la verdadera España, de la otra, la antiEspaña del laicismo republicano. España era, por encima de todo, la civilización que cortó la expansión árabe; el pueblo guerrero que salvó la cristiandad en Lepanto; el conquistador que descubrió un mundo nuevo e implantó en aquella tierra ignota la civilización cristiana. España era el pueblo, en corazón y en armas levantado contra el invasor francés; los románticos cruzados de la causa que combatieron a la masonería y al hereje Mendizábal, empeñados, como el comunismo internacional, en socavar los cimientos de la patria de siempre, la España tradicional, devota de María, fiel a Roma, martillo de herejes, la que iba desde Trento a la moderna unión del Trono y el Altar... Lo demás, los heterodoxos de aquella nación soñada por Menéndez Pelayo, y luego reinventada por Maeztu, Pemán o Eugenio d'Ors, los heterodoxos de aquella historia mitológica, eran silencio, palabras de sombra, palabras no escritas que los hijos del florido pensil no pudieron leer.

El franquismo embalsamó el país con este mito durante más de treinta años. La leyenda que reza en las estatuas del Sagrado Corazón, prometiendo un reinado preferente de la divinidad sobre España, comenzaría, sin embargo, a resquebrajarse en los años sesenta. Fue la reconversión política de la misma Iglesia, que al soplo del Vaticano II, inició su defensa de la libertad religiosa y los derechos humanos, la que ocasionaría las primeras grietas en las imágenes idílicas del mito, haciendo despertar de nuevo el anticlericalismo, sólo que en esta ocasión como un desahogo de la ultraderecha.

En 1971, con la resaca del Consejo de Guerra de Burgos, Franco, ya anciano, se quejaba en la intimidad del giro de la Iglesia, pero el almirante Carrero Blanco, su mano de hierro, lo hacía públicamente, echándole en la cara su ingratitud por los 300 000 millones de pesetas que estimaba había sido el montante de la subvención del franquismo a la Iglesia. Las palabras, las consignas de viento y marea pronunciadas en el siglo XIX con acento de llama fueron recogidas por el gobierno franquista, que castigaba a clérigos contestatarios, multaba sus homilías, disolvía manifestaciones y detenía a los disidentes en cárceles concordatarias, y por fanáticos, como los *guerrilleros de Cristo Rey*, que procedían contundentemente contra los sacerdotes y los militantes católicos, invadían iglesias y protagonizaban acciones violentas contra las editoriales progresistas. El anticlericalismo de la derecha defraudada y vengativa se hizo grito contra el presidente de la Conferencia Episcopal: «¡Tarancón al paredón!»

Era, de todos modos, aquel anticlericalismo de la ultraderecha el resto de un naufragio, la confirmación de que, lleno de otoños el pulso y la mirada del dictador, había una España del pasado, que oraba y embestía, que bostezaba y oraba, muriéndose de coma y de vejez, y otra España del mañana, España de la democracia y de la idea, del bienestar y la convivencia, que nacía. Un país, herrumbroso ya de lanzas y caballeros medievales, que dejaba de soñarse únicamente católico, restañaba las heridas de las tradiciones emparedadas y miraba con talante conciliador el pasado y el futuro. Un país tirado hacia atrás en el País Vasco —como en un túnel del tiempo— por curas que siguen viviendo en el dogma y en el providencialismo de los pueblos, por curas que han llegado a decir que «la lucha armada no es ajena a Dios y al Evangelio de Jesús» —homilía en el funeral del etarra Argala en 1978—, por curas que sobreponen la etnia y el silencio a la piedad. Un país en el que, pese al verbo rancio de muchos sacerdotes vascos, el clericalismo y el anticlericalismo ha pasado a ser, como la leyenda del Sagrado Corazón o el Trágala de Riego, puro anacronismo. Nostalgia de Alonsos Quijanos.

Bibliografía

En la conferencia de Yalta, celebrada en 1945, entre los ganadores de la II Guerra Mundial, preguntaba Stalin a Roosevelt por las divisiones que contaba el Vaticano para imponer sus criterios políticos a los gestores del nuevo orden internacional. Ocho años después al conocer Pío XII la muerte del dictador soviético, exclamaría: «Ahora que ha muerto podrá saber Stalin cuántas divisiones tenemos allá arriba.» Esta aseveración papal constituía la reafirmación de una de las principales enseñanzas del fundador de la religión cristiana. La frase «mi reino no es de este mundo» ha sellado durante siglos el punto de mira de la fe y la esperanza de los católicos españoles que se empeñaban o decían empeñarse en desechar las glorias y poderes terrenales a cambio del disfrute eterno prometido. Un reino con el Sermón de la Montaña como programa, que habría de componerse no de soldados y armaduras sino de legiones de pobres, procesiones de rezos y manifestaciones de manos alzadas en señal de paz.

Pero este resumen ideal del mensaje del nazareno predicado a multitudes hambrientas de ideales y expectantes de milagros se constituyó, con el paso del tiempo, en la parte menos explícita de la vida oficial de la Iglesia. Ésta tuvo poder y riquezas en España y rebosó política por todos sus costados, de tal forma que cuando la democracia quiso convertirse en algo real debió emanciparse de su tutela. Si el clericalismo más combativo recorre la espina dorsal de la biografía de España, también la fiebre anticlerical aparece como un fenómeno de larga duración en la historia patria.

Pendientes todavía de que algún equipo de historiadores alumbre la gran historia del anticlericalismo español, se lee con provecho la obra de Julio Caro Baroja sobre el tema y los trabajos agrupados por Emilio La Parra y Manuel Suárez. La imagen del Cristo pobre crucificado por la Iglesia rica se adivina en las teas de los anticlericales, por ello conviene ilustrarse en la Historia de la Iglesia en España. El *Diccionario de Historia eclesiástica de España* del Consejo Superior de Investigaciones Científicas ofrece pistas seguras de las malas relaciones de la Iglesia española con el Estado y señala los protagonistas del conflicto religioso.

Desde el comienzo de su itinerario universitario, José Manuel Cuenca Toribio se ha ocupado en describir en numerosos trabajos el protagonismo de la Iglesia en la historia de España que también ha ocupado la atención de José Andrés Gallego, autor junto con Antón M. Pazos de los dos volúmenes de *La Iglesia en la España contemporánea.* La forma en que la Iglesia hizo frente a los desafíos del espíritu laico y la secularización en España es una de las preocupaciones del profesor de la Universidad de Toronto William J. Callahan en su estudio *La Iglesia católica en España,* mientras que Manuel Revuelta, que conoce bien el siglo XIX, amplía la documentación de este capítulo con *El anticlericalismo en sus documentos.* Más allá de la historia y en terrenos de la filosofía y la antropología Manuel Delgado Ruiz estudia el fenómeno en *La ira sagrada. Anticlericalismo, iconoclastia y antirritualismo en la España contemporánea.*

Hace diez años largos el historiador italiano Alfonso Botti publicaba el primer estudio orgánico sobre el nacionalcatolicismo español —*Cielo y dinero*— y su obra, todavía fresca, enriquece el debate sobre el pensamiento tradicionalista —Menéndez Pelayo sigue siendo un coloso— y sus aledaños. Los católicos sin Iglesia, los españoles que lucharon por extender la libertad religiosa, los que plantaron cara a la jerarquía desde una interpretación individual no dogmática del cristianismo quedaron retratados en el libro de José Jiménez Lozano *Los cementerios civiles y la heterodoxia española.*

Benito Pérez Galdós fue soñador de una España que no pudo ser... La generación del 98, pese a leerle en privado, despreció su obra en público. La derecha católica se opuso rabiosamente a que la Academia Sueca le concediera el Nobel. Su obra

Electra tuvo buena parte de la culpa de ello. Tal vez por el miedo a los intolerantes de siempre, a la Iglesia puesta en la picota, a los clérigos escarnecidos en su obra, el autor de *El Lazarillo de Tormes* prefirió permanecer en el anonimato que ahora la investigadora Rosa Navarro lucha por romper.

CAPÍTULO 2

De ninguna patria

A pie salí de España por un puente
Hace ya... ¿Cuántos años? Treinta. ¡Treinta
De emigración! Recuerdo: Bidasoa,
Irún, Hendaya, lucha cainita.
Fiel al destino sigue el caminante,
A cuestas con su España fatalmente.

JORGE GUILLÉN

Los mil éxodos

Es una tumba modesta, tan sólo una lápida colocada en el suelo. Allí está el poeta con su nombre, Antonio Machado, 1875-1939, y sobre el nombre unas flores recién cortadas y unos versos:

Y cuando llegue el día del último viaje,
y esté al partir la nave que nunca ha de tornar,
me encontraréis a bordo ligero de equipaje,
casi desnudo, como los hijos de la mar.

El general Vicente Rojo y los soldados del Ejército republicano confinados en el castillo de Colliure detuvieron su mirada en esa misma tumba el día en que lo enterraron. Había llegado el poeta a Colliure, pequeña localidad francesa a orillas del mar, un mes escaso antes. La historia es bien conocida. El 22 de enero, conscientes de la caída inminente de Barcelona, Antonio Machado y su familia partían hacia la frontera francesa. Les acompañaron otros escritores, entre ellos Corpus Barga, Navarro Tomás o Xirau, quien escribiría, años después, sobre aquel éxodo alucinado e interminable que atravesaba los Pirineos huyendo del ejército de Franco, sufriendo los rigores del invierno y las vejaciones a que los sometían los gendarmes: «Cerca de la frontera, los chóferes de las ambulancias nos abandonaron en medio de la carretera, sin equipaje ni dinero, al anochecer, en medio de una muchedumbre que se empujaba.» Por fin, después de caminar bajo la lluvia, cruzaron la frontera. El poeta llegaba a Francia viejo, fatigado y enfermo: desalojado ya de la vida. Tres semanas más tarde moría de una congestión pulmonar. En el bolsillo de su viejo gabán su hermano José hallaría, algunos días después, un arrugado trozo de papel y, en él, escrito a lápiz, tres anotaciones. La primera, del monólogo de Hamlet: *Ser o no ser*. La segunda, un solo verso, quizá el primer verso del exilio: *Estos días azules y este sol de la infancia*. La tercera, una de las *Otras Canciones a Guiomar*, con una ligera variante:

Y te daré mi canción:
«Se canta lo que se pierde»,
con un papagayo verde
que la diga en tu balcón.

Días antes de su derrumbamiento final, el poeta de *Campos de Castilla*, lento y grande, había salido dos veces con su hermano «a ver el mar que tanto anhelaba». Tal vez entonces, mirando el mar, contemplando con absorta fijeza las olas, triste, vestido de negro, con el sombrero olvidado en una mano y el bastón en la otra, pudo ver, como por transparencia, un patio de Sevilla y un huerto claro donde maduraba un limonero. Tal vez sintió entonces, como nunca antes, el dolor del tiempo y de la vida, el amor que se sueña y se pierde. Tal vez le ocurrió lo mismo que a su amigo, el también exiliado Juan Ramón Jiménez, que en las olas del mar de San Juan de Puerto Rico y en el azul detenido del río Hudson imaginaba los campos amarillos, la mar blanca y los crepúsculos violeta de su Moguer natal:

¡Mi planta aquí en el sur, en este sur,
Conciencia en planta lucidera, palpitando
En la mañana limpia,
Cuando la primavera saca flor a mis entrañas!

Mi planta, aquí, respuesta de la plata
Que soñaba esta plata en la mañana limpia
De mi Moguer de plata,
De mi puerto de plata,
De mi Cádiz de plata,
Niño yo triste soñeando siempre
El ultramar, con la ultratierra, el ultracielo.

La muerte en el destierro de Antonio Machado, la de Juan Ramón Jiménez en Puerto Rico y la de tantos otros muchos de aquellos exiliados que no pudieron recomponer las raíces rotas al viento, son el triste epílogo de julio de 1936, pero también el símbolo de un largo desencuentro vivido por los españoles a través de su historia: las guerras civiles anteriores a la guerra civil que se confunden con la separación de las culturas y las lenguas en una Babel inconclusa, el diálogo de las distintas tradiciones espirituales enterrado en el fragor de las persecuciones, la expulsión como forma de cerrar las diferencias políticas...

El poeta sevillano escribió con su muerte una de las primeras muertes del último éxodo español. Fue aquél, días de una Europa de tristes estaciones adonde llegaban trenes sucios de refugiados, un exilio interminable de hombres, mujeres y niños —cerca de medio millón de personas atravesaron la frontera tras la caída de Barcelona—, pero no un accidente, ni un suceso desconocido o, como se ha llegado a escribir, nuevo por sus repercusiones intelectuales. Hoy, confundidos por el complejo de culpa y la necesidad de reparar el silencio de tantos años, la palabra *exilio* suele pronunciarse en singular para referirse al republicano de 1939. Sin embargo, el exilio es una de las manifestaciones más profundas y trágicas de la historia de España, y de todas las historias de la Historia: la penosa condición de los hombres y mujeres que se han enfrentado a la intolerancia del poder, bien fuera de la revolución o de la reacción. Una historia doliente y desengañada que ha secado viejas raíces y arrancado libertades y que ha obligado a muchos españoles a vivir transterrados. A veces dentro de la Península:

Llora, paloma, por el errante viajero
y por sus hijos ausentes,
que él sabe que no hay quien les dé de comer
no encuentra quien haya visto sus rostros
y no puede a nadie por ellos preguntar.

En otras ocasiones, a la otra orilla del mar:

Español del éxodo de ayer
y español del éxodo de hoy:
te salvarás como hombre,
pero no como español.
No tienes patria ni tribu. Si puedes,
hunde tus raíces y tus sueños
en la lluvia ecuménica del sol.
Y yérguete... ¡Yérguete!
Que tal vez el hombre de este tiempo...
es el hombre movible de la luz,
del éxodo y del viento.

Moseh Ibn Ezra y León Felipe... Un poeta hispano-hebreo del siglo XI expulsado de su Granada natal por la invasión almorávide; y otro zamorano del XX, exiliado luego de la guerra civil en México. Ambos unidos por la placenta del exilio. Los republicanos que escapaban del franquismo pertenecían a aquella desbandada universal que se produjo en Europa entre los años treinta y cuarenta del siglo XX, pero su éxodo tenía matices peculiares, su tradición autóctona, porque los exiliados de 1939 seguían el destino melancólico de huida obligatoria o extranjería en el propio país que ya habían seguido los liberales del XIX, algunos ilustrados del siglo XVIII, los heterodoxos del XVI, y los judíos y musulmanes de la Edad Media.

De la raíz de ayer desposeídos

Quizá la persecución sufrida por Moseh Ibn Ezra en el siglo XI, y con él las comunidades judía y mozárabe de Al Andalus, obligadas a buscar refugio en los reinos cristianos del norte, permitan fechar el momento histórico en que el hombre español descubre, espantado, el exilio. El poeta hispano-hebreo es uno de los primeros en hablarnos del español arrancado de su tierra, condenado a vivir en la patria inmaterial de la lengua mucho antes de que Machado evocara desde Francia los días azules de la infancia o Jorge Guillén dijera que España, su paisaje, existía allí donde pudiera sembrar la palabra. La voz engarzada de nostalgias de Moseh Ibn Ezra; la voz embravecida de viento de Ibn Hazm de Córdoba, que vive su largo destierro de Córdoba como un largo peregrinaje por Al Andalus:

como hecho de esas nubes que el huracán
no deja de empujar hacia otros cielos...;

la emigración voluntaria del místico Ibn Arabi de Murcia y la obligada de Maimónides; el destierro de Averroes, acosado por los enemigos de sus enseñanzas filosóficas; o la leyenda del Cid, enfrentado a sus hermanos de fe, hermanado con sus adversarios de religión, en una tierra que comienza siendo una tierra sin fronteras, son seguramente las primeras manifestaciones de este desgarramiento que llamamos exilio. Desde entonces y, sobre todo, desde el desvanecimiento del sueño de Alfonso X y la Escuela de Traductores de Toledo, el golpe del exilio llegaría a innumerables puertas. Llegaría hasta hoy, hasta las tierras del País Vasco, donde el drama sigue sucediendo, donde los pistoleros del nacionalismo vasco reabren con palabras nuevas heridas antiguas, donde los heterodoxos tienen que elegir entre vivir con escolta, cobijarse en el silencio o exiliarse a otra tierra, otra ciudad.

La vida española ha sido rica en destierros. La intransigencia y terquedad de quien, de siglo en siglo, ha ejercido el poder político ha despojado a España de partes enteras de su ser diezmado, sepultando, vivos o muertos, a disidentes políticos o religiosos, a poetas, filósofos, eruditos... envolviendo su paso por el mundo en una penumbra de olvido. Ser en el destierro, estar en el exilio, en la nostalgia o fuera de ella, extranjeros de sí mismos en una tierra desconocida, perdidos y olvidados en aquella que habían imaginado suya... ¿Puede llamarse española la obra inglesa de Jose María Blanco White, poeta en tiempo de utopías y destierros, que decidirá exiliarse de la Península tras el estallido de la guerra de Independencia y escribir en el idioma de Shakespeare? ¿Puede llamarse española la fecunda labor intelectual que ejercen en Hispanoamérica Sánchez Albornoz y otros intelectuales que con las raíces expuestas al mar labraron su obra al otro lado del Atlántico? ¿Y la desolada voz de Luis Cernuda, que en el exilio desde 1938 hasta su muerte escribirá:

si yo soy español, lo soy
a la manera de aquellos que no pueden
ser otra cosa...?

En el siglo XIX Rosalía de Castro pensaba que los españoles del éxodo de ayer no debían llamarse españoles, porque España de ellos se olvidaba. Hacia 1970 un exiliado de la dictadura franquista, Juan Goytisolo, decía que la historia de España, a partir de la turbulenta unidad administrativa de los Reyes Católicos, no era más que un largo y continuo proceso de ruptura y desposesión. La fraternidad del escritor catalán se hallaba con las víctimas de esa España que había emergido en 1492: judíos, musulmanes, cristianos nuevos, luteranos, enciclopedistas, liberales, anarquistas, marxistas... Todos ellos se habían quedado sin país. Todos ellos tienen su historia de raíces rotas —historia de exilios y muertes en el olvido, de rencores y nostalgias, de torturados subterráneos en busca de luz...— pero historia, al fin y al cabo, de España, pues el pasado de una nación, pese a que en algún momento los cronistas o los gobernantes se olviden de ellos, también lo esculpen sus perdedores: los países también están hechos con los jirones de sus desterrados, con la melancolía de lo que pudo haber sido y no fue. Blanco White, Sánchez Albornoz y Luis Cernuda, como antes los heterodoxos que evocaría Juan Goytisolo en 1972, encarnan una de las formas más dolorosas y contradictorias de ser español. Ser sin estar: el drama del exilio.

El Talmud errante

Esta condición trágica ya puede rastrearse en un sinnúmero de habitantes de la Península antes del siglo XI, víctimas de guerras civiles y persecuciones religiosas, pero el primer gran exilio, con el que comienza el destierro espiritual que atravesará los tiempos recios de Santa Teresa, antecedente del político de los siglos XVIII, XIX y XX, se produce en 1492, año en que se expulsa a los judíos de los reinos de Castilla y Aragón. Hay fechas en que los acontecimientos se precipitan, como si la Historia tuviera prisa en confundir al hombre con sus cenizas. Tras la caída de Granada, a la que paradójicamente había contribuido el oro de los banqueros y financieros hispano-hebreos, y poco antes del descubrimiento de América, los Reyes Católicos decidirían soldar las relaciones entre sus súbditos librando a España de su población judía.

Lejos quedaba el siglo XIII, la gran época de la Escuela de Traductores, cuando la influencia de la inteligencia judía alcanzó su esplendor, y los escritores, los eruditos y los consejeros hebreos se distinguían en la corte de Alfonso X. El tiempo de la protección real había pasado. En el servicio de Fernando e Isabel todavía había un equipo importante de banqueros, financieros y diplomáticos judíos, pero su nivel de participación en las rentas reales y su capacidad para influir en las grandes decisiones había disminuido. El año 1492, atentos al murmullo enfermizo que recorre Europa, los Reyes Católicos decidieron olvidarse de que aquellas personas ahora obligadas a escoger entre su fe o el destierro, eran las mismas que, durante siglos, habían ayudado a construir la monarquía.

El edicto sobre el que los soberanos estamparon su firma fue pregonado en Granada, pero en otros lugares del reino transcurrió cierto tiempo antes de que se diera a conocer. La noticia cayó como un tajo en las aljamas de Castilla y Aragón. Los judíos, con sus familias, disponían de cuatro meses para preparar y efectuar su salida de España. Si, contraviniendo la orden real, no abandonaban las tierras de los Reyes Católicos, o regresaban, se les condenaría a muerte y sus bienes serían confiscados. La expulsión sobrecogió y sorprendió a sus destinatarios. Es cierto que la memoria colectiva todavía conservaba el recuerdo de los pogromos que en 1391 habían arrasado las juderías: los cuerpos mutilados, las calles atestadas con muebles tirados, prendas de vestir y libros reventados, las conversiones en masa... Es verdad que a lo largo del siglo XV habían estallado incidentes y tumultos. Que se oían viejas leyendas acerca de profanaciones, asesinatos rituales o envenenamiento de aguas. Que desde la consolidación de los tribunales del Santo Oficio se les acusaba de ser un obstáculo para la asimilación real de los conversos... Pero los judíos de los reinos de Castilla y Aragón tenían una larga costumbre en esta coexistencia difícil y no podían imaginar que de la noche a la mañana iban a tener que decir adiós a Sefarad, que perdían para siempre.

La orden, sin embargo, era inapelable: aceptar el bautismo o abandonar el hogar. Entre los que tuvieron que enfrentarse a ese dilema figura el gran financiero y erudito Isaac Abrabanel, padre del autor de los *Diálogos de Amor*, León Hebreo. Judío portugués, Abrabanel había tenido que huir precipitadamente del reino de Portugal con los fieles y parientes del duque de Braganza tras la llegada al trono de Juan II. En Castilla halló amparo y pudo reconstruir su gran capital. En 1483 ocupaba ya la chancillería de los Reyes Católicos, puesto en el que se mantendría hasta 1492. Ese año, a diferencia de otros altos dirigentes que habían seguido el ejemplo de Abraham Senior y se habían bautizado, decidió seguir el camino de la diáspora. Los Reyes Católicos le mostrarían su favor otorgándole condiciones muy especiales que habrían de permitirle alcanzar, con su familia, una holgada posición en Italia.

No todos los judíos que optaron por el exilio, sin embargo, tuvieron la misma suerte. Todavía hoy se discute acerca del número de los que se convirtieron al cristianismo. Lo más probable es que la comunidad judía española, víctima de persecuciones y conversiones en masa, se hubiera visto reducida en el siglo XV a unos 70 000 o 90 000 fieles. En 1492 sólo la mitad prefirió el dolor del exilio: unos 40 000 o 50 000, cuando los reinos de Isabel y Fernando apenas contaban con 8 millones de habitantes.

Todos los exilios son iguales, todas las víctimas de todos los exilios se parecen, porque a su paso la tierra se despuebla y atrás sólo queda ceniza. En 1939, pesado de sombras y adioses, Manuel Azaña escribía a Ángel Osorio escenas del éxodo republicano:

«Paisanos y soldados, mujeres y viejos, funcionarios, jefes y oficiales, diputados, y personas particulares, en toda suerte de vehículos: camiones, coches ligeros, carritos tirados por mulas, portando los ajuares más humildes, y hasta piezas de artillería motorizadas, cortaban una inmensa masa a pie, agolpándose todos contra la cadena fronteriza de La Junquera. El tapón humano se alargaba quince kilómetros por la carretera. Desesperación de no pasar, pánico, saqueos, y un temporal deshecho. Algunas mujeres malparieron en las cunetas. Algunos niños perecieron de frío o pisoteados [...]. Se tardó dos o tres días en restablecer la circulación. Las gentes quedaron acampadas al raso, y sin comer, en espera de que Francia abriera la puerta.»

En 1492, Andrés Bernáldez, cura de Los Palacios, en Andalucía, y cronista del reinado de Isabel y Fernando, relataba el caminar de los judíos españoles hacia los puertos del destierro:

«Salieron de las tierras de sus nacimientos, chicos y grandes, viejos y niños, a pie y caballeros en asnos y otras bestias, y en carreteras, y continuaron sus viajes cada uno a los puertos que habían de ir, e iban por los caminos y campos por donde iban con muchos trabajos y fortunas, unos cayendo, otros levantando, otros muriendo, otros naciendo, otros enfermando, que no había cristiano que no hubiese dolor de ellos y siempre por donde iban los convidaban al bautismo, y algunos con la cuita se convertían y quedaban, pero muy pocos, y los rabíes los iban esforzando, y hacían cantar a las mujeres y mancebos, y tañer panderos [...] para alegrar a la gente.»

Los judíos de la Corona de Aragón se refugiaron inicialmente en Navarra, pero seis años más tarde fueron expulsados y salieron hacia Italia, de donde partirían hacia Turquía y el Próximo Oriente. Los castellanos se dirigieron hacia Burdeos o los Países Bajos, aunque la mayor parte cruzó a Portugal, donde obtendrían tolerancia a cambio de oro y seis meses después serían también expulsados, desgajándose de sus raíces por toda Europa. Los andaluces pasaron al norte de África y allí, muchos de ellos, serían víctimas de pillajes y crímenes.

Lejos de Sefarad, huérfanos de una tierra que se confunde con la crisis permanente del ser y el estar, los hispano-hebreos seguirían identificándose a sí mismos como sefardíes, una palabra que significa solamente españoles. Los ecos de España permanecieron en la distancia y la expulsión dejó sentir la nostalgia de lo perdido tanto en los que sufrieron el dolor del viaje, adultos o niños, como en los que nacieron ya en el exilio. Todavía hoy, en Amsterdam, las bibliotecas de los sefardíes contienen numerosos libros del Siglo de Oro español: fray Luis de Granada, Lope de Vega, Calderón de la Barca, Baltasar Gracián, Luis de Góngora, Francisco de Quevedo... Aquellas páginas, aquellos libros que leían y citaban en un léxico que evoca la riqueza de la lengua barroca de la Península, era su lazo con la España perdida. Leían a Fernando de Rojas en Amsterdam y ese volumen que tenían entre las manos les llevaba, como en un sueño, a las estrechas callejuelas de Toledo. El vínculo, mantenido de siglo en siglo por españoles que nacieron y murieron en el destierro, la nostalgia de Sefarad, pervive hoy. En 1992, cuando los soldados españoles llegaron a Bosnia en las misiones de paz bajo bandera de la ONU, pudieron descubrir que las comunidades judías de los Balcanes y Turquía seguían cultivando la memoria de la tierra antigua e, incluso, algunos hablaban en un castellano raro y ceremonioso.

El éxodo de 1492 no sería la última salida de los judíos españoles o sus descendientes. Entre 1570 y 1640 algunos conversos elegirían también el camino del exilio. Partieron hacia los

Países Bajos, donde hallaron la tranquilidad que se les negaba en su tierra y pudieron reencontrarse con su antigua fe. Prefirieron el exilio porque después de quedarse en 1492 y renunciar a su religión y agarrarse al bautismo no corrieron mejor suerte que los que se habían ido, sintiéndose tan extranjeros como aquéllos.

La aprobación de los estatutos de limpieza de sangre —ley que, planteada por los hidalgos vizcaínos para desembarazarse de su competencia en el acceso a la carreras públicas, los condenaba no sólo a ellos sino también a sus hijos y a sus nietos—, y las presiones de la Inquisición, los empujarían a ocultar sus orígenes para no ser señalados ni rechazados por sus nuevos hermanos de religión, a emigrar de sus barrios o, incluso, a abandonar sus trabajos en las ciudades para hacerse labradores. Pese a que la intolerancia no podría borrar siete siglos de vida en común, replegándose las viejas raíces en el ámbito de lo popular, sin faltar tampoco la rica aportación de muchos intelectuales conversos al Siglo de Oro, familias enteras de descendientes de judíos fueron borradas durante la primera mitad del siglo XVI en las hogueras de la Inquisición. Las peripecias de la familia de Luis Vives han quedado como el más estremecedor testimonio de la tragedia de los judíos conversos en Valencia: su madre sería detenida por primera vez a los 14 años; su abuela, quemada junto a su padre en uno de los autos de fe de 1524, donde además fueron achicharradas otras seis personas, familiares del filósofo, tíos, primos, amigos... Luis Vives, que había salido a los 16 años de España, no regresaría jamás a la tierra de su infancia. En una carta de 1523, instalado en Brujas, amargado por las noticias que llegaban de España, el filósofo escribe:

«Con estas noticias retorciéronse la ansiedad y la inquietud de mi espíritu. Estoy pendiente de las cosas de España y no me atrevo a tomar una resolución definitiva para más adelante. No sé si convenía en esas circunstancias irme allá o quedarme. ¿Es allí necesaria mi presencia?, ni lugar me queda para la deliberación, tan atados nos tiene la condición de las cosas [...]. Diferí este viaje ahora por si amanecía alguna esperanza por la bondad de España. Todo es cerrazón y noche.»

La larga marcha

Todo era cerrazón y noche para el heterodoxo en aquella España del Siglo de Oro, agitada por las convulsiones espirituales de Europa. En 1530 Luis Vives recibía desde París una carta de Rodrigo Manrique, hijo del Inquisidor general erasmista Alonso Manrique, que en un tono amargo y desolado hablaba de los tiempos difíciles que se vivían en España:

«Dices muy bien: nuestro país es una tierra de envidia y soberbia; y puedes agregar: de barbarie. Pues, de hoy en más, queda fuera de duda que nadie podrá poseer allá cierta cultura sin hallarse lleno de herejías, de errores, de taras judaicas. Así se ha impuesto silencio a los doctos; en cuanto a los que corrían al llamado de la ciencia, se les ha inspirado, como tú dices, un gran terror... En Alcalá se trata de extirpar completamente el estudio de griego.»

Tiempo atrás, en 1517, el fraile agustino Martín Lutero había hecho público en Alemania su desafío a la autoridad religiosa del papa. Fue el final de una época en Europa y de un clima cultural en España. La reacción de la Inquisición ante la aparición de la herejía protestante en Alemania secó las raíces del humanismo español, que había crecido en la gran obra del cardenal Cisneros: la Universidad de Alcalá de Henares. El exilio físico de Juan Valdés, que vivirá su época de madurez intelectual en Nápoles, y el exilio interior de fray Luis de León después de pasar cuatro años preso en los calabozos del tribunal de Valladolid, donde «la envidia y mentira» le tuvieron encerrado, dejan testimonio de aquellos tiempos en los que se impuso el silencio. Erasmistas, místicos, iluministas y alumbrados fueron de pronto sospechosos de identificación con un monstruo, Lutero, en gran parte, creado por el sueño de la razón inquisitorial. La única protección que los heteredoxos podían hallar era disociarse de sus ideas y dejar que los labios se hicieran cicatriz. O exiliarse, abandonar España para huir de la hoguera, la cárcel o el escarnio de tener que «abjurar de sus errores» en la plaza pública.

El destino de muchos será Suiza, Alemania, Inglaterra o los Países Bajos, donde fecundarán una importante obra cultural, trabajando en las primeras traducciones de la Biblia al castellano o escribiendo tratados filosóficos o lingüísticos. Juan Valdés, quizá uno de los primeros en tomar el rumbo del exilio, iría a Italia. Amigo de Erasmo de Rotterdam y antiguo estudiante de las aulas universitarias de Alcalá, el intelectual de Cuenca saldría de España en 1529, huyendo de la Inquisición y el proceso que se había iniciado contra su obra teológica *Diálogo de la doctrina cristiana*. En Nápoles hallaría refugio y alcanzaría su plenitud literaria y espiritual. Allí traduciría al castellano *Los Salmos* y las *Cartas de San Pablo*, según el texto griego de Erasmo, y escribiría una de las joyas de la literatura española del siglo XVI, su *Diálogo de la lengua*, obra que en el siglo XIX arrancaría elogios a un enemigo tan declarado de los heterodoxos españoles como Menéndez Pelayo:

«Si Antonio de Nebrija no hubiera escrito antes su *Gramática, ortografía y vocabulario*, no tendríamos reparo en conceder al hereje de Cuenca el título de padre de la filología castellana. Fue el primero que se ocupó en los orígenes de nuestra habla, el primero que la escribió con tanto amor y aliño como una lengua clásica, el que intentó fijar los cánones de la etimología y del uso, poner reparo a la anarquía ortográfica, aquilatar los primores de construcción y buscarlos en la lengua viva del pueblo...»

La historia de los heterodoxos es toda una metáfora sobre los sueños rotos. El exilio o el silencio cayó sobre ellos, como había caído antes sobre los judíos y los conversos y como cayó también sobre los musulmanes españoles, desterrados o forzados a la conversión, desarraigados y sonámbulos en una tierra que en el siglo XIII, con los avances cristianos hacia Andalucía, Valencia y Murcia, comenzó a dejar de ser la suya. Tolerados en sus tierras por los conquistadores cristianos, pero obligados a abandonar las ciudades, y con ello, sus profesiones y hábitos de vida, ya entonces muchos musulmanes prefirieron el exilio y cruzaron el Estrecho o se cobijaron en Granada. El refugio de Granada, sin embargo, terminó por desvanecerse también. En 1492 los Reyes

Católicos conquistaban el reino nazarí y siete años después el cardenal Cisneros llegaba a la vieja ciudad musulmana y decidía que el avance de Cristo no podía esperar.

Tan pronto como se hubo instalado en la antigua capital nazarí, el fundador de la Universidad de Alcalá obligó a los mudéjares a aceptar el bautismo en contra de sus creencias, persiguió a los doctores del islam y ordenó quemar en la hoguera grandes montones de libros islámicos... Libros de religión y de poesía, de filosofía y de ciencia, ejemplares únicos que encerraban la palabra y el pensamiento de una cultura que había regado y florecido las tierras de la Península durante siglos. Horrorizados, muchos musulmanes optarían por una cristianización formal y sin demasiadas obligaciones, reduciendo la práctica de sus antiguos ritos a la catacumba de sus hogares. Otros partirían al exilio africano. Y tampoco faltaron los que reaccionaron sublevándose contra las imposiciones y alzándose en armas en La Alpujarra. Fue en vano. Cisneros reprimió el levantamiento e impuso la conversión obligatoria de todos los musulmanes del reino de Castilla: los moros que quedaban en aquellos reinos debían elegir entre el bautismo y la expulsión. Era el fin de los mudéjares castellanos.

Lejos de la mano de Cisneros, los mudéjares aragoneses lograron resguardarse de la intolerancia sembrada en Granada durante un tiempo, hasta que en 1520 los ataques de las Germanías de Valencia rompieron su tranquilidad. Perseguidos por los rebeldes valencianos, los ataques contra las morerías, los asesinatos en masa, los bautismos y las altas llamas de los autos de fe poblaron su mirada de ceniza. Las tropas reales trituraron a los rebeldes, pero la represión del levantamiento no llevaría a los hogares musulmanes la paz soñada: la Iglesia dio por buenas las conversiones forzosas y cinco años más tarde, en 1525, Carlos I decretaba la conversión obligatoria de todos los musulmanes residentes en los reinos de la Corona de Aragón.

La Historia tiene la mala costumbre de copiarse a sí misma. Después de ochenta años de difícil convivencia, atropellada por sobornos y persecuciones, rebelde o sumisa, excluida por el orgulloso sentimiento de limpieza de sangre de colegios, gremios y regidurías urbanas, a la minoría morisca le esperaba el mismo destino que a los judíos. En el siglo XVII, como en el XV los judíos, los moriscos eran odiados por ser distintos a los demás, por intentar conservar su identidad y costumbres en una tierra donde ya no había márgenes para otras tradiciones que no fueran las católicas del Concilio de Trento. El problema terminó de enconarse tras la Nochebuena de 1568, cuando 30 000 moriscos se alzaron en armas contra las imposiciones de Felipe II. Comenzaron entonces a oírse voces que proponían resolver el problema morisco de la manera más sencilla: haciéndolos desaparecer.

La orden llegó en el siglo XVII. En 1609 Felipe III ponía su sello real a la expulsión de los moriscos, acusados de atentar contra la seguridad de la monarquía. Trescientos mil españoles salían de España para no regresar jamás. El 3 % de la población total, pero esta proporción se elevaba al 16 % en Aragón y al 38 % en el reino de Valencia. El camino de los moriscos hacia el destierro, hacia las costas de Levante y del Sur, es el camino de un exilio que parece no tener tiempo: 1492, 1609, 1939... La fecha parece irrelevante. Las escenas son siempre las mismas. Cambian únicamente los nombres, los cronistas... Pedro Aznar de Cardona escribe en 1612:

«Salieron pues, los desventurados moriscos [...] en orden de procesión desordenada, mezclados los de a pie con los de a caballo, yendo unos entre otros, reventando de dolor, y de lágrimas, llevando gran estruendo y confusa vocería, cargados de sus hijos y mujeres, y de sus enfermos, y de sus viejos y niños, llenos de polvo, sudando y carleando, los unos en carros, apretados allí con sus personas, alhajas y baratijas; otros en cabalgaduras con extrañas invenciones [...]. Unos iban a pie, rotos, malvestidos [...], todos saludando a los que miraban, o encontraban, diciéndoles: "El señor los guarde: señores queden con Dios."»

Los puertos, mudos y solos, quedaron atrás, perdiéndose en la mirada de aquellos 300 000 españoles empujados a despojarse de cuanto era suyo y emprender un viaje hacia una tierra desconocida: Túnez, Marruecos, Argelia, Turquía... Muchos conservarían el recuerdo del hogar arrancado, dejando los padres a los hijos la nostalgia y la lengua de sus antepasados, un castellano arcaizante y literario, con el tiempo cincelado por voces y giros del inglés y el francés. En 1948, Francisco Ayala, otro español que padecería el dolor del exilio, recogía en un relato sobre la guerra civil de 1936 la educación sentimental de un descendiente de aquellos moriscos expulsados de España a comienzos del siglo XVII:

«Tras una pausa —cuenta el narrador—, me preguntó si yo no sentía, después de todo, nostalgia de aquella tierra por la que varias generaciones de los Torres mahometanos habían suspirado ahí en Fez. Él, me confesó, sentía una especie de nostalgia heredada y obligatoria, una costumbre de nostalgia, un rito de nostalgia.» Las historias sobre la tierra y las costumbres de sus antepasados habían constituido el núcleo de las tradiciones domésticas. «Tanto —le cuenta al narrador en un castellano añejo y libresco su amigo musulmán—, que si yo alguna vez fuera a Almuñécar, creo que hasta encontraría parajes conocidos: la huerta grande, y el lagar, donde cada año se pisaban muchísimos carros de uva roja.»

Un escritor español exiliado en Argentina escribe sobre la guerra que ha calcinado los campos de España y, mientras escribe, las cenizas del presente se mezclan y se confunden con las cenizas del pasado. El exilio morisco fundido con el republicano de 1939 en el lugar del tiempo de un relato, del mismo modo que en el siglo XVIII la expulsión de los jesuitas se hermanaría en el recuerdo de los cronistas con la de los moriscos. Las razones expuestas en 1767 para expulsar a los jesuitas fueron similares a las que más de un siglo antes habían llevado a los moriscos fuera de la Península.

El conde Fernán Núñez, biógrafo de Carlos III y testigo de este nuevo episodio, escribe: «Jamás se ha visto providencia más bien combinada, más uniforme ni más secreta, de modo que los colegios que estaban ocupados la noche del 31 de marzo se hallaron vacíos a la mañana siguiente y en camino todos sus miembros.» Como un rumor de pasos en la noche, como un golpe en la puerta, llegó el destierro. Llegó con el alba, después de que las iglesias y los colegios amanecieran herméticamente cerrados, incomunicados, y cercados por los soldados del rey. Los jesuitas sólo se enteraron de que Carlos III, «para protección de sus vasallos y respeto a su corona», decretaba que se expulsara «de todos sus dominios de España e Indias, islas Filipinas y demás adyacentes» a todos los religiosos de la Compañía. La lectura del real decreto era el final de una sigilosa maniobra política protagonizada por los consejeros ilustrados que rodeaban a Carlos III. En el clima de pánico provocado por los disturbios de 1766 no resultó difícil convencer al monarca de que su vida corría peligro si no ordenaba el extrañamiento de los jesuitas.

Se les acusaba, como ya se les había acusado en Francia y Portugal, de donde los jesuitas también habían sido expulsados, de conjurar contra el rey, de impulsar el motín de Esquilache, de pregonar el tiranicidio. Se les desterraba sin darles oportunidad de hablar o defenderse. Partieron con ropas, tabaco y libros. Más de 4 000 religiosos camino de los puertos: los de Castilla la Vieja hacia la Coruña; los de Aragón hacia Salou y Palma; los de Toledo hacia Cartagena; los de Andalucía a Cádiz y Málaga. Pensaban que se dirigían a los Estados Pontificios, que desembarcarían en Civitavecchia, pero el papa ya le había comunicado a Carlos III que no les admitiría en sus dominios. Temía Clemente XIII que aquella carga doliente de jesuitas que se le venía encima aumentara los gastos que le estaban acarreando los refugiados portugueses. La travesía se hizo interminable... Los proscritos no podían retornar a España y, mientras el gobierno español negociaba su acogida en Córcega, tuvieron que permanecer en los navíos, traspasados por el hacinamiento y el hambre. Tres meses duró aquel exilio a la deriva hasta pisar tierra en Córcega, donde los jesuitas españoles habrían de esperar el resultado de nuevas negociaciones para poder, en otra migración, alcanzar los territorios del papa.

En Italia recibirían el último golpe del exilio: la noticia de la extinción de la orden, decretada en 1773. La mayoría de los jesuitas españoles se trasladaron entonces a Roma y, los más cultos, encontraron trabajo como empleados de los obispos, como confesores o preceptores de los hijos de la nobleza. Pocos, muy pocos, y ya resecos y consumidos por la vejez, regresaron a la Península tras la restauración de la orden en 1814. En Bolonia, donde murió, pasó sus últimos años el autor de *Fray Gerundio Campanzas*, el padre Isla. Triste y fatigado por la edad, el jesuita decidió «entretener» su vejez en «servir a mi nación en lo poco que ya puedo», traduciendo, con afán vindicativo, el *Gil Blas*. Por sus venas ancianas sangró el religioso ilustrado palabras. Imposible era España a su mano, pero viva en su trabajo, en el castellano que esculpía de día y de noche. Imaginaba, tal vez, que aquellos pájaros de papel volarían algún día a la tierra de su infancia, se posarían en manos amigas. La obra vio la luz cuando el religioso había cerrado ya los ojos al mundo. El título de la primera edición era toda una reivindicación en el destierro, el son de una despedida: *Aventuras de Gil Blas de Santillana, robadas a España y adoptadas en Francia por Monsieur Le Sage, restituidas a su patria y a su lengua nativa por un español zeloso, que no sufre se burlen de su nación*.

El padre Isla en el siglo XVIII, como Rosa Chacel y Juan Ramón Jiménez en el XX, creía o deseaba creer que España estaba donde estaban sus obras y sus baúles repletos de libros, viajando errante en un manuscrito que terminaría imprimiéndose en Madrid y que un día del siglo XIX hallaría las manos amigas de un sacerdote exiliado, de ideas ilustradas y racionalistas, Juan Antonio Llorente, quien defenderá en París el trabajo del jesuita frente a las críticas airadas de los académicos franceses. El exilio de los jesuitas fue el más significativo del siglo XVIII, pero no el primero ni el último de aquella centuria.

Tras la guerra de Sucesión, muchos de los intelectuales y aristócratas que habían seguido a Carlos de Habsburgo por los campos de batalla y buena parte de la nobleza catalana y aragonesa emigraron a Milán, Roma o Viena, donde permanecerían al servicio del emperador. Ilustrados, enciclopedistas o revolucionarios como el abate Marchena tuvieron que recorrer también los caminos del exilio, en este caso para ponerse a salvo de las garras de la Inquisición. El proceso de Pablo Olavide, el adelantado de la reforma agraria, simboliza la tragedia de la Ilustración en España. Fue la demostración de fuerza del Antiguo Régimen ante la quimera de luces de los intelectuales reformistas. Pese a que el ilustrado de origen americano finalmente logró escapar y cruzar la frontera, su proceso en España y luego su encarcelamiento en la Francia del terror revolucionario, hicieron ver a los ilustrados las dificultades de sus propósitos políticos. Jovellanos, Campomanes, Floridablanca, Olavide, Cabarrús, Leandro Fernández de Moratín, Urquijo... soñaron con modernizar España, pero terminaron estrellándose contra la realidad: el poder de la reacción y, más tarde, el vendaval de la Revolución francesa, que ahogaría todo intento de cambio por miedo a la anarquía. De todas las historias de la historia, la suya es una de las más tristes, porque, sin duda, termina mal. Exiliados unos, desterrados de Madrid y encarcelados otros, la guerra de la Independencia los colocaría a uno y otro lado de la historia.

Las lágrimas de la distancia

Entre el apagón del Siglo de las Luces y las Cortes de Cádiz, el XIX se inicia con un destierro. El 10 de mayo de 1808, después de entregar la corona a Napoleón, Carlos IV y su corte salían de Bayona, comenzando formalmente un exilio inundado de melancolía y dificultades financieras. Aquél sería el primero de una larga serie que condenaría a reyes y jefes de Estado y de gobierno a vivir el exilio, desde el cautiverio de Fernando VII en Valençay y, pasando por el extrañamiento de María Cristina, la marcha de Espartero o la huida apresurada de Isabel II, a la salida del general Miguel Primo de Rivera, el rey Alfonso XIII o los presidentes de la Primera y la Segunda República, Estanislao Figueras y Manuel Azaña. El rey actual, Juan Carlos I, nacería en el exilio, víctima él también de esta condición trágica de ser español: ser sin estar. Heredero, antes que de una corona, de la nostalgia de un país que hasta 1948 no será del todo el suyo, sino el de su padre, Juan de Borbón, otro español en el exilio.

La salida melancólica de Carlos IV en 1808 fue el adelanto de las muchas emigraciones políticas que traería el siglo del Romanticismo: los afrancesados, los liberales y, entre guerra y guerra, los carlistas. La historia del exilio es un viaje cuyo punto de destino nos lleva ahora a Francia. Hacia el país vecino partieron los españoles que colaboraron con el rey José Bonaparte durante la guerra de la Independencia: los afrancesados. Hombres de Estado y de ciencia, reformistas, funcionarios, escritores notables, miembros de la burguesía ilustrada y del alto clero... que pensaban, seguramente de buena fe, que la colaboración y no la resistencia era el mejor modo de defender la independencia e integridad territorial de España. La derrota del ejército de Napoleón los llevó al destierro y en 1814 cruzaron los Pirineos huyendo de la represión desatada por los vencedores: la legal, que les declaraba «ingratos a su legítimo soberano, traidores a la patria y acreedores a toda la severidad de las leyes»; y la popular, furia de odios y venganzas que estalló tras la retirada del ejército francés.

La marcha de la corte de José I hacia Valencia el verano de 1812, presagio de la taciturna peregrinación que tuvieron que completar después de la batalla de Vitoria, refleja el color de aquel éxodo. Du Casse, en sus *Memorias*, escribe:

«Esta marcha de quince días fue de las más penosas. Los habitantes huían, llevando sus bestias, y destruyendo sus hornos y sus molinos. No se encontraba trigo, ni menos harina. Y el calor era terrible. Los arroyos estaban secos y los pozos de las casas agotados o cegados. Fue imposible mantener el orden y la disciplina entre las tropas, que no recibían sueldo, y que en días tan abrasadores no encontraban agua que llevarse a la boca. El gran número de hombres aislados y de criados agregados a la expedición, ocasionó desórdenes. Todos los que se rezagaban o extraviaban para buscar agua y mantenimiento caían en poder de las guerrillas, que seguían a la columna y marchaban a sus flancos...»

En aquel penoso y lento viaje hacia Valencia iban 10 000 españoles del partido afrancesado. Ya ese año, desde Valencia, José I hizo partir varios convoyes conduciendo a las familias de sus empleados hacia Francia. El resto atravesaría la frontera con el rey destronado, luego de la derrota de Vitoria. Doce mil familias se refugiaron en el país vecino en el año 1814. Entre ellos un niño de apenas 6 años que muy pronto se hará hombre y escribirá las páginas más hermosas y tristes del siglo XIX: Mariano José de Larra. Hijo de un médico afrancesado que se trasladó a Burdeos siguiendo la filas del ejército de José Bonaparte y, después, tras la derrota de Napoleón en Waterloo, a París, el joven Larra vivirá en Francia hasta 1818, año en que la amplia amnistía de Fernando VII permitió a su familia retornar a Madrid. En Francia conocerá la melancolía de aquellos millares de exiliados que deseaban, al tiempo que temían, volver a su patria. Como la melancolía, hecha de soledad y desengaño, de Leandro Fernández de Moratín, que en 1818, en Montpellier, escribía:

«Nada sé de España; sólo se qué es una península unida al continente de Europa por una dilatada cadena de montes, llamados Pirineos; lo restante de ella, bañado por los mares Mediterráneo y Océano, y que sólo dista de África unas tres leguas...»

En Francia el joven Larra conoció la tristeza que acompaña al exiliado. En Madrid, a su regreso, teniendo que acoplarse a una lengua nueva y a unas enseñanzas bien diferentes a las del país vecino, padecería la marginación que suponía ser hijo de un afrancesado, motivo de odio y de repulsa en la España de Fernando VII.

Pero la represión de Fernando VII no sólo cayó sobre los españoles del partido afrancesado. El 24 de marzo el hijo de Carlos IV regresaba a España desde Valençay como rey absoluto y su primera decisión fue liquidar la Constitución de Cádiz y encarcelar y fusilar a los mismos hombres que le habían traído al trono: los liberales. Argüelles, Martínez de la Rosa, Villanueva, Martínez Torrero y otros políticos fueron detenidos y condenados a prisión o confinados en conventos. Quienes lograron huir compartieron el desarraigo del exilio con los afrancesados. Unos pocos, militares y aventureros, decidieron desplazarse hacia América, tierra entonces atravesada por las guerras de emancipación, y al otro lado del Atlántico, combatir por el sueño de Bolívar y San Martín. La mayoría, sin embargo, unos 15 000, se establecieron en el sur de Francia en condiciones muy precarias. Los menos afortunados, los que dependían del socorro del gobierno francés para subsistir, quedaron confinados en campos de refugiados bajo custodia militar y civil. Los más acomodados, políticos, militares de alta graduación o miembros de la burguesía, pasaron su destierro en París, sin aproximarse, ni siquiera en la común desgracia, hacia aquellos otros españoles, los afrancesados, igualmente perseguidos por el Antiguo Régimen.

El soñado regreso se hará realidad en 1820, tras el pronunciamiento de Riego. Liberales y afrancesados retornan a España, aunque no en las mismas condiciones. Los segundos, como traidores perdonados, diluyéndose en una niebla de rechazos y olvido. Los primeros, como héroes. Poco duró su gloria. En 1823 la intervención de la Santa Alianza y el ejército del duque de Angulema devolvían a Fernando VII su plena autoridad y los liberales se vieron de nuevo enredados en el dilema prisión, incluso muerte, o emigración.

Veinte mil personas componen el segundo exilio liberal del siglo XIX. El grueso, los militares que combatieron contra *Los Cien Mil Hijos de San Luis*, unos 12 500 entre oficiales y soldados, pasaron a Francia, donde fueron tratados como prisioneros de guerra e internados en campos de concentración estrechamente vigilados por la policía. Los que evitaron los campos se dirigieron hacia Marsella, Perpiñán o Burdeos, y aún hubo un amplio grupo que decidió desplazarse hacia Inglaterra. Por Gibraltar y hacia Londres partieron al exilio la mayor parte de los liberales que tuvieron que salir de Cádiz en octubre de 1823. Por Lisboa, y después de pasar una breve estancia en las prisiones de Fernando VII, se exilió, rumbo también a Londres, el poeta liberal José de Espronceda.

La capital inglesa se convirtió en el centro político e intelectual de los liberales exiliados tras la derrota de 1823. Concentrados en un barrio modesto, Somers Town, aquellos españoles arrancados de su patria vivieron de un modo provisional, sin integrarse en la vida inglesa ni familiarizarse con la lengua ajena, sobreviviendo a los sinsabores del destierro con la esperanza del retorno. Thomas Carlyle escribió sobre ellos:

«Cada mañana en el frío ambiente primaveral, bajo cielos tan distintos a los suyos, podías ver a un grupo de cincuenta o cien majestuosas y trágicas figuras, orgullosamente envueltas por sus capas raídas, paseando por las amplias aceras de la plaza de Euston y la nueva iglesia de Saint Pancras.»

Es posible que, fantasmales y envueltos en sus capas raídas, en aquel grupo que admiró Carlyle estuvieran uno de los padres de la Constitución de 1812, Agustín Argüelles, y Alcalá Galiano, su sucesor como brillante orador en las Cortes; el autor de la desamortización eclesiástica de 1835, Juan Alvárez de Mendizábal, y su futuro rival por el poder, Javier Istúriz. Quizá estuvieran entre aquellas sombras descritas por Carlyle, con figura trágica, hombres de letras y políticos, como el poeta José Espronceda, que desde la ciudad del Támesis soñó con pronunciamientos militares, música, honores y proclamas, y viajó a Francia en 1830 y ese mismo año cruzó los Pirineos y entró en España con la expedición militar de Mina y de nuevo tuvo que exiliarse hasta la muerte de Fernando VII.

Tiempo después, Londres será también el destino del general Espartero, símbolo de los vaivenes políticos y del trasiego de fronteras de moderados, progresistas, demócratas y republicanos durante el reinado de Isabel II. Y en Londres se establecerá, igualmente, otro ilustre exiliado, el general Ramón Cabrera, representante de otra emigración política, la carlista, que recorrerá gran parte del siglo XIX y llevará a Francia al cantautor guipuzcoano José María Iparraguirre.

En Hendaya, Iparraguirre cantaría con ternura a España en una de sus composiciones más hermosas

Ara España, lur ez da Europa guztian
(Ésa es España. No hay tierra mejor en toda Europa)

falsificada después en el cancionero popular del nacionalismo vasco al asignarle un inverosímil y más moderno destinatario, Euskadi, también de tres sílabas. En París Iparraguirre se dejó arrastrar por la emoción liberal de los días revolucionarios del 48. Luego, ya en España, descubierto el simbolismo del árbol de Guernica en los cafés de Madrid, compuso el Gernicaco arbola, «la Marsellesa de los vascos», «el Angelus vascongado», que los fueristas vizcaínos se darían prisa en cantar a coro. «La multitud», lo recordaba el político moderado Egaña en las Cortes, «se movía apiñada y loca de entusiasmo» y en un momento de la canción «hincaba la rodilla en la tierra» y «se postergaban las seis mil boinas como si fueran movidas por un resorte o heridas por una impresión magnética y se descubrían la cabeza», mientras que en otra parte del himno «levantaban al aire sus nervudos brazos para jurar, como los antiguos cántabros, morir por las santas leyes de sus padres».

Triste ha sido el paso de «los cruzados de la causa», como los llamaría Valle Inclán, por el mundo. Los perdedores de la reacción siempre mueren más veces, pues a la extinción lenta, corrosiva e implacable provocada por la muerte en el destierro, les sobreviene la muerte del silencio y el olvido histórico. Traspasados de derrotas, marginales y reaccionarios, los carlistas padecerán todos los males de los perdedores españoles del siglo XIX: fracasos militares, destierros, fusilamientos, campos de concentración, deportaciones a Cuba, Puerto Rico o Las Filipinas... Y sus reyes, los eternos pretendientes, no tendrán mejor suerte, pues pasarán sus vidas de ciudad en ciudad, recorriendo Europa entre guerra y guerra, imaginando nuevos alzamientos y viejas batallas, naciendo y muriendo en el exilio. Y siendo enterrados también en el exilio. La catedral de San Justo de Trieste será el mausoleo de estos vagamundos sin corona que levantaron el campo en armas contra el Estado liberal.

La primera emigración carlista comenzó al terminar la segunda guerra civil del siglo XIX. El 14 de septiembre de 1839 Carlos María Isidro, hermano de Fernando VII, dejaba atrás España, cruzando los Pirineos al frente de unos 10 000 hombres, entre soldados y oficiales, que, como Iparraguirre, no habían aceptado el Convenio de Vergara. La lucha, sin embargo, siguió en Aragón hasta junio de 1840, fecha en que el general Cabrera y los 15 000 soldados que estaban bajo sus órdenes dejaban las armas y atravesaban los Pirineos. La historia de aquellos hombres derrotados y desmoralizados es la historia, siempre repetida, de todos los exilios. La historia que se lee en 1939 de mano de Manuel Azaña, que se había escrito ya por los afrancesados y liberales en 1814 y que se repite como un eco lejano y desgarrador en 1849, tras la derrota de los *matiners* en Cataluña, y en 1876, año en que Carlos VII, al frente de una parte de las que fueron sus tropas en la última guerra carlista, atraviesa la frontera francesa después de pronunciar el nostálgico y nunca cumplido «Volveré».

Y así, mientras una minoría, los militares de alto rango y los cargos políticos, puede resistir el destierro decorosamente por tener medios propios o recibir ayuda, la mayoría, los militares de baja graduación, los soldados y la gente del común, es internada en campos de refugiados y tiene que acogerse al socorro de particulares. Otros, rebeldes a la nostalgia o a la amargura de los campos de refugiados, continúan la lucha en otra tierra. Habían perdido la guerra, pero conservaban sus razones. En 1943 soldados republicanos españoles combatieron en el maquis francés o se alistaron en la legión extranjera para que «el aire fuera más libre en las alturas y los hombres más libres». En 1860 exiliados carlistas lucharon contra los liberales italianos en Módena, Nápoles, Sicilia y los Estados Pontificios para intentar vencer, por lo menos fuera de España, a los enemigos de la religión y de las monarquías absolutistas. Los mismos gestos. El mismo espíritu irreconciliable con el abandono de los ideales. La misma esperanza recuperada del naufragio. Únicamente cambian los principios, el paisaje, la época...

El año 1876 los carlistas constituían el grupo más numeroso de los exiliados españoles en Francia, pero «los cruzados de la causa» no eran los únicos que habían traspasado la frontera. París parecía un hervidero de españoles exiliados. Tras la proclamación de Alfonso XII habían ido llegando a Francia decenas de republicanos, cantonalistas y anarquistas que, voluntariamente u obligados, habían huido de España y compartían infortunio con los emigrados carlistas. En la ciudad del Sena hallaron refugio muchos, y en sus cafés y hoteluchos tramarían, algunos, conspiraciones y pronunciamientos. La frontera de los Pirineos constituyó en los primeros años de la Restauración un foco de tensión permanente. Por ella cruzó a Francia Manuel Ruiz Zorrilla, el protagonista más destacado de esta emigración política, quien de la lucha por la conquista del poder en 1866 y su ejercicio en 1868 pasó al combate contra el Estado y de su vida en España a la supervivencia en el destierro. En París, su vida se cruzaría con la de otro exiliado, Francisco Ferrer y Guardia.

La historia de Ferrer, que durante unos años fue secretario del ilustre desterrado republicano y compartió sus quimeras y desengaños, es también la historia de otra emigración: la anarquista. Ferrer, acusado de inspirar el estallido de sangre de la Semana Trágica, fue condenado a muerte y fusilado el 12 de octubre de 1909. Había llegado el fundador de la *Escuela Moderna* al anarquismo tras su exilio francés de 1886 y desde entonces su historia se confundirá con la de otros muchos anarquistas españoles. Destierro, persecuciones, conspiraciones, planes de asesinar al rey, penas de prisión, deportaciones a Cuba o a los presidios de África, ejecuciones... Ferrer sobremurió a todas estas odiseas, exceptuando la deportación, una condena, por otra parte, bastante común en los tiempos de la Restauración. Prisioneros carlistas y presos anarquistas compartieron con presidiarios de toda clase aquella pena amarga y cruel. Valle Inclán dejará en las páginas de *El Ruedo Ibérico* el paso quemado de sol y de polvo de los anarquistas hacia el presidio: «Entre tricornios y fusiles, por soleadas carreteras, cuerdas de galeotes proletarios caminan a los presidios de África.»

El presidio africano hermanaba a aquellos parias de rostros curtidos por el sol y el hambre con Miguel de Cervantes, que apresado por los piratas berberiscos a su regreso de Nápoles pasó cinco años interminables encerrado en las prisiones de Argel.

Como los deportados del siglo XIX y comienzos del XX, siempre arrastrando sus cadenas y andrajos, el autor de *El Quijote* esperó ansiosamente que alguien lo rescatara, que lo reclamara para sentir de nuevo la libertad en los ojos:

A las orillas del mar,
que con su lengua y sus aguas,
ya manso, ya airado, lame
del perro Argel las murallas,
con los ojos del deseo,
están mirando a su patria
tantos míseros cautivos
que del trabajo descansan,
y al son del ir y volver
de las olas en la playa,
con desmayados acentos,
esto lloran y esto cantan:
¡Cuán cara eres de haber!
¡Oh dulce España!

El regreso incompleto

La Restauración, como sistema político, se derrumbó tras el golpe de Estado del general Miguel Primo de Rivera. 1923 fue el año de la toma de poder de los militares y la marcha hacia Francia de un número reducido, pero importante, por las personas que la protagonizaron —dirigentes de los partidos dinásticos, nacionalistas catalanes, miembros de la Tercera Internacional, líderes anarquistas, escritores, intelectuales...— y su actividad en el destierro. 1923 también fue el año en que el proceso contra Unamuno por supuestas injurias al rey se transformó en licencia para que el dictador tomase medidas mayores contra el intelectual bilbaíno. El 20 de febrero de 1924, recordando al otro sabio de Salamanca, fray Luis de León, Unamuno se despedía de sus estudiantes hasta el próximo día. La orden del destierro había llegado. Tras su confinamiento en la isla de Fuerteventura, Unamuno abandonó España y se estableció en París, primero, y, luego, en Hendaya, donde su voz fue la voz exiliada más respetada.

El rector de Salamanca regresaría a España en 1929, después de que Primo de Rivera se derrumbara del poder. Luego vendría la salida de Alfonso XII, la proclamación de la Segunda República, los honores, el título de primer ciudadano, pero al intelectual bilbaíno le seguía doliendo España y presentía, desde casi el comienzo de la utopía de Azaña, que el país se precipitaba hacia una irreversible catástrofe. La guerra le sorprendió en Salamanca. Y en Salamanca pronunció, o más bien gritó, las palabras que dieron la vuelta al mundo: «¡Venceréis pero no convenceréis!» Palabras que quedaron como un aterrador augurio: la derrota republicana y el éxodo de medio millón de españoles. Éxodo que ya no vería don Miguel de Unamuno, pues el 31 de diciembre de 1936 su voz y su ojos se habían apagado. Éxodo que llevó a muchos intelectuales a vivificar sus raíces en América, sembrando en aquella tierra lejana, como escribió el poeta José Moreno Villa, lo mejor de su obra, «el beso y la palabra». Éxodo que dejó en España una tremenda arrancadura por la que se precipitarían más tarde poetas e intelectuales de la generación del cincuenta —en el exilio por razones morales o necesidad de aire libre— o los representantes de la oposición interior que acudieron a Munich en 1962 y denunciaron ante Europa el perfil totalitario del régimen franquista. Éxodo que, desgraciadamente, no era un accidente ni un hecho desconocido o sorprendente en España sino otra página más de una larga historia de pasos perdidos, fantasmales imágenes de guerras civiles o depuraciones religiosas, rostros de humo donde un día palpitó la infancia o la juventud o la utopía, tristezas enterradas en la memoria, y por lo tanto también en el olvido. Historia doliente de España.

Bibliografía

El talento, decía Flaubert, es una larga paciencia. La memoria parece ser que también lo es. Max Aub escribía en su diario el 25 de enero de 1962: «No somos nadie. Mal dicho: Somos nadie para los españoles. Fuimos nadie; no fuimos, habiendo sido.» Max Aub se quedó sin país en 1939. Fue uno de aquellos cientos de miles de españoles que perdieron España al perder la guerra civil: que perdieron los manuales de historia, el porvenir... Con la recuperación de la democracia se les tributó homenajes y se les rescató para las enciclopedias. El *boom* del exilio, sin embargo, duró poco. Hubo un no mirar atrás, un no remover la tierra arada con el dolor de tantos años de españoles sin tierra. El exilio era una historia vieja, una historia triste ...

Más allá del exilio republicano, en España hay una larga historia de intolerancia y de sangre, una historia de éxodos y de llanto, diciéndose y escribiéndose para siempre, diciéndose y escribiéndose entre el humo de las hogueras y la bruma de los presidios. En España late un pasado doliente y desengañado que ha arrancado parte de sus raíces y que ha obligado a muchos españoles a vivir transterrados, sobremuriéndose. A veces dentro de la Península, en ocasiones a la otra orilla del mar. Una historia como una larga herida. Todos los sueños son un solo sueño. Todos los siglos son un solo instante y su naufragio. Todos los nombres son el mismo nombre: Hispania, Toledo, Al Andalus, Sefarad, América, España... mosaico de términos que proyecta en la Historia de España un perfil de quimera y otro de sombra, un esplendor de voces y pueblos y otro de silencio y ceniza.

Los conquistadores y los nativos, los desheredados de la Península, que cantó Rosalía de Castro en el siglo XIX y los exiliados políticos del XX, los viajes de ida y vuelta a través de un mar hecho de utopía e intercambios, de personas y amarguras han tejido, a uno y otro lado del Atlántico, un tapiz mestizo, completado en el XXI con los hispanoamericanos que hacen el camino a España.

Muchos españoles, de una u otra época han sido condenados a un éxodo de mares y tristeza: los judíos, los moriscos, los perdedores de cada momento... Y hay ciudades que guardan su última mirada, que ha sido recreada en la monumental obra *La Historia en su lugar*, en la que han trabajado cerca de doscientos historiadores. Los libros sobre la *Inquisición* de Ricardo García Cárcel y Henry Kamen dan la palabra a aquellos españoles silenciados por la intransigencia religiosa o impelidos a abandonar el país que soñaban suyo. La expulsión de los jesuitas por el gobierno de Carlos III convirtió en exiliados a unos cuantos miles de españoles que han sido recordados en las investigaciones de Teófanes Egido y seguidos en su trabajo intelectual por Miguel Batllori.

La violencia política y la imposibilidad de convivir en paz llevaron a miles de españoles al destierro durante el siglo XIX. *Españoles fuera de España* de Gregorio Marañón fue una de las primeras reflexiones sobre el drama del exilio que Miguel Artola reflejó en su libro pionero sobre *Los afrancesados*. También de la primera hora es el ya clásico *Liberales y románticos, una emigración española en Inglaterra* de Vicente Llorente. Luego Rafael Sánchez Mantero estudiaría el exilio liberal en Francia. Los otros protagonistas del siglo XIX español, los carlistas, han tenido buenos investigadores de su obligado alejamiento de la patria. *El carlismo* de Jordi Canal, evoca el dolor de su destierro, estudiado con reflexión por Rodríguez-Moñino en *El exilio carlista en la España del XIX*. Desde 2001 se hace más fácil adentrase en la historiografía del exilio; ese año Consuelo Soldevilla Oria publicó su magnífica guía *El exilio español (1808-1975)*.

CAPÍTULO 3

En las cunetas de la gloria

De pura sombra, ¡oh pura sombra! lleno.

ANTONIO MACHADO

La edad cansada

La idea de la decadencia española es un mito, una historia de niebla que se mueve por un océano de papel, de naufragios; una historia que lleva mucha muerte dentro, como un réquiem que asciende por los reinos de los Austrias al caer el siglo XVI, dobla el XVII, enlaza la monarquía de los Borbones en el XVIII y encadena la nación liberal del XIX hasta asfixiarla despiadadamente, hasta dejarla «sin pulso» el año 1898. El mito arrastra, por tanto, diversas épocas e imágenes; su rumor esta hecho de coros y tiempos completamente distintos.

Las supuestas causas generadoras de esa decadencia resultan también diferentes, elaboradas por autores que no son ajenos a fuertes motivaciones religiosas, económicas, políticas o puramente literarias. Hay quien ve sus raíces en la expulsión de los judíos y los moriscos. Hay quien cree descubrirlas en el hallazgo de Colón y la conquista del Nuevo Mundo o en la aversión hacia las actividades comerciales y los oficios manuales de los españoles, supuestamente obsesionados por su condición caballeresca e hidalga. Hay quien sitúa la responsabilidad en el delirio armado de los Habsburgo y su afán por preservar el imperio, en el absolutismo de Felipe II y el ideal de la Contrarreforma, que habría traído un aislamiento cerril con respecto a Europa. Hay incluso quien se remonta a la época de los Reyes Católicos o más allá, a la difusa era de los visigodos. Quien arguye que la decadencia es obra de la

Inquisición o apela a la economía y a la inexistencia de una burguesía emprendedora. Quien recurre al jesuitismo, al odio cainita de los españoles, al declive americano y al desgajamiento de las colonias, al Desastre del 98, a la desvertebración de España o a los privilegios y las desigualdades de siglos...

La literatura de la decadencia es fecunda en la historia de España. Extranjeros y españoles han hablado largamente del asunto. La idea comienza a fijarse en la Edad Moderna. Cervantes, que ha sentido el orgullo en Lepanto y el gozo en Italia de ser español, deja al morir el siglo XVI que las palabras escritas en el papel vayan otoñándose. Cuando la fama de los españoles como buenos soldados empieza a diluirse en las guerras de Flandes y ya se estrena la melancolía, pone en boca de don Quijote esta frase: «Podrán los encantadores quitarme la ventura, pero el esfuerzo y el ánimo es imposible». Cervantes siente hacia 1610 el sueño de la edad vencido. Encantadores, locura, gloria pero, sobre todo, tristeza, pueblan la última aventura del caballero don Quijote.

Precisamente un tratadista castellano del siglo XVII, González de Cellorigo, creía que una de las causas de «la ruina y última desolación de la monarquía» se debía a que se había «querido reducir estos reinos a una republica de hombres encantados». González de Cellorigo había pronunciado las palabras que quebraban el viejo gesto heroico: ruina, desolación, declive... Los hombres de letras del siglo XVIII amplificarían su eco para exaltar los éxitos de los Borbones y denigrar la acción de Felipe III, Felipe IV y Carlos II, responsables del atraso económico, el malestar social y la pérdida de la hegemonía política. Los liberales del XIX para condenar la Inquisición y estigmatizar una dinastía indolente y un clero fanático.

Tras el sueño republicano, después de que se congelaran las esperanzas revolucionarias del 69 y en el colapso de ilusiones que supuso la Restauración, las historias sobre «la enfermedad» de España terminaron convirtiéndose en todo un género literario. No había hombre de letras al que no le doliera España y no tuviera una receta para su cura. Juan Valera hallaba las causas de aquel abatimiento en el influjo de la Inquisición y el fanatismo religioso, que había hecho caer a los españoles en un marasmo mental, en la sequedad y la esterilidad de pensamiento. Cánovas del Castillo, después de anotar que la unificación de España bajo los Reyes Católicos había sido un mito, escribía que el imperialismo, el expansionismo, las guerras en Europa y la falta de unión habían desangrado la economía y la cultura, contribuyendo a la despoblación de Castilla, la pobreza, la ociosidad, la quiebra de la hacienda y, por fin, la decadencia.

«El caso —escribía el arquitecto de la Restauración— es que no nos convenían ya tan gigantescos propósitos... El caso es que debíamos preferir a extender nuestra dominación por Europa y hasta asegurar nuestros dominios más importantes, el curar las llagas interiores de la monarquía, reponer la hacienda, reformar la administración, terminar la obra de la unidad política, y levantar la industria, el comercio y la agricultura, cosas en que al parecer no se pensaba.»

Cánovas resaltó la incapacidad de los Reyes Católicos para unificar España bajo un derecho común y la insuficiencia de su política económica y social, observaciones significativas de un líder político e historiador que aspiraba a conseguir la estabilidad constitucional de un país cuyo siglo XIX había sido caótico. Lejos del pragmatismo del gestor de la Restauración, los historiadores krausistas veían en el estudio de la decadencia y el análisis de sus causas el pretexto para imaginar la España que no fue. Los regeneracionistas, en cambio, para demoler una administración pública corrupta. Ganivet, por su parte, nada generoso con quienes habían tratado de «descatolizar a los españoles», pues España se hallaba «fundida con su ideal religioso», diría que la decadencia se debía a un «exceso de acción» y en haber acometido empresas enormemente desproporcionadas. La regeneración de la vida en España pasaba por cerrar con cerrojos, llaves y candados todas las puertas por donde el espíritu español se había escapado para derramarse por los cuatro puntos del horizonte.

Ganivet se suicidaba arrojándose a las aguas del río Duina, en la ciudad de Riga, el año en que su amigo Unamuno, Azorín y otros pensadores de fin de siglo contemplaban atónitos la desaparición del imperio, hundidos sus últimos despojos en las cálidas aguas del mar Caribe. El Desastre del 98, con la pérdida de Cuba y Filipinas, y la retórica, *¡me duele España en el cogollo del corazón!*, de aquellos intelectuales que llevaron sus nostalgias y su credo estético a las páginas de los periódicos, su angustiosa búsqueda del alma de un país y su pesimismo esperanzado, configuraron la imagen definitiva de la decadencia, luego confirmada por los militares del 36 y la dictadura del 39, el último gran llanto de la historia de España. José Hierro escribía en 1942:

> *¡Oh España que vieja y que seca te veo!*
> *Aún brilla tu entraña como una moneda de plata cubierta*
> *de polvo.*

Europa está triste

Economía, gobierno, monarquía, gentes, ciencia, arte, literatura... todo en España se había reducido a comienzos del siglo XX a un continuo derrumbarse en el abismo. Literatos antes que cronistas, la imagen del pasado que los del 98 llevaban en su interior —eco de las imágenes construidas por la historiografía liberal— arrastraba consigo vestigios de un esplendor devastado. Los juicios tan frecuentemente negativos que hicieron sobre el lugar de España en el mundo, sus dudas y compunciones, nacían de contrastar la «inercia» y el «olvido» del presente con el mito de un jardín imaginado, una supuesta edad de oro: una Castilla mística y guerrera que situaban entre los versos del Romancero y el reinado de Carlos V.

La deficiencia que todos cllos denunciaban no tenía su causa, por tanto, en la raza, ni en el suelo, ni en el clima, ni en el atraso económico, sino en una percepción muy particular de la historia. La historia de España, su epopeya en el tiempo, no resultaba ser otra cosa que quimera, herrumbre, esqueleto, polvo, ceniza... nada. El marasmo en que esperaban, dormían o soñaban los españoles de la Restauración, los males sentidos y sufridos en aquel fin de siglo, se debía a que se habían dejado abrumar por una cierta imagen de la Edad Media. Todas aquellas posibilidades abiertas en la época de los Reyes Católicos —la temprana constitución de un Estado nacional, el descubrimiento y la conquista de América, la hegemonía en Europa, el brillante cultivo de las letras y las artes...—, todas aquellas magníficas posibilidades que constituían el edén imaginado, se habían estancado a mediados del siglo XVII por el fanatismo y el desdén de los reyes y el pueblo. El gran movimiento del que nacía la ciencia y la civilización moderna pasó entonces sin notarse por las tierras de España y luego, en el siglo XVIII, cuando se despertó de la locura del Quijote, deshecho el ideal caballeresco, y muy atrás de la Europa culta, los españoles se vieron obligados a seguir a remolque, dividiéndose por el camino en odios y luchas fratricidas.

Toda esa mitología por la que se movían los intelectuales del 98 la fijaría el poeta de la generación, Antonio Machado, en su libro *Campos de Castilla*. Había indagado el poeta sevillano en la historia las razones de que todo hubiera quedado fosilizado; había descubierto en Castilla, a orillas del Duero, la manera de interrogar y sentir España; había recorrido su paisaje, sus alcázares en ruinas, sus catedrales; y había observado las presencias humanas que poblaban aquella tierra, arrieros, viejas enlutadas, monjas, jueces, labriegos, pastores... El espejismo imaginado en el camino hizo que la idea de la decadencia que llevaba dentro, «herencia de un siglo que vencido sin gloria se alejaba», se concretara en el alma, se extendiera al verso. El poema «A orillas del Duero» es una hermosa pintura del mito de la caída y la nostalgia de ese pasado, más o menos remoto, en el que las cosas eran mejores, casi de oro:

¡Oh, tierra triste y noble,
la de los altos llanos y yermos y roquedas,
de campos sin arados, regatos ni arboledas;
decrépitas ciudades, caminos sin mesones,
y atónitos palurdos sin danzas ni canciones
que aún van, abandonando el mortecino hogar,
como tus largos ríos, Castilla, hacia la mar!

Castilla miserable, ayer dominadora
envuelta en sus andrajos desprecia cuanto ignora.
¿Espera, duerme, o sueña? ¿La sangre derramada
recuerda cuando tuvo la fiebre de la espada?
Todo se mueve, fluye, discurre, corre o gira;
cambian la mar y el monte y el ojo que los mira.
¿Pasó? Sobre sus campos aún el fantasma yerra
de un pueblo que ponía a Dios sobre la guerra.
La madre en otro tiempo fecunda en capitanes,
madrastra es hoy apenas de humildes ganapanes.
Castilla no es aquella tan generosa un día,
cuando Myo Cid Rodrigo el de Vivar volvía,
ufano de su nueva fortuna, y su opulencia,
a regalar a Alfonso los huertos de Valencia;
o que, tras la aventura que acreditó sus bríos,
pedía la conquista de los inmensos ríos
indianos a la corte, la madre de soldados,
guerreros y adalides que han de tornar, cargados
de plata y oro, a España, en regios galeones,
para la presa cuervos, para la lid leones.
Filósofos nutridos de sopa de convento
contemplan impasibles el amplio firmamento;
y si les llega en sueños, como un rumor distante,
clamor de mercaderes de muelles de Levante,
no acudirán siquiera a preguntar: ¿qué pasa?
Y ya la guerra ha abierto las puertas de su casa.
Castilla miserable, ayer dominadora,
envuelta en sus harapos desprecia cuanto ignora.
El sol va declinando. De la ciudad lejana
me llega un armonioso tañido de campana
—ya irán a su rosario las enlutadas viejas—.
De entre las peñas salen dos lindas comadrejas;
me miran y se alejan, huyendo, y aparecen
de nuevo, ¡tan curiosas!... Los campos se oscurecen.
Hacia el camino blanco está el mesón abierto
al campo ensombrecido y al pedregal desierto.

Como a Azorín, Castilla le dice al poeta la grandeza pretérita y la postración presente. Ilusión labrada de Grecos, la literatura de la decadencia es un mito muy arraigado en los intelectuales españoles del 98, pero no sólo en ellos, pues prácticamente en toda Europa, se construye un haz de historias que pese a distorsionar la realidad, interiorizar estereotipos y pesimismos, termina por cobrar mayor autoridad que el mismo hecho histórico. La idea de la decadencia está presente en Francia como consecuencia de la derrota de Sedán y la humillación de Fashoda. En Portugal el gran poeta Anthero de Quental ya había analizado en el siglo XIX las causas del declive de los pueblos peninsulares, causas que se recuerdan con tristeza cuando el gobierno luso tiene que ceder en África a las presiones británicas, viendo desvanecerse el sueño de una gran África portuguesa. Italia, después del desastre de Adua, huele a nostalgias de Roma. El Imperio ruso, vencido por las armas japonesas, es un hervor de lamentos que navega entre dos nuncas, entre dos sombras, entre dos nadas, la de un pasado imposible y un futuro ensangrentado.

En 1915 Spengler expresaba el ciclo vital de las civilizaciones de la siguiente manera: «Sobre la superficie de los océanos pasa, incesante y monótono, el oleaje de las generaciones... Pero es sobre todo esta misma superficie donde las grandes culturas inscriben el majestuoso ciclo de su flujo y reflujo. Aparecen de pronto, crecen y se definen en líneas espléndidas; pero luego retroceden y desaparecen, y las aguas se convierten en un vasto llano soñoliento.»

Llevada por mundos de ensueño y monotonías de hastío, confusa la historia y clara la pena, la ilusión de decadencia comenzó a inundar Europa con el cambio de siglo. Fantasías pasadas consolaban de la pesadilla presente. Rubén Darío escribía en el prólogo de sus *Prosas profanas*: «Veréis en mis versos princesas, reyes, cosas imperiales, visiones de países lejanos e imposibles; ¡qué queréis!, yo detesto la vida y el tiempo en que me tocó nacer...». Los poetas se refugiaban en la melancolía de princesas adolescentes o en el castillo deshumanizado de las vanguardias. Los políticos, abogados o militares que habían conocido la época dorada del siglo liberal, con sus promesas, su fe en el progreso y sus revoluciones, sentían en los años primeros del siglo XX que el mundo, tal y como lo habían conocido, se hundía en un vago abismo. Tan pronto como estalló el espejismo, de gritos y utopías reventando —la rebelión de las masas, la primera guerra mundial, el auge de los fascismos...— muchos añoraron el largo y cálido verano liberal.

La mirada hacia un pasado mitificado, no era, sin embargo, nueva, ni nueva era la idea de decadencia a la que aludía Spengler, autor leído y releído por don Miguel de Unamuno. La teoría de un proceso cíclico infinito, y su aplicación al ascenso y la caída de las civilizaciones y de los Estados, ya estaba profundamente enraizada en el pensamiento europeo desde la Antigüedad. Los historiadores del Renacimiento, navegando por los textos de Polibio, habían recurrido a su mecanismo para explicar la caída del Imperio romano y de ese modo, precisamente, habían interiorizado los tratadistas españoles el colapso de esperanzas que vivieron en el siglo XVII. Tiempo de amarguras y extrañamientos, reflejado, con distintos matices, en las obras de Velázquez, Quevedo o Gracián, el mito de la decadencia comienza en las palabras primeras de estos españoles, en los testimonios que dieron del estado de los reinos y las recetas que propusieron para que la monarquía de los Austrias dejara de ser «una tierra de hombres encantados». La historia de la decadencia de España comienza, por tanto, en la crónica desolada de los hombres de letras del siglo XVII.

Ojos anegados de ceniza

Quizá fue Diego Saavedra Fajardo el escritor político del siglo XVII más preocupado por el inexorable destino de la monarquía. La voz de aquel intelectual y diplomático humanista, después de haber atravesado una Europa devastada por la guerra de los Treinta Años, haber visto deshecho su afán de una paz hispana, y defendido una política cautelosa que al menos preservara las posiciones del pasado, se hizo eco de los historiadores clásicos para explicarse la emergencia de la acechante y marítima Inglaterra, la burguesa y mercantil Holanda y la febril y arrolladora Francia de Richelieu.

«La saeta impelida por el arco —escribía el abnegado diplomático español— o sube o baja, sin suspenderse en el aire... El primer punto de la consistencia de la saeta lo es de su declinación. Lo que más sube, más cerca está de su caída. En llegando las cosas a su último estado, han de volver a bajar sin detenerse.»

Heridas de penumbra, las palabras de Saavedra Fajardo, referidas a las edades de los imperios —la *juventud*, cuando el sueño incendia «la sangre y los espíritus de mayor gloria»; la *consistencia*, cuando la autoridad y el respeto logran suplir otras cosas que ya se perdieron y se inflama el «ardor de la fama y el apetito de adquirir más», y finalmente la *declinación*, cuando «faltan las fuerzas y se les pierden el respeto» y todo navega hacia su olvido—, aquellas palabras escritas en el papel deshabitado, que era el morir, llevaban consigo la melancolía de quien comprende que a todo mediodía le sigue un atardecer, del que ve cómo la lengua púrpura del atardecer lame los dominios del imperio y los va convirtiendo en carne tibia. Fajardo escribía sus *Empresas* durante el reinado de Felipe IV. Habían de transcurrir todavía muchas batallas y desengaños para que la monarquía perdiera su envidiada posición de gran potencia mundial y la corte madrileña dejara de atraer la mirada de Europa, pero los malos augurios parecían haberse conjurado contra España desde la muerte de Felipe II, el año 1598.

El tránsito del rey burócrata a la tumba de El Escorial señaló, para muchos tratadistas de la época, y sobre todo, ya con la distancia que da el tiempo, para los ilustrados del siglo XVIII, otra travesía aún mucho más dolorosa: la de una monarquía que, habituada al triunfo, había creído estar elegida por Dios para dominar el mundo, a una monarquía víctima del infortunio y del mal gobierno. Quienes podían recordar la excitación íntima, la emoción profunda, el entusiasmo, que habían sentido los españoles del siglo XVI; quienes recordaban el tiempo ascendente que culminaba con el soneto de Hernando Acuña, «Al rey Nuestro Señor»; quienes recordaban aquella apasionada aventura del espíritu...

Ya se acerca, Señor, o es ya llegada
la edad gloriosa en que promete el cielo
una grey y un pastor sólo en el suelo,
por suerte a nuestro tiempo reservada.
Ya tan alto principio en tal jornada
os muestra el fin de vuestro santo celo
y anuncia al mundo, para más consuelo,
un monarca, un Imperio, y una Espada.
Ya el orbe de la tierra siente en parte
y espera en toda vuestra monarquía,
conquistada por vos en justa guerra,
que a quien ha dado Cristo su estandarte
dará el segundo más dichoso día
en que vencido el mar, venza la tierra...

... aquellos españoles que se habían instalado en la utopía de un imperio universal sintieron con agudeza y dolor las supuestas lacras domésticas, el ocio, la soberbia, la aridez, la incapacidad... y, por encima de todo, sintieron que la decadencia era cosa fatal e inevitable. El pasado, o más bien, la imagen que tenían del pasado, contrastaba con la realidad de finales del siglo XVI, cuando Juan de Mariana advertía de que con su peso y grandeza trabajaba España y se iba a tierra. La mitificación de una edad de oro que comenzaba con los Reyes Católicos y concluía con Carlos V —«nunca nuestra España en todas las cosas tuvo más alto grado de perfección... que en aquellos tiempos» diría González de Cellorigo— provocó una riada de comentarios pesimistas que extendió la melancolía por los despachos de la corte y las callejuelas de Madrid.

La historia de Francisco de Quevedo, a partir de 1620, es una crónica desolada de aquella crisis de esperanza, de aquel desengaño moral que embargó la mirada de los hombres de letras del barroco. Don Francisco, puro de sangre y con espada y lengua de mucho filo, compartió durante un tiempo los sueños de gloria y las promesas de regeneración del conde-duque de Olivares. Al fin y al cabo nada grave había ocurrido aún. Al llegar Felipe IV al trono un español podía pasearse por el mundo sin pisar tierra extranjera; los Tercios componían la más poderosa máquina de guerra que hubiera surcado jamás Europa; y la ruina de Castilla era cosa a la que un buen gobierno no tardaría en poner remedio. El desengaño habitó tarde su mirada, pero cuando lo hizo, lo hizo para sacarse de adentro las imágenes que no le dejaban dormir, las que ya había trasladado a la sátira y a la novela picaresca. Los males del reino y el rumbo trágico que parecía tomar la monarquía en manos del conde-duque llevaron a don Francisco a deslizar la serpiente de su palabra por debajo de los portones del palacio real... y tal vez, también, a conspirar contra el mismísimo Olivares. La cárcel fue el precio que tuvo que pagar por haber dejado hablar al ingenio, por haber sido, como pedía en su poema, *un espíritu valiente...*

No he de callar, por más que con el dedo,
ya tocando la boca, o ya la frente,
silencio avises, o amenaces miedo...

El ardor de su mirada se cubrió de amargura y terminó llenándose de musgo en la celda de San Marcos de León, mientras las noticias que le llegaban de fuera —la rebelión de Cataluña y Portugal, el levantamiento de Andalucía, los desordenes de Italia, el empuje de la Francia de Richelieu...— merecían comentarios como «de todas partes nos combaten»... «esto se acaba»... Quevedo, acorralado por la historia y las penas de la prisión, decidió refugiarse en la literatura para huir de la realidad. El desencanto del mundo, la humedad del calabozo, los dolores de la edad se llenaron de rutina, de niebla, de alardes verbales y estilísticos, hasta que un día, después de cuatro largos años, el poeta recibió la noticia de su liberación.

Don Francisco salía de la prisión en 1643, pero los dos años que le restaban de vida iban a ser años de tristeza, de soledad; le faltaba el cobijo de lo real y humano; le faltaba la salud y el vigor de la juventud... Tiene sesenta y tres años, aún conserva el don del ingenio, pero la palabra es, tan sólo, herrumbre, ascua. El curso de las cosas le impide hallar sueño en que poner los ojos que no sea recuerdo de la muerte. En el invierno de 1645, rehace la canción que comienza *¡Oh, tú, que inadvertido peregrinas!* El pasado con diente de rata muerde la mano que escribe sobre el papel...

No lloro lo pasado,
ni lo que ha de venir me da cuidado;
y mi loca esperanza, siempre verde,
que sobre el pensamiento voló ufana,
de puro vieja aquí su color pierde,
y blanca puede estar de puro cana.
Aquí del primer hombre despojado
descanso ya de andar de mí cargado.

La melancolía ilumina la mesa donde Quevedo bruñe las palabras más hermosas del español de la época...

... pues se huye la vida paso a paso
y en mentidos placeres
muriendo naces y naciendo mueres.
Cánsate, ¡oh mortal!, de fatigarte
en adquirir riquezas y tesoro,
que últimamente el tiempo ha de heredarte,
y al fin te dejarán la plata y oro.
Vive para ti solo, si pudieres;
pues solo para ti, si mueres, mueres.

La mano del poeta siente que la muerte asoma a veces entre las líneas, pero no se resigna. Las cartas que escribe desde las localidades manchegas de La Torre y Villanueva, pobladas de política y literatura, de noticias de España y Europa, de tiempos y nombres... resumen sus últimas esperanzas, el gesto quebrado que produce el choque entre gloria y tristeza, como si todas sus experiencias, deseos e ilusiones hubieran ido a concentrarse en aquellos papeles que amigos y arrieros traían y llevaban por caminos, conventos y palacios. El pesimismo final late en esos párrafos, la resignación porque el discurrir de las cosas parece inevitable, como si confluyeran miserias corporales y desastres históricos. Incluso el poeta llega a poner en duda la existencia misma de todo cuanto le ha rodeado, reducido a la magia de una palabra o a una imagen fantasmagórica. Hablaba el desengaño...

«Muy malas nuevas escriben de todas partes y muy rematadas; y lo peor es que todos las esperaban así. Esto... ni sé si se va acabando ni si se acabó. Dios lo sabe, que hay muchas cosas que pareciendo que existen y tienen ser, ya no son nada, sino un vocablo y una figura.»

Quevedo moría el año 1645, tres años antes del Tratado de Westfalia y catorce antes de la Paz de los Pirineos, que ponía término a más de treinta años ininterrumpidos de guerra total con Francia. La reflexión de los arbitristas del siglo XVII debe localizarse en las coordenadas melancólicas de los últimos escritos del poeta. Realistas y profundamente inquietos, unos, impostores o ilusos, otros, los arbitristas presintieron, como Quevedo, que todo corría a su fin y trataron de advertir al rey de los males que devoraban la monarquía. La decadencia a que, a su juicio, estaba abocada España conjuró en sus escritos una serie de imágenes que circularon como ráfagas de viento por los despachos de la Corte: el caos monetario, la sangría de unos impuestos excesivos, el menosprecio del trabajo manual, el poder de la Iglesia y la marea creciente de frailes y mendigos, la ruina de la industria, las trampas de la Hacienda, la despoblación del campo y la emigración a las Indias, la lacra de la limpieza de sangre...

Hubo quienes soñaron el futuro en el pasado y creyeron descubrir en la restauración de una época de plenitud, de abundancia antigua, según el modelo de Fernando el Católico, la cura a tantos males. Hubo otros, por el contrario, que partiendo, para su diagnóstico, del análisis de las causas espirituales, vieron la decadencia en términos de atraso económico y recomendaron el arreglo con el nuevo espíritu burgués de Europa. La mayoría de los proyectos no dejaban de ser puras quimeras y, aunque no faltaron los que desentrañaron los problemas del momento, adelantándose a las propuestas ilustradas del siglo XVIII, los consejos de los arbitristas fueron, en general, desatendidos, llegando incluso a ser diana de burlas literarias. Lope de Vega se mofaría de ellos en una de sus obras:

Don Alonso: *¿Qué profesión? ¿Humanista?*
Galván: *Más.*
Don Alonso: *¿Letrado?*
Galván: *Mucho más:*
a Tácito dejo atrás,
político y arbitrista.
Don Alonso: *A buen oficio te aplicas,*
muy bien con él comerás,
cuando hay en la Corte más
que drogas en las botigas.

Las orillas del desencanto

Que hubo una gran crisis en el siglo XVII es indudable. En 1622 el escritor y filósofo inglés Francis Bacon aún consideraba a la monarquía de Felipe IV una gigantesca potencia capaz de destruir a Inglaterra. Sin embargo, al comenzar el siglo XVIII un pensador tan perspicaz y enterado como Fénelon, arzobispo de Cambrai, moralista y escritor político, consideraba España algo pasado, atrapado en las ruinas de su esplendor antiguo y sin esperanzas: había huido lo que en ella había sido firme y solamente el gesto heroico, hueco y grotesco, permanecía, duraba. Era, se diría después, como si la fortaleza exhibida por el Imperio español en el siglo XVI hubiera resultado ser un castillo de arena y éste, conjurada la realidad, se hubiera derrumbado en el siglo posterior.

La crisis —política, militar, social y económica— padecida por la monarquía de Felipe IV a partir de 1640 se debió, sin embargo, a razones menos literarias. Guerras exteriores, problemas de subsistencia, epidemias de peste, rebeliones internas y reveses militares se sucedieron a lo largo del siglo XVII, prolongando el desencanto y extendiendo a toda la Península el rastro de luto que el ciclo de enfermedades y malas cosechas del siglo XVI había dejado en Castilla. Felipe IV y su valido, el conde-duque de Olivares, creyéndose obligados a mantener viva la herencia y el prestigio de sus antecesores, abarcaron, además, demasiado. Las monarquías universales ya no cuadraban en una Europa dividida por el auge de las nuevas potencias nacionales. El inmenso coste económico del imperio, sumado a las dificultades logísticas de mantener unido un conglomerado de territorios de aquellas dimensiones geográficas, labraban el agotamiento de España. Los recursos comenzaron a faltar. Castilla, corazón y sustento del imperio, estaba exhausta; exhausta por la continua hemorragia de hombres y dinero; exhausta por el despilfarro de las partidas de oro y plata de las Indias; exhausta por las embestidas del hambre y el abrazo inmisericorde de las epidemias... Había una inercia que fosilizaba la maquinaria del Estado; había fatiga, desengaño moral, gobernantes incapaces y un pesimismo lúcido y sonámbulo que se filtraba por los escritos de los hombres de letras a la sociedad. *Toda España va de rota*, cantaban los romances satíricos,

Lo militar no se ejerce,
lo político lo estorba,
los que pierden nos gobiernan,
los que ganan se arrinconan...
Hoy no se acierta en España
acción humilde ni heroica:
desdicha es errar algunas,
malicia es errarlas todas.

Diego Saavedra Fajardo, Quevedo, y, sobre todo, los arbitristas que entraban y salían por los pasillos y despachos de la corte, escribieron convencidos de que el mundo de sus padres navegaba hacia el fin y, heridos por los zarpazos de ese desencanto, sumidos en ese extrañamiento, no supieron, o tal vez no pudieron, ver más allá de la concepción cíclica de la historia, de la cual la idea de la decadencia era piedra angular. En aquella España de reyes y bufones, como la pintara Velázquez, el recuerdo de Roma pesaba demasiado: los campos sombríos de Castilla venían a evocar las imágenes funerarias de Itálica famosa, sus cenizas desdichadas, su despedazado anfiteatro... El ambiente del barroco era adecuado al desarrollo de tales sentimientos. La vida era frágil y triste; los bienes terrenos, despreciables; el hombre, un compendio de miserias...

Conviene, sin embargo, no tropezar en la piedra del fatalismo ni confundir las percepciones de los hombres de letras con la realidad. Las derrotas militares nunca fueron definitivas, a un revés le seguía una victoria. El poderío naval español no se hundió en el Canal de la Mancha sino en Trafalgar, más de dos siglos después del naufragio de la Armada Invencible. 1640 fue un año crítico, pero tras la derrota de la infantería de Flandes en Rocroi la monarquía de Felipe IV recobró pulso y se pudo recuperar Lérida, rechazar un ataque francés sobre Milán, reconquistar la estratégica fortaleza de Casale en el Piamonte, tomar Gravelinas y Dunquerque, y restablecer la situación en Cataluña.

En la Paz de los Pirineos, 1659, motivo de elegía para no pocos poetas, la monarquía católica, representada por don Luis de Haro, logró que Francia renunciase a sus reclamaciones en Italia, que abandonase toda pretensión sobre Cataluña y Portugal y que evacuase el Franco Condado. El imperio de Felipe IV había tenido que hacer frente a más de treinta años inacabables de lucha en los Países Bajos, Alemania, Italia, las posesiones americanas y asiáticas y hasta en la propia Península. Y, lejos de derrumbarse, se conservó en pie, apenas quebrantada en sus posesiones más preciosas, América.

La crisis del siglo XVII no se redujo, además, a los campos y ciudades de España. Fue más allá de la Península. Fue una crisis de dimensiones europeas. El siglo XVII resultó un siglo sombrío para Europa, atravesada por los odios religiosos, los conflictos sociales y las pasiones nacionales. El progreso económico experimentado en la primera mitad del siglo XVI se vio colapsado brutalmente. Heraldo de humo y sangre, la guerra de los Treinta Años desgarró el viejo continente, y luego de la Paz de Westfalia y la de los Pirineos, el sueño de Luis XIV de Francia prolongó por aquel mapa desolado la sombra de los ejércitos.

Epidemias de peste y tifus, hambre, carestías, miseria, rebeliones y bancarrotas no fueron males exclusivos de la monarquía de Felipe IV. Inglaterra sufrió una guerra civil que en 1649 llevó a su rey, Carlos I, al cadalso, y soportó el grave azote de la peste, crisis de subsistencias, pánico financiero y depresiones económicas. Holanda vio cómo su esplendor mercantil se nublaba en la primera mitad del siglo, y no recuperó su brillo anterior hasta muy avanzada la centuria. Austria quedó arruinada y los dominios de los Habsburgo de aquella rama, espantosamente arrasados por los ejércitos suecos y franceses, reducidos. Las guerras, el caminar sonámbulo de la peste y el marasmo económico abrieron las venas de Alemania, más dividida que nunca y horriblemente devastada en el siglo XVII.

En Francia tres guerras civiles convulsionaron los primeros años del reinado de Luis XIII. Tanto el cardenal Richelieu, gran hombre de Estado, como su sucesor, Mazarino, que ejerció el gobierno durante la minoría de edad de Luis XIV, tuvieron que sofocar problemas religiosos, intrigas nobiliarias, rebeliones locales y guerras domésticas. El hambre, las epidemias y el frío produjeron en el campo miles de muertos al declinar el siglo XVII. Apesadumbrado y clarividente, Fénelon escribía a Luis XIV: «... vuestros pueblos, que deberíais amar como a vuestros hijos, mueren de hambre. El cultivo de la tierra está casi abandonado, las villas y el campo se despueblan; todos los oficios languidecen y no alimentan ya a los obreros. El comercio está aniquilado... Francia entera no es sino un gran hospital desolado y sin provisiones...»

La amargura, el extrañamiento, la resignación, como se ve en las palabras escritas por Fénelon al Rey Sol, no fueron actitudes exclusivas de los españoles del siglo XVII. Sin embargo, los lutos propios, la interiorización de la decadencia, les impidió ver los lutos ajenos. Les impidió comprender que la crisis no amenazaba sólo a los reinos encantados de España; que Francia también era un gigante con los pies de barro; que las rebeliones y la corrupción torcían igualmente el rumbo de otras naciones; que el declive no era inevitable...

Lejana y fatalista, la óptica limitada de los pensadores españoles labró la invisibilidad de aquellos hechos. En Europa, si aún hoy las distancias son grandes, en el siglo XVII resultaban inmensas. Lo contemporáneo, en una época en que los correos tardan semanas y meses en transmitir informaciones, adquiere un aspecto hermético, ambiguo. Francis Bacon es un contemporáneo para el hombre de letras que vive en Londres y se tropieza con su voz en el mundo que le rodea, mientras que, para Quevedo o para un hombre de letras español que vive en la corte de Madrid, pertenece poco menos que a una era lejana. Para Fénelon, que contempla las fantasmales imágenes producidas por la miseria y el hambre, el aspecto reseco y consumido de la Francia de fin de siglo queda incluido en el mundo de Luis XIV, porque es el mundo que respira y le desgarra el corazón, mientras que para un arbitrista español de la generación de 1698, marcado por la larga agonía de Carlos II y el empuje arrollador de los ejércitos franceses, pertenecen a un mundo lejano, un mundo que ni siquiera habría podido imaginar.

La no contemporaneidad, que separa realidades y mundos de hombres y miradas, es también una de las claves para explicar el desconocimiento de un perfil hispano, que de haber sido visto y comprendido a tiempo por los españoles de los siglos XVII y XVIII tal vez hubiera reducido el pesimismo y corregido la idea de decadencia. Se trata de América, ignorada primero por los arbitristas y luego por los ilustrados. Epopeya y sueño, tierra labrada con el sudor de frailes y aventureros, cuando el crepúsculo comienza a caer sobre los dominios de Felipe IV los virreinatos hispanos de América están constituidos y consolidados como parte integrante de la monarquía de los Austrias, pero la distancia es inmensa y todo eso no ha sido visto por la mayoría de los europeos ni suficientemente comprendido por los mismos españoles.

América es un mundo nebuloso y extraño, un manantial de oro y plata, el mito de los desheredados y los hidalgos sedientos de aventura... poco más. Lo profundo de aquel Nuevo Mundo calla y la imagen de España que ve el hombre de letras se limita a un imperio con su centro en Madrid, sus posesiones en Europa y un vago dominio ultramarino del que recibe riquezas para sostener sus pies de barro en los campos de batalla. El mundo de Colón no ha llegado al español del siglo XVII y, por eso, mientras la monarquía sigue conciliando dos formas de vida distintas entre sí, mientras ciudades enteras, universidades, iglesias, enormes catedrales, palacios, fortificaciones, puertos, técnicas de navegación, imprentas, comercios... surgen y se consolidan al otro lado del Atlántico, no sabe darse cuenta de su importancia, no lo ve, porque en su mente las Indias todavía no han llegado a ser las Indias, porque América, para él, todavía no existe en toda su plenitud. La historia de América se haría realidad mucho más tarde, cuando el español del siglo XVII ya hubiera pasado, cuando las colonias ya se hubieran perdido, y la meditación hispana llevada al papel por intelectuales como Azorín le confiriera su verdadero alcance.

«La idea de decadencia es antigua en España», escribe el intelectual alicantino en 1924, curado ya de la sombría mirada con que había imaginado el pasado en los años rebeldes. «Españoles y extranjeros —escribía Azorín— han hablado largamente, desde hace tiempo, de la decadencia de España. Reaccionemos contra esta idea. No ha existido tal decadencia. ¿Cuándo se la quiere suponer existente? Se la supone precisamente en el tiempo mismo en que España descubre un mundo y lo puebla; en el tiempo mismo en que veinte naciones nuevas, de raza española, de habla española, pueblan un continente... No ha existido decadencia... España es la Península y los veinte pueblos americanos. España, con el descubrimiento y colonización de América, creaba una sucursal que había de ser más grande que la casa matriz. No se puede decir que un Banco esté en quiebra porque se traslada sus fondos de una casa a otra...»

La historia de la decadencia, además de ignorar el desarrollo del mundo de Colón, contrasta con la vida pletórica que vive la cultura española en aquellos momentos de desasosiego. El castellano está reverdeciendo en los monumentos escritos de Cervantes, Quevedo, Lope de Vega, Góngora o Calderón de la Barca. El arte español se sirve de la paleta de Velázquez, Murillo, Zurbarán, Ribera o Valdés Leal para otorgar al lienzo su plenitud de oro y sombras. Al servicio de la catequesis del país, la escultura se sumerge en el dramatismo de las formas y se funde con la pintura en las grandes tallas policromadas de los imagineros de la escuela sevillana y vallisoletana, cuyo arrebatado patetismo va dirigido a provocar la respuesta emocional de los creyentes. Todo este florecimiento de la belleza pudo manifestarse gracias al mecenazgo de la Corona, la Iglesia y los nobles que, rodeados de los mejores artistas de Europa, financiaron las grandes realizaciones del siglo hasta conseguir que, en plena crisis de la monarquía, la cultura española estuviera en todas partes, revestida de un hondo sentido universal.

Literatura, pintura, arquitectura, reflexión religiosa, música, tratados de política internacional... valen por sí solos para derrumbar parte de la oscuridad que difunden las quejas de los arbitristas y las referencias de los embajadores extranjeros. Los españoles del Siglo de Oro hicieron una obra cultural asombrosa. España nunca estuvo tan presente en Francia como en el reinado de Luis XIII: se aprendía entonces castellano, como hoy el inglés; se leían y traducían a los autores de la literatura española y se admiraba el teatro que se representaba en Madrid. El cerrojo echado a España por Felipe II y el aislamiento del que tanto se ha hablado para explicar la decadencia tienen mucho de mito. ¿Cómo se podía aislar de Europa a un país que estaba en toda Europa y donde todos podían entrar y salir sin problemas? Lo que sí se endureció fue la tenaza de la Inquisición, el control sobre la producción intelectual y aquella suspicacia de los tiempos recios de los que habló santa Teresa. La sombra alargada de la Inquisición no impidió que España alumbrara valores inestimables como el derecho internacional y de gentes o ciertos conceptos democráticos, pero sí provocó que la mayoría de sus pensadores se desinteresaran y se apartaran de nuevas formas de filosofía y de ciencia que estaban floreciendo en Europa. Éste constituyó el gran error del Siglo de Oro español.

Tiempo después, en el siglo XVIII, cuando aquellas inquietudes intelectuales adquirieron todo su desarrollo, cuando se convirtieron en futuro, los españoles se hallaron en el pasado y tuvieron que remontar un atraso científico de medio siglo; tuvieron que sacudirse el polvo de la escolástica, ponerse al día y hacer lo que otras naciones habían hecho ya y ellos no... La desilusión de Quevedo, que observaba cómo el sol cada vez iba siendo más de atardecer, cómo se iba vaciando algo dentro de las construcciones del pasado, quedó arraigada en la mente de los ilustrados, que vieron en el atraso filosófico y en los tratados arbitristas un reflejo de la decadencia.

La luz se cuela

Los hombres de letras del siglo XVIII creyeron heredar un mundo que en el XVI había tenido carne y sueños y sol y que, pasada la guerra de Sucesión, sólo era ya penumbra, río de negros acordes, un mundo en el que el tiempo había dejado sus arrugas.

En los años de Carlos III, el ilustrado coronel Cadalso escribía: «El siglo pasado no nos ofrece cosa que pueda lisonjearnos. Se me figura España desde el fin de 1500 como una casa grande que ha sido magnífica y sólida, pero que por el decurso de los tiempos se va cayendo y cogiendo debajo a sus habitantes. Aquí se desploma un pedazo de techo, allí se hunden dos paredes, allá se rompen dos columnas, por esta parte falta un cimiento, por aquélla se entró el agua de las fuentes, por la otra se abre el piso; los moradores gimen, no saben adónde acudir; aquí se ahoga el dulce fruto del matrimonio fiel en la cuna; allí muere de golpes de las ruinas, y aún más de dolor de ver este espectáculo, el anciano padre de familia; más allá entran los ladrones a aprovecharse de la desgracia; no lejos roban los mismos criados por estar mejor instruidos, lo que no pueden los ladrones que lo ignoran...»

Para Cadalso, como para la mayoría de los ilustrados españoles, la decadencia era la fatal consecuencia de un siglo cuajado de ignorancia, pereza, espejismos barrocos, abstracciones teológicas y gestos heroicos. Los despropósitos cometidos por Felipe III y Felipe IV, responsables de la decadencia, culminaban con el ascenso al trono de Carlos II, cuyo tiempo se le figuraba al hombre de letras del siglo XVIII un tiempo enjoyado de crepúsculos, con olor a incienso y a mugre.

Felipe IV había muerto en 1665 a la edad de sesenta y dos años. En vida le habían llamado el grande. Quevedo había observado con amargura: «Lo es el Rey Nuestro Señor a la manera de los hoyos, más grande cuanta más tierra le quitan». El reinado de su sucesor, Carlos II, pasaría a la historia como una época sin pulso. Los ilustrados, primero, y luego los historiadores de los siglos XIX y XX, tallaron de sombra pura la época del último Austria.

Inscrita en el mito de la decadencia, la crónica de aquellos años se limitó a la imagen de un rey enfermo y prematuramente envejecido; unos hombres que viven en el pasado y se esfuerzan por prolongar, ya sin nervio, las escenas del teatro de Calderón de la Barca y los renglones torcidos de la Escolástica de Trento; unos ministros melancólicos y corruptos que ven cómo se pierde Portugal, las provincias de Flandes, el Franco Condado y, entre añoranzas y pesadillas, contemplan cómo la hegemonía de Europa pasa a una Francia acechante y sagaz; un reino exánime y un rey sin herederos que agoniza a los cuarenta años rodeado de confesores, exorcistas, cortesanos y embajadores que se disputan el trono... La sombra de los sonetos que presentan al rey como un viejito que no puede vestirse solo ni leer de corrido ni pasear por su cuenta o las sátiras populares que hablan de corrupción y decadencia ha sido muy alargada:

Juguete es del Orbe
La nación más brava
De algunos cuclillas
Somos carcajada
Ríen nuestras cosas
Como mojigangas...

Todo en la corte de Carlos II, según un embajador veneciano, era artificio y amodorramiento. En 1682 Giovanni Carnero sentenciaba: «Resulta incomprensible cómo subsiste esta monarquía.» Siete años más tarde un viajero francés escribía: «La gente de juicio coincide en que la Casa de Austria les lleva inevitablemente a la ruina total.»

El marqués de Villena, el 1700, año en que Carlos II, presa de la enfermedad, huía del mundo entre las sábanas y, con él, huía el siglo y la dinastía de los Habsburgo, anotaba: «... la justicia abandonada, la policía descuidada, los recursos agotados, los fondos vendidos, la religión disfrazada, la nobleza confundida, el pueblo oprimido, las fuerzas enervadas y el amor y el respeto al soberano perdidos.»

Hubo pesimismo, intrigas, reveses militares, problemas financieros. El hambre azotó el campo. La peste se nutrió de españoles por tercera vez en aquel siglo. Los ministros y las elites cultas vivieron amargamente la amenaza de desintegración de los dominios de la Casa de Austria... Pero al morir Carlos II ni toda la monarquía se había hundido en el caos ni España se reducía, como llegó a escribir tiempo después Cadalso, al «esqueleto de un gigante». La opinión no siempre es un reflejo del hecho histórico y lo cierto es que los ilustrados exageraron las desgracias del reinado del último Austria, pues aquellos años fueron tiempo de estabilidad y recuperación. Los ministros de Carlos II lucharon contra el cáncer monetario y pusieron las bases para sanear la economía; la población creció; el comercio reverdeció; y el renacimiento intelectual que se vivió más tarde, ya en el Siglo de las Luces, tuvo su origen en 1680, con los *novatores*, cuyo pensamiento fue una rendija abierta a Europa y a la modernidad, una ruptura con el oscuro mundo del barroco español.

España no volvió a mandar en Europa pero tampoco se convirtió en una potencia de segundo rango. Luego de la guerra de Sucesión, los Borbones reconocieron que debían despojarse de las apariencias vanas del pasado y acomodar el horizonte de la monarquía a sus posibilidades reales. La monarquía de Felipe V, Fernando VI y Carlos III, mutilada en Europa con las pérdidas de Utrecht —Bélgica, Nápoles, Sicilia, Cerdeña, Gibraltar, Milán y Menorca— reconstruyó la Armada, llevando a los mares una poderosa escuadra, y recuperó influencia internacional. La historia de la decadencia narra con detalle el descalabro de la escuadra del ministro Alberoni en aguas de Sicilia, los ataques ingleses a Vigo y los continuos fracasos del ejército español ante las murallas de Gibraltar, pero pasa por alto la recuperación de Nápoles y Sicilia tras la guerra de Sucesión polaca, la obtención de la Luisiana en 1763 después de la guerra de los Siete Años o la posesión de Menorca y la Florida como consecuencia de la guerra de la Independencia de Estados Unidos.

Jamás fue mayor el Imperio español en América que en 1780. Los logros de la monarquía de los Borbones en el mundo de Colón fueron muchos y un viajero ilustrado tan observador como Alejandro Humbolt, que recorrió México entre 1803 y 1804 lo reconoció en su libro de viajes *Ensayo político sobre el reino de la Nueva España.*

«Méjico —escribía el barón alemán— debe contarse sin duda entre las más hermosas ciudades que los europeos han fundado en ambos hemisferios...» «La capital y otras muchas ciudades —escribía Humbolt después de dar cuenta de la prosperidad de aquel virreinato español— tienen establecimientos científicos que se pueden comparar con los de Europa. La arquitectura de los edificios públicos y privados, la finura del ajuar de las mujeres, el aire de la sociedad, todo anuncia un extremo esmero...» El viajero alemán, que había visitado Cuba y recorrido Venezuela y Perú, tomó nota también de los graves problemas que amenazaban la tranquilidad de ultramar: la desmesurada extensión, que dificultaba el control de las autoridades de la metrópoli, los contrastes sociales, los abusos que cometían funcionarios y latifundistas, y el descontento de los criollos, los españoles americanos, «privados de muchos derechos importantes en sus relaciones con el Antiguo Mundo».

El siglo XVIII resultó ser un buen siglo, un siglo de renacimiento intelectual y reformas, de recuperación de la presencia internacional de España, de crecimiento demográfico y de auge industrial, urbano y comercial; un siglo sin violencia ni sangre, sin guerras civiles, dramatismos ni desgarrones. Felipe V, Fernando VI y Carlos III impulsaron un proyecto modernizador que durante un siglo consumió las energías de la burocracia cortesana y el pensamiento, contagiados ambos del espíritu de la Ilustración.

La penuria económica, la debilidad de la agricultura, el anquilosamiento de la universidad, el atraso científico, el protagonismo de la Iglesia, la ignorancia de las clases populares, el gobierno de América, el saneamiento de la Hacienda... ningún problema quedó libre de la pesquisa del ilustrado español. Macanaz, Feijoo, el marqués de la Ensenada, Campomanes, Olavide, Jovellanos, Moratín... soñaron con llevar a cabo una reforma no traumática que sacara a España de la crisis padecida en el siglo XVII y le devolviera su condición de primerísima potencia europea. Tenían la ilusión y la palanca ideal en sus manos: la monarquía. Pero ni la aristocracia ni la Iglesia estaban dispuestas a emprender grandes reformas.

Los procesos inquisitoriales de Macanaz y Olavide demostraron la fuerza de los reaccionarios. Si bien la Inquisición no cerró España, como dirían los represaliados, pues ni la censura oficial ni la religiosa impidieron que las obras de los filósofos europeos circulasen antes de 1789 y sirvieran de estímulo a las Luces españolas, sí impuso a muchos la sensación de vivir un encierro. Cadalso, que escribía a veces como si las palabras le sangraran de la boca, recogió con dolor resignado el miedo que paralizaba la mano del pensador de la época:

«Es tan cierto este daño —escribe el militar ilustrado—, tan seguras sus consecuencias y tan espantoso su aspecto, que el español que publica sus obras hoy, las escribe con inmenso cuidado y tiembla cuando llega el tiempo de imprimirlas. Aunque le consta la bondad de su intención, la sinceridad de sus expresiones, la justificación del magistrado, la benevolencia del público, siempre debe recelarse de los influjos de la estrella, como el que navega cuando truena, aunque el navío sea de buena calidad, el mar poco peligroso, la tripulación robusta y el piloto práctico, siempre se teme que caiga un rayo y le abrase los palos, o las jarcias, y aun tal vez se comunique a la santabárbara, encienda la pólvora y lo vuele todo.»

Tras el encarcelamiento de Olavide nadie podía sentirse seguro. La sombra alargada del Santo Oficio terminó amordazando el pensamiento ilustrado, que se autocensuró y se hizo precavido, como manifiestan los escritos de Jovellanos, Iriarte y Moratín o el escaso 10 % de libros reprobados. «De aquí nace —seguía escribiendo Cadalso— ... de aquí nace que muchos hombres, cuyas composiciones serían útiles a la patria, las ocultan; y los extranjeros, al ver las obras que salen a la luz en España, tienen a los españoles en un concepto que no se merecen. Pero aunque el juicio es falso, no es temerario, pues quedan escondidas las obras que merecían aplausos. Yo trato poca gente, pero aun entre mis conocidos me atrevo a asegurar que se pudieran sacar manuscritos muy preciosos sobre toda especie de erudición, que actualmente yacen como el polvo del sepulcro, cuando apenas había salido de la cuna.»

Tampoco se puede decir que Europa estuviera muy familiarizada en el siglo XVIII con la libertad de pensamiento ni con su ejercicio público. Europa también tuvo sus persecuciones, sus corrientes reaccionarias y sus censuras. En Francia, en el siglo XIX, cuando los viajeros románticos hablaban del fanatismo religioso de los españoles, Flaubert se vio envuelto en un proceso por ofensa a la moral y a la religión: su delito, haber escrito *Madame Bovary*. En Inglaterra, Oscar Wilde fue condenado a dos años de trabajos forzados por supuesta conducta homosexual. La lucha por la libertad de pensamiento ha llenado la historia del viejo continente entre los siglos XVIII, XIX y XX. En España, es cierto, la situación fue más negra por el poder disciplinario de la Iglesia y las garras, mutiladas pero aún hirientes, de la Inquisición. Durante el siglo XVIII la sensación de encierro fue real y la persecución sufrida por Olavide, el fabulista Samaniego, el poeta Bernardo de Iriarte, el matemático Bails o los catedráticos Normante y Salas, impregnó a la elite pensadora de un sentimiento de desánimo e inferioridad.

Preso de la melancolía, al atraso español el ilustrado contrapuso siempre el progreso europeo. Leandro Fernández de Moratín es un buen ejemplo. Los pueblos, las fondas, los campos, las grandes ciudades, los teatros... todos los lugares que ve y deja atrás en sus viajes por Europa —Alemania, Francia, Inglaterra...— le evocan las resecas imágenes de España que lleva tatuadas, como zarpazos, en el corazón: «Schwetzingen —anota el autor de *El sí de las niñas* en su cuaderno de viaje—, bonito pueblo, espacioso, limpio; buen caserío; jardines deliciosos, abiertos para el público. ¡Oh, Carabanchel de Arriba! ¡Oh, Vallecas!»

Leandro Fernández de Moratín, como la gran mayoría de los ilustrados españoles, demostró, sin embargo, tener una visión muy limitada de Europa. Por ésta solían entender unas cuantas ciudades y determinados grupos intelectuales de París, Londres o Weimar, cuando lo cierto era que el mapa europeo era mucho más amplio, tradicional en muchos aspectos, y en ocasiones más rural y provinciano que España. En las naciones de Europa, incluso en Francia, Inglaterra y Alemania, la Ilustración siempre fue una aventura de minorías. El atraso de España respecto a estas naciones, aun resultando indiscutible, no era tan desolador como creyeron ver Jovellanos, Moratín y otros ilustrados españoles. La inercia aparente les irritaba, como les irritaba la intolerancia, el poder de la Iglesia y las supercherías del pueblo, más volcado en la jota y el toreo que en la modernización. Sentían las resistencias, la solidez de las murallas de la reacción; pero no se daban cuenta de cómo, en el fondo, los cambios que proponían se iban haciendo posibles, no se daban cuenta de cómo, poco a poco, sin brusquedades ni crepúsculos, la luz se colaba entre los renglones de sus informes; cómo, en fin, la reforma no traumática de España iba cobrando forma.

Cicatriz en la mirada

La evolución tranquila que España pudo haber tenido quedó bruscamente truncada por el estallido de la Revolución francesa en 1789. París ardió en los ojos aterrados de los ilustrados españoles, náufragos de un mundo que, de pronto, dejaba de ser el suyo. Floridablanca, presa del pánico, trató de cerrar el país a la revolución, llamando a la Inquisición y el ejército para garantizar el bloqueo. El tribunal atacó sin freno: Cabarrús fue detenido, Jovellanos desterrado, Campomanes desposeído de su cargo en el Consejo... Todo en vano. El bloqueo no resultó, la propaganda revolucionaria penetró por los Pirineos y la monarquía de Carlos IV se vio atrapada en las borrascas procedentes de Francia: la Convención, el Terror, las ejecuciones de los reyes y de millares y millares de personas, la guerra internacional, el Consulado, Napoleón, la expansión de los ejércitos franceses, el imperio... En 1808, luego de naufragios, intrigas de palacio y motines populares, la invasión de los ejércitos de Bonaparte terminó de activar la ofensiva del pensamiento reaccionario y precipitó la discordia latente entre los españoles.

Cien largos años verían enfrentarse a los españoles con las armas en la mano, arrancando de la guerra de la Independencia, pasando por las luchas de emancipación de las colonias y las batallas carlistas, y culminando con la de Cuba. El horror de las guerras civiles del siglo XIX lo anticipó Jovellanos en 1810, cuando huía de los ejércitos franceses que avanzaban por la Península y ya anciano veía acercársele la muerte. Jovellanos observó cómo los mismos españoles que combatían contra los ejércitos de ocupación se descarnaban unos a otros, cómo se acechaban y desaprovechaban, en pasiones mezquinas, energías útiles para salvarse unidos. Impotente para impedirlo, para detener las imágenes que se le aceleraban en la mirada, el viejo ilustrado llevaría sus quejas al papel: «... Tú, ¡oh amada patria mía!, tú, yo lo pronostico también, perecerás, no por los esfuerzos del bárbaro tirano que devasta tus pueblos, sino por los de los hijos ingratos que destrozan tus entrañas...»

Jovellanos moría en 1811 con aquel doloroso presentimiento. La guerra de la Independencia terminaba dos años después, pero los españoles, como lo había adelantado el antiguo ministro de Carlos IV, continuaron enfrentándose en los campos de batalla.

Tras la derrota de los ejércitos franceses, la mitología de la decadencia se alimentó con los vaivenes cruentos del reinado de Fernando VII, la pérdida de las colonias americanas, el rumor de sangre de las guerras carlistas y la memoria de una historia rica en otoños. La voz doliente de Quevedo y la melancolía de los ilustrados del XVIII corrió hacia Larra, en cuya palabra la preocupación por España volvió a descender hacia zonas más profundas.

Las imágenes que de la primera mitad del siglo XIX español recibieron los escritores noventayochistas habrían de ser las que el joven y desesperado romántico pintó de Madrid en los años treinta. La mirada de Larra, sin embargo, era una mirada poblada de melancolías, negra y trágica, afectada por el mal del siglo al que se refirió Musset: «Durante las guerras del imperio, mientras los maridos y los hermanos estaban en Alemania, las madres inquietas habían echado al mundo una generación ardiente, pálida, nerviosa. Concebidos entre dos batallas... miles de niños se miraban entre sí con mirar sombrío.»

Concebido también entre dos batallas, Larra llevaba el pesimismo dentro. Miraba sombríamente a los hombres y a las cosas. La misma realidad que brindaba a Mesonero Romanos cuadros deliciosos y a Fernán Caballero apacibles ñoñerías, la veía él en su entraña: viciada, empobrecida, esclerósica, presuntuosa y vana. Larra pintó crudamente la realidad que le rodeaba, sabía que escribir en Madrid era llorar, pero bruñir palabras en el papel, sacar a la luz las vísceras de aquella sociedad en la que vivía, era su modo de soñar, de nombrar ilusiones. Europa... La asfixia cada día más trágica de la vida política, el desaliento, los motines populares y el ocaso de esperadas reformas... terminaron por hundirle en un pesimismo sin retorno.

«El cementerio —escribía en noviembre de 1836— está dentro de Madrid. Madrid es el cementerio.» La desolación, la sensación de sentirse inmerso en su propio país y cómplice interno de sus desgracias, o quizá la convicción de que no cabía esperar que el pueblo español se interesara por la libertad... impedían que la pluma, grave y ágil, se detuviera: «¡Libertad! ¡Constitución! ¡Opinión nacional! ¡Emigración! ¡Vergüenza! ¡Discordia! Todas estas palabras parecían repetirme a un tiempo los últimos ecos del clamor general de las campanas del día de Difuntos de 1836.» Y más adelante: «Era la noche. El frío de la noche helaba mis venas. Quise salir violentamente del horrible cementerio. Quise refugiarme en mi propio corazón, lleno no ha mucho de vida, de ilusiones, de deseos. ¡Santo cielo! También otro cementerio. Mi corazón no es más que otro sepulcro. ¿Qué dice? Leamos. ¿Quién ha muerto en él? ¡Espantoso letrero! ¡Aquí yace la esperanza!! ¡Silencio, silencio!!!»

El 15 de febrero de 1837, apenas dos meses después de haber escrito aquellas frases desesperadas, Fígaro se suicidaba. Larra cerraba los ojos al mundo de un pistoletazo. La voz del escritor, sin embargo, duraría más que sus sueños, mucho más. En 1937 el poeta Luis Cernuda, sintiendo que el mal de España era incurable, «la tierra de los muertos, adonde ahora todo nace muerto, vive muerto y muere muerto», evocaba su desesperada y trágica figura en unos versos:

Y nuestra gran madrastra, mírala hoy deshecha,
miserable y aún bella entre las tumbas grises
de los que como tú, nacidos en su estepa,
vieron mientras vivían morirse la esperanza,
y gritaron entonces, sumidos por tinieblas,
a hermanos irrisorios que jamás escucharon.
Escribir en España no es llorar, es morir,
porque muere la inspiración envuelta en humo,
cuando no va su llama libre en pos del aire.
Así, cuando el amor, el tierno monstruo rubio,
volvió contra ti mismo tantas ternuras vanas,
tu mano abrió de un tiro, roja y vasta, la muerte.
Libre y tranquilo quedaste en fin un día,
aunque tu voz sin ti abrió un deje indeleble...

Luis Cernuda y, sobre todo, los hombres del 98, impregnados del fatalismo del Desastre, descubrieron en Larra un antecesor y un guía. La voz de Fígaro llenó de imágenes el corazón de Unamuno, Maeztu, Machado o Azorín, y quedó recogida también en la mirada de Ortega y Gasset, para quien el derrumbamiento del imperio y la pérdida de las últimas colonias no eran sino el triste espectáculo de un larguísimo, multisecular otoño.

Al filósofo Ortega el defecto de España le parecía congénito, su historia era la historia de una decadencia, pues siempre había llevado una existencia sonámbula. En España, escribía el pensador madrileño, la anormalidad había sido lo normal. El presente era la polvareda que había quedado después de que la gran ruta histórica hubiera pasado. «Cuando se atraviesan los Pirineos y se ingresa en España, se tiene siempre la impresión de que se llega a un pueblo de labriegos... Hay pueblos que se quedan por siempre en ese estado elemental de la evolución, que es la aldea...»

La gran literatura española, quizá desde el Arcipreste de Hita, no se ha caracterizado por exaltar el esplendor de España, sino por retratar la miseria y la oscuridad del destino español. Quien nacía en la Península nacía en una tierra muerta, los exhaustos españoles eran los bufones del viajero europeo y el intelectual llevaba en su interior, dolorido, la melancólica tragedia del otoño. La historia de Ortega es una densa antología de esas heridas, de la sensación de atraso e inferioridad que nubló la visión del ilustrado del XVIII y llevó a Larra al suicidio.

España, a comienzos del siglo XX no era, sin embargo, un pueblo de labriegos ni su presente podía reducirse a palabras como *tétrico*, *sombrío*, *trágico*... tan usuales en el manual de escritura del 98. Ni su pasado era la crónica de una decadencia ni tras el Desastre del 98 se había quedado sin pulso. Más bien ocurría todo lo contrario. En aquella hora en que el adiós a las últimas colonias se revestía de tragedia nacional, la cultura vivía una vida plena como no había disfrutado desde el siglo XVII.

Hacia 1914 Unamuno escribía: «Toda España está progresando, y está progresando muchísimo, digan lo que digan los agoreros de desdichas.» En 1926, Ramiro de Maeztu, decía: «En tiempos que, afortunadamente, se van alejando, era costumbre acusar a España de esta inadaptación a las esencias de la modernidad. La transformación rápida de España hace imposible que estos juicios se mantengan. También España se moderniza.»

Una generación de jóvenes intelectuales irrumpía en la prensa con una conciencia clara de su función rectora en la vanguardia de la sociedad; la economía florecía; las ciudades crecían; el proceso industrializador se intensificaba; la ciencia despertaba, la educación se extendía... En 1936 la cultura española estaba en el punto más alto de toda su historia: desde la matemática a la física, desde la filología a la filosofía, desde la arquitectura a la música, se habían alcanzado niveles de creación original equiparables a los de la Europa avanzada. España se movía. En realidad, no sin tropiezos ni zancadillas, no había dejado de hacerlo desde el siglo XVIII. La mala conciencia del 98, pesimismo y lágrimas incluidas, no había buscado, en el fondo, otra cosa que la aceleración de ese proceso. La política hidráulica con que se estrena el siglo XX, la inquietud economicista, la alfabetización, las obras públicas de la dictadura de Primo de Rivera y la obsesión pedagógica de la Segunda República llevaban el sello del 98.

1936 es el año que cierra la esperanza. Tras la guerra, guerra en la que conviven en estrecha proximidad empresas artísticas e intelectuales con matanzas y campos de muerte, la cultura española resulta ya una cultura disminuida: muerte, prisión y exilio de los vencidos... El país de Franco es un país lleno de penas, un país con un olor difuso a carbonilla e incienso, un país provinciano y cerrado, donde muchos verdugos y muchas víctimas de la feroz represión se cruzan por la calle. El país de Franco es el país de las tristezas, miseria y llanto de los ojos. José Hierro dejó escrita, con desaliento, con frío, con sueño, aquella imagen pobre y pintoresca...

Oh España, qué vieja y qué seca te veo.
Quisiera asistir a tu sueño completo,

mirarte sin pena, lo mismo que a luna remota,
hachazo de luz que no hiende los troncos ni pone la llaga en la piedra.
Qué tristes he visto a tus hombres.
Los veo pasar a mi lado, mamar en tu pecho la leche,
comer de tus manos el pan, y sentarse después a soñar bajo un álamo,
dorar con el fuego que abrasa sus vidas tu dura corteza.
Les pides que pongan sus almas de fiesta.
No sabes que visten de duelo, que llevan a cuestas el peso de tu acabamiento,
que ven impasibles llegar a la muerte tocando sus graves guitarras.

Tierras tristes, tan tristes que tienen alma, como escribía Machado, las tierras de España llenan también la mirada del dramaturgo Buero Vallejo, que a través del espejo de *Las Meninas*, a través de los problemas del XVII y la oscura pena del cuadro de Velázquez, obliga a sus espectadores a entrar lentamente en las estrecheces y la desolación del país regentado por Franco.

«Un cuadro sereno, pero con toda la tristeza de España dentro —se dice en la obra de Vallejo—. Quien vea a estos seres comprenderá lo irremediablemente condenados al dolor que están... Quien los mire mañana lo advertirá con espanto... Sí, con espanto, pues llegará un momento, como a mí me sucede ahora, en que ya no sabrá si él es el fantasma ante las miradas de estas figuras...»

En los países de niebla, sin embargo, también nace la primavera. Buero Vallejo hace decir al Velázquez de su obra: «El tiempo todo se lo lleva... También se llevará esta edad de dolor.» El tiempo se llevó también los años de cerrado y sacristía, las infelices gabardinas a la deriva, bajo el viento, las figuras mal vestidas, el olor a miseria y la pena. Llegó el dinero del turismo y de los inmigrantes, llegó la canción de los poetas, llegó el desarrollo y el sueño de más futuro.

Llegó la paz. Tardó muchos años, demasiados... pero llegó, y España ha alcanzado, al terminar el siglo XX y comenzar el XXI, una situación social, política y económica que jamás imaginaron los intelectuales del 98. Hablar todavía de decadencias, regresar a los viejos adjetivos de la negrura paleta, repetir el antiguo monólogo de penas, es seguir caminando por un lienzo de Goya. Hoy el llanto ha cesado. Las palabras no son ascuas. Ya no son españoles los que no pueden ser otra cosa. Ya no atardece a todas horas. Hoy la historia no da melancolías, sólo esperanza... La esperanza que convive con el silencio de tantos años, con el hielo, pero también con el rumor de sueños y el batir de alas.

Bibliografía

Dicen que para amar una ciudad basta con amar a uno de sus habitantes, pero hay quien desconfía de la frase, pues siente pasión por ciudades en las que no conoce a nadie y detesta otras en las que no recuerda haber hecho otra cosa que amar. Por eso nunca olvida aquella otra frase que alguien dejó escrita en el viento como un homenaje a la imaginación: para amar una ciudad basta haberla soñado en la palabra de uno de sus cronistas. Lo mismo se puede decir de las naciones, lo mismo se puede decir de España.

Aunque se pasaron los tiempos del pesimismo hispano y del masoquismo intelectual, no pocos españoles creen vivir en una nación enferma, cuya historia es el relato de un inveterado atraso y de una interminable decadencia. Todavía no se han disipado del todo las últimas sombras de melancolía que arrancaba de las primeras derrotas de los tercios españoles en Rocroi y Las Dunas y chapoteaba luego en la patología del Desastre de 1898. El sobreponerse a esa historia de muerte y naufragio ayudará a afrontar la realidad de España, tantas veces desconocida porque nos la han contado mal o, sencillamente, porque no nos la han contado.

¡Oh patria! Cuántos hechos, cuántos nombres,
cuántos sucesos y victorias grandes...

Pues que tienes quien haga y quien te obliga.
¿Por qué te falta, España, quien lo diga?

Lope de Vega, *La Dragontea*

Para Cánovas del Castillo la historia no era sólo una forma de fidelidad a los antepasados sino también un proyecto de futuro de tal forma que el desconocimiento del pasado nacional constituía un verdadero atentado contra la identidad española. Conviene leerle y, sin abandonar la época, acompañar su lectura con la de Emilio Castelar, que escribe sobre el patriotismo español, y la de Manuel Pedregal y Felipe Picatoste, teóricos de la grandeza y decadencia de España. Argumento que está en la polémica del desarrollo de la ciencia en España, identificada por Menéndez Pelayo con la teología para demostrar los avances científicos del Siglo de Oro. En la misma línea regeneracionista de Costa, Rafael Altamira escribe la *Historia de España y de la civilización española* mientras que Pedro Sainz Rodríguez aborda monográficamente *La evolución de las ideas sobre la decadencia española.* Aportaciones más contemporáneas, centradas en la desmitificación de los caracteres nacionales han sido las de Julio Caro Baroja y José Antonio Maravall y la de Antonio Domínguez Ortiz, muy crítico con el concepto de las dos Españas.

El historiador José María Jover ha seguido el itinerario del sentimiento de derrota que recorre la crónica de España en «Auge y decadencia de España. Trayectoria de una mitología histórica» dentro del libro colectivo *Historia y civilización* (Colección Honoris Causa de la Universidad de Valencia). Del mismo autor en colaboración con Guadalupe Gómez-Ferrer y Juan Pablo Fusi es *España: sociedad, política y civilización (siglos XIX y XX)*, donde se rechaza la tópica excepcionalidad de nuestro país y se estudia éste en sintonía con el resto de las grandes naciones europeas. No hay tampoco noventayochismo morboso ni llanto en *España: la evolución de la identidad nacional* de Juan Pablo Fusi sino sólo historia. Para tratar de acabar con la idea de que España es un país incomprensible, arbitrario y violento, el filósofo Julián

Marías escribió su ensayo *España inteligible*, lleno de argumentos contra quienes consideran la decadencia como algo consustancial a la historia hispana.

Como en distintos capítulos del libro resuenan ahora las voces de Javier Varela con *La novela de España* y José Álvarez Junco con *Mater Dolorosa*, alejadas de toda retórica de la decadencia y el naufragio. El problema de la ciencia en España no son los españoles: es España. Y dentro de España, la falta de estructuras adecuadas, sostiene José Manuel Sánchez Ron, autor de *Cincel, Martillo y Piedra,* libro en el que se traza y se analiza la historia de la ciencia en España, desde Felipe II hasta hoy. A Francisco de Quevedo, el gran poeta del ocaso español, se le puede conocer mejor leyendo la magnífica biografía de Pablo Jauralde.

CAPÍTULO 4

Castilla arcaica, Cataluña moderna

Estaba echado yo en la tierra, enfrente
del infinito campo de Castilla,
que el otoño envolvía en la amarilla
dulzura de su claro sol poniente.
Lento, el arado, paralelamente
abría el haza oscura, y la sencilla
mano abierta dejaba la semilla
en su entraña partida honradamente.
Pensé arrancarme el corazón, y echarlo,
pleno de su sentir alto y profundo,
al ancho surco del terruño tierno,
a ver si con partirlo y con sembrarlo,
la primavera le mostraba al mundo
el árbol del amor eterno.

JUAN RAMÓN JIMÉNEZ

La meseta dormida

La tierra, ya en los huesos, se hace mar de alucinado y mártir señorío, mar seco y huraño, polvoriento, mar de leyendas y romances, de batallas y de crímenes, mar de campos amarillos y castillos arruinados, mar petrificado, lleno de anchos ecos y roídos campesinos que bracean como náufragos. El cielo, muy cercano, limpio, azul, hondo, abierto, evoca una herencia de sed sin horizontes, evoca la triste silueta de señores y guerreros que luchaban por espíritu, el latido de monjes letrados que goteaban su afán de Dios en cada verso. La tierra está desnuda junto al cielo. El cielo, fugitivo, toca la tierra, comienza a llenarse de nostalgia: cae la tarde. Lejos, como desde un país sumergido en el agua, una campana toca lenta, pausada, melancólica. El pintor camina a menudos pasos, regresa a la ciudad decrépita.

Hay quien dice que en los atardeceres de abril o mayo, fijándose en el aire, fijándose en la llanura sin fin, puede verse a don Quijote cabalgar triste y solo por estos claros campos de Caín. Hay quien ha escrito que estos altos llanos y yermos y roquedas son de una melancolía terrible, que vivir en estas ciudades de ruinas es vivir en lo muerto, pero el pintor ama este paisaje amplio, severo, grave, estos pueblos terrosos que parecen tallados a golpe de cincel, esta ruina con cielo azul. Por eso se quedará a vivir siete años en Segovia. Por eso, al cabo de su vida, dirá que ama tanto Castilla, porque estos páramos de asceta le darán sus deslumbramientos y sus penumbras, sus azules y sus granas, sus amarillos y sus grises de lejanías calcáreas, porque estos páramos de asceta serán «los únicos paisajes integrales» que perpetuará su paleta.

La tarde es como una de esas tardes de trigo y ceniza que el sol inflama, vagamente, en su agonía. El pintor camina con una mirada antigua, piensa que no se equivoca si, pleno de su sentir alto y profundo, busca en esta tierra de Castilla la entraña de España. El pintor odia el realismo... El pintor lleva en la mirada vagos ecos, remotos latidos de historia, viejos libros de viajes. Él no quiere pintar lo que ve, para eso, dice, ya se han inventado las cámaras fotográficas. Tampoco busca retratar el aire ni la atmósfera, ni siquiera desea congelar en el lienzo un instante efímero, para eso, dice, abre la ventana y se va con el caballete al campo. El pintor trabaja cuando no tiene el paisaje delante de los ojos. Quiere eternizar el espíritu de una raza, su nervio arrebatado, su carácter. Quiere pintar la tragedia de un pueblo que se resiste a la modernidad y centra todas sus energías en un puro instinto de conservación. España, dice, es fuerza, pasión, raza, vitalidad: algo desmesurado, triste. El pintor contempla los castillos arruinados sobre el Duero, las ciudades medio derrumbadas y medio sonámbulas, e imagina llanuras bélicas, el movimiento de una tierra animal que se irrita, se yergue, se precipita... revive. El pintor sueña a propósito: de la paleta brotan Cristos de largas melenas, de expresión tétrica, exangües y sanguinolentos... figuras con largas y pesadas capas, de rostro grave, severo... boteros de horrible faz, enanos y deformes, que hincan los pies en la tierra y parecen llevar los odres henchidos de sangre ibérica... labriegos duros y sombríos, del color de los caminos... mujeres de ojos muy negros, de lujuria y cansancio, mitad majas, mitad putas... viejas enlutadas de semblante enjuto, roídas de sirocos y heladas... toreros de mirar terroso, ensimismados y trágicos... y de fondo, como un decorado inmune a los siglos, como un registro fósil, el paisaje simbólico de Castilla.

El pintor se llama Zuluaga y es un creador de mitos. Unamuno diría que la fuerza de su paleta consiste justamente en eso —crear mitos— y aseguraría que contemplando sus cuadros había sentido lo mucho que los españoles tienen de lo que queda y lo poco de lo que pasa. «Contemplando esos lienzos —diría don Miguel—, he ahondado en mi sentimiento y mi concepto de la noble tragedia de nuestro pueblo, de su austera y fundamental gravedad, del poso intrahistórico de su alma.» Zuluaga eternizaba en el lienzo la España que el profesor de Salamanca y otros intelectuales de comienzos del siglo XX soñaban en el ensayo, la novela, la historia o la poesía: una España católica, inmóvil, reducida al paisaje «místico» y «guerrero» de la meseta. «Sentíase allí —escribía Pío Baroja—, una solidificación del reposo, algo inconmovible, que no pudiera admitir ni la posibilidad del movimiento.»

El mito de Castilla, recogido más tarde por la corte literaria de José Antonio Primo de Rivera y repetido hasta el hartazgo por los juglares del franquismo, tiene entonces su momento culminante. Castilla es el gran mito de fin de siglo. Francisco Giner de los Ríos ya había escrito hacia 1855 que los paisajes castellanos del Greco y de Velázquez representaban ese carácter y modo de ser poético de la que podría llamarse la espina dorsal de España, pero la intervención de los intelectuales del 98 resultó decisiva para imponer aquella mirada repleta de añoranza, aquellas hojas del alma, como caídas en otoño, secas, hojas del alma mudadas en sueño de más vida.

La elevación de Castilla a síntesis y espíritu de la nación española es obra suya. En sus ensayos de 1895 Unamuno dejaba bien claro que para él Castilla había hecho España, Castilla era la forjadora de la unidad y la monarquía. Menéndez Pidal escribía que en la epopeya del Cid por la terrible estepa castellana —polvo, sudor y hierro, el ciego sol, la sed y la fatiga...— cabalgaba el carácter del pueblo español: la lealtad, la hidalguía y el individualismo estepario. En los páramos de Castilla, contemplando el cielo limpio, claro, sin fin, Azorín creía comprender el estado del alma de aquellos místicos que ansiaban salirse del cuerpo elevándose al cielo y de aquellos caballeros enérgicos que ponían el botín sobre la guerra. «Hay en esta campiña —comentaba el escritor levantino—, una fuerza, una hosquedad, una dureza, una autoridad indómita que nos hace pensar en los conquistadores, en los guerreros, en los místicos.» Castilla era ante todo un genio y un carácter. Antonio Machado diría que tras su paso por Soria había aprendido a sentir Castilla: «La manera más directa y mejor de sentir España.» El paisaje de Castilla podía ser un paisaje ingrato, sombrío, desolador, una tierra en agonía, llena de violencia, la tierra de Alvargonzález y del hombre malo del campo y de la aldea, un trozo de planeta por donde cruzaba errante la sombra de Caín.

El hombre de estos campos que incendia los pinares
y su despojo aguarda como botín de guerra,
antaño hubo raído los negros encinares,
talado los robustos robledos de la sierra.
Hoy ve a sus pobres hijos huyendo de sus lares:
la tempestad llevarse los limos de la tierra
por los sagrados ríos hacia los anchos mares;
y en páramos malditos trabaja, sufre y yerra.

El paisaje de Castilla podía ser un paisaje desabrido, de decrépitos caserones y agria melancolía, muertas ciudades de hidalgos y señores cazadores, pero estaba vivo, tenía alma.

Tierra de alma, toda, hacia la tierra mía,
por los floridos valles, mi corazón te lleva.

El alma de España latía en las tierras de Castilla. Campos en torno a Soria, oscuros encinares, ariscos pedregales, calvas sierras, crestas militares, caminos blancos y álamos del río, conmigo vais, mi corazón os lleva, escribe Antonio Machado. Castilla, solar y levadura de España, está en nosotros, dice Azorín, y en nosotros están los hombres que han pasado por sus caserones de ennegrecidas tejas, y el juglar que soñó junto al Duero el viejo romancero, y los ojos que han contemplado este olmo seco, aquel ciprés solitario y las manos que al rozar sobre el brazo de este sillón han producido un ligero desgaste. Castilla se repite, vivir en Castilla es volver a hacer lo mismo... vivir en Castilla es ver volver. Castilla es, sobre todo, el signo de una historia, de una crisis, la crónica de una muerte anunciada: el 98, el desastre colonial, los desfiles de esos hombres envejecidos, cojos, heridos, hambrientos, que con su traje de rayadillo vomita la guerra de Cuba en los puertos, extenuados por la disentería, el paludismo o la tuberculosis. «Castilla —dirá Ortega— hizo España y Castilla la deshizo.»

La meseta se lee en clave de crisis de identidad nacional. El abismo que separa las glorias imaginadas del pasado y la realidad harapienta del presente convirtió la tierra de Alvargonzález en la tierra de todas las tensiones. Castilla será para unos agria melancolía, nervio creador de España, fuga estética, y para otros insomne dolor de sangre, fuerza opresora, causa única del atraso español. Adiós España, escribe en 1898 Joan Maragall, pero la España a la que invita a despedir el poeta catalán no es otra que aquella Castilla que Valentí Almirall había descrito ya como una tierra de gentes ineptas para cualquier empresa positiva. Castilla, según Maragall, había concluido su misión rectora, Castilla, tierras adentro, desconoce el mar y en el mar está la esperanza de futuro...

Sola, sola, en medio de los campos,
tierra adentro, ancha es Castilla.
Y está triste, pues sólo ella
no puede ver los mares lejanos.
Habladle del mar, hermanos.

Castilla, replegada sobre una agricultura deprimida, contemplaba sin mar, sin agua, su horizonte seco, lejos del industrioso y dinámico de otras tierras de España. Maeztu lo dijo con brutalidad: la causa única del hundimiento español y de la crisis que atraviesa el país, escribía el mismo año del Desastre, se hallaba en la meseta castellana, por eso la única solución al problema español estaba en que el espíritu dinámico y capitalista de la periferia industrial conquistara aquel páramo horrible, poblado por rudos habitantes nutridos con el tétrico garbanzo y marcados por su odio sempiterno al agua y al árbol. Que la solución a la crisis del 98 pasaba porque la periferia le hablara a la meseta de «los mares lejanos», lo decían Maragall y Maeztu, pero también Unamuno, que invitaba a que catalanes y vascos catalanizaran o vasquizaran España, insuflándole lo mejor de sí mismos, en vez de enrocarse en su feudo medieval, o Macías Picavea, que se definía a sí mismo como castellano viejo. Francesc Cambó, por su parte, proponía el latigazo del insulto ante el espectáculo de un pueblo indiferente a su suerte, resignado a una perezosa y mansa agonía. Cambó seguía la línea marcada poco antes por Prat de la Riba, de la misma manera que Sabino Arana, el inventor de la nación vasca, bucearía en la mitología forjada por los tradicionalistas para sacar nuevas y aún peores conclusiones sobre la perfidia y la degradación de los castellanos.

La generación del 98 lloró el esplendor de ayer de la meseta, dormido al sol de finales de siglo, elevando Castilla a concepto de enorme altura literaria, y los nacionalismos catalán y vasco, construidos frente a la meseta y contra la meseta, le echarían encima el tópico de región inerte, opresora y centralista, origen de los males de las otras regiones españolas. La periferia inventaba Castilla —Menéndez Pidal es gallego; Machado, andaluz; Azorín, alicantino; Regoyos, asturiano; los hermanos Maeztu, los hermanos Baroja, Unamuno o Zuluaga, vascos— y la periferia la destruía.

Los intelectuales del 98, cuyas visiones eran extendidas al lienzo por sus amigos los pintores, y los catalanistas del cambio de siglo, pusieron en pie dos mitos que han logrado perpetuarse en el tiempo. Una Castilla mística y guerrera, absorta en su propia lucidez, alejada del mundo en transformación, desdeñosa de los avances científicos, recaudadora de la espiritualidad y el afán conquistador de un imperio reducido a escombros, y una periferia moderna, abierta a los influjos externos que la habían dotado de una industria y un comercio europeos, donde el sentimiento de España es una osamenta impuesta por terribles guerreros foráneos y los problemas de fin de siglo un contagio castellano. Todo lo anticuado, todos los males, vienen de la mesetaria Castilla, los adelantos se deben a la cosmopolita Cataluña o al industrioso País Vasco. Cuando el 27 de agosto de 1931 Claudio Sánchez Albornoz decía en las Cortes de la Segunda República «Castilla hizo España y España deshizo Castilla», no sólo se hacía eco de una noción abstracta y espiritual que se había derramado por el mundo y que al disiparse había dejado una estela de desolación, un paisaje torturado cuya luz límpida seguía estimulando el esteticismo, la sublimación poética y la tentación mística, sino que traducía con tristeza el mal trato que estaba recibiendo Castilla.

España en el sueño

Sánchez Albornoz sentía los tópicos que se estaban creando alrededor de Castilla como un lanzazo en el costado abierto de la Historia. En 1931 el airado profesor repetía lo que venía diciendo desde 1919, cuando en una conferencia pronunciada en la Universidad de Valladolid había salido al paso de quienes culpaban a la Meseta de todos los problemas de España: «Los pensadores emprendieron a raíz de la catástrofe del noventa y ocho la revisión crítica de los valores españoles... pero la emprendieron guiados por un pesimismo desconsolador, y la crítica de la vida española resultó acerba y cruelísima. No se salvó de la injusticia Castilla: se habló del imperialismo castellano, se la hizo responsable de la decadencia de España; las voces de los pesimistas hallaron eco en Cataluña, y desde ésta se nos acusó también de haber desbaratado la hacienda paterna, como si los esplendores y las grandezas de los días de prosperidad hubiesen sido heredados, cuando fueron ganados por el esfuerzo, la sangre y las riquezas castellanas; y como si Cataluña no hubiese contribuido en algunos momentos a precipitar la decadencia...»

Sánchez Albornoz, que había nacido en Ávila, la vieja ciudad de las murallas, y había crecido con historias que hablaban de hombres y tiempos remotos, hombres y tiempos idos cuyo paso por el mundo perduraba amarrado a las piedras milenarias de aquellos caserones antiguos de la infancia, no podía estar de acuerdo con la visión amarga de Ortega —«Castilla hizo España y Castilla la deshizo»— ni con el mito bicéfalo que Almirall había hecho cuajar en Barcelona con su obra *Lo catalanisme* —Todo lo anticuado, lo quijotesco y lo místico, viene de la mesetaria Castilla, todos los adelantos, la industria y lo moderno, se deben a la cosmopolita Cataluña—. Don Claudio seguía sintiendo el peso de una mitología que desde el siglo XIX centraba el impulso de España en los campos de Castilla, de ahí que pensara que la Meseta había sido «en la Edad Media el instrumento de la formación de la nacionalidad española», pero su conocimiento del pasado le llevaría a recordar que Castilla no había forzado a ninguno de los reinos peninsulares a renunciar a su personalidad histórica y que confundir la Castilla mutilada del siglo XIX y XX con España no sólo era despreciar a los asturianos, vascos, gallegos, extremeños, andaluces, canarios, murcianos y navarros que junto con leoneses y castellanos habían dado fuerza y aliento a la Corona de Castilla, sino también relegar a los márgenes del silencio a aragoneses, catalanes, valencianos y mallorquines, cuya historia era también la historia de España.

Qué poca suerte tendría Castilla tras la guerra civil, manipulado su pasado en aras del general Franco y su régimen de remembranzas imperiales. Qué poco eco tendría la voz del exiliado don Claudio después de la transición. Lamentablemente Valle Inclán tenía razón cuando decía que nada es como es sino como se recuerda. Hoy la imagen a la que se regresa con ojos agrandados prolonga aquella mítica que se creó a finales del siglo XIX y que desde hace más de treinta años los políticos de campanario y aldea reverdecen con su vindicación de lo primitivo. Una cosa, sin embargo, es la alabanza a la pureza ancestral, al modo de los cristianos viejos que se proclamaban limpios de sangre judía o morisca, una cosa es el mito y otra la realidad histórica. España, por mucho que se repita en frívolos ámbitos políticos e intelectuales, no es un reto de ciencia sin raíces ni un solar de cadenas hecho por cabezas castellanas. La Meseta no soñó España más que otras regiones ni creó sola la monarquía moderna. En los siglos medievales España era recuerdo de un reino perdido —la tierra cantada por san Isidoro de Sevilla—, paisanaje y geografía. Si para los poetas y cronistas musulmanes Al Andalus comprendía tanto los territorios dominados por el califa de Córdoba como todos los rebeldes señoreados por los cristianos y para los hispano-hebreos el suelo ibérico llevaba el nombre de Sefarad, las minorías intelectuales de los reinos cristianos llamaban Hispania al territorio de la antigua monarquía visigoda y recordaban su lamentable pérdida ante «los invasores musulmanes».

Lejos del tópico difundido por nacionalistas y regionalistas, dispuestos siempre a ensanchar las diferencias e inventar los pasados más lejanos, en los siglos medievales las peripecias particulares de los reinos cristianos, las notables diferencias que se conservaban en las Cortes —lingüísticas, jurídicas, monetarias—, los ásperos conflictos que les enfrentaban a menudo y para cuya resolución se acudía en ocasiones a la guerra, no impidieron que germinara la idea de un horizonte común. Los elogios y las referencias a una España antigua tenida por patria común no sólo bullen en las crónicas castellanas del rey Alfonso X o el navarro de nacimiento y arzobispo de Toledo Rodrigo Jiménez de Rada sino que también laten en la *Crónica navarra*, fechada en el siglo XV, en los textos de Jaime I el Conquistador, Ramón de Muntaner, cronista catalán del siglo XIV, o Pedro IV el Ceremonioso, donde puede leerse que «Cataluña es la mejor tierra de España».

Los soberanos son reyes en España y ni catalanes ni aragoneses ni navarros ni castellanos niegan a los demás ni a sí mismos la condición de pertenecer a una idea geográfica y humana común. Todo lo contrario. La identificación con una España antigua hace crecer la ilusión del legado godo en todos los rincones cristianos de la Península, de ahí el lamento por la pérdida de Hispania —ahora en poder del islam— y de ahí el mito de la reconquista, invención culta que no sólo fabrican y espolean los reyes castellanos en su avance hacia el sur sino también los no menos ambiciosos monarcas de la Corona de Aragón en su camino por el valle del Ebro o su paseo por tierras levantinas.

Hay quien llora la Arcadia cultural en la que se vivía antes de que los brutales castellanos lo invadieran todo y extendieran su dogma uniformador sobre Iberia. Hay quien excava incendios de bosques y sembrados, tierras rebosantes de cráneos, procesiones de gentes desterradas cruzando los llanos... Hay quien achaca a los reyes de Castilla un nervio imperialista que, al parecer, sólo hervía en las entrañas de la meseta. La lucha contra los musulmanes, sin embargo, «la guerra divinal», no galopó únicamente tras la estela del Cid ni serían únicamente los feroces castellanos los que ocultasen detrás del mito de la reconquista un fin expansionista. Alfonso I *el Batallador*, rey de Navarra y Aragón y rey consorte de León y Castilla, Ramón Berenguer IV, conde de Barcelona y príncipe consorte de Aragón, o Jaime I *el Conquistador* demostraron ser tan belicosos e imperialistas como lo fueron Alfonso VI, Alfonso VII o Fernando III. La recuperación de aquel reino perdido por Don Rodrigo y el conde Don Julián, «¡Oh dolor!», llegó a constituir la levadura ideológica y vital de todo el mundo cristiano: desde la manera en que se perfilaban los reinos, los tratados de reparto o las condiciones de repoblación hasta la concesión de honores y feudos o la fundación de órdenes militares.

La reconquista de la España antigua, bermeja de sangre, de batallas, impulsó también la mano de los cronistas. Todos ellos conservaban, más allá de los intereses particulares de los reinos, el recuerdo del pasado visigodo y la imagen de la vieja unidad perdida. Jiménez de Rada, autor de la primera obra que rebasa la frontera de los distintos reinos para hacer de España el objeto de reflexión, alentaría la lucha contra los musulmanes, lucha que concluyó con las Navas de Tolosa, donde castellanos, navarros, catalanes y aragoneses sumaron sus armas contra los ejércitos almohades y donde los soldados vizcaínos formaron las vanguardias de las tropas castellanas. La voz del arzobispo de Toledo era una voz en lengua castellana, lengua que le había legado la tierra áspera de Navarra, pero el horizonte que talla su frase entre combates, cercos y asaltos había fecundado también otras tierras y vivía en otras lenguas, en otros reinos distintos a los que conformaban Castilla. Lenguas como la del catalán Ramón Muntaner, que en el siglo XIV criticaría a los reyes de Castilla por dejar Granada en poder de los musulmanes y reprocharía a Jaime II de Aragón haberse apartado de la lucha contra el musulmán en beneficio de la expansión italiana, donde los monarcas de la Corona aragonesa no renunciarían a la fuerza bruta ni al asesinato político para imponerse sobre las elites de Sicilia o Cerdeña y gobernarlas con gentes de su confianza.

La gran víctima

Castilla no impulsó sola el ideal de nación ni dirigió la unificación de la política moderna ni vio la vida total de España con más intensidad que los demás reinos peninsulares. La repetida mención a los reyes de España en la prosa de Ramón Muntaner o su lamento por la falta de acuerdo entre ellos, «pues si estos cuatro reyes de España, que son una carne y una sangre, se mantuvieran juntos, poco temerían y en poco valorarían todo el restante poder del mundo», pueden ser interpretadas desde la misma supuesta conciencia nacional española que las alusiones de los cronistas castellanos. Conciencia nacional, sin embargo, no había ni en unos ni en otros. Horizontes e intereses comunes, sí. La unión del siglo XV sería el resultado de alianzas matrimoniales de los reyes y del azar que permitió unas y evitó otras. Tras el matrimonio de Fernando de Aragón e Isabel de Castilla, las coronas no quedaron ensambladas en un todo vertebrado ni tenían inicialmente más lazos que la propia monarquía. La España nacida en 1469 era todavía un simple bosquejo, pero los intereses de unos y otros sirvieron para convertir en realidad el horizonte común imaginado por los cronistas medievales. La conquista de Granada dejaría de ser una cuestión interna castellana para convertirse en un asunto de Estado, apoyado por los súbditos de la Corona de Aragón, y Castilla pondría sus hombres y recursos al servicio de la política catalano-aragonesa en el Mediterráneo. Los lazos se estrechaban conforme se alcanzaban las metas trazadas: Granada, Nápoles, Navarra. Luego el descubrimiento de América ofrecería un mundo lleno de oportunidades y el imperio de Carlos V y Felipe II haría cabalgar a los españoles por las tierras de Europa.

Exceptuando Navarra, cuya ocupación interesaba sobre todo a la Corona aragonesa por su enemistad con Francia, no hubo una absorción de otros reinos cristianos por Castilla. El Estado construido por los Reyes Católicos, reos de mitos y contramitos, y el imperio de los Austrias fueron fruto de intereses comunes y de la acción de la monarquía. Castilla no paralizó los centros reguladores de los demás pueblos españoles, inhibiéndoles la conciencia histórica, ni les echó encima su idea, la idea del unitarismo conquistador, de la catolización del mundo, como pensaba don Miguel de Unamuno. Tampoco el espíritu castellano devoró todo lo que en Aragón y en otros antiguos reinos era algo vivo y propio, como decía el poeta Maragall. La Meseta, sus ciudades y gentes, experimentaron también los cambios políticos de la nueva era forjada por los Reyes Católicos, y de la Meseta no dejaron de salir voces contrarias a la política imperialista de los Austrias, política que los españoles habían heredado de la Corona aragonesa y en especial de Cataluña, política que llevaría a los castellanos a luchar en Italia y en Flandes. La revuelta de los comuneros contra Carlos V habla de hombres y ciudades —Valladolid, Palencia, Salamanca, Segovia, Toledo...— que se agitan y estallan en armas contra un futuro que no les atrae. Los comuneros, como luego harán algunos arbitristas al señalar las causas de la ruina castellana, tenían la impresión de que Carlos V sacrificaba el «bien común de Castilla», los intereses propios y legítimos del reino, a sus intereses personales y dinásticos. Castilla, en su opinión, tenía mucho que perder con el imperio.

El sentir profundo que recorría las venas abiertas de las ciudades castellanas lo recogía el cardenal Adriano de Utrecht en una carta escrita al emperador: «Dicen expresamente que las pecunias de Castilla se deben gastar al provecho de Castilla y no de Alemania, Aragón, Nápoles, etc., y que Vuestra Majestad ha de gobernar cada una tierra con el dinero que della recibe.»

Los comuneros se revolvieron contra el César llevados por el sueño de restablecer el dualismo medieval, el pactismo entre el rey y el reino representado por las Cortes: «Las leyes de estos vuestros reinos, que por razón natural fueron hechas y ordenadas, que así obligan a los príncipes como a sus súbditos». Pero la idea universal de Carlos V era poco dada a dejar sobrevivir utopías medievales en el corazón del imperio.

«Castilla sabe mandar», dice Ortega, pero la imposición castellana a la que se refiere el mito resulta ser en realidad una derrota de Castilla. Los Austrias diseñaron su política desde la Meseta no porque se tratara de reducir a unidad castellana los demás reinos sino porque, mientras la Corona de Aragón estaba exhausta y lastrada por divisiones y privilegios típicamente feudales, Castilla, desde las tierras gallegas o guipuzcoanas hasta las andaluzas, ofrecía una imagen de unidad, robustecida por su pujanza demográfica, su hegemonía industrial y mercantil y sus buenas expectativas de desarrollo. Lejos de ahogar con su centralismo a las gentes de la Corona de Aragón, Castilla resultó ser la gran víctima de la aventura imperial al tener que sostener el peso ingente de la herencia de Carlos V o la guerra con los turcos y los piratas berberiscos que castigaban las costas mediterráneas. Tras el fracaso de las comunidades los procuradores de las Cortes, los escritores políticos y los arbitristas siguieron protestando contra la sumisión de Castilla a la costosa aventura exterior, contra el desorden económico y la injusticia fiscal. Fue en vano. En el siglo XVII Castilla estaba agotada. Agotada tras años de guerras estériles en Europa, agotada por el despilfarro de las partidas de oro y plata de las Indias, agotada por la sangre derramada en los frentes y una aventura contra la que se había rebelado en 1520 y que sólo parcialmente le interesaba.

El mito noventayochista, pese a todo, ha perpetuado la identificación de Castilla con España, del mismo modo que ha identificado todos los males de aquella época con tipos que a la fuerza debían ser castellanos: el hidalgo orgulloso y perezoso, el monje inquisidor, el cruel e inculto soldado, el conquistador despiadado... Olvidado el detalle histórico de que la intervención de los reyes catalanoaragoneses y sus bandas de guerreros, sus victorias y conquistas en Sicilia, Cerdeña y en la península italiana dieron pie al primer capítulo de la *leyenda negra española* o que la Inquisición había operado en la Corona de Aragón antes de que los Reyes Católicos la utilizaran para erradicar la disidencia religiosa y borrar las fronteras interiores de los reinos, la imagen que subsiste hoy es la de una Inquisición hecha en la mesetaria Castilla y una *leyenda negra* fruto de la brutalidad, las pasiones violentas y el orgullo de inquisidores, guerreros e hidalgos castellanos.

No obstante, catalán fue uno de los principales organizadores de la Inquisición medieval en la Corona de Aragón, Ramón de Penyafort, y catalanes, aragoneses, mallorquines o valencianos fueron los oficiales y funcionarios de la Inquisición en aquellos reinos. Únicamente la cúspide, el inquisidor, era castellano. Igualmente muchos de los caracteres que la *leyenda negra* generalizó y extendió a todos los españoles brotaron de la animadversión que los poetas y eruditos italianos mostraron hacia la política imperialista de la Corona de Aragón en la península hermana.

La imagen del español como tipo rústico e inculto, bárbaro y ridículamente ceremonioso nace en Italia durante el siglo XIII, con la ocupación de Sicilia por la Corona de Aragón. La opresión fiscal generó el tópico del español alevoso, avaro y cruel, y la práctica catalana del comercio y la piratería en las costas italianas lo reforzó. Bocaccio habla de los bárbaros e incultos españoles y en el *Decamerón* describe a un catalán despreciable llamado Diego della Ratta. Petrarca echa pestes de los catalanes —bajo cuyo nombre se ocultaban todos los súbditos del rey de Aragón— y dice jocosas palabras acerca de sus costumbres. También el pontificado del valenciano Alejandro VI dejaría mala fama de los españoles en Roma. El poeta Alonso Hernández se referiría al papa Borgia diciendo que hizo «de nuestra hispana nación al mundo odiosa, qual nunca se viera». La *leyenda negra* es un mito que parte de Italia, un arsenal de tópicos construido en una península que se debate entre la influencia de España y el rechazo a su dominación, pero se trata de un mito que no sólo afecta a los castellanos, tan baqueteados en Europa tras las guerras del siglo XVI, sino que toca también a los súbditos de la Corona de Aragón y repercute, como un obús, en todos los españoles.

Retorno a la Edad Media

Castilla será el reino del inquisidor, del absolutismo y del espíritu conquistador. Cataluña, el reino de la burguesía, de los amantes de la libertad y del espíritu laborioso, el reino de las tradiciones antiguas y de la resistencia «nacional» al poder uniformizador de la monarquía. El mito catalán de un paraíso perdido, de una cultura madre y maestra en letras y de un pueblo que defiende los privilegios de los castillos y vive en feliz armonía social con sus señores cobró forma en los cenáculos intelectuales de la Barcelona del siglo XIX. El paso traumático del Antiguo Régimen al sistema liberal, paso marcado por la violenta e inacabable guerra carlista, empujó a no pocos intelectuales barceloneses a emprender una huida melancólica hacia el pasado, hacia una soñada edad de oro, como aquella cuyo ensueño le hacía decir a Don Quijote: «Dichosa edad y siglos dichosos aquellos a quien los antiguos pusieron nombre de dorados, y no porque en ellos el oro, que en nuestra edad de hierro tanto se estima, se alcanzase en aquella sin fatiga alguna, sino porque entonces los que en ella vivían ignoraban estas dos palabras de tuyo y mío...»

En las noches sin sueño de 1837, abrumado por la guerra carlista y el huracán de negras fábricas y enjambres furiosos que gemían bajo Barcelona, el poeta y liberal moderado Pau Piferrer escribía: «Mi imaginación ha estado preñada todo este tiempo de pensamientos atroces, de pensamientos de sangre. Pero ahora una melancolía, la melancolía del tísico, el abatimiento de un moribundo me consume...»

Tiempo después, en plena guerra de los *matiners,* respondía al optimismo de un amigo y corresponsal suyo en Madrid: «Celebro que usted vea con frescura cómo las cosas se van enturbiando. Si viviera en Barcelona, ya mudaría usted de tono: matinés en la montaña, ladrones en las afueras, bullanga en expectación por las calles y plazas, y bombas en proyecto en el aire por si fueran mal dadas...»

Barcelona vivía años de agitación y de fiebre, años de convulsiones políticas y despegue industrial. La ciudad donde escribe y sueña Piferrer, ciudad de fábricas textiles y obreros campesinos, ciudad sin paraíso ni conventos perennes, navegaba entre la levita de la burguesía liberal y el eco ancho de un carlismo que resonaba insomne por campos y montañas. Lleno de melancolías, enemigo de la insurrección carlista, desengañado de la bullanga revolucionaria y sin confianza en la industria emergente ni en el sistema liberal, Piferrer desvió la mirada hacia las glorias del pasado: «La miseria de todo lo presente ahora más que nunca nos lleva a la contemplación de nuestras glorias pasadas; y el corazón, llagado por el desengaño y las amargas experiencias de la vida, más que nunca apetece con ansia aquel bálsamo dulcísimo, que el espectáculo armónico de la naturaleza derrama en el hombre entusiasta, forzándole a escuchar aquel sonido inmenso de amor en que se confunden todos sus sonidos, e inundándole de un amor más puro, más fuerte que el primero, a pesar del desengaño y de la experiencia.»

La voz del poeta, voz catalana vertida al papel en español, fijaría los temas que la declamación patriótica de la Reinaxença repetiría de inmediato en lengua catalana: el estupor y el cansancio ante la revolución, la oposición entre la serenidad de las alturas y la ciudad corruptora del liberalismo nivelador e irreligioso, el refugio de la Iglesia, el campo sencillo, la tradición, y la mitificación consistente y sostenida del pasado medieval, por el cual Piferrer mostraba un visible orgullo.

«Desde estas rocas —escribía el poeta— nuestros padres lidiaron por su independencia; estos pasos fueron teatro de aquellas hazañas que hicieron famoso el nombre catalán; aquí dominaron con terror aquellos hombres, a quienes las prácticas de la lucha y el espíritu de libertad y fiereza heredado les pusieron el arcabuz en la mano y lanzaron a los peligros y trabajos del salteamiento. Estos monasterios bizantinos se erigieron a la voz de nuestros condes; y desde el humilde valle, que el Ter riega y por donde comenzó la restauración de Cataluña, fueron señalando de todas partes los progresos de la reconquista, a medida que la corte cristiana crecía en cultura y poderío. Desde este recinto la religión suavizó la rudeza de aquella generación guerrera, y abriendo poco a poco las puertas del santuario a las ciencias y a las artes en él refugiadas, difundió la civilización y resucitó la agricultura. En esas naves solitarias, en esos húmedos corredores las casas más ilustres escogieron su postrera morada; estos medio borrados epitafios dicen sus nombres; estas lenguas espadas de piedra traen a la memoria sus altos hechos...»

Las evocaciones históricas de Piferrer y la existencia de un público de sombreros de copa ansioso por refugiarse en llanuras bélicas y páramos de asceta descubrieron a los jóvenes escritores un mundo —el de las leyendas medievales— y un mercado —el de la burguesía catalana que emergía con la revolución liberal—. Los intelectuales de la Reinaxença recorrerían el pasado transidos de romanticismo, con el herrado bastón de peregrino en una mano, con el álbum viajero en la otra, y siempre en busca de un recuerdo que idealizar, una tradición que contar o una hazaña que enaltecer. El lamento por las viejas glorias catalanas, por los monumentos que se cuartean, por las costumbres que se diluyen marcó el aliento de su escritura. Habían vivido un tiempo de llamas: la guerra carlista, muy enconada en los campos de Cataluña, la desamortización, el crecimiento de la industria, la marea urbanizadora. Pudieron ver el derribo de las murallas de Barcelona y el principio del ensanche. Los conventos abandonados, los monasterios solitarios, los muros tomados de verdín, los históricos edificios derruidos... Piferrer lamentaba la destrucción del sepulcro de Jaime I en el monasterio de Poblet: «¡Pobre rey! Los descendientes de tu pueblo apenas saben el lugar de tu sepultura.»

Antoni de Bofarull asistiría con desesperación y melancolía a la erosión y sustitución de la Barcelona vieja por la ciudad industrial: «En pocos años han desaparecido tres templos góticos; se ha cortado casi por la mitad la fachada gótica de la Casa de la Ciudad; olvidado el origen de nuestra antigua Universidad o Estudio... los barceloneses han visto, sin respeto, cómo desaparecía del extremo de la Rambla; el palacio de la Condesa se ha transformado en calles y en casa de inquilinos...; en vano buscará el visitante sombra alguna del Palau Major entre las tiendas de obra cocida y hornos de pastas que hay detrás de la Inquisición; los trozos de muralla romana y de sus robustas torres van cayendo todos los años como castillos de naipes, ¡y lo poco que quedaba de la corte del veguer ha sido arrancada este año hasta de la tierra que la aguantaba...»

Todo lo viejo huía. Nostalgia y catalanismo resultaban sinónimos. La Reinaxença fue un viaje en el tiempo, una peregrinación hacia la Edad Media, hacia sus moriscas atalayas y sus castillos feudales. Huyamos de Barcelona, cantaba el poeta e historiador Víctor Balaguer, huyamos de esa ciudad que no es ya la de nuestros abuelos, huyamos a un monasterio célebre, a una ermita solitaria o a un castillo con sus torres, sus murallas y sus fosos, y allí murmurarán nuestros labios himnos sagrados de libertad y amores. ¡Viajad... Viajad por Cataluña...!, exclama el historiador archivero Antoni de Bofarull, «... seguid en vuestro viaje por esas mismas montañas, y al llegar a la cima preguntad al aire, ¿qué son aquellos muros que a lienzos van despeñándose en torno? Bajad a los ríos y decid a las aguas, ¿qué clase de hombres eran los que tenían empresa y habilidad para fabricar el gigante puente que os cobija? Por último, entrad en las solitarias villas y demandadlas, ¿cómo siendo tan pequeñas son guardadas por tan grandes castillos...? ¿Y esas iglesias admirables rodeadas de chozas, y esos sepulcros con guerreros encima y aquellos escudos colgados en las paredes de las capillas, cómo, decid, cómo se encuentran en esas soledades?...».

El romanticismo de corte tradicionalista en el que se movían los escritores de la Reinaxença —carlistas de corazón, liberales moderados de cerebro—, su añoranza e idealización de los tiempos y las glorias medievales, terminaron modelando la imagen de un pueblo celoso de sus tradiciones, que elegía a su señor y vivía en armonía completa con sus fueros y sus leyes. El mito de un régimen de libertades populares, constitucional y pactista en plena Cataluña medieval es obra suya. «La historia de Cataluña es también, no hay que olvidarlo, la historia de la libertad en España», decía Víctor Balaguer. «¡Es tan poética su historia...!», exclamaba Piferrer... «He aquí el alma catalana: libertad», escribirá, ya en el siglo XX, el poeta Joan Maragall.

La historia, sin embargo, siempre resulta menos poética que la mitología. La Arcadia democrática, la edad áurea a la que se refirieron los escritores de la Reinaxença y en la que los nacionalistas catalanes se zambullen en busca de antiguas libertades perdidas, coincide con la extrema reacción feudalizante y máximo endurecimiento de las condiciones de vida del campesinado. Lo cierto es que jamás existió aquella edad de oro, salvo que se quiera convertir un reino de siervos y esclavos, con campesinos oprimidos y acusados de cobardía y deslealtad por sus señores, en una comunidad ideal. Tras las Cortes y la Generalitat —al decir del mito, cuerpos místicos de Cataluña— no habla el pueblo sino el peso de una oligarquía feudal que tiene maniatado al monarca y empeña su esfuerzo en que se amplíen y reafirmen sus poderes absolutos sobre el desgraciado campesinado, incluido el derecho de abuso y de maltrato del vasallo, glorificado como una *libertad del reino*. El pactismo, eje del discurso catalanista, nunca entrañó mayor libertad para el pueblo sino más feudalismo y más poder en manos de la aristocracia, los obispos y los patricios de Barcelona. A finales del siglo XV los reinos de la Corona de Aragón, con Cataluña a la cabeza, seguían anclados en el más rancio arcaísmo medieval y feudalizante. Los Austrias transigirían con aquel arcaísmo, pero no hubo autonomía ni modernidad en el juego de las Cortes con el rey, sino un pacto feudal puesto al día por la nobleza y la burguesía catalana con el arbitraje de la monarquía y con el campesinado como gran convidado de piedra.

Las Cortes y la Generalitat eran los castillos donde se amurallaban las clases señoriales, y las clases populares tendían a considerarlas menos como el paladín de sus libertades que como un feudo vedado en el que unos pocos aprovechados frenaban el poder absoluto de la Corona para ejercer el suyo propio, más absoluto aún, sobre la mayoría de la población, a su entero albedrío y sin responsabilidad penal alguna, como en pleno siglo XII. Las quejas del campesinado contra los abusos de las Cortes y la Generalitat serían abundantes, como abundantes serían las apelaciones a la protección de la autoridad y de los tribunales del rey. En 1615 el obispo de Vic escribía al monarca que las gentes del Principado deseaban protección frente a los fueros y los abusos arbitrarios de los grupos poderosos: «Dicen que S. M. envíe gente y los conquiste, que todos se la darán, para que siente la justicia como en Castilla y les quite sus malos usos y costumbres que la impiden.» Las viejas libertades del reino podían ser sacrosantas a los ojos de los grandes señores de la tierra, pero las clases populares sentían menos entusiasmo por unas leyes que daban licencia sin restricciones a los nobles: para unos significaban privilegios, para otros opresión. Cuando comience el conflicto de la oligarquía de Barcelona con Felipe IV en 1640 el grito de las masas empobrecidas y sangradas por sus señores, por las Cortes y la Generalitat, será «Viva la santa fe católica y el rey de España y muera el mal gobierno».

Donde reina el olvido

«El arte —escribió Azorín— crea una realidad más verdadera que la realidad misma. No existirían en la historia los caballeros de Ávila y Segovia, consumidos por la llama interior de la fe, si no los hubiera creado el Greco...» Azorín, viajero sin estrellas, caminante de una Castilla mítica y soñada, tenía razón. El caso de la Reinaxença y sus Juegos Florales confirman su sentencia. Las imágenes idílicas de aquella Cataluña medieval no hubieran tenido cabida en la historia, ni cuajado en los salones de la burguesía, ni hubieran terminado siendo el sustento nostálgico de los nacionalistas del siglo XX, si un grupo de poetas e intelectuales no hubiera recreado su idilio medieval en el verso, la novela o el libro de viajes. El romanticismo y la idealización de la Edad Media eran el signo de los tiempos. En Cádiz, los liberales también idealizaron las Cortes de Castilla, se llamó a la Meseta islote de hombres libres de la Europa feudal, a los reyes, cabezas de una monarquía parlamentaria de perfiles democráticos; y a los comuneros, mártires de la libertad y precursores del liberalismo decimonónico. Quintana compondría una oda al cabecilla comunero Juan Padilla:

Yo di a la tierra el admirable ejemplo
de la virtud con la opresión luchando...

Pero mientras los mitos medievales de Castilla se han quedado viejos, sin ruido de voces y sin eco, los de Cataluña siguen cantándose en alto por políticos e historiadores adeptos al nacionalismo. El eco de la Reinaxença, recogido después en los versos de Verdaguer, Maragall y otros muchos, continúa hoy asaltando los cielos. «Hubo un tiempo», escribía Maragall a comienzos del siglo XX...

Hubo un tiempo en que íbamos solos
haciendo la guerra sin tregua...
Y aún nos fuimos engrandeciendo,
nuestras naves conquistadoras
de todo el mar fueron señoras:
nuestros guerreros, avanzando;
pero nunca a nadie se obligaba:
las propias costumbres eran suaves
sobre las tierras catalanas
corría un viento de libertades,

eran jardines las cortes de los reyes, florían poetas, frutaban sabios,
unos con la miel de Francia en los labios,
otros como pan, haciendo buenas leyes...

Tanta libertad, tanta armonía, empujaba inevitablemente a buscar las razones de su pérdida. También en esta empresa los literatos de la Reinaxença encorsetaron el camino a seguir. La culpa estaba en la entronización de los Trastámara castellanos, alzados a la Corona de Aragón a comienzos del siglo XV, y en el predominio de Castilla durante los siglos modernos, aquella Castilla mítica del uniformismo, del centralismo y del imperialismo. Las causas de la decadencia política y cultural de la supuesta edad de oro catalana había que buscarlas fuera: se encontraban en la castellanización lingüística, el Compromiso de Caspe, la derrota de la aristocracia ante Juan II, el fracaso de la «secesión» de 1640 y la caída de Barcelona ante las tropas de Felipe V. En 1862 Balaguer escribía que, en un tiempo lejano, en la mansión de los próceres había un escudo con la bandera catalana, cuyas cuatro barras simbolizaban el Derecho, la Libertad, la Justicia y la Industria...

La barra del Derecho trocaron
los que reunidos en Caspe
quedaron ciegos a la luz
por las prédicas de un santo.
La barra de la Justicia
permaneció bajo la losa
de una tumba donde se lee:
aquí yace Carlos de Viana.
Y los cañones de Felipe V
dejaron la Libertad
enterrada bajo las ruinas
de Barcelona humeante.

«Ay, Castilla castellana», daba el poeta a la balada su estribillo,

Ay, Castilla castellana,
¡ojalá no te hubiera conocido!
¡Ay, Castilla castellana! ¡Ay de ti si me rompes el cuarto palo!

Los regionalistas románticos del siglo XIX como los nacionalistas del XXI tienden a imaginar pueblos homogéneos donde sólo hay gentes que viven atadas a sus señores, gentes que cuando se alzan y desatan la furia del motín, lejos de seguir los intereses políticos de una oligarquía reaccionaria o el pálpito telúrico de la tierra, de los muertos, se alzan y desatan su grito contra la opresión de los poderosos.

No hubo decadencia política por causa de una invasión autoritaria ni revoluciones nacionales contra imposiciones foráneas. El Compromiso de Caspe y la entronización de la dinastía de los Trastámara de Castilla no fue la causa del ocaso político y económico del Principado ni éste se debió a la represión absolutista que aquellos reyes del siglo XV ejercieron sobre Cataluña. Como Jaime II, Alfonso IV y Pedro IV, los reyes Fernando de Antequera, Alfonso V y Juan II intentaron mermar el poder de la nobleza catalana y gobernar con autoridad, pero al igual que aquellos fracasaron. Alfonso V pasó los últimos veintiocho años de su reinado en la corte de Nápoles, y la oligarquía catalana lo aprovechó para seguir arrancando cesiones políticas y obligar al rey a rectificar las primeras medidas favorables a las masas campesinas y a las clases modestas de Barcelona.

Juan II quiso recuperar alguna autoridad y suavizar el yugo campesino. Enfrente encontró la oposición de una oligarquía que al degenerar las querellas familiares del monarca y su hijo, el príncipe de Viana, maniobró formando el Consejo Representante del Principado de Cataluña para recortar sus poderes. En la capitulación de Villafranca del Penedés, el monarca debió doblegarse, pero las revueltas campesinas y urbanas, la muerte del príncipe y la sangrienta represión del Consejo contra los payeses y los gremios de Barcelona le empujaron a declarar la guerra a la Generalitat. La mitología regionalista lloraría a los rebeldes catalanes de 1461. Sin embargo, tras aquella crisis no hubo ninguna revolución catalana, como quieren hacer creer los juglares de la nación, sino una revuelta de campesinos y artesanos barceloneses, alzados contra el abuso de los poderosos, y alineados con las tropas del rey, y una minoría feudal y burguesa que quiere destronar a Juan II y ofrecer la soberanía de Cataluña a Enrique IV de Castilla. Lo cierto es que los nobles, eclesiásticos y patricios urbanos que controlaban la Generalitat y las Cortes levantaron un ejército para marchar contra el rey y los campesinos, trituraron el gobierno popular de Barcelona con ejecuciones y asesinatos sumarísimos y desencadenaron una guerra civil que duró más de diez años (1462-1472).

A pesar de su victoria, Juan II tendría que aceptar la autonomía de la Generalitat y del Consejo de Barcelona y sus privilegios, y devolver las rentas y tierras incautadas a sus antiguos propietarios. Cuando Fernando el Católico llegó al trono, la superioridad de la oligarquía quedaba en pie y el rey seguía sin tener las manos libres para planificar su política, lo que explica su tendencia castellana dentro de la unión que se avecinaba.

El mito de la derrota

«La Justicia fue sepultada bajo la losa de una tumba...», dice el poeta y su verso recorre Barcelona como una oración de llama, de ola, de trueno. El mensaje final, las imágenes de la mitología regionalista, sería el de una Cataluña homogénea que defiende las libertades de la tierra contra el autoritarismo de un rey de nacimiento y estirpe castellanos. Una Cataluña desangrada en nombre de la Justicia, hermoseada de mártires y bellos crepúsculos. La historia se repetiría en 1640, cuando los abusos cometidos por los soldados de Felipe IV encendieron la furia de los segadores y el motín campesino contra el hambre, el alojamiento forzoso de las tropas reales y la opresión señorial se confundió con la rebelión política de la oligarquía barcelonesa, en pugna con el virrey y los proyectos del valido Olivares. El mito habla de la unidad catalana contra el centralismo de un rey y un valido opresores, pero lo cierto es que durante los años de la separación y la alianza con la Francia de Luis XIII no hubo una Cataluña, sino muchas Cataluñas, divididas socialmente y en guerra unas contra otras.

Cataluña, triunfante,
volverá a ser rica y a estar pletórica.
Atrás con esta gente
tan satisfecha de sí misma y tan soberbia!
Buen golpe de hoz...

El alzamiento de los míticos segadores concentrados en Barcelona y su motín el día del Corpus de 1640, su maraña de hoces, dagas y puñales, sus huellas de ira antiseñorial, poco tuvieron de revolución nacional o de defensa de las instituciones del Principado contra «la agresión centralista» de Felipe IV. Durante el confuso motín, los segadores, a los que se sumaron con sed de venganza las capas populares de la capital, no sólo asesinaron al virrey y asaltaron las casas de los miembros de la Real Audiencia. Aristócratas y notables de la ciudad padecieron también la ira y los ataques de una muchedumbre que gritaba «¡Viva el rey de España! ¡Mueran los traidores!». La ira popular y los asaltos e incendios de palacios se extendieron a Vic, Gerona y otros muchos lugares, fumigando las huertas y los campos de propietarios y oficiales municipales. En el mes de diciembre, después de que el canónigo Pau Claris, presidente de la Generalitat y la burguesía barcelonesa hubieran estrechado los lazos de la capital con el París de Richelieu, el enviado de la Generalitat al Ampurdán escribía a los diputados que no se podía visitar sin soldados los pueblos y villas de Cataluña... «porque en esta tierra todos los que vamos a tratar cosa de la Generalitat, según ellos somos unos traidores».

Buena siega, defensores de la tierra!
Ahora es tiempo, segadores,
de estar alertados:

para cuando llegue otro junio
afilad bien las herramientas!
Buena siega...

El mito habla de una revolución nacional, pero la rebelión política contra Felipe IV fue una aventura protagonizada por la minoría dirigente del Principado y no por los segadores amotinados el día del Corpus. Los ensueños de Pau Claris condujeron a una separación formal de la monarquía española y a una nueva ocupación de ejércitos, pues la Generalitat, supuesta encarnación y depositaria de los fueros y libertades del país, no llegó a contar en ningún momento con una tropa organizada de catalanes a sus órdenes y la resistencia contra las tropas de Felipe IV corrió a cargo de los franceses. Pau Claris y sus compañeros de aventura se vieron aislados y claramente superados por los acontecimientos. Temerosos de sucumbir a los excesos de la muchedumbre y reacios a rendir su utopía medieval ante las tropas de Olivares, decidieron poner el Principado en manos de Luis XIII. Un error que no tardaron en lamentar. Claris moriría en febrero de 1641, tan sólo un mes después de haber proclamado a Luis XIII conde de Barcelona. Claris moriría a tiempo, sin dar lugar a que sus ojos, que parecían mirar hacia una lejanía infinita, hacia un pasado perdido, se derrumbaran de otoños y decepciones, como sí les ocurrió a otros diputados y nobles que se vieron desautorizados por los franceses antes de lo que pensaban y renunciaron a sus cargos o se retiraron a sus palacetes como quien huye de un mundo que se desmorona.

Fueron años terribles... La amistad con Francia no trajo consigo ningún beneficio a la sociedad catalana, sino un aumento de cargas exigidas por el gobierno galo para alimentar a la tropa, con el agravante del deterioro de la guerra y el cierre de los mercados. Tampoco la oligarquía que había jurado fidelidad a Luis XIII pudo sentirse satisfecha con la mudanza, ni mucho menos con la llegada de un virrey y un capitán general franceses tan desdeñosos como Olivares en materia de fueros y más avezados en el control de los recursos económicos. El lamento por la vinculación a Francia comenzó a resonar por todos los rincones desde 1643 y la guerra civil fue una realidad casi desde el principio, pues muchos catalanes no compartieron aquella demagogia que hacía culpable a la corona española de todos los males y colaboraron con el ejército de Felipe IV hasta el final de la contienda, hasta la capitulación de Barcelona en 1652 y la entrada pacificadora de don Juan de Austria.

Fueron años terribles... La guerra supuso un mal negocio para Cataluña al tener que soportar muchos de los males que los rebeldes de Barcelona trataban de eludir con la separación de Castilla. Pérdidas materiales, muertes inútiles en la batalla y la visita inesperada de la peste cayeron sobre las tierras del Principado. Los gastos públicos desmesurados exigieron grandes emisiones de moneda que terminaron por provocar la ruina de la economía. Con los sectores fabril y comercial duramente castigados por el cierre de las vías italiana y peninsulares, el mercado interno tuvo que aguantar la invasión de las mercancías francesas en beneficio de una minoría de comerciantes importadores.

Que tiemble el enemigo
contemplando nuestra bandera:
del mismo modo que segamos espigas doradas
cuando es conveniente hacemos caer cadenas...

El desengaño fue moneda común, de ahí que la burguesía catalana volviera de buena gana al redil de los Austrias españoles. Luego, para justificar la actitud sumisa ante Carlos II, los notables catalanes se inventarían un rey sensible a las libertades sagradas de Cataluña. Hubo lágrimas perennes por la muerte del último Austria. «¿Habéis tenido rey que más os haya amado? No —escribía Dalmases con la mano estrangulada de pena—. ¿Habéis tenido príncipe que más os haya favorecido? No. ¿Habéis tenido monarca que más os haya honrado? No.» Hubo nostalgia de aquel rey triste, preso de la enfermedad y de un imperio que se desvanecía. En 1709, en pleno conflicto de Sucesión, con los ojos desencajados por el presagio de otra derrota, el austracista

Feliu de la Peña anotaba su visión de Carlos II: «El mejor rey que ha tenido España.»

Una cosa, sin embargo, es la literatura de propaganda, una cosa es la elegía y otra la historia. La reducción de la beligerancia de los catalanes en la segunda mitad del siglo XVII no puede fundarse en un supuesto cambio de actitud de la monarquía ante Cataluña. La sensibilidad foral de Carlos II no fue mayor que la de sus antecesores. Las concesiones políticas del monarca fueron retóricas o en forma de mercedes discriminadas: promesas de paternal cariño, un buen ramillete de títulos nobiliarios y alguna dádiva simbólica. Detrás del neoforalismo no hay otra cosa que una burguesía catalana que reflota sus negocios, saca jugo de un rey débil y se considera con derecho y con capacidad para corregir el rumbo de la política económica de la monarquía.

«Ni imagine Cataluña —había escrito el año 1646 Alexandre Ros— que se puede conservar contemporizando con las dos Coronas en un equilibrio de media neutralidad como parece que afecta ahora... Españoles habéis de ser o franceses, resolveros a lo que está mejor.» La burguesía catalana había comprobado que el centralismo francés era peor que el de la monarquía española, había descubierto cómo tras la estela de los virreyes del otro lado de los Pirineos llegaban en aluvión las telas de los fabricantes galos y el negocio de los arribistas, y había encajado con temor creciente los repetidos ataques de Luis XIV contra Gerona y Barcelona, donde el Rey Sol esperaba que estallara una revuelta a su favor... Tras el desencanto de 1652 la burguesía catalana había resuelto ser española... Entonces falleció sin herederos Carlos II y vino Felipe V y las potencias continentales —poco amigas de permitir un relevo dinástico tranquilo— desataron la pasión de la sangre sumergida y la lucha, empujada por los barcos ingleses que bombardean Barcelona, se abrió camino, como bueyes, por los campos de España.

El negocio de la unión

La guerra de Sucesión fue una guerra internacional que terminó enconándose en las entrañas de España. Guerra civil, guerra de aventureros y soldados venidos de Europa, guerra de partidarios borbónicos contra aliados austracistas, guerra de gentes que esperan perplejas a que los ejércitos extranjeros dejen de remover las bombas entre tristes caballones, aquella guerra del siglo XVIII, fuente de elegías y evocaciones románticas, sigue leyéndose hoy como en el siglo XIX: en clave de mito, en clave de resistencia del pueblo catalán contra el centralismo castellano.

Cataluña, Cataluña,
tu día se ha convertido en noche...
por todas partes matan gente tuya
los soldados del rey Felipe
como si pertenecer a tu linaje
fuera el más horrible de los crímenes...

Los mitos nacionales entierran a menudo realidades históricas poco agradables al corazón del poeta. Felipe V no fue un rey impuesto por Castilla, de la misma manera que la guerra de Sucesión no puede leerse como una guerra entre Castilla y los reinos de la periferia ni la causa austracista identificarse con el sentir de toda Cataluña. Hubo una Cataluña borbónica como hubo un Aragón borbónico, una Valencia borbónica o una Castilla nobiliaria partidaria del archiduque Carlos de Habsburgo, el perdedor del testamento de Carlos II. La fiebre austracista que se apoderó de la minoría dirigente de Barcelona o las agitadas tierras de Vic no fue compartida por todas las ciudades ni rotuló con igual frenesí toda Cataluña. Lérida se resistió a la capitulación y a la proclamación del archiduque y estuvo muy poco tiempo bajo las armas de los aliados, de la misma manera que Gerona fue proclive al pacto y al abandono de las armas, o muchas comarcas del Pirineo y del interior se mantuvieron fieles a Felipe V.

Secuestrar el pasado para lanzarlo contra el presente es una práctica muy común entre quienes vindican el castillo feudal y el solar étnico. Hoy se recuerda con ira el terrible sitio que sufrió Barcelona en 1714, se recuerdan las bombas lanzadas sobre la ciudad, los tristes héroes de trágica dimensión, de tierra removida, de tierra que ya no cabe en el hoyo de donde se sacó. Hoy se recuerdan los días y las noches, las noches y los días de aquel asedio, las noches y los días con sus muertos, con su frío, pero no se dice que Barcelona había sufrido tres sitios anteriormente ni que los austracistas ya la habían bombardeado, con idéntica ferocidad, cuando se hallaba en poder de los generales borbónicos. La historia se cuenta como si la capital del Principado no hubiera sido hasta 1705 una plaza de Felipe V, como si en 1704 los aliados austracistas no hubieran puesto cerco a la ciudad y los barceloneses no les hubieran rechazado, como si apenas un año después los ejércitos del archiduque no se hubieran presentado de nuevo a las afueras de la ciudad y no la hubieran bombardeado indiscriminadamente hasta rendirla.

Hoy se recuerda la represión desatada por los generales de Felipe V, la vida sepultada en cadenas y calabozos o el exilio al que se vieron obligados los líderes rebeldes, se recuerda a aquellos hombres buscando refugio en la corte imperial de Viena o vagando por Europa con los ojos hundidos y ausentes, como de quien se sabe ya desterrado de la historia, se recuerdan sus escritos y sus nostalgias, pero no se habla de los 6 000 partidarios de Felipe V, entre nobles, clérigos, obispos y juristas, que tuvieron que abandonar Barcelona después de que ésta fuera tomada por los ejércitos aliados en 1705 ni se habla de las ejecuciones ordenadas por los austracistas entre 1707 y 1713 ni de los catalanes que, integrados en el ejército del duque de Berwick, participaron en el último asalto borbónico a la ciudad. Hoy se recuerda la heroica resistencia de Barcelona como una lucha nacional contra el centralismo e imperialismo castellano, se recuerda a sus líderes, se les construye su túmulo y su estatua, pero se olvida que la causa argüida por el Consejo de Ciento, con Rafael Casanova a la cabeza, la de la burguesía catalana, la de los Feliu de la Peña, no era, ni mucho menos, la del pueblo catalán sino la de unas minorías que copaban las instituciones, mantenían el control de la capital y que en 1704 se afiliaron al bando aliado —Austria, Inglaterra, Holanda, Saboya, Portugal y Prusia— con la intención de tener más peso en las decisiones de una España gobernada por Carlos de Habsburgo.

«Por nosotros y toda la nación española, combatimos», dice el militar Villarroel y en los panfletos que recorren los barrios de Barcelona se dice que Luis XIV no pretende dar rey a España sino convertir ésta en provincia de Francia o se apela al ejemplo catalán para movilizar al resto de los españoles contra los ejércitos gabachos: «Tomad ejemplo de Cataluña, en donde por la misericordia de Dios, no estamos ciegos, ni engañados, sino violentados y opresos; y sin derramamiento de sangre han retoñecido los Austríacos laureles...»

Los austracistas catalanes no sólo luchaban por sus derechos históricos, sino también por «las libertades de España», ni componían un bloque homogéneo sino un partido atravesado de diferencias y, a menudo, de intereses contrapuestos. La división entre los seguidores fieles al pretendiente y la nobleza y burguesía barcelonesa fue total desde 1707 y el tiempo, con los vaivenes de la guerra, la fue agravando. El Consejo de Ciento —órgano asesor del municipio de Barcelona— tuvo planteamientos mucho más radicales que la Generalitat, controlada por una nobleza cada día más alejada de los laureles austríacos, y de hecho el gobierno de Cataluña no fue suprimido por Felipe V, como se ha dicho y repetido tantas veces, sino por el propio Consejo de Ciento, en pleno mandato austracista.

La tozuda resistencia que opuso Barcelona a los ejércitos de Felipe V tampoco fue la lucha heroica y popular que celebran cada 11 de septiembre los nacionalistas catalanes. La nobleza y el clero no mostraron ningún entusiasmo en seguir amurallados contra Felipe V, y las masas, entre gritos ahogados y casas arrancadas de cuajo, no pedían sino que se acabara la resistencia y, con ella, el hambre y las bombas. Las peleas entre los líderes barceloneses también fueron frecuentes. Villarroel y Rafael de Casanova, dos de los héroes más celebrados, lucharon hasta el último momento, pero ambos se opusieron rotundamente a la resistencia final y se inclinaron por una solución negociada. La resistencia entre murallas, la resistencia entre barrios y calles muertas, no fue cosa ni latido natural del pueblo sino empeño de unos grupos muy reducidos abandonados por la mayoría de los catalanes y tan carentes del sentido de la realidad como los que en 1641 habían hecho a Luis XIII conde de Barcelona para arrepentirse después y desangrar parte de Cataluña con la ocupación del ejército francés. Tan alejados de la realidad que todavía el 24 de septiembre de 1714, días después de que las tropas del duque de Berwick hubieran entrado en Barcelona, los embajadores catalanes desplazados a Londres continuaban alentando la resistencia porque «lo cierto es que el rey Jorge I, el príncipe y su hijo y la corte de Hannover están inclinados a vuestro alivio y beneficio [...] sólo falta que de aquí se influya con eficacia y que Barcelona se mantenga así».

La gran lección que aprendieron los rebeldes de 1714 fue que ninguna potencia europea iría más allá de las buenas palabras para defender los intereses catalanes. Libre de nostalgias y tapizada de moderación, la burguesía del siglo XVIII tomaría nota de aquella soledad, rebajaría el dogma de sus antecesores austracistas y olvidaría los fueros para alistarse en la causa del proteccionismo y el mercado español. Cataluña cicatrizó sus viejas heridas y descubrió pronto la rentabilidad económica que había detrás de los decretos de Nueva Planta y del absolutismo de los Borbones. El siglo XVIII, sobre todo tras la llegada de Carlos III al trono, contemplaría la escalada de los grandes comerciantes catalanes y el esplendor del puerto de Barcelona, abierto al inmenso negocio de América. Lo que muchos catalanes de hoy tienden a recordar como una época de opresión fue, en realidad, una época de prosperidad, con una burguesía interesada en colaborar con la monarquía y un pueblo que recibe afectuosamente a Carlos III y toma una actitud favorable al rey durante el motín de Esquilache.

Hermanos en la lengua

Más que recordar lo que de aventura común tuvo el siglo de la Ilustración, lo que de intereses compartidos hay en los Decretos de Nueva Planta —leyes, a despecho del mito, que sí tendían a uniformar España pero no a castellanizarla—, los nacionalistas catalanes prefieren construir una memoria de tenebrosas fortalezas y de reyes que ocupan militarmente Barcelona y trituran la lengua de «la nación». Felipe V y Carlos III han pasado a la historia como los reyes que impusieron el castellano al servicio de la uniformización y que prohibieron el catalán, algo que, supuestamente, el pueblo y la inteligencia catalana debían de sentir, por fuerza, como una humillación. Lo peor, sin embargo, no es el murmullo de rencor que late detrás de esa imagen. Lo peor es que el mito ha terminado por cuajar, por flotar en el aire, por ser una certeza común. Lo peor es que la mayoría de los españoles han terminado por interiorizar la idea de un trato injusto y vejatorio para las lenguas minoritarias, un trato que se debe a la intromisión más grosera del castellano y a su imposición a golpe de decreto. El mito se ha hecho carne, y aunque la comunidad lingüística se haya conseguido por necesidad e interés, aunque el verso castellano deba mucho a escritores catalanes, aunque su supuesta intromisión haya sido en el fondo aquella que señores, notables y comerciantes catalanes han querido que fuera, el murmullo que perdura es el de una lengua que avanza por las tierras de España en compañía de fieros conquistadores, monjes inquisidores, reyes absolutistas y terribles dictadores.

La expansión del castellano por tierras de Cataluña hallaría así su raíz en una supuesta operación desnacionalizadora programada por un hipotético invasor: caínes de lenguas hermanas, caínes insomnes que no descansan hasta ver seca la voz de Muntaner, quebrada la ruta de Llull... caínes salidos de la meseta mística y guerrera... Ignorando a propósito que la economía, la necesidad de comunicarse, las múltiples formas que tiene la gente de ganarse la vida y la consideración de la lengua como un bien que garantice esa ganancia están siempre detrás de la difusión de las lenguas y de la legislación hecha a su propósito, la castellanización vendría impuesta por una Inquisición, unos obispos y un clero de procedencia meseteña, primero, por la política desarrollada a partir de las directrices de Nebrija, después, y finalmente por los Borbones del siglo XVIII, nebulosos antecedentes de Franco y su encarnizada persecución de todo cuanto sonara a catalán.

Hay en toda esta retahíla de lamentos una melancolía de cortes medievales. Hay también un olvido: que las lenguas se hablan porque interesa materialmente hablarlas, porque su lógica es la de la necesidad y no la del discurrir divino de las naciones. El mito llevado a la calle evoca un paraíso políglota donde los catalanes vivían sin arado, sin latín, sin comercio en América, sin carreteras ni ferrocarriles que les abrieran el mercado nacional y permitieran un trasiego de ideas, viajeros y mercancías mucho más rápido e intenso, sin industria que reclamara mano de obra inmigrante y atrajera gente de toda España, especialmente del sur, sin contactos ni mestizaje ni intercambios culturales... El mito es la historia mutilada, sin personas de carne y hueso, sin mercaderes que comercian por los caminos reales de Castilla, sin poetas que buscan para sus versos un eco de más lectores, sin editores que llevan el español a las prensas porque el negocio pasa por la impresión de libros en la lengua de Garcilaso de la Vega ni burgueses atraídos por las rutas mercantiles que atraviesan el Atlántico.

El mito ha extendido la idea de que las gentes del pasado consideraban la lengua como algo sagrado, el eco de un vínculo viejísimo, y que si se perdió debió de perderse, a la fuerza, por imposición foránea. Lo que no se dice es que las lenguas están más sujetas a los avatares de la sociedad y a los intereses de las personas que a una supuesta herencia natural y divina. Lo que no se dice es que el tantas veces comentado texto de Nebrija —«que siempre la lengua fue compañera del imperio»— tuvo muy escaso eco en su época y que las directrices de la Inquisición se refieren a la conveniencia del uso del castellano en la redacción de los procesos, únicamente, en función de criterios de eficacia y funcionalidad administrativa, no de legitimaciones de mayor alcance. Lo que no se dice es que los edictos de fe —los documentos de cara al exterior— se siguieron publicando en catalán. Lo que no se dice es que el castellano estaba en boca de catalanes mucho antes de la unión de las Coronas y que tras la llegada de Carlos V su uso se extendió entre la nobleza y la burguesía, que tenían a gala presumir de sus conocimientos de castellano y considerar a su lengua vernácula como propia de clases incultas. Lo que no se dice es que en la época de los Austrias las elites de las cortes europeas juzgaban de buen tono conocer y expresarse en español, antes que en francés o en alemán, y que el papel del mercado se dejó sentir en la voluntad de los escritores catalanes de ser leídos, a través de la imprenta, por un mayor abanico de lectores.

El deseo de que «nuestras cosas sean también sabidas» fuera de Cataluña pesó mucho en poetas como Juan Boscán, barcelonés que compondrá versos al modo italiano pero en lengua española. Se escribía en español porque era más provechoso, de la misma manera que los impresores de Barcelona editaban a Fernando de Rojas, Garcilaso de la Vega, Montemayor, Mateo Alemán y tantos otros autores castellanos porque de ese modo podían competir con Sevilla, Valencia o Toledo y llevar sus libros a Europa y al Nuevo Mundo. Hacia la mitad del siglo XVIII, Antonio de Capmany describía el catalán como un idioma antiguo y provincial, muerto para la república de las letras. Capmany aspiraba, como en el siglo XIX Piferrer o el propio Aribau, autor de una conocida oda a la patria, a que se le reconociera sobre todo como escritor en español, y aunque los poetas de la Renaixença explicaran la decadencia literaria del catalán por la pérdida de peso político de Cataluña y se dijera que el castellano se había beneficiado de ser la lengua de la Corte y del gobierno, lo cierto es que su expansión natural por tierras de Aragón, Valencia o Cataluña se debía sobre todo a los intereses comunes de las elites, a su fonética innovadora y a que en el siglo XVI —para Capmany ya en el XIII el castellano era la lengua más bella, pulida y suave de Europa— tenía una gran proyección internacional.

Recuerde el alma dormida,
avive el seso y despierte...

Lo que no se dice es que si el español se extendió a Cataluña fue porque la cultura, el comercio, la industria y las finanzas apostaron por la lengua de Cervantes, una lengua internacional con la que hasta el siglo XVIII podía recorrerse Europa, Asia, África y América con mucho provecho. «Lenguaje de blancos y de indios, y de negros y de mestizos, y de mulatos; lenguaje de cristianos católicos y no católicos, y de no cristianos, y de ateos; lenguaje que viven bajo los más diversos regímenes políticos», escribiría Miguel de Unamuno a comienzos del siglo XX.

Decir que los Borbones «descatalanizaron Cataluña» al prohibir la lengua vernácula en la enseñanza es llevar al siglo XVIII los inventos de algún historiador acosado por los fantasmas del franquismo. La muy citada Real Cédula otorgada por Carlos III en 1768 y las provisiones de años posteriores no iban dirigidas a la gente en general, analfabeta y alejada de las aulas en la sociedad del Antiguo Régimen, sino a los grupos selectos y adinerados, cuyos hijos debían ocupar los altos cargos de la administración, las finanzas, el comercio o el ejército y ya se educaban en latín y español desde antes de Carlos III y desde antes de los Reyes Católicos sin mayores nostalgias. Leídas en su contexto, las leyes de uniformización lingüística del siglo XVIII proceden en su mayoría de leyes de comercio, de administración común, de unificación de moneda y de liquidación de aduanas, de modo que en el mismo documento donde se regulan esas materias aparece la referencia a la lengua castellana. Leídas en su contexto, ocurre que esas leyes a quienes más interesaban era a los fabricantes y comerciantes catalanes, hechizados por las jugosas ganancias que podía reportarles el mercado de las colonias americanas. En el fondo, la única imposición de Carlos III a los catalanes fue abrirles unas rutas comerciales donde se negociaba en español: el comercio con América. Comercio sin el cual sería imposible entender la Cataluña moderna.

Patria y contabilidad

Cataluña fue la gran beneficiada del Decreto de Libre Comercio con América y de las disposiciones legales hacia un mercado nacional, pues consiguió conquistar el interior de Castilla y abrir las puertas del Atlántico a sus telas indianas. Cataluña, según Nifo, un ilustrado castellano, era una pequeña Inglaterra en el corazón de España. Y el propio Cadalso escribía en sus *Cartas marruecas* que los catalanes eran los más industriosos de España. En Barcelona se hablaba entonces de patriotismo, de grandeza, de esfuerzo por el bien de la nación. Sentimientos que no abandonará la generación de la Renaixença pese a recordar los supuestos agravios cometidos por el Estado en el pasado. «El mar», sueña Verdaguer...

El mar, un día de tu poder esclavo, te llama,
cual dos portones abriéndose Suez y Panamá:
cada uno con una India riente te invita,
con Asia, las Américas, la tierra y el océano.
No te arrebataron el mar, ni el llano ni la montaña
que se levanta a tu espalda como un manto,
ni ese cielo que un día fuera mi tienda de campaña,
ni ese sol que un día fuera faro de mi nave;
ni el genio, esa estrella que te guía, ni esas alas,
la industria y el arte, prendas de un bello porvenir,
ni ese dulce aroma de caridad que exhalas,
Ni esa fe... ¡y un pueblo que cree no puede morir!

Cataluña no fue la respuesta ofrecida por Barcelona a la España propuesta por Madrid, capital de la monarquía y centro urbano de la vieja Castilla, ni el catalanismo del siglo XIX se debió a una reacción de la burguesía y la intelectualidad barcelonesa contra un Estado español opresor, castellanista y centralista. Los catalanes del siglo XIX, como sus antecesores del XVIII, participaron plenamente, y sin albergar dudas al respecto, en la construcción de la España moderna. Catalanidad y españolidad eran dos alientos estrechamente hermanados entre sí. Balaguer, aunque cayera repetidas veces en los alegatos anticastellanos, no desaprovechaba ocasión para identificar el patriotismo catalán con el español. «Barcelona —diría recordando el sitio de 1714— fue el último baluarte de la libertad de España.» Y el poeta Verdaguer, glosando la batalla ganada en Lepanto por las tropas mandadas por un castellano, Juan de Austria, y un catalán, Lluís de Requesens, hablaba como si castellanos y catalanes fueran carne de un mismo sueño:

¡Naves de España, siempre adelante!
¡Válganos san Jorge y la Virgen,
la Virgen de Montserrat!
Pero ¡a ellos, leones de España,
quien os incita es don Juan!...
También mazazos les pueden,
pues con Requesens batiéndose,
rayo de Dios los catalanes.

Las gentes de la Renaixença tenían claro que España era la nación y Cataluña la patria. La mitificación de la Edad Media, la elaboración de una cultura propia y la recuperación de la lengua vernácula no fue exigencia de un pasado diferencial, que en épocas no demasiado lejanas habían considerado como un obstáculo para su plena integración en la monarquía, ni se debió a la mística comunión de la tierra y de los muertos, sino a la necesidad de borrar la intensa confrontación de clases que la rápida expansión industrial estaba abriendo en Barcelona.

Balaguer lo supo expresar mejor que nadie:

«Dejadnos, pues, evocar el recuerdo de épocas pasadas, que sólo lo hacemos para presentar nobles ejemplos a las generaciones modernas. Honrar servicios prestados es pedir nuevos servicios.»

En 1900 el obispo Torras i Bages explicaría la trascendencia del regionalismo con palabras parecidas: «Yo creo profundamente que aun cuando la propagación del regionalismo discreto no llevase consigo un bien positivo, lo llevaría en el sentido de ser un derivativo que llama a la actividad popular, y sobre todo la de la juventud ilustrada y de la clase media, hacia un terreno donde naturalmente se respira un aire tradicional y cristiano.»

Dominados por un atroz pesimismo, por una visión agónica de la modernidad, los intelectuales de Barcelona se refugiaron en una imagen romántica de la Cataluña medieval, abandonaron la revuelta ciudad para dirigir sus ojos al campo, a la montaña, y devolvieron la lengua autóctona a las masas analfabetas, que nunca la habían abandonado, atada a unos valores simbólicos que antes no tenía. Segura y reafirmada por aquella gloriosa y fraternal Cataluña medieval, segura y reafirmada en aquella Cataluña mutilada de las tensiones reales que traían el liberalismo y la revolución industrial, la burguesía la haría suya, pero ni las odas a la patria ni los juegos florales borraron de su diccionario la españolidad ni le llevaron a romper la convivencia sentimental con las otras tierras hispanas.

Antes que catalanes eran burgueses. Por esa razón la gran burguesía catalana no se detuvo en nostalgias a la hora de sacrificar su catalanismo en aras del balance comercial cuando así lo reclamaron las circunstancias sociales o políticas. Nunca hubo una burguesía sujeta al sepulcro de Jaime I. Los vínculos económicos, los intereses de clase y la necesidad de entenderse con los gobiernos liberales siempre pesaron más que los mitos de la Atlántida, de la misma manera que en el siglo XVIII América había pesado más que las lágrimas de 1714.

El ideal de una burguesía nacionalista, laica, liberal en política, librecambista en economía, defensora de la industria y la modernidad, racionalista y creyente en la acción imparable del progreso científico, no deja de ser un mito. Católica hasta las entrañas y ferozmente proteccionista, la burguesía catalana fue culturalmente muy poco avanzada, socialmente muy refractaria a cualquier reformismo y políticamente muy conservadora. En 1833 se opuso al carlismo, no porque viera en aquella tradición trabucaire un abuso del pasado sino porque sus intereses económicos pasaban por el liberalismo. Terminada la guerra, aunque alejada de la política partidaria, se identificó con el moderantismo y se emocionó con la guerra de África auspiciada por Leopoldo O'Donnell, guerra aplaudida también por las clases populares de Barcelona. En 1874, tiroteado Prim y hostiles a la bullanga republicana, los patronos catalanes se entusiasmaron con la Restauración y con el regreso de la gente de orden al gobierno. Hasta finales del siglo XIX, recelosos del movimiento federalista, antimonárquico y republicano al que se vio abocada Barcelona tras el destronamiento de Isabel II, se olvidaron de la descentralización y las leyes viejas. La Restauración les trajo el fin de los agitados días de la República, les trajo en unos pocos años el proteccionismo, tan necesario a sus negocios y que un hijo suyo, Laureano Figuerola, había puesto en peligro. Hubo voces progresistas en catalán, contrarias al caciquismo de los amigos políticos y partidarias de la República, voces como las de Almirall. Fueron en vano. La voz de Valentí Almirall terminó quedándose sola porque en Cataluña el federalismo de tintes republicanos pasaba por las coordenadas políticas de Pi i Margall, catalán de una visión patriótica española muy elevada y enérgica. La voz de Almirall se quedó sola porque el catalanismo iría por el camino del tradicionalismo, la Virgen de Montserrat y el nacionalismo integral y ultraconservador de Prat de la Riba, creador de la Lliga Regionalista. La voz de Almirall se quedó sola porque la burguesía del Principado no deseaba más aventuras que las necesarias, porque iba a convertir las Antillas y las Filipinas en sus cotos comerciales privados a expensas de los nuevos aranceles que se aprobarían en Madrid, porque sus preocupaciones reales no residían en la patria sino en los negocios.

Los fabricantes catalanes compartirían sueños y mantel con Cánovas del Castillo y sostendrían la intransigencia más cerril contra los rebeldes cubanos y filipinos. Frente a mambises y tagalos fueron más colonialistas que Weyler y Polavieja, de la misma manera que años después, frente a la Semana Trágica y el sindicalismo anarquista, cerrarían filas en torno a la represión del conservador Antonio Maura, el orden feroz —ley de fugas incluida— impuesto por el general Martínez Anido, los pistoleros de raíz carlista de los Sindicatos Libres o el dictador Primo de Rivera, antecesor de otro dictador al que terminarían ayudando en la guerra civil.

El 98, con su malestar y su crisis, les llevaría a confiar en el catalanismo su desahogo contra los gobiernos de la monarquía: el Estado castellano, incompetente y anticuado se había dejado arrebatar el mercado colonial, en la práctica monopolio de Barcelona. De golpe, los empresarios del Principado —cuya negativa al libre comercio de Cuba, la gran reivindicación de la burguesía isleña, había sido una de las causas de la catástrofe— descubrían su conciencia nacional catalana y reclamaban mayor participación en la vida pública y la reforma del régimen político que, de repente, se convertía en un estorbo para el desarrollo de los intereses de Cataluña... es decir, sus intereses...

¿Dónde estás España, dónde que no te veo?
¿No oyes mi voz atronadora?
¿No comprendes esta lengua que entre peligros te habla?
¿A tus hijos no sabes ya entender?
¡Adiós España!

Pero el eco del 98 duró poco. En unos años la crispación obrera y el atentado anarquista rebajaron las críticas que, de la mano de la Lliga Regionalista, habían tensado su relación con el obsoleto gobierno central. Tras el sobresalto de 1917, la escalada de la conflictividad social les empujaría a colaborar con los partidos dinásticos, a sostener con aplausos la dictadura de Primo de Rivera y a financiar el levantamiento del 18 de julio. Un camino parecido recorrería Francesc Cambó, el líder político de la Lliga Regionalista. Otro catalán que siempre se comportó antes como un burgués.

El espíritu del somatén

Ni Cataluña fue sólo moderna y europea, ni la burguesía catalana fue progresista, ni el autoritarismo o el imperialismo de corte fascista fueron delirios creados en la rural y decrépita Castilla, como imaginan, o desean imaginar, los nacionalistas catalanes del siglo XXI. Un mito muy extendido en España tras la muerte de Franco y el asalto de los nacionalismos periféricos al Estado consiste en inventar una Castilla mística y homogénea, impositora de caudillos, refugio de esencias opresivas, creadora de autoritarismos y cortes fascistas. Castilla sería únicamente el solar del cacique y los grandes propietarios agrícolas, el grito regeneracionista de los cirujanos de hierro, ¡pantano o muerte!, los delirios de la raza medio católica medio agraria de Gil Robles, el brazo en alto de los jonsistas de Ramiro Ledesma y las añoranzas medievales, Cid y Caudillo incluidos, de Dionisio Ridruejo. Castilla sería únicamente el lema «Castilla, salva España» de los seguidores de Onésimo Redondo. Todo lo ocurrido desde 1874 sería culpa de los sueños engendrados en la Meseta, tierra donde al parecer cuando el cocido llegaba a los estómagos tenía ya sustancia de catolicidad e imperio.

Castilla se ha identificado con lo místico y lo guerrero, entraña de la que a la fuerza tenían que brotar, con un aire de aldea y milicia, el yugo y las flechas del fascismo español. Tras el 98, sin embargo, Castilla no sólo fue trigo, oración y brazo en alto. Castilla también era libertad y regeneración, pueblo y reformismo, república y urna. Castilla en el siglo XX era también el sentimiento liberal de Gumersindo de Azcárate, la Institución Libre de Enseñanza de Giner de los Ríos, el reformismo de Ortega y Gasset, el verso dolorido de Antonio Machado, el republicanismo de Sánchez Albornoz, o el discurso literario, profundamente castellano y profundamente liberal, de Manuel Azaña.

«Hay una tradición popular republicana, libertadora en el espíritu español, y sobre todo en el espíritu castellano —decía Azaña en 1932—, y queremos reivindicarla, ponerla en pie y engrandecerla.» «Hay otra tradición», repetía Azaña rebelándose contra la derecha católica y organicista que tomaba a Castilla como coartada y echaba sobre ella el martillo de herejes forjado por Menéndez Pelayo. La voz del presidente de la República era un ancho río de murmullos humanistas y liberales, desde Vitoria, Mariana o Suárez a la escuela de Salamanca del ilustrado Meléndez Valdés o el latido progresista de Manuel José Quintana. La voz de Azaña era un ancho eco. Ni Castilla se había reducido en el pasado a una tierra inquisitorial, encorsetada de armaduras, cortejos y estandartes, una tierra atada a una locura sublime, ni en el presente se limitaba a una región demandante de caudillos. Había otra tradición, otro murmullo, decía Manuel Azaña, pero su voz quedaría enterrada por *el milagro del disparo*, su voz quedaría enterrada en el exilio. Lejos de la Meseta, en un cementerio francés, lejos de aquella Castilla que él deseaba soñar liberal y que los vencedores de la guerra civil, como Dionisio Ridruejo, restaurarían imperial y autoritaria.

¡Oh torre del imperio, que desmayas,
árida de esperanza, junto al río,
que aún arrastra la voz de las batallas!

El mito de una Castilla arcaica y autoritaria desataría otro mito, hoy muy extendido, que parece duplicar al anterior con su contrario. Se trata de una Cataluña moderna, laica y europea, donde el nacionalcatolicismo es un contagio español y el fascismo una invasión foránea. Arrancadas las raíces carlistas del regionalismo, las plegarias catalanistas de los mosenes ultraconservadores con el obispo Torras i Bages a la cabeza, los comités de defensa social y del somatén, las romerías de Montserrat o el Tercio de Requetés del mismo nombre, la única herencia que reciben los jóvenes nacionalistas de hoy es la de una Cataluña que sólo ha basado su identidad en el republicanismo, el sindicalismo revolucionario, el progresismo social, el espíritu laico y la apertura a las corrientes literarias y artísticas europeas. Por el contrario, en 1908, Menéndez Pelayo consideraba que Barcelona había sido elegida por Dios para encabezar la regeneración de España y Gaudí siempre entendió la iglesia de la Sagrada Familia como un templo expiatorio de los pecados de la burguesía y un triunfo de la cristiandad sobre las corrientes anticlericales que atravesaban la gran urbe de la Renaixença.

Hay muchas Cataluñas a comienzos del siglo XX, de la misma manera que hay muchas Barcelonas. La capital del Principado fue la fábrica de España, el laboratorio del republicanismo anticlerical de Lerroux, la educación sentimental de Companys y la ciudad de los apagones y la rabia anarquista, pero también fue el seminario de España, la pionera en acoger la utopía reaccionaria de Charles Maurras —intelectual conservador ferozmente crítico con la nación constitucional creada tras la Revolución de 1789 y para quien los genuinos representantes de la Francia eterna residían en el clero católico, el ejército y la aristocracia de la sangre— o el centro, según el embajador de Mussolini, donde podía brotar el fascismo español.

El enviado de Mussolini no andaba descaminado. De la misma manera que el fascismo italiano había nacido en Milán, ciudad industrial y conflictiva, el español podía emerger en la ciudad de Prat de la Riba. El mismo Giménez Caballero, que había pasado una temporada en Barcelona, llegó a soñar con ello y escribió artículos en catalán pensando impulsar el fascismo desde el corazón de Cataluña. En Barcelona se hablaba entonces de la superioridad de la raza catalana, se criticaba con dureza el liberalismo, se conjuraba la tierra y los muertos, se soñaba con imperios y naciones inferiores que dominar...

A finales del siglo XIX el doctor Bartomeu Robert, alcalde de Barcelona, hacía exhaustivas mediciones de cráneos a gentes del país, para demostrar que efectivamente la estirpe catalana era superior. Ya metidos en el siglo XX el joven Eugenio d'Ors, lector ferviente de Sorel, «el nuevo profeta de la espiritualidad obrera», y devoto seguidor del futuro consejero de Pétain, Charles Maurras, lanzaba sus glosas aristocráticas contra todo lo que oliera a democracia y a liberalismo mientras los vanguardistas José Vicente Foix y, sobre todo, José Carbonell, educados en el catalanismo de Prat de la Riba y la Lliga Regionalista, acusaban a Cambó de no entender la novedad del fascismo y de no plantearse su posible adaptación a Cataluña.

Hubo a comienzos del siglo XX una Cataluña laica, progresista y republicana, pero aquella herencia no era del gusto de los catalanistas. El eco liberal y republicano de Valentí Almirall se deshizo de soledades, y el catalanismo fue conservador y de derechas hasta que en 1922 la Lliga Regionalista comenzara a ser contestada por un nacionalismo de izquierdas que condenaba las componendas burguesas de Cambó con los partidos dinásticos y pensaba que Cataluña debía luchar por su reconocimiento como república independiente.

El Bismarck de España

Las raíces del nacionalismo catalán no son republicanas ni liberales sino profundamente católicas y profundamente conservadoras. Las raíces están en la Renaixença, cuyos insignes representantes fueron muy del gusto de Menéndez Pelayo. Cataluña no era ni moderna ni antigua, era medieval, debía ser medieval, espíritu de honor, moral severa y fe sólida, según el ensueño de Milá y Fontanals. Cataluña era una nación esencialmente católica, como decía al estilo de su admirado Menéndez Pelayo el obispo Torras i Bages en *La tradición catalana*: «A Cataluña la hizo Dios, no la hicieron los hombres.» Cataluña debía aspirar a la representación corporativa mediante el sufragio de los cabezas de familia, por gremios y profesiones, a fin de acabar con el parlamentarismo que entregaba el gobierno a los charlatanes de oficio, de acuerdo con el espíritu de las *Bases de Manresa*. Su solución, según Prat de la Riba, era la representación corporativa, el Estado federal en el interior y el imperialismo en el exterior, imperialismo como expansión cultural, política y económica de Cataluña a costa de las naciones menos cultas, a las que cabía imponer la civilización más desarrollada por mecanismos pacíficos o por la fuerza.

Como reaccionario Prat de la Riba iba más allá de Maurras. Como imperialista conectaba con las corrientes ideológicas conservadoras que recorrían Europa en aquella época. Eugenio d'Ors también haría culminar su proyecto novecentista en la idea de Imperio. El imperialismo de D'Ors comportaba un antiseparatismo que evidenciaba la voluntad de conseguir la hegemonía política en el resto de España. Por eso reclamaba una Cataluña interventora en los asuntos del mundo, con una referencia clara a Jaime I, algo que también resuena en la pluma de Prat de la Riba: «Nuestro rey fue grande, por haber hecho la Unión Catalana, por haber derramado sobre los asuntos del mundo su acción. Nuestra patria fue grande porque era una, porque era Imperio.»

Grande. Una. Imperio... La crisis de los años veinte y treinta no fue una crisis castellana ni la guerra civil ni la restauración del caudillismo, el organicismo y el autoritarismo fueron cosa única de Castilla. La Lliga Regionalista, partido ideado por Prat de la Riba y liderado hasta el final de su sueño por Francesc Cambó, figura a caballo entre el tradicionalismo y el liberalismo, no sólo estuvo al lado de los gobiernos dinásticos en los momentos de crisis —huelga general de 1902, Semana Trágica, crisis de 1917— sino que su eco latió hermanado al maurismo, corriente ideológica con la que tenía muchos puntos en común, y simpatizó con el golpe de Estado de Primo de Rivera. La voz de la Lliga Regionalista jamás fue separatista. Cambó, en quien D'Ors veía el prototipo del político novecentista, siempre pensó en un catalanismo que tuviera cabida en una España regenerada, y su táctica política siempre estuvo marcada por el posibilismo y por la aceptación plena del marco de la Restauración. Como Prat de la Riba, Cambó defendía la idea de una España grande, combinando autonomía y unidad, orden y catolicismo. Su fracaso ya lo vaticinó Alcalá Zamora en el Congreso de los Diputados: «Su señoría pretende ser a la vez el Bolívar de Cataluña y el Bismarck de España, son pretensiones contradictorias y es preciso que su señoría escoja entre una y otra.»

Al final, como la inmensa mayoría de los dirigentes de la

Lliga, escogió Bismarck y apoyó a Franco en la guerra civil. Era obvio. El catalanismo conservador que había cogido el fusil del somatén, que no se había cansando de reclamar un endurecimiento de la política de orden contra el sindicalismo y había homenajeado en 1921 al implacable Martínez Anido, no podía identificarse con los hombres que enarbolaron la bandera de la Cataluña autónoma el 19 de julio de 1936 ni con un gobierno por el que iban a pasar comunistas, anarquistas, marxistas disidentes y que incautaba empresas, cuentas corrientes de valores y hasta cajas fuertes. Cambó llegó a decir que de ganar la República la guerra, en España quedaría establecida «una República Soviética».

Media España ocupaba España entera
con la vulgaridad, con el desprecio
total de que es capaz, frente al vencido,
un intratable pueblo de cabreros.
Barcelona y Madrid eran algo humillado.
Como una casa sucia, donde la gente es vieja,
la ciudad parecía más oscura,
y los metros olían a miseria.

Tras la guerra media España ocupó a la otra media, lo que quiere decir también, muy a pesar de quienes han inventado una Cataluña exclusivamente republicana, que media Cataluña ocupó a la otra media. La persecución política que sucedió a la guerra civil y la prohibición del catalán no procedió, como se repite una y otra vez, de una agresión exterior de fascistas que sólo hablaban español. En Cataluña muchos sintieron con alivio la derrota republicana por aquello que se recuperaba con la entrada triunfal de Franco en Barcelona: la paz social, las fábricas, las empresas, las tierras, los bancos, los títulos de propiedad y el viejo orden de poder económico.

Las historias que los nacionalistas catalanes cuentan para después de la guerra olvidan a menudo que la Cataluña de la juerga revolucionaria aterró a la gran burguesía y a las clases medias.

Que la guerra civil, como en el resto de España, supuso el ensañamiento de catalanes contra catalanes. Que la represión del 39 fue masiva, arbitraria y clasista —se ensañó con campesinos y obreros— pero que la desatada por los utopistas del 36, aunque menor, también fulminó a un buen número de catalanes: periodistas, abogados, militares, y algunos notables que venían siendo públicamente hostiles a los sueños revolucionarios que se anunciaban en las calles. Que quienes militarmente terminaron por aplastar la utopía revolucionaria traían una idea totalitaria y centralizadora de España. Que a esa idea de patria se adhirieron por simpatía, entusiasmo e interés, muchos catalanes. Cambó y la burguesía financiaron a Franco. Josep Pla, exiliado en Roma durante la guerra civil, trabajó como espía del general rebelde. Juan Estelrich fue uno de los propagandistas más refinados de la dictadura y Eugenio d'Ors se convirtió en la gran figura intelectual de la España franquista.

Todos ellos hablaban catalán, venían del sueño de Prat de la Riba y del catalanismo político de la Lliga. Todos ellos parecen fantasmas, seres que deambulan sin fe por la historia, desterrados del pasado soñado por los nacionalistas catalanes de la transición. Todos ellos parecen no existir. Transitan más allá de los márgenes del silencio: son silencio. O figuras desposeídas de su raíz, desterradas de su verdad íntima, histórica, para poder ser admitidos en la herencia de la Cataluña siempre noble, laica y progresista que hoy se quiere recordar. Antonio Machado, Manuel Azaña o Sánchez Albornoz han tenido una suerte parecida, aunque escrita desde la derrota y el exilio, aunque con un sentido contrario. Caminantes eternos, exterminada la gran cultura liberal a la que pertenecían, los ojos siempre quietos, marchitos, mirando hacia una lejanía infinita, hacia un pasado perdido, devastado, ellos son la voz transterrada de una Castilla que muy pocos tienen interés en recordar. Lamentablemente Valle Inclán tenía razón: nada es como es, sino como se recuerda. La sensación de la corriente de lo perdurable e inexorable de las cosas, que decía Azorín. Castilla arcaica, autoritaria. Cataluña moderna, progresista... Castilla nacionalcatólica. Cataluña laica. Castilla...

Bibliografía

A finales del siglo XVIII, los soldados de Napoleón descubrieron que muchos niños egipcios creían que las pirámides habían sido construidas por los franceses o los ingleses. Las sucesivas purgas de los rivales de Stalin exigieron de los historiadores soviéticos, cada poco tiempo, nuevas explicaciones de los acontecimientos por los que los héroes de antaño se habían convertido en traidores al servicio de las potencias enemigas. A fines del siglo XX, muchos niños japoneses creían que las bombas sobre Hiroshima y Nagasaki habían sido arrojadas por los rusos. En pleno siglo XXI, muchos niños españoles piensan que España es un Estado de nebulosa identificación, una yuxtaposición de regiones, una ficción creada por un lejano dictador...

Lo regional, como en el siglo XIX lo nacional, pasa por la historia que no retrocede ante la leyenda, la trivialidad o el error, con tal de que éstos vayan unidos a una representación concreta del pasado. Todo es cuestión de imágenes, de tradiciones propias y genuinas, desde celebraciones festivas a rememoraciones de batallas, viajando por el estómago y la gastronomía. Y los políticos, siguiendo una tradición localista que tal vez comienza en 1808, con Andrés Torrejón, el alcalde de Móstoles y su imponente declaración de guerra a Napoleón, han sabido tejer un haz de relatos y aleluyas.

Los hombres del 98 lloraron el resplandor de ayer de la Meseta, la gloria triste de Castilla, convertida en símbolo y mito nacionalista de una España destartalada. El complejo de periferia se apoderaba de los pensadores y pintores españoles que reinterpretaban los ariscos pedregales, los álamos meseteños, las calvas sierras... y condenaban a Castilla a cargar con los pecados del atraso de todos. Pardas llanuras, parameras ásperas... responsables de los males de España. Todo lo viejo procedía de la Meseta imperialista; lo moderno, lo europeo, era patrimonio de la periferia laboriosa, de la Cataluña avanzada y cosmopolita.

Gracias a la buena salud de la historiografía española, empieza a ser fácil distinguir el trigo de la cizaña, lo real de lo ilusorio. Sobre todo después de que la piqueta de los historiadores profesionales entrase de lleno en las trincheras mitológicas, derrumbando los apoyos del pensamiento romántico y dejando en carne viva su raíz sentimental. Magnífica revisión del papel de Castilla en la construcción de España es la obra en cuatro tomos, publicada (de A. García Simón) por la Junta de Castilla y León *Historia de una cultura.* Del tercer volumen *Las Castillas que no fueron* se extraen conclusiones y sugerencias: —J. L. Martín, C. Serrano, J. Aróstegui— muy valiosas para el actual debate político. Nada más rotundo y clarificador que el discurso de Julio Valdeón en su ingreso en la Academia de la Historia *Las raíces medievales de España*, destacando la participación de los intelectuales catalanes y los reyes aragoneses en la formación y el sentimiento de España. Para hacerse inmune al virus de los particularismos y la exaltación obsesiva de las diferencias viene bien recordar la realidad histórica en el libro de L. González Antón *España y las Españas* y la fuerza de los tópicos en el estudio de Emilio Temprano. Contra la amnesia y la manipulación, presentes en la batalla lingüística de la España autonómica, facilita argumentos contundentes de investigación Juan Ramón Lodares en *El paraíso políglota.*

Por los concienzudos estudios de Ricardo García Cárcel sabemos que La leyenda Negra contra España empezó siendo contra una parte de ésta, Cataluña, a partir de las malas experiencias de los sicilianos que tuvieron que aguantar el imperialismo de la Corona de Aragón desde el siglo XIII. Los dos grandes mitos históricos de la historia moderna de Cataluña —la rebelión de 1640 y el 11 de setiembre de 1714— también han sido desmontados por Ricardo García Cárcel, autor de *Felipe V y los españoles.*

En el mismo momento en que se creó el movimiento político del catalanismo, se le buscaron referencias foráneas, para señalar la actualidad y modernidad de un movimiento de carácter regionalista. La inspiración más potente se encuentra —como lo han demostrado en distintos trabajos los historiadores Coll (*El catalanisme conservador davant l'afer Dreyfus, 1894-1906*) y González Cuevas— en el provenzalismo que se desarrolla a fines del XIX, de la mano de Maurras o en el pensamiento del también regionalista Maurice Barrès. Esta inspiración resulta importante porque la actitud regionalista de estos pensadores, que luego militarán en un nacionalismo integrista, se basa en la destrucción de la nación constitucional heredada del jacobinismo y en la construcción de una Francia basada en la coordinación de sus «territorios históricos». Los artificios ideológicos y los intereses ultraconservadores de la burguesía catalana del XIX quedan al descubierto en el libro de Josep Maria Fradera *Cultura nacional en una sociedad dividida. Cataluña 1838-1868*, que desmitifica la idealización del mundo rural y el campesinado realizada por la Renaixença.

A través de la biografía de Lerroux de Álvarez Junco y *La Rosa de Fuego* de Joaquín Romero Maura puede observarse la forma en que la historiografía tradicional de Cataluña trató a un partido, el lerrouxista, fuertemente arraigado en las clases populares; partido cuyo éxito «demagógico» se atribuye a los recursos enviados por Segismundo Moret al líder radical, en lugar de considerar el impulso de un movimiento republicano democrático opuesto al conservadurismo de la Restauración o a los tintes de defensa social que había adquirido el catalanismo.

En esta misma línea, Ismael Saz, en *Mussolini contra la Segunda República*, reproduce cartas del embajador italiano en España afirmando la necesidad y posibilidad de que el verdadero fascismo español se creara en Barcelona —como el fascismo italiano nació en Milán y no en Roma— aprovechando varias circunstancias: la existencia de una burguesía emprendedora; la influencia de un pensamiento nacionalista que tiene muy claros los principios de una identidad comunitaria radical, y la mejor opción de Barcelona frente a Madrid, donde el fascismo podría quedar fagocitado por los círculos más conservadores. Multitud de testimonios de los orígenes poco liberales del nacionalismo catalán se pueden encontrar en las convincentes investigaciones de Joan Lluís Marfany, *La cultura del catalanisme*, y Enric Ucelay Da Cal, *La Catalunya populista. Imatge, cultura i política en l'etapa republicana (1931-1939)*.

CAPÍTULO 5

El espejo roto

—España —dijo la mujer de Pablo agriamente. Se volvió hacia Robert Jordan—. ¿Hay gente así en otros países?

—No hay otros países como España —dijo Robert Jordan con educación.

—Tienes razón —dijo Fernando—. No hay otro país en el mundo como España.

—¿Has visto algún otro país? —le preguntó la mujer.

—No —dijo Fernando—, y tampoco deseo ver ninguno.

—¿Lo ves? —le dijo la mujer de Pablo a Robert Jordan.

ERNEST HEMINGWAY
Por quién doblan las campanas

Carne de sueños

El último buen país. La patria del Cid y del Romancero, del pícaro Lázaro y la prostituta Celestina. La Sevilla de Carmen y don Juan. La Granada de la Alhambra y Boabdil. La Castilla de don Quijote y Sancho Panza. Tierra o sueño. Exotismo y decadencia. La sombra del viajero romántico es alargada... Si el español medio se detuviera a comprobar las imágenes que tiene del siglo XIX, e incluso de la primera mitad del XX, comprobaría que a menudo esas imágenes son puramente literarias o pictóricas, que ese pasado que lleva dentro suyo es la creación de un Próspero Mérimée, un Goya o un Washington Irving. El romanticismo no sólo redescubrió la Edad Media, el folclore, el amor a lo local y lo pequeñito, el gusto por los rincones donde se podía revivir la historia, como si el mundo yaciera más puro en las sociedades que arrastraban el atraso y el sufrimiento de los siglos pasados, sino que hizo algo mucho más preocupante: inventó países.

Pálida, nerviosa, ardiente, la romántica fue una juventud que sentía como un cementerio el grisáceo mundo de la sociedad burguesa, el tedio de su dulce monotonía. Concebida entre dos batallas, el estado de desasosiego, de tristeza y de hastío que habitaba su mirar sombrío reflejaba una sed de nuevos colores, de nuevas formas. El exotismo, la búsqueda de encantados países olvidados fue su fuga, su modo de huir, de romper con todo, con el progreso, con la melancolía, con «las negras fábricas satánicas» del poeta William Blake... la radical manera de rechazar el presente y mirar hacia atrás, de retroceder a un tiempo donde la aventura y el misterio eran todavía posibles. Irónico, el francés Mallarmé dejaría aquel clamor obsesivo que estremeció el espíritu de los europeos del siglo XIX en uno de sus poemas:

La carne triste, ¡ay! y yo he leído todos los libros.
¡Huir! ¡Huir lejos! ¡Siento que los pájaros están ebrios
al encontrarse entre la espuma desconocida y los cielos!
Nada, ni los viejos jardines reflejados por los ojos,
retendrá a este corazón que se anega en el mar.
¡Oh noches! Ni la claridad solitaria de mi lámpara
sobre el papel no escrito que conserva la blancura,
y ni la mujer joven que amamanta a su hijo.
¡Partiré! ¡Vapor con tus mástiles que se balancean,
leva el ancla con destino a un mundo exótico!
¡Un tedio, desolado por crueles esperanzas,
cree todavía en el adiós supremo de los pañuelos que se agitan!

Los países periféricos de Europa fueron pasto de los viajeros románticos. España, idealizada en el mapa de aventureros y poetas a raíz de la guerra de la Independencia, uno de sus destinos preferidos. Hugo, Ford, Mérimée... descubrieron en la península Ibérica una tierra donde, decían, podían revivir la historia y después de muchos caminos y fantasías exóticas, fascinados por lo que conocieron o creyeron conocer, crearon una imagen que condenaba a España a ser el refugio oriental de Occidente. Luego la ilusión de una tierra primitiva y salvaje fluyó como un río, como un Danubio o un Rin, convirtiendo el viejo solar ibérico en la Ítaca de aquellos jóvenes desencantados e intrépidos, de países supuestamente civilizados, que dejaban sus cómodos hogares para vivir emociones fuertes. Ellos completarían con sus notas y libros de viaje el romance de la España diferente. Por las llanuras de la Mancha cabalgaban partidas de guerrilleros carlistas; entre las sombras calvas de Sierra Morena circulaban bandoleros de patilla ancha y trabuco, contrabandistas asesinos dispuestos a todo; en la Alhambra de los reyes nazaríes y la Granada del cante jondo, latía la tragedia y se paseaban, como fantasmas de otra época, los nietos de Boabdil con su melancolía de turbante y su primitivismo sensual, cruel; entre las callejuelas de Sevilla ardía la pasión y la mirada de las cigarreras imprimía su poesía en la respiración de guitarristas, soldados y toreros sangrientos... Literatura y realidad se fundían en su mirada, un continuo hacerse y deshacerse en tópicos que terminaría hilando toda una mitología romántica de lo hispano. Dumas diría desde París que África empezaba en los Pirineos. Richard Ford escribiría en su casa de campo de Inglaterra que «la clave para identificar a este pueblo —el español— no es ciertamente europea, ya que esta Berbería cristiana es, por lo menos, terreno neutral entre el sombrero y el turbante...».

Tras su estela, los escritores surgidos del frío, sus cuadernos y libros de viaje, reflejo de los anhelos y el sentir de toda una época, repetirían los estereotipos y los prejuicios. Teófilo Gautier, viajero modelo según el poeta Baudelaire, escribió que su viaje a España lo había vivido como un sueño. España era el país romántico por excelencia; el rincón de lo imprevisible; aquella Edad Media, caballeresca y católica, que tanto había anhelado desde París. La ilusión de lo exótico resumía su estatuto de vida. «Antes la barbarie que el tedio», había gritado el viajero francés, como si en los cafés de la ciudad del Sena hubiera recogido las palabras pronunciadas años antes por Washington Irving, el exitoso autor de *Los cuentos de la Alhambra*:

«Que otros echen de menos los caminos bien cuidados. Los hoteles suntuosos y todas las comodidades de países que se tornan vulgares a fuerza de cultura [...]. Dejadme gozar de rudos ascensos por la montaña, de jornadas hacia lo imprevisto y de las costumbres francas, hospitalarias, aunque medio salvajes que dan singular encanto a la romántica España.»

El tópico, su manual de escritura. Stendhal, cómodo en la primera persona del singular para narrar sus viajes, diría que la preocupación del viajero romántico era la búsqueda del tipo característico, original. Escribió: «Además quiero también al español porque es un tipo; no es una copia de nadie. Será el último tipo que existe en Europa [...]. Sangre, costumbres, lenguaje, modo de vivir y combatir, en España todo es africano.»

El viajero llegaba a la Península con su equipaje de lecturas y espejismos y salía de ella, después de anotar por los caminos paisajes, antiguos prefacios, charlas, poemas, batallas, epitafios, metafísicas, recortes de periódicos... después de anotar, en fin, retazos de un sueño, salía el viajero con la idea de haber comprendido las «cosas de España».

La sociedad española era entonces una sociedad atrasada económicamente, que se debatía convulsa entre los gobiernos liberales y la reacción más enquistada, entre la violencia de las guerras civiles y la nostalgia de futuro, pero aquella realidad, sin duda cruda y grave, poco o nada tenía que ver con África o con las exóticas e hirientes pinceladas que trazaban la mayoría de los viajeros extranjeros. Literatos antes que cronistas, el sentido que relucía en sus relatos no era sino la ilusión óptica de una mirada deslumbrada que confundía el extremo con la costumbre, lo singular con lo general, el pasado con el presente. El país que surgía de sus notas y cuadernos de bitácora era exagerado, sensual y sucio, literario y exótico, apasionado y cainita. Tierra legendaria y miserable, religiosa y cruel, mora y cristiana, mística y pícara. Tierra de mártires y verdugos, de gitanas y bandoleros, de curas y soldados, de héroes y patanes... La mudanza del camino al papel y la imagen tallada frase a frase, palabra a palabra, resultaba en la mayoría de los casos de una exigencia vital del propio romántico, pasos por un país imaginario, superpuesto al real y remendado de literatura.

Fue Lord Byron, que pasó por Sevilla y por Cádiz en 1809, un año después de que Wellington hubiera hecho escala en La Coruña para conocer el país en el que habría de combatir y derrotar al ejército de Napoleón, quien marcó la moda: «¡Oh hermosa España, renombrado y romántico país!» Lord Byron soñaba con el idilio de la antigua Sevilla, con dulces y bellas muchachas que se dejaran abrazar entornando sus ojos grandes y negros, con aventuras exóticas y melancólicas, fugaces como las olas. En 1830 Víctor Hugo, cuya imagen de la península Ibérica estaba asociada a la memoria de su padre, el general de Napoleón, a sus muchas lecturas y a los recuerdos infantiles de su efímera estancia en Madrid durante la guerra de la Independencia, siguió el idilio, escribiendo: «España es todavía el Oriente; España es medio africana y África es medio asiática.»

A estas alturas, el mito, la leyenda romántica, había terminado de cuajar en Europa, sobre todo gracias a la guerra contra los ejércitos de Napoleón, a los viajeros franceses e ingleses y al eco que hallaban sus relatos en los novelistas de la época. En el siglo del periodismo y la imprenta, en un tiempo en el que los caminos de hierro aún no se habían extendido por toda Europa —recuérdese que los primeros ferrocarriles ingleses son de 1830— y la máxima velocidad utilizable para viajar era la de un caballo a galope, la imagen que las crecientes burguesías nacionales tenían de los países extranjeros no era otra que la recreada por la literatura de viaje, de moda en toda Europa. En 1838, tres años antes de que Richard Ford retornara a Londres con sus cuadernos llenos de notas y dibujos para comenzar la redacción de su *Manual para viajeros por España y lectores en casa*, de gran eco en Gran Bretaña, Charles Dembowsky anotaba: «En España se hace uno guerrillero como en Francia abogado o periodista.» Y Chateaubriand, la otra cabeza del romanticismo francés, y quizá el político que con mayor vigor apadrinó la intervención en España del ejército de Angulema, escribía: «Los españoles son los árabes cristianos; tienen algo salvaje, de imprevisto.»

La literatura siempre inventa países y la Europa del romanticismo se inventó una España arrebatada y salvaje al hacer de sujetos marginales —guerrilleros, bandoleros, contrabandistas, toreros, gitanos, tiradores de navaja, guitarristas, cigarreras...— tipos representativos y al ridiculizar e, incluso, ignorar, a aquellos otros españoles que, pese a los pronunciamientos militares, invasiones extranjeras y guerras civiles, trabajaban por vertebrar la nación desde la esperanza de una sociedad responsable y laica. Llevados de sus prejuicios, como un funcionario británico en España diría de Ford, el encuentro del romántico con España fue, en la mayoría de los casos, un esperpento de principio a fin. La conversación que mantuvo Borrow con Mendizábal en 1836 puede servir de ejemplo. George Borrow, don Jorgito, como lo llamarían «los manolos» de Madrid, quería obtener del artífice de la desamortización eclesiástica el permiso para imprimir en los talleres de Madrid las Sagradas Escrituras. Mendizábal, acuciado por el levantamiento carlista y una hacienda exhausta, le respondería con seriedad, dándole a entender que si hubiera venido a difundir otras ideas más prácticas a un país en guerra los españoles le estarían más agradecidos:

«¿Qué singular desvarío —contestó Mendizábal al excéntrico viajero— les impulsa a ustedes a ir por mares y por tierras con la Biblia en la mano? Lo que aquí necesitamos, mi buen señor, no son biblias, sino cañones y pólvora para acabar con los facciosos y, sobre todo, dinero para pagar a las tropas. Siempre que venga usted con esas tres cosas se le recibirá con los brazos abiertos; si no, habrá usted de permitirnos prescindir de sus visitas.»

Borrow, pintoresco, políglota, devoto de gitanos, arrieros y campesinos, aventurero excéntrico y luego fabulador, había llegado a Badajoz en 1835, en medio de la primera guerra carlista, enviado por la Sociedad Bíblica británica con el objeto de difundir las Sagradas Escrituras y la descabellada idea de convertir «la romántica, caballeresca y vieja España» al protestantismo, «salvación única» de aquel país «desgraciado, miserable y sangriento». En 1840, después de cinco años de andar los caminos de don Quijote y pasar una breve temporada en el calabozo, comenzaría a escribir *La Biblia en España*, ingenioso libro de viajes que le dio una gran fama y que traducido al francés, al alemán, al ruso... reforzaría en la mente de la burguesía europea, sobre todo la inglesa, el mito romántico de España.

La mano de Borrow no temblaría a la hora de repetir tópicos. «Todo aquel que vaya en busca de lo romántico —escribió don Jorgito el inglés—, de lo poético, lo sentimental, lo artístico, lo antiguo, lo clásico, en suma, todo lo que es sublime y bello, encontrará en el pasado y presente estado de España amplio campo para vagar con lápiz y cuaderno de apuntes por este país tan singular, que, como frontera entre Europa y África, oscila entre la civilización y la barbarie...» «Este país —seguía escribiendo— nos incita a huir de la aburrida uniformidad y pulida monotonía de Europa en dirección a la embriagadora frescura de una tierra original e inmutable, donde el paganismo disputa los altares al cristianismo, donde el exceso de lujo se entremezcla con la privación y la miseria, donde la carencia de generosidad y compasión coincide con las virtudes más sublimes y heroicas, donde la crueldad más a sangre fría enlaza con las pasiones más abrasadoras de África, donde la ignorancia y la cultura conviven en violento y sorprendente contraste.»

El mal de Flaubert

Los escritores románticos actuaban como aquel barón, del que daba cuenta en el siglo XVIII el viajero alemán Ernst Hoffmann, que iba por el mundo coleccionando panoramas y, cuando lo consideraba necesario para su placer o para crear un hermoso mirador, hacía talar árboles, desnudar ramas, aplanar las redondeces del terreno, abatir bosques enteros o demoler alquerías, si obstaculizaban la vista. Richard Ford no mostrará ningún interés en acercarse a otra España distinta de la folclórica y exótica del arriero y el bandolero José María el Tempranillo. Aquella otra España, urbana, cambiante y creativa, abierta al mundo y al progreso, que la había también en aquel momento, la España del pensamiento, la de las tertulias de Madrid y provincias, la de los periodistas, intelectuales y políticos que proponían para la sociedad soluciones tan modernizadoras como las de las elites de otras naciones europeas de la época, quedaba talada en su libro.

Ford llegaría a recorrer los caminos de España a la búsqueda de un bandolero que echarse a la vista e incluso se lamentaría de no haber sido asaltado por el Tempranillo, el mítico bandido. Lo mismo puede decirse de don Jorgito el inglés. Borrow se hospedó durante un tiempo en una posada de Madrid, en la calle Santiago, a dos pasos del número tres de la calle Santa Clara, donde vivía Mariano José de Larra. El curioso viajero inglés, según consta en su correspondencia, estaba alojado en aquella posada el 13 de febrero de 1837, fecha en que el articulista madrileño dejaba de preguntarse cuántos latidos podían quedarle a sus sueños para detenerse y se pegaba un tiro. La muerte de Larra sobrecogió al Madrid del pensamiento, pero el aventurero inglés no mencionó a su ilustre vecino en *La Biblia en España*. Larra, que firmaba *Fígaro,* no pertenecía a esa España de labradores, arrieros, pastores, gitanas y manolos que le interesaba al extravagante e infatigable hombre de acción inglés, antecedente de otro aventurero no menos fantoche y bravucón, el reportero y novelista estadounidense Ernest Hemingway.

De la misma manera que Ford y Borrow despreciaban a la burguesía del pensamiento y distorsionaban la imagen del país al gusto del cuadro romántico que deseaba conocer el lector inglés, otros, los viajeros imaginarios, se inspiraban literalmente en sus notas y cuadernos de viaje para colorear con los pinceles más exóticos su oriental y diferente España. Exotismo literario, leyendas viajeras, costumbres atávicas y violencia primitiva, eco de la sangre caliente y brava, la sangre antigua, se consolidaron de tal modo en el imaginario de la Europa del siglo XIX que Alejandro Dumas atravesó el país armado con dos pistolones para acabar atemorizando a unos pobres venteros y campesinos, pensando, seguramente, que estaba tratando con algún exótico bandolero.

Por desgracia para quienes soñaban y se esforzaban por construir una nación igual en progreso a las naciones adelantadas de Europa, Dumas no sería una excepción y los europeos siguieron viendo España como si el tiempo no hubiera pasado por sus pueblos y ciudades. En 1845, después de haber pisado por breves horas la frontera sur del Bidasoa, Flaubert exclamaría: «Estuve ayer en España, he visto España [...] y soy feliz [...]. ¡Qué bello país España!»

Flaubert encarna las despertadas y frustradas energías de sueños y deseos que a mediados del siglo XIX ya no podían satisfacerse. Desde la adolescencia el novelista francés no había sentido sino «insaciables deseos» y «un tedio atroz». Las corrientes de frustración, de ilusoria liberación e irónica derrota que sacuden a la juventud francesa tras desvanecerse de su paisaje cotidiano los peligros de la revolución, las registraría con precisión en su novela *La educación sentimental*, testimonio de toda una generación que se aparta de la vida sentida y se dirige hacia el sopor burgués. Flaubert sabe, además, que el país romántico no existe; que los viajeros de Baudelaire, que parten a la búsqueda de lo inaudito y están dispuestos a naufragar en el camino, hallan en lo exótico el mismo tedio que han dejado en el dulce confort de casa. Viajar significa perder países; por eso, después de su *tour* romántico por Oriente, escribe: «Nos hacemos sabios, arqueólogos, historiadores, gentes de gusto [...], ¿de qué sirve todo esto?», y se refugia en una vida provinciana y literaria, tan diferente a la de un Byron. La prosa del mundo se ha hundido en su corazón y, como todo intelectual sedentario, ya no necesita viajar a España para conocer España. Le basta con habérsela imaginado en los libros de Victor Hugo o Chateaubriand. Esa nota que escribe el año 1845 en una carta representa la no contemporaneidad de un país en el imaginario de Europa: su petrificación en las imágenes del pasado. El mal de Flaubert es que vive como contemporáneos recuerdos, sentimientos y hechos que se han borrado hace bastantes años, décadas; recuerdos, sentimientos y hechos que se disuelven como bancos de niebla, se disipan y se desvanecen en el pasado.

Lo relevante, sin embargo, no es que Flaubert embalsame el tiempo de España en una frase, pues después de todo se trata de una frase escrita en una carta y, por tanto, de escasa trascendencia. Lo relevante es que la literatura de viajes de la segunda mitad del siglo XIX, espejo en el que nos ve el extranjero, es una literatura atravesada por el mal de Flaubert: una literatura atrapada en los tópicos del pasado, encerrada en la prisión del mito romántico. En 1874, el barón Davillier y el pintor Gustavo Doré imprimían en su libro *Viaje por España* un país sin la menor huella de modernidad, poblado de mendigos, contrabandistas, bandoleros, gitanas, toreros, vagabundos cubiertos de andrajos, guitarristas...

Con razón el novelista y diplomático Juan Valera se sentía herido porque el viajero no valoraba el esfuerzo del país por modernizarse: el ferrocarril, la paulatina mejora en el hospedaje, el despegue industrial y la creciente urbanización, el adelanto de las condiciones higiénicas y sanitarias. Lo cierto, además, como bien sabía Valera, era que aquella España recreada por los viajeros extranjeros se perdía rápidamente, que las negras estampas de Doré o los coloridos cuadros costumbristas pertenecían a otro tiempo, un tiempo que sólo existía en la literatura.

La nostalgia de Jose María Pereda, que pintaba y reproducía en sus novelas el Santander sin escolleras ni ensanches, sin ferrocarriles ni tranvías urbanos, sin hoteles en el Sardinero, sin ferias ni barracones en la Alameda... para que la ciudad que llevaba dentro de su cabeza no se desvaneciera ante sus ojos, como ya había ocurrido, o la de Gustavo Adolfo Bécquer al comprobar que de la ciudad de su infancia, de las plazas y viejos paseos de Sevilla, «no habría de quedar ni un átomo», devorados los bellos rincones, la espontaneidad de sus gentes y las modas tradicionales... Aquellas dos nostalgias, la del novelista santanderino y el poeta sevillano, indicaban que España sí se movía.

«En mi memoria —escribía Bécquer hacia 1869, época en la que el poeta ya sólo esperaba ser enterrado a orillas del Guadalquivir— no ha quedado más que un recuerdo confuso, imposible de reproducir [...]. Tan extraña, tan antiarmónica, y perdóneme la civilización, encontré la mezcla de carácter andaluz y barniz francés que veía en todo lo que me rodeaba.» Bécquer añoraba cosas imposibles y el paisaje de Sevilla que había mantenido vivo en los bulliciosos cafés de Madrid, un recuerdo sentido, era todo él imposible también.

Desde la segunda mitad del siglo XIX, la aventura y el misterio de España parecían, pues, acabados, pero los curiosos viajeros seguían negándose a reflejar los cambios en sus libros y si lo hacían era con melancolía, para decir que el país estaba degenerando: «¡Se modernizaba!» Próspero Mérimée, el autor de *Carmen*, escribía en 1864: «Toda originalidad desaparece en este país. Quizá ya no pueda encontrarse más que en Andalucía, y hay demasiadas pulgas y demasiadas hospederías malas, y sobre todo soy demasiado viejo para ir a buscarla allí.»

Es posible que el escritor francés entendiera en 1864 que el curso de la historia arrastraba y engullía aquel ideal que le había llevado a la península Ibérica en 1830, pero si ocurría de este modo se recuperaría inmediatamente, expulsando de su recuerdo ese estremecimiento de progreso que deploraba y quedándose con el romance de la Andalucía romántica, quintaesencia de la España imaginada. Quizá, después de todo, viajar era cuestión de cerrar los ojos; se miraba por la ventanilla del tren que se precipitaba en el paisaje soñado, se ofrecía la cara al escaso frescor que descendía de los árboles del paseo mientras uno se mezclaba con manolos y cigarreras, y algo corría y pasaba, el aire se metía dentro de la habitación de París, el yo se dilataba y se contraía como una medusa, un poco de tinta salía del tintero y se diluía en un mar color tinta... Quizá, después de todo, tras la defunción de aquella España romántica de los primeros viajeros del siglo XIX, sólo restaba algo así como un romance: su reproducción literaria.

La siesta y la navaja

Romance o idilio, la mirada del turista no siguió el curso de la realidad social y política sino el recorrido que la pluma trazaba sobre el papel, de modo que para Mérimée, como para el extranjero en general, España continuaría siendo un recuerdo estancado: el país de Carmen, aquella tierra africana de la que el escritor francés había dicho que un cigarro dado y recibido establecía relaciones de hospitalidad, «como en Oriente el partirse el pan y la sal» y que, en 1868, una famosa condesa del otro lado de los Pirineos condensaría en una frase: «España... Al poner el pie en España todos soñamos en la guitarra y las castañuelas.»

Todo viaje posee una naturaleza mítica, pero en el caso del viaje a España el propio destino es mítico, ilusorio. Por eso a Juan Valera, intelectual refinado y cosmopolita, no le extrañaba que, durante su estancia de diplomático en Europa, se le explicara lo que era el té y se le preguntara si en España se cazaban leones. «España —escribió desde Rusia— está desacreditada en toda Europa.» Para el ciudadano europeo «nuestra vida», protestaba el diplomático y novelista liberal, «es o permanecer en la plaza pública durante días enteros, embozados en la capa, charlando o soñando, o echarnos al camino para acechar al indefenso viajero».

La sentencia de Valera era el reconocimiento de una derrota, un desgarrón mal remendado, pues al declinar el siglo XIX los intelectuales europeos y norteamericanos seguían hablando de España como si el hidalgo esperara ocioso en la puerta de su caserón, el caballero católico velara armas tras las murallas de Toledo, el inquisidor Torquemada se preparara para otro interrogatorio en el castillo de Montjuich, el bandido fuera a emerger en cualquier instante de las colinas para asaltarle y robarle o el anarquista, trasunto del guerrillero de 1808 y reflejo del feroz individualismo ibérico, fuera a desterrar a bombazos «el mal gobierno». El mito de un país apasionado, primitivo y violento, el colorido intenso de su paisaje y el salvajismo de sus costumbres, siguió moviendo en el siglo XX a ilustres turistas como Waldo Frank, H. G. Wells, Virginia Woolf, Rainer Maria Rilke, Marcel Proust o Ernest Hemingway, aunque la tramoya de una industrialización generalizada, sobre todo en la periferia, hubiera transformado radicalmente el escenario y lo que se comenzara a ventilar fuera ya una lucha de clases con muertos y con odios enconados.

Lejos de desvanecerse en el mapa del viajero, España se convirtió, más allá de las modas, en un tema clásico para el artista y el escritor contemporáneo, en un país de cartón piedra, un decorado cinematográfico por el que transitaba gustosamente el turista impertinente, atrapado ya irreversiblemente en un océano de tópicos. Viajero o curioso que pasara por la península Ibérica no dejaba de glosar las delicias de una España diferente. España no era Europa. Paul Claudel escribiría que era el país del deseo, del ensueño, de la imaginación, el refugio del espíritu místico, de san Juan de la Cruz y santa Teresa. El conde Keyserling hablaría de la superioridad de los valores espirituales defendidos por los españoles, frente a la barbarie de la tecnificación. La civilización del chófer era propia de Europa y de América del Norte; España, en cambio, era una africana tierra de beduinos, seres quijotescos, apasionados y católicos. Gerald Brenan siguió los pasos de Ford y Borrow, llegó a Granada en 1920, se instaló durante años en la Andalucía profunda de Las Alpujarras, y propagó con sus libros una visión de España y de los españoles como gentes atrevidas e individualistas, violentas pero nobles. John Dos Passos, de camino por España en 1923, haría cabalgar de nuevo a don Quijote por las llanuras de La Mancha, y, en sus estampas periodísticas, hablaría del feroz individualismo, del orgullo español, del flamenco y los toros, de andaluces que parecían árabes y tipos que llegaban a decir: «Eso es lo que hacemos nosotros [...]. Armar camorras, jugar y seducir mujeres, bailar y cantar [...], luego nos arrepentimos y el cura nos deja a bien con Dios.»

Luego de tanto exotismo y tanta diferencia, España quedó embalsamada en la imagen de dos regiones. Castilla, heroica y mística, adusta y árida. Andalucía, exótica y alegre, arrebatada y sensual.

Escrito sobre negro

La geografía sentimental del romanticismo había puesto de moda España en Europa y América del Norte, pero los trabajos de Hugo, Mérimée, Ford o Irving no brotaron de la nada. Leyenda y realidad, ilusión y camino, eran el resultado de una cristalización de tiempos e imágenes, la España mística de Felipe II y la ilustrada y oscurantista de los Borbones, la España de los cruzados heroicos del medievo y la herrumbrosa y triste de los absurdos hidalgos del XVII, la España de los conquistadores de América y la de los tribunales del Santo Oficio que condenaron a Olavide en pleno auge de las Luces... Leyenda y camino eran el resultado de todas esas Españas incrustadas en el crisol colorista de un sueño, el romántico. El viajero de Baudelaire tejió y destejió el romance de la España romántica con retales antiguos de antiguas imágenes. Su mirada no podía desprenderse de lo que había leído y en su memoria sentimental no escaseaban los relatos y crónicas de viajes del siglo XVI, XVII y XVIII. El tema de España, en verdad, no había dejado de estar presente en la biblioteca del europeo ilustrado.

Ya en el siglo XVII la condesa D'Aulnoy dejaba escritas sus Memorias de la Corte de España, recuerdos que no sólo conocieron una gran difusión durante el Siglo de las Luces, sino que se convirtieron en la guía de los viajeros ilustrados y la mirada de los autores románticos. Victor Hugo leería con detenimiento las páginas de la condesa para colorear sus dramas ambientados en la corte de los Austrias, de la misma forma que en el siglo XVII Molière se inspirará en el *Burlador* de Tirso de Molina para su *Don Juan*, Corneille en las *Mocedades* de Ruiz de Alarcón para su *Cid* o el abate Saint Réal en la leyenda de Felipe II para escribir su *Don Carlos*. La imagen de España en Europa durante los siglos XVI y XVII sería un cuadro de contrastes, de grandezas y miserias, la tierra del rey fanático y cruel, del despiadado inquisidor y el conquistador salvaje, del fraile mezquino y el noble perezoso y presuntuoso... pero también la tierra del resplandor imperial, de los poderosos Tercios, de Cervantes, Quevedo, Gracián y el oro de las letras, la tierra donde se cruzaban de manera confusa el mito de la Reconquista y el refinamiento de Al Andalus, el Romancero y el Quijote, el castellano orgulloso y el descubrimiento del Nuevo Mundo.

La imagen negativa vendrá condicionada, sobre todo, por la hegemonía militar del Imperio y la política internacional de Felipe II. Fue la guerra de propaganda, que acompañó siempre al barroco, en un tiempo en el que el libelo era la gran arma de opinión en manos del Estado, la que perfiló un arquetipo de español fiero y guerrero, inculto y perezoso, fanático y fanfarrón. En la península italiana el eco del saqueo de Roma y la continua presencia de los ejércitos imperiales levantaron la pluma de dramaturgos y poetas contra el supuesto militarismo español. En Inglaterra, en Francia y en los Países Bajos halló resonancia la *Brevísima relación de la destrucción de las Indias* del Padre de las Casas y se imprimieron las primeras ediciones de la *Exposición de algunas mañas de la Santa Inquisición española*, del exiliado protestante González Montano, *El libro de los Mártires*, de John Foxe, la *Apología*, de Guillermo de Orange, y las *Relaciones*, de Antonio Pérez... Obras que extendieron por Europa la leyenda truculenta de la Inquisición, la rapacidad y los abusos de la soldadesca, las matanzas de los conquistadores en América, y los sombríos rumores que acusaban a Felipe II de haber asesinado a su hijo, el infante don Carlos... De la mala imagen de los españoles en los Países Bajos era bien consciente Lope de Vega, quien en *Los españoles en Flandes* pondría en boca del flamenco Ariscote:

Ya vuelven los españoles
los que haciendo tantos robos
son de nuestra sangre lobos
de nuestra patria crisoles...

Leyenda Negra será el término con el que Julián Juderías, un funcionario del Estado, colaborador del Instituto de Reformas Sociales, clasificaría tiempo después, el año 1913, toda esa tempestad de sombras que comenzó a sumergir España en el siglo XVI, mezcla de fantasía y realidad de la que el español, pintado con los pinceles del tópico, no podría fugarse en mucho tiempo. «Por Leyenda Negra —escribía Juderías— entendemos el ambiente creado por los fantásticos relatos que acerca de nuestra patria han visto la luz pública en todos los países, las descripciones grotescas que se han hecho siempre del carácter de los españoles como individuos y colectividad, la negación o por los menos la ignorancia sistemática de cuanto es favorable y hermoso en las diversas manifestaciones de la cultura y el arte...»

La Leyenda Negra se articuló sobre la Inquisición, la política exterior de Felipe II y el trato a los indios, pero su discurso no deja de ser también un mito, el reverso del relato oficial escrito por los intelectuales de la corte, como Saavedra Fajardo, Quevedo y Calderón de la Barca, los católicos extranjeros favorables al sueño imperial de Felipe II o los ilusos erasmistas que acompañaron a Carlos V por los campos de batalla de Europa. Embajadores y viajeros italianos del siglo XVI ensalzaron el éxito que los españoles sembraban fuera de sus fronteras, «porque amén de la aptitud que tiene para las cosas de la guerra, es capaz en todo género de disciplinas y sobre todo obediente a sus jefes y pacífica en el interior, por lo cual carece de ese gran vicio de la intolerancia que hoy tanto abunda en la valerosa nación italiana».

Campanella, el filósofo italiano que imaginó la utópica *ciudad del sol*, antes de caer en las garras de la Inquisición escribiría que para mantener el papado, «en que consiste el Imperio italiano y la gloria nuestra», los españoles eran mejores que los mismos italianos. Incluso Francia e Inglaterra, enemigas tradicionales de Felipe II, dieron sus juglares a España, como los publicistas de la Liga, que consideraban que toda política antiespañola era anticristiana, o los católicos que tuvieron que huir de las persecuciones religiosas desatadas por Isabel I.

Lo cierto es que la monarquía de los Austrias no estuvo más dominada por la intolerancia, la violencia o el ansia de conquista que el resto de monarquías de la época. En el siglo XVIII Voltaire diría que sin los horrores de la Inquisición —que por otra parte ni se limitó a los reinos de los Austrias ni fue demasiado distinta de otros tribunales, eclesiásticos o seculares, existentes en toda Europa ni su número de víctimas, mucho menor, llegó a acercarse a las devoradas por las luchas religiosas desencadenadas en Francia, Inglaterra o Alemania— no habría habido nada que reprochar a los españoles de aquella época. No andaba muy descaminado el filósofo francés en esta ocasión, pues durante los siglos XVI y XVII España no tuvo ni reyes asesinados, ni guerras de religión ni luchas civiles.

El curso de la historia, sin embargo, sobre todo después de caído el crepúsculo sobre los Tercios, prolongaría en el siglo XVIII, no la España pacífica dentro de sus fronteras y siempre noble que soñara Calderón sino la canalla y tiránica recreada por Guillermo de Orange, de modo que mientras la España de Quevedo descansaba cubierta de polvo en El Escorial, conservada no como un pensamiento, no como un sueño, sino tan sólo como una urna de palabras muertas e inútiles, los escritos de la Leyenda Negra se deshacían en las manos de las clases cultas de Europa.

La imagen que se formaron de España los ilustrados del siglo XVIII fue la tallada por esa literatura, completada a su vez con las notas y apuntes de los diplomáticos y viajeros que visitaron los dominios españoles de Felipe III, Felipe IV y Carlos II. La pincelada que trazaron aquéllos, por otra parte, se ciñó a los prejuicios menos maquillados, más crudos, y solía ser gruesa, hiriente y escabrosa. En unas ocasiones lúcida, certera con el análisis de los problemas que atenazaban el mundo de los Austrias, en otras presuntuosa por irreal y disparatada, la literatura de viaje que escribieron los extranjeros del siglo XVII terminó por reducir a las gentes de España a un estereotipo grotesco. Montesquieu, Diderot o Voltaire leyeron allí que los españoles eran guerreros, violentos, valientes, graves, orgullosos, fantasiosos, soberbios, fanáticos, nobles, decadentes, incultos, fanfarrones, generosos, holgazanes... y esa cascada de tópicos confluyó en su mirada y modeló la imagen que trasladarían a sus escritos.

No todos los ilustrados, sin embargo, terminaron perdiéndose en el laberinto de tópicos urdido por el viajero. Hubo quienes se rebelaron contra el prejuicio y su telaraña de fantasmas. Rousseau, consciente de que los libros de viaje son siempre compañeros del estereotipo y del deseo de ajustar la realidad a la concepción particular que se tiene ya hecha y formada de ella, denunció el error de navegar en el océano de esa literatura sin salvavidas. «Entre los países de Europa —escribió—, no hay uno en el que se impriman tantas historias, relaciones y viajes como en Francia, ni ninguno donde menos se conozca el genio y las costumbres de las otras naciones.»

El Sur del mundo

Lanzas rotas aparte, el prestigio de España y todo lo español o las invectivas nacidas del temor que infundía la grandeza militar del Imperio se transformaron, al declinar el siglo XVII, en desprecio y burla. Montesquieu en el *Espíritu de las Leyes* despachó a España de dos bufidos, como un país meridional «en el que las pasiones multiplican los delitos», una tierra «que produce pueblos inconstantes en sus modos, en sus vicios y virtudes». Los ya gastados tópicos de la pereza, la indolencia, la despreocupación o la superstición religiosa, apuntados por la condesa D'Aulnoy, llenaron las páginas que el ilustrado francés dedicó a España en sus *Cartas persas*:

«Porque bueno es saber —escribía Montesquieu— que cuando un hombre tiene cierto mérito en España; cuando, por ejemplo, añade a las cualidades de que acabo de hablar la de ser propietario de una gran espada o la de que su padre le haya enseñado a desafinar en una guitarra, no trabaja: su honor va unido al reposo de sus miembros. El que se está sentado diez horas al día logra una mitad más de consideración que el que descansa cinco horas, porque la nobleza se adquiere en las sillas.»

España simbolizó en el siglo XVIII el atraso material y la intolerancia de pensamiento. Fanática y decadente era la monarquía de Felipe V para el ilustrado, pues el sueño de la razón, la fe en la experiencia y el progreso, no le permitían ser tacaño en críticas contra un país que, mirado desde lejos, encarnaba el decrépito pasado de la escolástica. Montesquieu, Diderot, Voltaire... criticaron sin descanso la Inquisición, glosando con su prosa no sólo los procedimientos sino sobre todo su geometría de la intransigencia, su matemática de «tribunal fanático, eterno obstáculo a los progresos del ingenio, a la cultura de las artes, a la introducción de la felicidad...». Con la pluma fija en los autos de fe, Voltaire, irónico y mordaz, escribiría:

«Un asiático que llegase a Madrid en día de semejante ejecución no sabría decir si se trata de una fiesta, de un acto religioso, de un sacrificio o de una carnicería, porque es todo eso a la vez. Los reyes, cuya presencia basta para salvar a un criminal, asisten descubiertos a este espectáculo, ocupando un trono menos elevado que el del inquisidor y ven cómo mueren entre llamas sus vasallos. Se ha echado en cara a Moctezuma que inmolaba los cautivos a sus dioses; ¿qué hubiera dicho Moctezuma de un auto de fe?»

El mapa de España era para los intelectuales de la Ilustración el mapa de la pereza, el atraso, el oscurantismo y la Inquisición. Hablar mal de aquella tierra lejana y medio africana se convirtió en parte del currículum de la República de las letras. Historiadores y pensadores escribieron relatos de Felipe II siguiendo literalmente la obra de Guillermo de Orange y las crueldades relatadas sobre el rey burócrata hallaron eco en Alemania, a través del *Don Carlos* de Schiller y el *Egmont* de Goethe. El atraso con respecto a la Europa avanzada era real, sobre todo en lo que a la ciencia se refería, y la tenaza de la Inquisición, aunque desengrasada, también. Pero la reducción de la nación española a la imagen difundida por los escritos de los filósofos franceses, luego apuntalada por la Enciclopedia con aquella célebre pregunta —¿Qué se debe a España? ¿Qué ha aportado a la civilización?—, que venía a negar toda aportación de España a Europa, dejaba en no pocos intelectuales españoles el mirar amargo y desolado de quien siente su país limitado a una frase, sentenciado en una imagen.

Feijoo, incansable lector y bibliófilo que absorbió para España todo el saber de su tiempo, reaccionó contra la crítica europea, y sus palabras, ávidas de que sus compatriotas las recogieran con vigor, hallarían eco en la pluma de José Cadalso. El autor de las *Cartas marruecas*, tan contrario al patriotismo mal entendido, que «en lugar de ser virtud viene a ser un defecto ridículo y muchas veces perjudicial a la misma patria», el militar ilustrado que atacó con lucidez tanto la crítica cruel contra lo español como la apología irracional, respondió en 1782 a Montesquieu con tremenda ironía y sarcasmo:

«Que contamos por mérito especial el poseer un estoque y tocar —escribió Cadalso—, aunque sea mal, la guitarra, no tienen más fondo, a menos que el talento de un mancebo de barbero, el de un torero quiera darse por apetecible en todos los premios de la nación: lo que no me parece regular...»

El coronel ilustrado escribió contra el tópico de la hipocresía y del honor español, contra los eruditos que hablaban del país sin haberlo visitado y contra el filósofo europeo que menospreciaba la cultura y las letras españolas sin haber leído ni navegado suficiente por la historia... Tristes fueron, en verdad, sus palabras. Tristes por estériles, pues su voz, al igual que la de Valera en el siglo XIX, quedó sin respuesta más allá de los Pirineos, como una llamada a la realidad en medio de un espejismo. La misma llamada, llena de sarcasmo y rebeldía, que empleó el embajador español en Roma, José Nicolás de Azara, para burlarse de los ilustrados que viajaban a España y que nada más cruzar la frontera, copiando el relato de sus antecesores descubrían que «todos los caminos eran malos, las posadas peores, el país parecido al Infierno, donde reinaba la estupidez, que ningún español había tenido crianza, sino los que habían tenido la dicha de desasnarse con la *politesse* de los ingleses o los franceses».

A España, sin embargo, vendrían muy pocos de aquellos viajeros dieciochescos que recorrían Europa con infatigable curiosidad. La lejana tierra de la monarquía bárbara y despótica descrita por la brocha gorda de Montesquieu o Voltaire, habitada por «gentes incultas, indolentes y melancólicas», permanecería al margen del gran *tour* ilustrado, que imponía el encuentro con las raíces del clasicismo italiano. Uno de los primeros viajeros en recorrer la Península en el siglo XIX, comentaba:

«Durante todo un siglo, Suiza, Italia, Francia, Inglaterra, Holanda habían sido ya recorridas por los extranjeros, mientras que, hace treinta años, un viaje a España era considerado como si fuera un viaje al fin del mundo. ¿Cómo era posible, en efecto, desear ir a visitar un país que, desacreditado como estaba por culpa de la Inquisición y la barbarie de las costumbres, no ofrecía ninguna compensación por los peligros y las contrariedades de todo tipo que había que afrontar?»

La pregunta que se hacía aquel viajero era un lugar común

entre los aventureros de la Ilustración. Tiempo antes, en 1738, un editor de libros de viaje afirmaba tajante: «España está fuera de la ruta común de los viajeros y, los que la han visitado, han dado pocos ánimos a otros para seguir su ejemplo, antes al contrario, se han condenado ellos mismos por su curiosidad, porque no han encontrado nada que respondiera a sus molestias y gastos.» En 1752, siguiendo esa corriente de opinión, lord Chertesfield escribía a un amigo que cometía la insensatez, o la extravagancia, de visitar la península Ibérica, y le advertía de que «España es seguramente el país de Europa que ha caído más y más en la barbarie». «Nada, excepto la necesidad —se leía en una guía de viajes de 1783— puede inducir a alguien a viajar por España: debe ser idiota si hace el *tour* de este país por mera curiosidad, a menos que pretenda publicar las memorias de la extravagancia de la naturaleza humana.»

Hubo, pese a todo, excepciones, viajeros ilustrados que, conocidos como curiosos impertinentes por su manía de preguntar y entrometerse en todo, recorrieron, a lo largo y ancho, los caminos de España. Muchos, la mayoría, provistos de la seguridad que les proporcionaban sus propios prejuicios, no huirían de los tópicos antiguos ni del paternalismo peyorativo o las viejas historias de la Leyenda Negra, de ahí que sus libros resultaran huecos, pues el español de las gestas heroicas y de la «decadencia» pertenecía al pasado. Era otro tiempo, otro sueño.

En el siglo XVIII, sobre todo desde la llegada de Carlos III al trono, España se recuperaba; los Borbones traían un nuevo sentido del Estado y una nueva idea de la monarquía; la administración se reformaba; la población crecía rápidamente; el comercio y la industria despertaban; se construían carreteras y caminos; las elites ilustradas desafiaban el legado decrépito de la autoridad eclesiástica y constituían sociedades con el afán de levantar una sociedad moderna. La mayoría de los curiosos ilustrados, sin embargo, se limitó a reproducir los retratos más negros, expresión de los prejuicios arraigados en Europa: España era un país labrado a la hechura de la Inquisición; las aldeas, los pueblos y las casas, eran dispersos y muy escasos; por todas partes se hallaban gentes ociosas que despreciaban cuanto ignoraban, gentes hostiles y tristes que pensaban solamente en su orgullo; por todas partes se veían caras desencajadas, delgadas, lívidas, de un color de paja; por todas partes se avistaban harapos y pobres cabañas donde mujeres, niños, chicas, chicos, mulas, caballos, cabras y burros yacían tumbados, amontonados unos con otros...

Fue Rousseau de nuevo quien, reivindicando el método empírico del viaje, se rebeló contra aquellas descripciones reducidas al prejuicio y al estereotipo. «He pasado —escribió el filósofo francés— mi vida leyendo relatos de viajes y comparando lo poco que podía observar con lo que había leído, he terminado por dejar a los viajeros y sentir el tiempo gastado en su inútil lectura, convencido de que en cuanto se refiere a observaciones de cualquier género, no se ha de leer, sino que se ha de ver.» El viaje era para Rousseau un diálogo profundo y oculto con el mundo; el arte de observar atentamente la realidad; ejercitar el pensamiento; buscar la objetividad; fijarse en lo útil y desterrar el placer.

No faltó tampoco quien, deseoso de comprobar la veracidad de las imágenes fabricadas sobre España, se hizo eco de las palabras de Rousseau y después de andar caminos, posadas y pueblos, después de visitar ciudades y relacionarse con ilustrados españoles, elaboraron una crítica desapasionada y constructiva del país. Joseph Towsend, que recorrió España de punta a cabo entre 1786 y 1787, habló de los adelantos materiales y las perspectivas de progreso. Humboldt, de viaje por la Península durante los años 1799 y 1800, metódico, crítico, cosmopolita e inmune como buen ilustrado al color local, dejó constancia en su diagnóstico de España del abandono de los campos, la sequedad y aridez de Castilla, la ausencia de bibliotecas y la esclerosis de la universidad... pero también habló de ciudades agradables y bien construidas. Humboldt, pese a la severidad de su juicio, incluso creyó descubrir en el pueblo español nobleza y pureza de espíritu, sinceridad y devoción en las prácticas religiosas...

Tópico éste, el de la nobleza del pueblo español, común en los viajeros ingleses del siglo XVIII, que aportaron otra línea de pensamiento para explicar el mito de la decadencia española: el problema de España era el mal gobierno, no el pueblo —perezoso, ignorante y supersticioso en los libros de viaje del curioso impertinente francés— sino el poder arbitrario de sus gobernantes, arcaicos, centralistas y dogmáticos. Jardine, un ilustrado ex militar que se carteó con Jovellanos y fue cónsul británico en La Coruña, resumió toda esa visión crítica y constructiva, aunque no menos tópica, en una frase: «Los españoles son el mejor tipo de gente bajo el peor tipo de gobierno.»

Desde la barra de Chicote

Aún no se había alzado el sueño romántico de España, pero la mitificación de sus gentes, tan propia luego de Borrow, Ford, Brenan e, incluso después de la guerra civil, de Orwell; la glosa, aunque fría, del pasado árabe, de la belleza femenina, de los cuadros de Murillo y la literatura del Siglo de Oro, de las corridas de toros y la religiosidad popular; el *Gil Blas* de Le Sage y la trilogía española de Beaumarchais —*El barbero de Sevilla*, *Las bodas de Fígaro* y *Madre culpable*—, que abrieron en Francia una imagen no menos estereotipada, pero sí más amable que la ofrecida por el filósofo, contribuirían a fijar la leyenda decimonónica de España.

La materia del mito, por tanto, estaba ya recogida en los libros de los últimos viajeros ilustrados del siglo XVIII. Bastó con trocar la prosa científica y distante de los ilustrados, la mirada forense de Humboldt o Towsend, por la exaltación colorista, vibrante y literaria, de los Byron, Gautier, Irving o Mérimée. La guerra de la Independencia sería el aldabonazo para que la negra e inculta España de los filósofos se transformara en la heroica y pionera España de los poetas, el país ardiente y exótico de Carmen. «¡Gloria a los invencibles españoles!», cantará Turguéniev desde Rusia evocando el recuerdo heredado de la guerra de la Independencia. «Un pueblo glorioso vibraba de nuevo», escribirá Shelley con motivo de la revolución de Riego...

Un pueblo glorioso vibraba de nuevo,
iluminando las naciones: la Libertad
de corazón a corazón, de torre a torre, sobre España
esparciendo un fuego contagioso en el cielo
brillaba...

Versos los de Shelley que encendieron de utopías el corazón de toda una generación inglesa, compañera de viaje de Torrijos y Espoz y Mina, y precursora del ardor guerrero que en el siglo XX llevaría a otros ingleses —poetas, novelistas, profesores, obreros...— a luchar y morir en los campos de la España incivil de «*republicanos*» y «*fascistas*».

España, a comienzos del siglo XIX, fue durante breves años el horizonte de los liberales europeos, del mismo modo que tiempo después, tras el estallido de la guerra civil, representó la esperanza de los defensores de todas las causas perdidas, pues en la lucha de 1936 no sólo estaban implicados los españoles, sino la humanidad entera. Los ciudadanos del mundo siguieron con puntualidad su evolución y estuvieron atentos a las batallas, avances o retrocesos de los ejércitos. Dos Españas, la imagen de dos Españas, «la romántica y noble» del miliciano, y «la negra y siempre fanática» del falangista, representaron, con sus miradas de muerte, los sueños y pesadillas de toda una época. La guerra de España era la guerra de todos, como escribió César Vallejo al cantar el heroísmo desgarrado del hombre sencillo, de aquel hombre del pueblo mitificado por los curiosos impertinentes ingleses del XVIII y los viajeros románticos del XIX, el compañero cuyo cadáver estaba lleno de mundo...

Le rodearon —escribió Vallejo— *millones de individuos,*
con ruego común: «¡Quédate hermano!»
Pero el cadáver ¡ay! siguió muriendo.
Entonces, todos los hombres de la tierra
le rodearon; les vio el cadáver triste, emocionado;
incorporóse lentamente,
abrazó al primer hombre; echóse a andar...

Los mitos de la Historia de España

Introducción

El mito corrompe la Historia, aísla los hechos del mundo, los deja hundidos en un marasmo teológico, en un sueño agónico de vencedores y vencidos, sin relación más que consigo mismo. Eco y espejo, el mito contamina el presente de viejos fantasmas, de fábulas y leyendas. Queda entonces el ruido y la furia, el enfrentamiento de siglos o el victimismo agresivo, de ahí que las sociedades más sanas sean aquellas que, libres de furores absolutos, pulverizan con el pensamiento científico y el debate las manipulaciones mitológicas.

Consolidados el pluralismo y la democracia, hermanados paisaje y paisanaje en la monarquía parlamentaria, en la república monárquica de 1978, los españoles dejan de mirar el pasado como una región oscura labrada de Saguntos, Numancias, Lepantos y guerras civiles. Un país en democracia no necesita de mitos, sino vivir con naturalidad, sin tribus ni biblias políticas, el hecho nacional. Un país en democracia no vive de metafísica, sino de compartir un común legado de recuerdos, de lealtades no excluyentes, que permiten mirar el pasado sin ira. Con la crítica de los absolutos comienza la esperanza, comienza la libertad.

Juramento por los diputados de las Cortes de Cádiz en 1810, obra de Casado del Alisal. (Congreso de los Diputados, Madrid.)

El mito

Los mitos retienen un tiempo sagrado. Hay llamas de sombras que cantan lo esperado y lo perdido. Hay un ayer remoto que cobra forma de horizonte helado. Hay anhelos que se ajustan al sueño de una lira eterna, melancólica, infinita. Hay un desgarramiento de ideales. Es cosa de poetas, de pintores y embalsamadores de utopías. Es cosa de gusanos de seda: segregan tenues hilos de oro con los que van levantando su alcázar, su reino, su nación de raíces milenarias, su exilio... El mito es el tiempo atra-

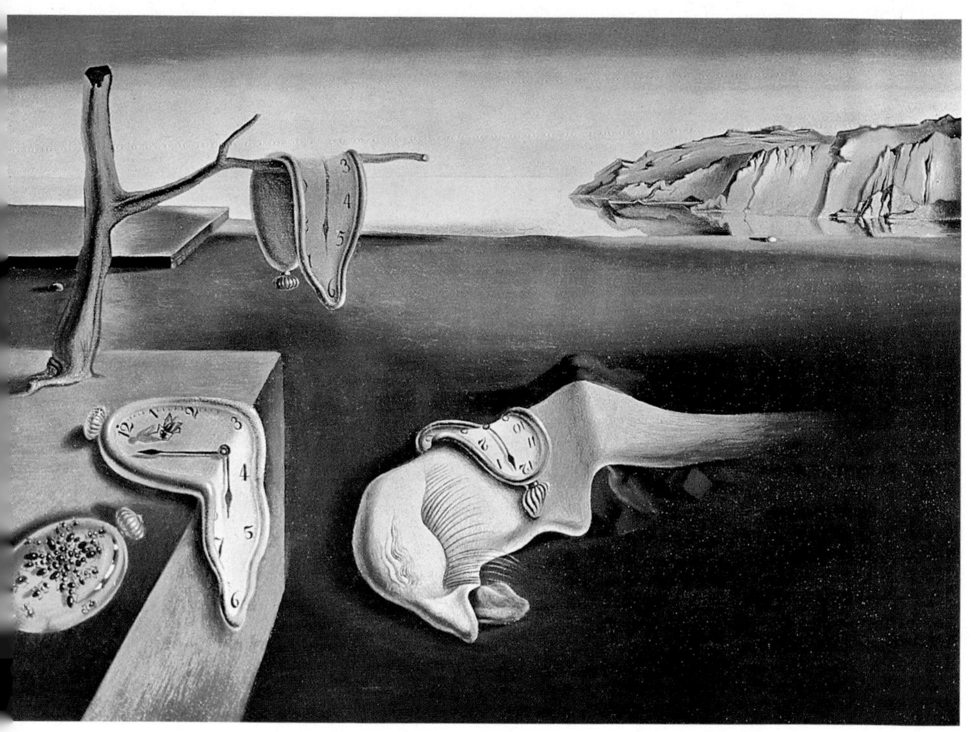

La persistencia de la memoria, de Salvador Dalí. (Museo de Arte Moderno, Nueva York.)

pado en un espejo. Los hombres de este 1812 están muertos en el cementerio más lejano. Los hombres de este 1812 parecen ignorar que no hay paraísos en la tierra ni naciones en el cielo. Los hombres de este 1812 tienen exceso de siglos en las sienes, como si no quisieran saber que ese país que sueñan en las estrellas es un vértigo de apariciones y desapariciones sin huella, un viaje que no se para nunca, un hilo de relojes antiguos y modernos, un paisaje en movimiento, paralelo a los hombres vivos que respiran y caminan y avanzan.

La reliquia, de Joaquín Sorolla. (Museo de Bellas Artes de Bilbao.)

1. Cuando Dios era español

Caballeros que ponen a Dios sobre la guerra, autos de fe con sus hogueras, monjes que imaginan noches que junten Amado con amada, amada en el Amado transformada... La catolicidad de España la ha pregonado cada poeta, cada pintor, cada iglesia o catedral, cada campana de ronquido melancólico, cada pueblo viejo, con sus calles sin nadie y casas silenciosas, con sus reliquias de santos y sus cementerios. La historia, sin embargo, no es sueño. Menéndez Pelayo imaginó un pasado clerical y guerrero, tallado en soplo divino, pero

Fusilamiento del Sagrado Corazón de Jesús por los milicianos durante la guerra civil.

bajo las procesiones y los Sagrados Corazones siempre ha latido un volcán de emociones anticlericales. No hay una España única, quieta, inmóvil. España ha sido a un tiempo oración y tumulto, incienso y grito, sotana y trágala, milagro andariego y bomba anarquista... La explosión anticlerical de los siglos XIX y XX, las cargas populares contra templos, reliquias y frailes, el fusilamiento del Sagrado Corazón durante la guerra civil, fuera montaje o no, trajeron a la superficie el río de lava que venía creciendo desde la prosa jocosa del Arcipreste de Hita o la frase picaresca del Lazarillo de Tormes.

El suspiro del moro, de Francisco Pradilla Ortiz. (Colección particular, Madrid.)

2. De ninguna patria

Todos los exilios llevan consigo una historia de raíces rotas al viento. Todos los exilios de la historia se parecen. Quizá tras la marcha de quienes hoy dejan el País Vasco huyendo del cerco terrorista no haya una guerra civil, ni un campo rodeado de alambradas ni siquiera una persecución desatada por los poderes del Estado, pero el drama es exactamente el mismo. La nostalgia de verse vivir en el destierro, lejos de casa, muy lejos de su sal y de su pan, es idéntica, se huya del hambre, del fanatismo religioso o de los infiernos construidos en el mundo por la crueldad de los tiranos. También los ojos

Inmigrantes españoles a la espera de un tren.

profundos de expectativa y desamparo son idénticos: uno mira el paso melancólico de Boabdil y piensa en el caminar lento y desolado de los derrotados del 39 o en lo que vieron los ojos de aquellos liberales del XIX obligados a buscar refugio en ciudades ilimitadas y hostiles por las que andaban perdidos. La historia de España ha sido una historia de éxodos y conquistadores de viento, de huellas borradas y heterodoxos enterrados en lejanos cementerios. No hay un rincón del mundo donde no hayan vivido españoles que se volvían con los ojos turbios de nostalgia hacia la Península, remota y prohibida.

Adoración de Carlos II de la Sagrada Forma, de Claudio Coello. (Monasterio del Escorial, Madrid.)

3. En las cunetas de la gloria

Huye más el paisaje que un sol difícil dora, la sombra sube blanda del llanto y el pintor mira el rostro de Carlos II, su triste figura de arena, sus ojos secos de ocaso, y plasma en el lienzo lo que ve, lo que sueña. Un asedio sin tregua bebiéndose las venas de la tierra. Una edad perdida. Un reino agrietado y viejo. Un alma cruzada de hierro y de tristeza. Un rey enfermo, rodeado de clérigos y exorcistas. Todo el sabor agrio de la historia, de la vida, de las viejas hazañas, de la utopía que no fue, de lo esperado y lo perdido, toda una anciana habitación que se va quedando sin sol y unos ojos que se ponen más grandes, y unas figuras más frías,

Autoridades de mi aldea, de Ramón Zubiaurre. (Museo de Bellas Artes de Álava.)

de cera. El pintor plasma en la tela un mundo ahogado por la ortodoxia de una religión que había puesto a Dios sobre la guerra y el ensimismamiento de un rey por cuyas venas, entre sangre vieja, resuella el crepúsculo de una dinastía. La imagen, lejos de desvanecerse con el tiempo, perdurará y cuando en el siglo XX otros pintores se pregunten por el eterno problema de España pensarán que la decadencia está en la raza y llenarán sus lienzos de gentes lúgubres y tétricas, de aire severo y rostro primitivo. Unas gentes que parecen centrar todas sus energías en un puro instinto de conservación, en un puro acto de resistencia a la cultura y a la historia moderna.

Los autómatas, de J. Gutiérrez Solana. (Colección Plácido Arango, Madrid.)

4. Castilla arcaica, Cataluña moderna

Los poetas e intelectuales de la periferia han logrado poner en pie dos interpretaciones erróneas de dos regiones de España. Una Castilla mística y guerrera, con su sangre de trigo y sus Cristos de tierra. Una Castilla poblada por figuras que esperan inmóviles y rezan. Una Castilla absorta en su propia lucidez, alejada del mundo moderno, desdeñosa de los avances científicos y recaudadora de la espiritualidad. Una Castilla refugio de caciques y esencias autoritarias que sustentan el grito de «Castilla salva España» de los seguidores de Onésimo Redondo... Y frente a esa religión, otra que duplica a la anterior con su contraria. Una Cataluña

La carga (1902), de Ramón Casas. (Museo Comarcal de la Garrotxa, Olot.)

emprendedora y progresista, entusiasta de la modernidad, donde el fascismo es una invasión foránea y el nacionalcatolicismo un contagio español. Una Cataluña industrial, arrendataria de los balances y los números de España, feudo de avanzados patronos y puños obreros. Una Cataluña republicana, de espíritu laico, que se abre a los sindicalismos revolucionarios, el progresismo social y las corrientes literarias y artísticas europeas. Una Cataluña desmemoriada, que olvida las raíces carlistas de su regionalismo, las plegarias catalanistas de los mosenes ultraconservadores, los comités de defensa social y el somatén, el pistolerismo anarquista y la ley de fugas aplaudida por el empresario atemorizado, las romerías de Montserrat o el Tercio de requetés del mismo nombre.

Víctimas de la fiesta (1894), de Darío Regoyos. (Colección particular, Madrid.)

5. El espejo roto

La leyenda romántica creada por los viajeros impertinentes de Baudelaire concedió a España un embrujo oriental, un misterio de sangre caliente y sensualidad melancólica, que invadió Europa con éxito. La historia, el paisaje, las gentes, los monumentos —la Alhambra sobre el Genil, el Escorial sobre la sierra del Guadarrama—, todo quedó atrapado en un seco acuario de sensualidad, misticismo, intolerancia y muerte. España era el país de la Inquisición y las guerras civiles, el país de las cigarreras y de los bandoleros. España era la tierra de Carmen y don Quijote. Des-

Alegrías, Julio Romero de Torres. (Museo Romero de Torres, Córdoba.)

pués de tanta literatura no es de extrañar que los españoles de finales del siglo XIX y comienzos del XX, obsesionados por la idea de la decadencia, terminarán interiorizando aquella imagen que condenaba a la península a una especie de reserva de negruras. «El verdadero color de España es el negro», diría Regoyos. El pintor, muy al corriente de los gustos europeos, había recorrido la vieja Iberia en diligencia siguiendo la ruta abierta por Gautier, siguiendo el espejismo de una tierra donde podían verse caballos destripados a la hora del crepúsculo, siniestras procesiones de alucinados, saltadores andariegos, cigarreras de ojos negros y navajas lentas, abriéndose camino, como bueyes, en las tabernas...

Carga de los mamelucos o *2 de mayo de 1808 en Madrid*, de Francisco de Goya. (Museo del Prado, Madrid.)

6. La tristeza de las armas

«Di la verdad. / Di, al menos, tu verdad. / Y después / deja que cualquier cosa ocurra: / que te rompan la página querida, / que te tumben a pedradas la puerta, / que la gente / se amontone delante de tu cuerpo / como si fueras / un prodigio o un muerto...», escribe Heberto Padilla, poeta huido de la colonia penitenciaria ideada en Cuba por Fidel Castro. «Sangre que busca por mil caminos muertes enharinadas y ceniza de nardo... Sangre que mira lenta con el rabo del ojo», canta García Lorca lleno de rostros y punzantes esquirlas de luna, canta el poeta granadino como si cantando predijera el final, su nombre de ahogado, su nombre como el de los negros de Harlem. El poeta que sufre la revolu-

A B C. VIERNES 1.º DE JUNIO DE 1906. PAG. EDICION 1.ª

EL ATENTADO DE AYER CONTRA SS. MM. MOMENTO DE LA EXPLOSIÓN DE LA BOMBA ARROJADA DESDE UN BALCÓN DE LA CALLE MAYOR, NÚM. 88, AL PASO DE LA CARROZA REGIA

Fot. Mesonero Romanos

El aspecto que ofrecían las vías más céntricas, especialmente aquéllas por donde había de desfilar la regia comitiva, no podía ser más pintoresco.

Por la Puerta del Sol, Carrera de San Jerónimo, calles de Alcalá, Mayor, Carretas, Montera, Arenal y Preciados, discurrían verdaderas caravanas de forasteros dispuestos á aguardar á pie firme tres horas, cuatro, seis, las que fuesen necesarias, con tal de contemplar á su sabor, no exento de achuchones y apreturas, el paso del cortejo.

Merece especial mención lo que á las seis de la mañana pasaba en la calle de Alcalá.

Ya á dicha hora, y mucho antes seguramente, todos los bancos públicos, situados en ambas aceras, hallábanse totalmente llenos; mujeres con niños en los brazos, familias enteras, individuos que por lo soñoliento de sus rostros daban á entender que habían pasado allí la noche, llenábanlos por completo, y cuando los mangueros de la villa procedían después al riego matinal de la amplia vía, los madrugadores ocupantes, en vez de apartarse de sus sitios, se limitaban á ponerse de pie en sus asientos, para volverlos á ocupar en seguida, chorreando... ó como estuviesen.

En el ministerio de Hacienda suspendíanse todavía de los balcones nuevos cables cuajados de bombillas, colocábanse festones de follaje en las tribunas del Banco, en la Carrera de San Jerónimo procedíase á subir, con ayuda de cuerdas y poleas, los doseletes laterales del arco situado á la entrada de la Puerta del Sol y en todas partes se daban los últimos toques al decorado y á las iluminaciones.

Los barrenderos extendían la arena por las calles asfaltadas, los porteros limpiaban las fachadas y en los escaparates de muchos comercios los carpinteros colocaban vallas de madera, con objeto de proteger las recias y costosas lunas contra los embates de la muchedumbre. Por el lado de Palacio y del ministerio deMarina reinaba desde antes de las seis igual animación.

En el mencionado ministerio hacíanse los últimos preparativos para recibir á la que pocas horas después sería la Reina de España, y en las Reales caballerizas todo era febril actividad á dicha hora.

Iban y venían los regios servidores, preparaban plumas, penachos y libreas y los jefes dictaban acertadas disposiciones, con objeto de que todo se hallase listo á la hora indicada.

Desde muy temprano también pusiéronse en movimiento las autoridades y los guardias de Orden público acudían á las Delegaciones respectivas y á los edificios públicos situados en las calles del tránsito, con objeto de distribuirse poco después en sus puestos y contener y encauzar la ola humana que había de invadir con pujantes arrestos de curiosidad violenta é insaciable las calles, los paseos y cuantos lugares sirviesen de atalaya para contemplar el vistoso cortejo.

Más tarde, á las siete y media, ya estaban ocupados los balcones de los Círculos y Casinos por los socios madrugadores, no faltando algunos de éstos en las tribunas de pago y en las ventanas de los cafés, dispuestos á aguantar los rigores del sol, que por las trazas había de calentar de firme durante la mañana.

Tal era ya la afluencia de gente en las calles céntricas que desde antes de las ocho y media empezó á hacerse muy difícil la circulación de tranvías.

CRÓNICA DE LA BODA

A las once de la mañana buscábamos nuestro puesto en la tribuna que en San Jerónimo se había reservado á la Prensa. Esta tribuna y la destinada á la Prensa extranjera, son, vistas desde el templo, dos tribunas, efectivamente; tienen su arcada de labrada piedra y tres huecos en cada una para seis personas mal aparejadas. Vistas por dentro, son dos desvanes llenos de trastos viejos, cuidadosamente cubiertos... con dos ó tres dedos de polvo.

Cuando nos asomamos se ultiman los preparativos para la ceremonia. Pérez Caballero, Pie de Concha y el conde de la Unión, de uniforme, corren de un lado á otro dando órdenes.

Las tribunas emplazadas en la nave para los invitados están todavía desiertas. El retablo del altar mayor está iluminado por una franja formada por lámparas de incandescencia en correctas líneas horizontales.

Llegan lejanos ecos de músicas y trompetas murmullos de gente amontonada.

Son las nueve menos cuarto cuando entra en

Página de *ABC* que reproduce la fotografía del atentado contra Alfonso XIII el día de su boda.

ción tallada a guillotina, el poeta tragado por el murmullo enfermizo de la utopía: aquella que te tumba la puerta a pedradas o cuchillo en mano se lanza hacia el extraño para arrancarle los ojos. El poeta que huye de la violencia matemática de las revoluciones, la depuración hecha pueblo, y el poeta que siente, como un boquete en el pecho, la violencia oculta en lo cotidiano, el cuchillo en el ojo, la sangre que va por los tejados y azoteas de Harlem. El poeta que llora la angustia de los ojos oprimidos, la violencia sordomuda en la penumbra. El poeta que huye a otro lugar, lejos del eco sangriento de las revoluciones, y el poeta que canta al rey de Harlem y que cuando se hundan las formas puras bajo el cri cri de las margaritas sabrá que le han asesinado.

Manifestación por la República, de Antonio Estruch. (Museo de Arte, Sabadell.)

7. Entre el arado y la Constitución

El mito ha sido muchas veces la verdad del mañana. Hubo un tiempo en que la Libertad, envuelta de constitucionalismo, llevaba a generales henchidos de romanticismo a sepultarse pidiendo más palabras. Hubo un tiempo en que las masas urbanas vacilaban insomnes tras las barricadas al grito de Cádiz, de la misma manera que hubo un tiempo en que la República llenó de ilusiones el pecho de campesinos y obreros que veían en la proclamación de la primavera la solución inmediata a todos sus males. Hoy los españoles ya no sueñan repúblicas ni cantan el trágala entre el café y la barricada. Los mitos también envejecen, también pierden su fuerza de arrastre. Hoy el recto progresista tiene

Romería vasca, de José Arrúe. (Museo de Bellas Artes de Bilbao.)

otras utopías: regresar a la Edad Media, regresar al tradicionalismo por el camino de las autonomías. Hoy el mito es la aldea y el campanario. Hoy el mito está en el ayer. Según el mundo se ha ido haciendo más ancho, muchos españoles han ido estrechado sus horizontes. Paradojas de la historia: justo cuando por primera vez en siglos España disfruta de un sistema de libertades fundado en la legalidad jurídica y la ciudadanía, sus progresistas se vuelcan en la vindicación de los edenes medievales. Los españoles del siglo XIX podían soñar con las novelas de Victor Hugo, los del XX con los versos de Auden. A los del siglo XXI sólo les queda el juglar que lamenta, sentado en la plaza del pueblo, lo verde que era su valle.

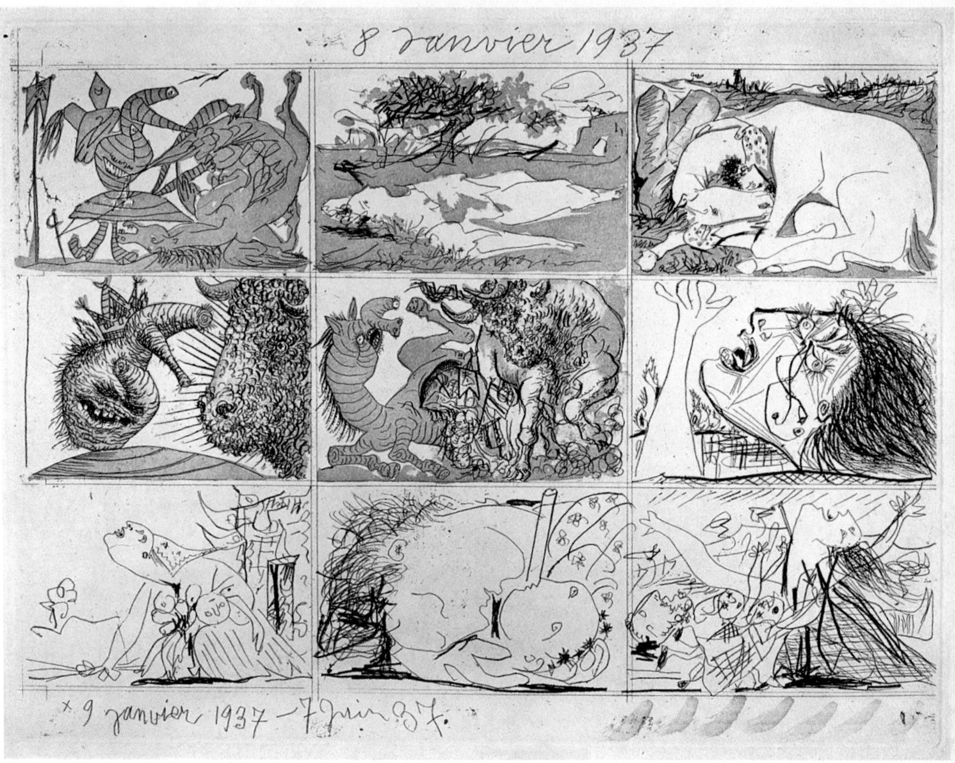

Sueño y mentira de Franco, de Pablo Ruiz Picasso. (Museo Reina Sofía, Madrid.)

8. Los odios que me habitan

Guerra de ideas, guerra de fascistas contra demócratas, como vocearon infinidad de intelectuales extranjeros mientras bebían whisky de plata y le hacían baladas a Stalin. Guerra forastera, como dijo Juan Ramón Jiménez. Guerra que había de helar el corazón de una de las dos Españas, como intuyó antes de su muerte en el exilio Antonio Machado. Guerra de la ciudad de Dios contra la ciudad de la Bestia, como popularizaron los juglares del general Franco, esperando que en sus versos amaneciera el milagro del disparo. Guerra del pueblo, como sugeriría con ardor Rafael Alberti, pidien-

Apoteosis de Franco, de Sáenz de Tejada.

do a versos balas, balas, sufriendo lo pobre, lo mezquino, lo triste, lo desgraciado y muerto que tiene una garganta cuando siente heridas de muerte las palabras. Guerra civil / incivil, como la adjetivó Miguel de Unamuno después de dar lecciones de caballería en Salamanca y comprobar que no había latido de Dios ni de civilización cristiana en las armas de los sublevados, sino los viejos años de odio reventando. Guerra de nostalgias imperiales y de paraísos violentos, la española de 1936 hizo correr mares de palabras y de mitos. Fue cuando la sangre no tenía puertas en Europa. Cuando dejó de ser primavera en España.

El orden, de Gustavo de Maeztu. (Museo de Bellas Artes de Bilbao.)

9. Volverán banderas victoriosas

El *Cara al sol* cantaba «volverán banderas victoriosas, al paso alegre de la paz», pero no era verdad. Las posguerras jamás traen la paz. Tras los últimos partes de las luchas civiles siempre llega una victoria harapienta: la persecución y el silencio de los vencidos, la miseria y el hambre, la epopeya cotidiana de la supervivencia, el negocio carcomido de mercado negro. «Madrid es una ciudad de más de un millón de cadáveres», gritaba Dámaso Alonso. «Los caminos que tú tanto querías», le escribía el exiliado Rafael Alberti al muerto en el exilio Antonio Machado, «hoy todos son caminos militares». Triste y desesperada, la lucha diaria

La Gran Vía madrileña, Antonio López. (Colección particular, Madrid.)

fue alejando el recuerdo de los campos abiertos en sangre. El trasfondo trágico, sin embargo, permaneció latiendo en la atmósfera: los presos políticos, las represalias ideológicas, los crueles procesos de depuración, los trabajos forzados, las personas escondidas en sótanos o desvanes por miedo a ser triturados de un balazo. Lo cierto es que el desfile de la victoria no desaparecería hasta la muerte del dictador, pero aunque el orden continuó siendo de milicia y garrote, el rumbo tecnocrático del gobierno —empujado por la apertura comercial al exterior, el torrente de turistas y las divisas de los emigrantes— sí desterró las viejas imágenes de pobreza para hacer emerger otras de modernidad.

La caída de la Segunda República y la dictadura de los vencedores liquidaron durante un tiempo el exotismo español, resurgiendo la España trágica y cruel, la de El Escorial y Felipe II, encarnada desde 1939 por el general Franco. El mito romántico, sin embargo, la España de oropel y pandereta, la España del pueblo noble e igualitario, no tardó en resurgir de las cenizas. El recuerdo del antiguo combatiente pero, sobre todo, Hollywood y su industria de los sueños prolongaron su recuerdo, después de que el cine, lo nuevo que pasa rapidísimo, hecho de luz que pasa, según Gómez de la Serna, pusiera en movimiento las estampas que habían pintado los viajeros del XIX y los novelistas del XX. La del toro y las pasiones de *Sangre y arena*; la épica y medieval, católica y musulmana de *El Cid*; la guerrillera y romántica de *Orgullo y pasión*; la de las utopías y la guerra civil que creyó vivir Hemingway desde la barra de Chicote en *Por quién doblan las campanas*, ya siempre simbolizada aquella lucha entre españoles en los rostros heroicos y enamorados de Ingrid Bergman y Gary Cooper; o la sensual y fatal de aquella bailarina de *La condesa descalza*, María Vargas-Ava Gardner de fuego y hielo, de quien Harry Dawes-Humphrey Bogart llegaría a decir en la pantalla: «La conocí cuando no era nadie. Era increíblemente bella, la criatura más excitante que jamás había visto.»

¿Cómo no pensar, después de oír en boca de Bogart esta descripción, cómo no pensar en la Carmen de Mérimée, que años antes había inmortalizado en la pantalla Rita Hayworth?

La nación avergonzada

El mito se hizo realidad, llegando su aliento al siglo del cine, pero su construcción, mezcla de negrura y oropel, no se debe solamente a la curiosidad del viajero impertinente. Interrogarse acerca de la imagen de España en el mundo significa también interrogarse acerca del pincel que han empleado los propios españoles para retratarse, a la imagen que éstos han proyectado de sí mismos a lo largo de la historia. El problema de las imágenes colectivas es un juego de espejos donde se mezclan y confunden las percepciones propias y ajenas: nos miramos en los ojos de los demás, pero no es menos cierto que los demás nos ven como nos vemos. Hoy, como ayer, no hay nada quc salga de la pluma del viajero o del erudito extranjero que no haya señalado antes el intelectual español. En 1868 Valera escribía:

«Las burlas sobre nuestro atraso e ignorancia, la irritante compasión que muestran los viajeros extranjeros porque no hay en España tanta prosperidad, bienestar material y confort como en otros países, mueven a algunos españoles a celebrar este atraso, esta pobreza y esta ignorancia, como prenda y garantía de mayor religiosidad y de mayores virtudes.»

Tiempo después, ya en el siglo XX, otro intelectual español, el doctor Gregorio Marañón, consciente de que en la mirada del extranjero no había una sola línea que no estuviera apoyada en un cita de Quevedo, en la paleta colorista de un pintor de la escuela costumbrista o en la negra pincelada de Goya, hablaba en los mismos términos:

«Desde que existe España como nación muchos de nuestros propios artistas han propendido a una complacencia morbosa por escribir o pintar, con tremendo, indisimulado verismo no la realidad española —que está, como todas las realidades, hecha de claroscuro—, sino la parte tenebrosa de esa realidad. Cuando se habla de España como de un país atroz hay, pues, en cada momento y para cada caso, autoridades específicamente españolas en quienes apoyar la pincelada sombría.»

La atracción hacia el lado oscuro de la sociedad está ya reflejada en las páginas de *La Celestina*, *El Lazarillo*, *Guzmán de Alfarache* o *El Buscón*, obras que traducidas y editadas sin pausa formaron parte no sólo de la mirada del otro sino del mismo espejo en que se miraron los propios españoles. Pesadilla o realidad, la leyenda negra tampoco salió en exclusiva ni en origen de la pluma de los extranjeros, como pretendía Julián Juderías, sino de los propios españoles, del padre Bartolomé de las Casas, del protestante exiliado en Londres González Montano o del ex secretario de Felipe II, Antonio Pérez. Una España cerrada al pensamiento europeo, inculta y orgullosa, como luego la retratarían los filósofos y los primeros viajeros ilustrados, latía ya en la visión de no pocos intelectuales y poetas españoles de los siglos XVI y XVII, empezando por el erasmista Luis Vives, que en su correspondencia privada no dejaba de fustigar la incultura española; siguiendo por el religioso fray Luis de León, quien con motivo de su proceso se quejaría de «cuánta tormenta amenazaba a los que sostenían libremente lo que pensaban»; o la tristeza del padre Mariana, que en el siglo XVII escribía:

«Demás de esto, la envidia que las otras naciones nos tienen es grande, nacida ciertamente de la grandeza y majestad pero, si es lícito decir la verdad, aumentada grandemente por la avaricia de los que gobiernan y por la aspereza de las costumbres de los nuestros, y de su arrogancia.»

La amargura de Quevedo y el escepticismo de Gracián, en cuya prosa se filtraría el agrio mirar del pícaro, se ahondaron en la crítica del ilustrado y corrieron hacia Larra, llegando, ya sin gloria y sin quimera que cabalgar, al pesimismo de la generación del 98, a la España sonámbula de Ortega y Gasset o al

blanco muro de cal
negro toro de pena

de García Lorca.

Jovellanos y otros ilustrados, después de viajar por Europa y leer a los filósofos franceses, terminaron por verse reflejados en la mirada del extranjero, exagerando y multiplicando los males y las lacras de una España, que pese a progresar y romper su aislamiento, creían sumergida en la pereza y el atraso. El romance de la España romántica, como el crepúsculo de la España negra de la Ilustración, fue también reflejo de un reflejo, una imagen doblemente deformada, la imagen exterior de España tal y como los españoles la veían. Tallada de éxodos y tristezas, la mirada con que los exiliados liberales miraron su país desde Londres o París dejó una huella indeleble en la mirada del europeo, como tiempo después, tras el éxodo de 1939, la dejarían, pero esta vez a uno y otro lado del Atlántico, los trabajos y las desilusiones de los desterrados republicanos.

José María Blanco White, uno de los primeros emigrados españoles del siglo XIX, moldeó con sus *Cartas de España*, publicadas en Londres el año 1822, un país supersticioso e inculto, atrapado entre el mal gobierno y la Inquisición. Trasplantado a orillas del Támesis y escribiendo en el idioma de Shakespeare, el grito de Blanco, aquel grito solitario y descarnado recogido en los años setenta por el novelista Juan Goytisolo, ejercería una enorme influencia en los viajeros ingleses del siglo XIX. El poeta sevillano, admirador de Towsend y su *Viaje a España*, escribía: «Nunca he sentido orgullo de ser español, pues por serlo, me hallaba mentalmente envilecido, condenado a inclinarme ante el más mísero sacerdote o laico, que podían enviarme en cualquier momento a las cárceles del Santo Oficio»; escribía: «Nuestros corruptores y enemigos mortales se llaman religión y gobierno»; y en sus palabras la asfixiante atmósfera religiosa de Sevilla, el fanatismo, la incultura, el cainismo y la vieja saña hispánica se unían al aliento del lector británico, imprimiendo aquella lúgubre postal en la memoria sentimental.

La voz del poeta sevillano, «voz extinguida de España», según Goytisolo, congeló en el laberinto de imágenes del siglo XIX una imagen fanática de la Península, de la misma manera que la de otros exiliados como Martínez de la Rosa o el duque de Rivas, apurados por las estrecheces económicas del exilio, difundirían en sus novelas una España mora, legendaria y exótica, muy del gusto del burgués británico. El tópico del arabismo andaluz, producto no sólo de viajeros excéntricos, sino también de muchos poetas, políticos y hasta historiadores españoles, y el prestigio de la raza mora, llegaría hasta bien entrado el siglo XX, resplandeciente en el fino verso de don Manuel Machado:

Yo soy como las gentes que a mi tierra vinieron
—soy de la raza mora, vieja amiga del Sol—,
que todo lo ganaron y todo lo perdieron.
Tengo el alma de nardo del árabe español.

Mi voluntad se ha muerto una noche de luna
en que era muy hermoso no pensar ni querer...
Mi ideal es tenderme, sin ilusión ninguna...
De cuando en cuando, un beso y un nombre de mujer...

El mito de una España diferente, medio africana medio europea, se cruzará también en el camino de los intelectuales que salieron a escena tras el Desastre. La generación del 98 y los europeístas del 14, que tanto clamaban contra el flamenquismo foráneo y la estampa romántica del costumbrismo, deseosos todos ellos, como Antonio Machado, de que

La España de charanga y pandereta,
cerrado y sacristía,
devota de Frascuelo y de María,
de espíritu burlón y de alma quieta,

tuviera su mármol y su día, se dedicaron a perfilar una nación labrada por las condiciones físicas de la Meseta. Creyeron descubrir *el alma de España* en una Castilla mística y guerrera, árida y fría, poblada por campesinos melancólicos e hidalgos silenciosos... Una Castilla donde la tierra no revive y los álamos sueñan... Unamuno, Azorín, Ortega y Gasset o Valle Inclán aplaudieron a cuanto escritor y viajero extranjero exaltara la concepción espiritual de los españoles y sus ideales caballerescos. La suya era una España que tenía algo de pesadilla, de capricho goyesco, de negrura, como aquella, aún más exagerada, que impregnaba la paleta de Regoyos: gitanos y toreros, caballos destripados, hombres echando tierra sobre la arena, procesiones alucinadas...

Regoyos y Zuluoga, tan del gusto de los literatos del 98, dieron a Brenan, Hemingway o Dos Passos la nación que habían soñado en los cuadros de El Greco y la literatura del Siglo de Oro; del mismo modo que antes, a comienzos del siglo XIX, la paleta universal de Goya había dado a Gautier, Hugo o Baudelaire aquella España primitiva y salvaje que buscaban en su odisea ibérica; o la pintura costumbrista de José Domínguez Bécquer vendía al público europeo la Sevilla legendaria y romántica por la que se paseaban la Carmen de Bizet y el Fígaro de Rossini.

La mirada del artista español, la que denuncia la miseria y la oscuridad o aquella otra que se solaza en el folclore y lo castizo, la imagen que ha fluido en esos dos retratos, no ha intervenido menos en la construcción del mito de una España diferente que la literatura de viajes o la mirada del curioso extranjero. Lo grotesco y lo sublime, la realidad y la fantasía, el naturalismo y el idealismo, la piedad y la sátira, estas y otras paradojas, han construido los espejos de ese callejón del Gato donde los españoles se han visto reflejados, hasta convertirse en lo que no eran.

Una anécdota vivida por Bécquer en su infancia ilustra a la perfección la tendencia de los españoles a retratarse, no sin cierta picaresca, tal y como se veían en la mirada del otro. En el siglo XIX, Sevilla era una recreación pictórica y un negocio. Lo que el extranjero quería al llegar a la ciudad del Guadalquivir era que se le confirmara ésta en las imágenes que había soñado en su casa, de ahí que toda una generación de artistas sevillanos se dedicara de lleno al cultivo de escenas andaluzas: bailaoras, toreros, contrabandistas... Separándose de la senda de su padre, pintor de una Sevilla de postal, el joven Bécquer deseaba escribir versos y así se lo hizo saber a su madrina, quien se había ocupado de su educación. Pero la señora no vio con buenos ojos que aquel ahijado suyo dejara la pintura por las letras y le retiró su protección. Pintando cuadros de género como su padre y su tío, podía ganarse la vida. Los ingleses seguían comprando las escenas andaluzas llevadas al lienzo, pero ¿quién compraba los versos? Nadie...

Conocidos estos antecedentes, no es casual que la propaganda franquista orquestada por Manuel Fraga proclamara entre faralaes y porompompero que España era diferente para atraer las divisas de los turistas europeos que deseaban emociones fuertes. Ni que el cineasta Berlanga ironizara sobre todo ello en su *Bienvenido Mr. Marshall*, esa deliciosa película en la que los habitantes de un pueblo de Castilla, ante la llegada de los americanos, convertían su ambiente meseteño en un ajetreado, jovial y jaranero pueblo andaluz, transformando la arquitectura, las ropas y hasta los acentos... pues aquélla era la imagen que los americanos tenían de España. La sombra del viajero romántico era alargada.

¿Qué queda hoy de toda esa antigualla? Todo y nada. Nada, porque a menos que el español de hoy sienta melancolía de los viajeros de Baudelaire y se dedique en su soledad a evocar con aromas y colores fantásticos la noche y el atraso de la dictadura, último refugio de nuestra historia para aquellos curiosos impertinentes, pocas cosas pueden recordar en el presente que un día se dijo «África comienza en los Pirineos»... Todo porque el mito de una España diferente pesa demasiado en el concepto visual del extranjero. La mirada de Voltaire, de Mérimée, de Gautier, de Blanco White, la pincelada de Goya y la novela de Hemingway han llegado al siglo XXI, párpados rotos de un país que ya no existe, que tal vez sólo existió como sueño, y la imagen que proyectamos al exterior, pese a que la realidad la rectifique de continuo, parece la misma de ayer, como si el país se hubiera detenido y el tiempo no hubiera pasado por él. De modo que cuando el extranjero piensa en la historia de España, las relaciones que le vienen a la cabeza son las de monjes fanatizados y crueles conquistadores, guerras civiles y exilios, toreros y caballos destripados, poetas asesinados y rudos militares, dictadores y combatientes románticos. De modo que cuando el extranjero piensa en el presente de España, las ideas que le vienen a la cabeza son la del ocio, la simpatía, la diversión, los faralaes del tablado flamenco y la plaza de toros, el paraíso vacacional de las playas y el sol... La distancia, prisionera del tópico, siempre inventa países. No se explica si no que reportajes del *New York Times* y del *National Geographic* repitan el viejo estribillo de que España despierta pasiones por su mezcla de fortaleza, vitalidad y primitivismo o que el insigne letrado y ex presidente de la República italiana, Francesco Cossiga, diga, al recoger el premio Sabino Arana 2000, que en el «contencioso vasco» no hay más racismo ni xenofobia que las del «españolismo totalizador». Que diga: «Parece ser que a Madrid no le basta con el bombardeo de Guernica y el fusilamiento de tantos vascos después de la guerra». Las fantasmales imágenes del pasado han terminado congelándose, como un pez o un insecto en la transparencia del ámbar, y España sigue siendo hoy, como ayer, carne de sueños, material de nostalgia, ruta o paraíso de curiosos impertinentes. Los viejos mitos del Quijote, Don Juan o Carmen continúan respirando, ocultando con su latido colorista el presente de un país que en el último cuarto del siglo XX ha realizado una transición modélica a la democracia, ha entrado de lleno en la Unión Europea, conjuga modernidad e historia en su piel de toro y habla un idioma hermoso, reverdecido todos los días en las bocas de más de cuatrocientos millones de hablantes.

Bibliografía

Desde la recuperación de la democracia, la imagen de España en el exterior ha experimentado una innegable mejoría pero no la suficiente como para verse del todo libre de algunos prejuicios sobre la realidad de los cambios sociales y políticos o la verdadera modernización del país. A ETA todavía se le sigue ofreciendo alguna cobertura ideológica, poniendo el énfasis en el fin separatista de la organización más que en los medios terroristas por ella empleados, con lo que se desliza la sospecha de que el gobierno español prohíbe determinados objetivos políticos en vez de perseguir métodos criminales.

España es un país moderno, vivo, industrial pero la singularidad española se asocia al ocio, la simpatía, la diversión o la hospitalidad en detrimento de su marca empresarial y del reconocimiento de su espíritu emprendedor económico y mercantil. Un país anarquizante y libertino, de mujeres fatales y contrabandistas reconvertidos que no acaba de quitarse de encima la imagen construida en el XIX por los viajeros románticos ingleses o franceses. España tiene todavía una imagen peor que la realidad del país. Y el proceso de normalización culminado con éxito en aspectos políticos y sociales fundamentales no se ha completado en lo referente a la imagen nacional, víctima todavía de los tópicos derivados de los siglos imperiales y el romanticismo.

Desde hace siglos han rodeado España visiones negras, folclóricas o torticeras que han influido en la percepción errónea de nuestro pasado y en la existencia de una conciencia nacional desorientada, a la que no ayudan nada ni el frenesí de los regionalismos y los nacionalismos ni la debilidad del sistema educativo en la difusión de los valores ciudadanos.

Son las representaciones literarias —novela, teatro...— de mayor éxito en la historia de España, las que han configurado las imágenes de lo hispánico. El Quijote, Don Juan... Como recuerda Fernado R. Lafuente, una encuesta realizada en la Unión Europea revelaba que Carmen de Merimée era el personaje de ficción que los europeos identificaban más con España, detrás de los dos anteriores. Mercé Boixareu y Robin Lefere han coordinado a más de cuarenta especialistas en *La Historia de España en la literatura francesa* que manifiesta la fascinación de Francia por los arquetipos españoles. Desde el CSIC, Manuel Lucena Giraldo trabaja en las imágenes de la España ilustrada mientras que Javier Noya aborda *La imagen de España en el exterior*, introducido por Emilio Lamo de Espinosa, director del Instituto Elcano. *Los viajeros de la Ilustración* los estudió Gaspar Gómez de la Serna, Elena Echeverría *Andalucía y las viajeras francesas en el siglo XIX,* Rafael Sánchez Mantero *La imagen de España en América* y Nieves Paradela *El otro laberinto español. Viajeros árabes a España entre el siglo XVII y 1936.*

La hispanomanía fue casi una aristocrática dolencia que convirtió en viajeros y curiosos de España a unos cuantos personajes de la cultura anglosajona para más tarde transformarlos en apóstoles de su arquetipo español. En su libro *Hispanomanía,* Tom Burns Marañón pone en guardia de las consecuencias que acarreó la irrealidad española tópica creada por ellos y que afecta al estado de opinión que de España se tiene en el mundo y a nuestra autoestima, ya que los españoles siempre hemos magnificado la opinión que sobre nosotros se vertía en el extranjero. Desde el ámbito de las representaciones plásticas, Francisco Calvo Serraller se ha acercado al tema con *La imagen romántica de España. Arte y arquitectura del siglo XIX.* Entre las conclusiones de su amplio estudio sobre la imagen proyectada por España en el mundo desde la Ilustración hasta el siglo XXI (*Sol y Sangre*), Rafael Núñez Florencio apunta que el principal problema de la identidad española, en comparación con los otros grandes países europeos es el sentimiento de inferioridad, un síndrome masoquista que se trasforma en dolencia crónica.

CAPÍTULO 6

La tristeza de las armas

¿Qué me propones? ¿Edificar la ciudad justa? Lo haré.
De acuerdo. ¿O el pacto suicida, la romántica
Muerte? Muy bien, yo acepto, pues
yo soy tu elección, tu decisión. Sí, yo soy España.

W. H. AUDEN, *España*

El héroe armado

Llovía. Tras la reja abierta entre los muros, las masas habían ocupado su lugar entre las coronas ahogadas y las losas con muertos de medio siglo. Habían ido al cementerio a despedir a Buenaventura Durruti. El cadáver del héroe anarquista, soñado de pólvora y de sangre, de un coraje furioso soñado, había sido transportado por las calles de Barcelona hasta Montjuich. La guerra, una bala sin dueño, había roto al hombre cuya vida, según Ilya Ehrenburg, se parecía demasiado a una novela de aventuras. La guerra, su enigmática muerte en Madrid, había cristalizado también la leyenda. Luego, después del triste y silencioso entierro, los juglares del anarquismo iban a fabricar el mito, amasado con el barro multitudinario de un obrero metalúrgico que había luchado por la revolución desde muy joven, que había participado en luchas de barricadas, y había asaltado bancos, y arrojado bombas, y secuestrado jueces. Que había sido condenado a muerte tres veces, en España, en Chile y en Argentina, y pasado por innumerables cárceles y exilios.

Una vida así, hecha de utopías y penumbra, sólo puede explicarse recurriendo a la dramaturgia y a la leyenda del héroe. Tan sólo un año después de su muerte, el 20 de noviembre de 1937, Juan García Oliver, ex ministro de Justicia del gobierno de la República, recordaba en el cementerio de Montjuïc, ante un numeroso grupo de anarquistas, los *años* heroicos compartidos con

Durruti en Barcelona, aquellos años que habían precedido a la dictadura de Primo de Rivera, los años en que la policía decretaba con tinta de roja sangre la ley de fugas, los patronos financiaban bandas de pistoleros y los anarquistas más temerarios, decididos a devolver golpe por golpe —Durruti, los hermanos Ascaso, él mismo, que allí les hablaba, el compañero García Oliver...— se convirtieron en los reyes de la pistola obrera. «Durruti había cumplido.» ¿Y qué podía significar la muerte al lado de esa historia sublime de revoluciones, lucha y atentados? Polvo. Ceniza. Nada... «Nuestra vidas individuales no son nada...»

La violencia y el mito de la juventud. La lucha y la conquista del poder. Y al fin la muerte en mitad de la batalla, y el destino del héroe al fin completo, cumplido al fin... La nación ha sido el primer gran mito colectivo moderno, como después lo han sido el proletariado, a partir del marxismo y la juventud con su revuelta contracultural que fue rechazada por los adultos en mayo de 1968. La figura de Durruti y las palabras de García Oliver evocan un tiempo no muy lejano en que recurrir a la dialéctica de los puños y las pistolas se hizo común entre los jóvenes de España. Jóvenes con el puño en alto y cerrado o con el brazo cruzado sobre el pecho o extendido buscando la vertical proliferaron dentro de las organizaciones de izquierda y de derecha en el siglo XX. Jóvenes dispuestos a morir o matar, dispuestos para la lucha y para la muerte, y también para la vida, para apurar la vida en mitad de las batallas. Jóvenes de diferentes clases sociales que, desde ideologías opuestas, recurrieron a la violencia, convencidos de que el mundo se podía cambiar, aunque, en el fondo, no supieran muy bien cómo ni cuando ni para quién; aunque, en el fondo, sólo supieran que aquel mundo al que aspiraban, se soñara en el futuro o en el pasado, se llegara a él por una revolución o por un levantamiento militar, no vería la luz sin estertores de sangre.

La «gloria es el halo de los muertos», escribió Balzac cuando intuyó la estrecha complicidad con la muerte que subyace a las ideologías y a los fervores suscitados por las patrias. En nombre del pueblo, los revolucionarios franceses de 1789 habían desencadenado el primer terror organizado de la Historia y la apelación a ese *todos* abstracto justificaría a partir de entonces cualquier violencia ejercida en el organismo nacional. Por otro lado, religión y muerte siempre han estado estrechamente vinculadas. La muerte ha aparecido en todo momento como la situación marginal por excelencia y por lo tanto necesitada de dotarse de un sentido. Tradicionalmente tal significación se la ha proporcionado la religión. De ahí que para morir o para matar se precisara una legitimación religiosa. Entre las primeras decisiones de ETA en 1965 antes de empezar sus crímenes estuvo la de consultar a algunos sacerdotes nacionalistas sobre la licitud de la violencia. En las aguas revueltas de la oposición a la dictadura un sector de la Iglesia vasca fomentó y cuando menos amparó la explosión violenta del sentimiento nacionalista oprimido, haciéndolo convergente con emociones religiosas y con una visión excluyente de la realidad que el propio clero ayudó a configurar. Es bien sabido que el fanatismo se convierte cómodamente en polizón de la religiosidad. Voltaire decía que el fanatismo era a la superstición lo que el delirio a la fiebre, lo que la rabia a la cólera y añadía: «El que toma sus ensueños por realidades es un entusiasta pero el que sostiene su locura visionaria con el asesinato es un fanático.»

Desde el momento en que ETA colocó por delante su reivindicación nacional, muchos curas vascos prefirieron suspender su juicio ético sobre las acciones terroristas. Lo hicieron en los años de la dictadura y lo han venido haciendo, cada vez en menor número, tras la muerte de Franco. Ante un «movimiento de liberación nacional» fueran cuales fueren sus procedimientos, no cabían respuestas condenatorias porque, como dice un eslogan perverso, que es, a la vez, grito y pintada: «El pueblo no perdonará.» Mientras el dictador viviese no faltarían tampoco sectores de la población española que estuviesen dispuestos a cerrar sus ojos ante el terrorismo etarra. Pero quien justifica un asesinato se coloca en el plano inclinado de justificar muchos más y la Iglesia vasca que se acostumbró a convivir con el terrorismo y que fue aumentando su componente nacionalista en los primeros años de la transición, dejaría pasar el tiempo en una cadena de complicidades y silencios antes de situarse, con excepciones, enfrente de ETA.

En el siglo XX la violencia se consideró consecuencia de todo ideal fuerte, verdadero o falso, se glorificó en nombre de la utopía o de la reacción, y hombres y mujeres de derechas y de izquierdas convirtieron ciertos estallidos sociales y ciertos crímenes en lo contrario de lo que en realidad eran. Los tomaron como contribuciones importantes a la victoria, sin pararse a pensar que en el seno de una huelga revolucionaria, en el mecanismo de un atentado o una insurrección militar podía existir un conflicto de legitimidad. El lenguaje de la violencia pudo más que cualquier otra consideración. Después de todo, religiosos, historiadores y poetas habían contribuido, desde los tiempos lejanos de la Edad Media, a levantar su túmulo y su mito.

Sucede que el héroe armado no es un mito inventado sólo por militares y oradores políticos, sino en gran parte por poetas y literatos de retaguardia. Sucede que sin su glorificación lírica la canción del verdugo no hubiera alcanzado tanto eco entre los españoles del siglo XX. La historia es un haz de relatos, de palabras y leyendas en las que tiembla la voz del poeta... y el poeta se ha sentido fascinado muchas veces por las hazañas de la fuerza bruta. El héroe se canta, como individuo y guerrero, en la Edad Media, por obra de la mano anónima que escribe el *Cantar de Mio Cid* o de los clérigos que truecan el monasterio por la espada en la lucha contra el musulmán, y se transforma en multitud en el siglo XIX, en el verso de Manuel José Quintana. La guerra de la Independencia fue una guerra civil en la que los frailes y curas de aldea predicaron el trabuco contra el enemigo de la religión, el invasor francés y los colaboracionistas ilustrados, y el pueblo llano acudió a su llamada de sangre, ejecutando venganzas largamente y en silencio esperadas. José Quintana hizo de ella una hazaña, todo un canto a la libertad:

Despertad, raza de héroes; el momento
llegó de arrojarse a la victoria;

que vuestro nombre eclipse nuestro nombre,
que vuestra gloria humille nuestra gloria.
No ha sido en el gran día
el altar de la Patria alzado en vano
por vuestra mano fuerte.
Juradlo, ella os lo manda. ¡Antes la muerte
que consentir jamás ningún tirano!

El reinado de Fernando VII, por el que los españoles de Quintana habían derramado tanta sangre, resultó el reinado de un tirano que restauró la Inquisición. España vivía entonces el Romanticismo. La utopía era la verdad del mañana. La libertad, el bien sagrado de los pueblos. Y el héroe, aquel que arriesgara el mundo en nombre de ese bien precioso, aun a costa de su propia vida. Al general Riego, que coronó con éxito el primer rosario de pronunciamientos militares del XIX, le cantó Shelley, el gran poeta del Romanticismo inglés. Y José María Torrijos hubiera sido un militar en los arrabales de la historia de España, un general liberal fusilado entre otros militares que anhelaron imponer la Constitución de Cádiz por la fuerza, de no ser por el cuadro que pintó Antonio Gisbert y el soneto que, tiempo atrás, había dedicado Espronceda a aquel pelotón de revolucionarios sobre las playas de Málaga:

Helos aquí: junto a la mar bravía.
Cadáveres están, ¡ay! los que fueron
honra del libre, y con su muerte dieron
almas al cielo, a España nombradía.
Ansia de patria y libertad henchía
sus nobles pechos que jamás temieron,
y las costas de Málaga los vieron
cuando el sol de gloria en desdichado día.

Pero si hay un siglo de nuestra historia en el que el ardor guerrero tembló en la sangre de los poetas, ése es, sin duda, el siglo XX:

Mañana, para los jóvenes, estallarán como bombas los poetas,
los paseos por el lago, las semanas de perfecta armonía.
Mañana, los paseos en bicicleta
por las afueras en las tardes de verano. Pero hoy la lucha.
Hoy el deliberado aumento de la posibilidad de morir,
la aceptación consciente de la culpa en el asesinato necesario...

escribió en su residencia de Londres W. H. Auden, que no había tocado y ni siquiera había visto una pistola en toda su vida. Lejos de la capital inglesa, en los cafés de Valencia, seducido, como Auden, por el mito de la violencia, Antonio Machado cantaba a Líster, jefe en los ejércitos del Ebro:

Si mi pluma valiera tu pistola de capitán,
contento moriría

y en Burgos, fascinado por las hazañas del héroe armado y guerrero, Manuel Machado laureaba el avance del general Franco:

Caudillo de la nueva Reconquista,
Señor de España, que en su fe renace,
sabe vencer y sonreír, y hace
campo de pan la tierra de conquista.

Dos hermanos separados a uno y otro lado de la historia por una guerra civil en la que los poetas hicieron, de la España del crimen y el desvelo, canto. Poetas como José Bergamín, que en 1937 elogiaba a quienes en Barcelona cazaban como alimañas a los militantes del POUM, como Alberti, que en el Madrid sitiado de 1936, Madrid de miradas de muerte, mezcla de utopía y pesadilla, escribía

Manifiestos, artículos, comentarios, discursos,
humaredas perdidas, neblinas estampadas,
¡qué dolor de papeles que ha de barrer el viento,
qué tristeza de tinta que ha de borrar el agua!

Balas, balas.
Ahora sufro lo pobre, lo mezquino, lo triste,
lo desgraciado y muerto que tiene una garganta
cuando desde el abismo de su idioma quisiera
gritar lo que no puede por imposible, y calla.
Balas, balas.
Siento esta noche heridas de muerte las palabras.

como José María Pemán, que desde la zona rebelde cantaba a los militares y a otro de «los grandes capitanes de la raza», antecesor de Franco en «la defensa de España, el orden y la religión»...

General de los valientes,
capitán de otras edades,
ya va por montes y ríos
Tomás de Zumalacárregui...

o antes Eduardo Marquina, entonces simpatizante del atentado de la rabia y de la idea,

¡Y devastadlo todo! Las viviendas
y los que las habitan, las coronas
y los ídolos, alma de la tierra,
al estallar como un ardiente grito
entre el bullicio de las grandes fiestas
haced que el mundo nuevamente caiga
en el regazo vuestro y nuevamente
fundid en sus montes y extended sus valles...

creyeron en la violencia y el crimen necesario. Legitimaron en verso, con más o menos convicción, el uso de las armas para edificar «la ciudad justa». El eco de su voz prolongó el mito, y de las sombras de su coro siguieron naciendo hombres armados.

El llanto de los fusiles

Tejido y destejido en su verso, y también en prosa, el mito de la violencia recorre la historia de España, desde la Constitución de Cádiz y la revolución liberal de los años treinta hasta la transición a la democracia y el murmullo enfermizo de ETA. Ha sido propio de la política contemporánea que españoles de distintas ideologías y formaciones políticas se lanzaran a la insurrección para conquistar el poder e imponer su particular visión del orden social y del Estado. Militares y civiles, hombres de orden y gentes de la barricada, autoritarios y utopistas, curas guerrilleros y obispos de salón han defendido, en algún momento de su paso por la historia, el recurso a las armas para transformar la sociedad, presentando la violencia no como imposición ilegítima sino como estrategia necesaria para el cambio político. Una soberanía superior, «Dios», «el pueblo» o «la nación», servía para justificar el ejercicio en apariencia ilegítimo de la violencia.

Patria, Libertad, Soberanía Nacional son las palabras que Torrijos llevaría a las playas de Málaga, donde le esperaba el ejército de Fernando VII y la muerte. Tiempo atrás, el general madrileño había definido el pronunciamiento de Riego como «fruto sazonado de tantas otras malogradas tentativas», luego idealizadas por los historiadores oficiales de la revolución liberal con los nombres de sus protagonistas: Espoz y Mina, Porlier, Lacy, Milans del Bosch, Van Halen, Vidal... Es entonces, con el Antiguo Régimen sin aliento, cuando el mito de la violencia política y su mecanismo de ilusión y de duda arraiga en la mentalidad de políticos y generales. Fernando VII había triturado la Constitución de Cádiz y su régimen absolutista carecía, a los ojos de la burguesía, de legitimidad. En 1820 Alcalá Galiano desarrollaba la justificación legal del pronunciamiento de Riego, tal vez sin saber que con sus palabras armaba con un nuevo alfabeto a generales que, en el siglo XX, cuando cambiasen las circunstancias, se convertirían en desleales y deslegitimadores de ese Estado que él pugnaba por hacer realidad.

Puede, se preguntaba Alcalá Galiano, «¿puede, por tanto, extrañarse de que el Ejército de Ultramar haya sido el primero en levantar la voz contra el despotismo? No tenían sus jefes, me dirán, facultades para hacerlo, porque el Ejército, ¿qué representación tenía? Ninguna, os lo confieso, en un Estado legalmente constituido, pero en la situación en que se hallaba España, cualquier ciudadano tenía facultades en teniendo para salvarla... No trataban los militares de decidir la suerte de la Nación; tratan, sí, de facultarla los medios de expresar su voluntad...».

Las palabras de Alcalá Galiano, reflejo de la incapacidad de la burguesía para llevar por sí misma su propia revolución, y la guerra civil, abierta definitivamente tras la muerte de Fernando VII, convirtieron a los héroes de las campañas militares en árbitros de la situación política. Leales al sistema cuando el gobierno imponía al conjunto de la sociedad su visión, y desleales cuando cambiaban las circunstancias y eran sus competidores quienes tomaban las riendas del Estado, los generales se impusieron como jefes de los partidos y exhibieron su capacidad para subvertir las decisiones del gobierno o la corona a través de constantes pronunciamientos. La conspiración ejerció su romántico hechizo sobre ellos con su trama de sociedades secretas y logias masónicas. El juego de saberse héroe y el desprecio de las formas cotidianas de hacer política constituyeron un imán que llevó a muchos españoles a consagrar su vida y sus esperanzas al milagroso cambio traído por unos cuantos hombres armados.

Aunque no se pueda hablar de militarismo, pues los espadones actuaban como mero brazo ejecutor de la conspiración política, el desprestigio del poder civil hizo del ejército la única institución verdaderamente sólida dentro del Estado liberal. «A esto hemos de llegar si no lo remedia quien puede, que es el Santo Ejército. No hay España sin libertad y no hay libertad sin ejército», dice un personaje de Benito Pérez Galdós desilusionado por la respuesta conservadora del gobierno a los furores europeos de 1848.

Luego de tantas miradas de muerte, marcada por más de treinta años de guerra, la sociedad española terminó acostumbrándose a solucionar sus problemas por la vía de los fusiles, erigiendo a Espartero, Narváez, O'Donnell o Prim en los guardianes de la libertad y la voluntad nacional. Ídolos hechos de pólvora y metal fundido, presos de la gloria efímera y la lepra del olvido, los generales cabalgarían entre la leyenda y la caricatura. Incluso hubo momentos en que llegaron a ser aclamados como héroes marciales de la revolución española. En 1840 el diplomático estadounidense Arthur Middleton decía que a su entrada en Madrid el general Espartero había sido objeto de una recepción hasta entonces reservada a los monarcas. Tal vez la misma calurosa acogida que treinta y ocho años más tarde encumbraba en esa misma ciudad al general Prim, responsable de la conspiración que destronaría a Isabel II. Lo que se estaba construyendo, aquella práctica de sables consuetudinarios, resultaba, sin embargo, menos glorioso. Tiempo después, ya en el siglo XX, Ramón del Valle Inclán definiría aquel período turbulento de constituciones, pronunciamientos y revoluciones como «un albur de espadas: espadas de sargentos y espadas de generales. Bazas fulleras de sotas y ases».

El reinado de Isabel II terminó como había empezado. Una insurrección militar en 1843 había llevado a la niña al trono tras adelantar su mayoría de edad y otro levantamiento destronaba a la mujer en 1868. Entre una fecha y otra, la manía revolucionaria del pronunciamiento había hecho imposible el respeto a las instituciones políticas, impugnadas una y otra vez por quienes decían representar a la nación. La legitimidad del Estado se vio mutilada, además, por los tradicionalistas, que imbuidos de la misma retórica de patriotismo, honor y sacrificio llevaron la lucha de la Iglesia contra la modernidad a los campos de batalla. El recurso a las armas les daría su panteón de héroes.

Tomás de Zumalacárregui, preso de su mito, será quien mejor resista, entre otros héroes militares del carlismo, a la ruina del olvido. El mito de Zumalacárregui va unido a su capacidad de poner en pie un verdadero ejército en el norte, a sus victorias en el campo de batalla y a su muerte, «un trascendental incidente», como afirma el embajador español en París: una bala perdida, a las puertas de Bilbao, y una herida mal curada segaban en 1835 la vida del general guipuzcoano.

Al fin de la batalla,
y muerto el combatiente, vino hacia él un hombre
y le dijo: «¡No mueras! ¡Te amo tanto!»
Pero el cadáver ¡ay! siguió muriendo.
Se le acercaron dos y repitiéronle:
«¡No nos dejes! ¡Valor! ¡Vuelve a la vida!»
Pero el cadáver, ¡ay!, siguió muriendo.
Acudieron a él veinte, cien, mil, quinientos mil,
clamando: «¡Tanto amor y no poder nada contra la muerte!»
Pero el cadáver, ¡ay! ¡siguió muriendo!
Le rodearon millones de individuos,
con un ruego común. «¡Quédate hermano!»
Pero el cadáver, ¡ay! siguió muriendo. [...]

(César Vallejo)

La derrota de la causa carlista pudo haber condenado a Zumalacárregui a la antihistoria pero primero el franquismo, recogiendo el espíritu tradicionalista y convirtiéndole en un precursor de los cruzados de 1936, y luego el nacionalismo vasco, caracterizándolo como un héroe nacional frustrado, le preservaron de ese destino. El tiempo, embalsamado el franquismo en el Valle de los Caídos, terminaría por hacer del general guipuzcoano que quiso detener la historia en el Antiguo Régimen un mito oficial del panteón nacionalista y la fascinación por las hazañas del héroe armado llevaría, en más de una ocasión, a comparar su nombre, en tanto patriota vasco, al de los pistoleros etarras.

Jamás se recuperó el carlismo de la derrota de 1840. Sin embargo, el tradicionalismo no permanecería callado, intensificando la acción de las partidas guerrilleras, jugando a los pronunciamientos militares o regresando a los campos de batalla tras la caída de Isabel II y la proclamación de Amadeo de Saboya. En la frontera con Francia, el año 1872, Carlos VII escribía su manifiesto a los españoles... Especificaba los motivos del levantamiento, les contaba que bien valía la pena dar la vida por la patria... Escribía:

«Por nuestro Dios, por nuestra Patria y por vuestro Rey, levantaos, españoles. Ya sabéis quien soy y también lo que quiero. ¿Qué he de querer sino la grandeza y la felicidad de España? Quiero salvarla con vuestra ayuda, hoy que está perdida, y con vuestra ayuda fundar un gobierno justo, un gobierno digno de los grandes tiempos de nuestros padres y conforme con los tiempos en que vivimos.»

Los ojos de la revolución

Enterrada la Primera República por la violencia cantonal y el prestigioso metal de los sables, la Restauración inauguró un período de estabilidad, excepcional en la España del siglo XIX, aunque más frágil de lo que hoy se tiende a presentar. El inminente regreso de la monarquía no provocó entre los españoles manifestación alguna de júbilo y la indiferencia se contagió en una mayoría convencida de que se trataba de un simple escaparate urdido por los que no deseaban más libertades que las suyas. Sin embargo, aquella mañana de enero de 1875, los madrileños desbordaron las calles de la capital para recibir al rey Alfonso XII que como hijo de una destronada no esperaba tan ruidosa acogida. Los manifestantes que ahora se arremolinaban al paso del cortejo eran los mismos que seis años atrás habían celebrado el destierro de Isabel II. A los cinco días de su entrada en Madrid, el joven rey marchó al norte de España, donde visitó los escenarios de la guerra carlista a los que volvería el año siguiente para sancionar con su presencia la victoria de sus generales y el final de la contienda que le haría merecedor del sobrenombre de «el Pacificador». Como remate de la carlistada, la abolición de los Fueros de las provincias vascas contribuiría a engrandecer la conciencia nacional unitaria alrededor de la figura del rey y a afirmar la igualdad jurídica de todos los ciudadanos plasmada pronto en la Constitución.

Mecida por el cansancio y la apatía, la recién nacida Restauración contagiaba sopor a un pueblo decidido a recuperar la tranquilidad después de una racha demasido larga de alboroto y subversión. Ya no más caprichos republicanos. Por fin la burguesía conservadora y provinciana había conseguido crear un régimen a su imagen y semejanza, que la mejor novela del siglo XIX —*La Regenta*— describiría como nadie. A los empresarios catalanes y vascos y a los terratenientes andaluces se les recompensará su lealtad al régimen con títulos de nobleza que la Corona concede con una prodigalidad desconocida desde el reinado de Felipe IV.

Cánovas del Castillo, el inventor del régimen, desplazó a los militares del poder y la vida política quedó estructurada en los partidos con más vigor que en el reinado de Isabel II. El civilismo se impuso al espadón, pero el sistema ideado por el líder conservador para disfrute de un limitado grupo de profesionales de la política, cuyo poder se basaba en el caciquismo y la desmovilización de la sociedad, no logró conquistar una legitimidad generalizada. Fuera, por la derecha, quedaron los carlistas, vencidos en el campo de batalla, y, por la izquierda, condenados a los márgenes del silencio, republicanos, socialistas y anarquistas. Hasta el siglo XX la violencia política sería patrimonio suyo.

Lo sería de los republicanos radicales, prendidos de la estrategia insurreccional de Ruiz Zorrilla. En su exilio parisino, el ex ministro de Amadeo de Saboya, razonaba el paso de la vía política a la armada, plenamente justificada por la naturaleza del régimen canovista:

«Soy republicano porque sólo dentro de la República pueden hoy los partidos españoles defender sus doctrinas, traducir en leyes sus aspiraciones, desenvolver desde el gobierno las soluciones que hayan sido aceptadas por la opinión. La República podía ser un problema, cuando los revolucionarios de septiembre habían salvado la monarquía; pero después que otros, que se llamaban más monárquicos, desacreditaron y mataron la institución, la República es la única solución.»

Desde la lejanía, el ilustre desterrado tejió conjuras de café y pronunciamientos militares. Fracasaría una y otra vez. En 1877

Nicolás Salmerón, ex presidente de la Primera República y uno de sus teóricos aliados, escribía sobre Zorrilla y su actividad conspiradora: «Quiere la revolución a todo trance y por cualquier medio, y parece que le domina una obsesión incurable.» Y más adelante: «Tanta locura sería digna de compasión si no fuera voluntaria y desastrosa.» El pronunciamiento del brigadier Manuel Villacampa en Madrid, y su estrepitoso fracaso, pusieron término al ciclo de insurrecciones inspirado por Zorrilla. Ocurrió en septiembre de 1886. Luego vino la definitiva ruptura con Salmerón, el declive físico, el regreso a España siendo reliquia de sagrario, reseco ya de sueños y consumido. En 1895, apenas cuatro meses después de su entrada en España, cerraba los ojos al mundo. Fallecía el hombre, pero no el mito de conspirador romántico, no su aureola de ilustre mártir de la República ni su réquiem por un último espadón: «La revolución hay que hacerla para el pueblo. Yo quiero darle la República un día, en horas, y esto no puede hacerlo nadie más que el ejército: un ejército disciplinado, que mantenga el orden hasta en los nuestros...»

Réquiem alimentado en el siglo XX por el verbo incendiario de Alejandro Lerroux, que en medio de la dictadura de Primo de Rivera, cuando Azaña y otros republicanos estrecharon lazos con militares y socialistas para destronar por la fuerza a Alfonso XIII, sería el encargado de redactar el manifiesto de aquella revolución frustrada de 1930. La herencia de Zorrilla pesaba aún sobre el republicanismo. Los errores del pasado se repetían... A finales del siglo XIX la nostalgia por los mecanismos de la era isabelina había cegado a Zorrilla, llevándole a confiar en un ejército ya nada liberal, y mucho menos romántico de lo que él imaginaba en su exilio de París. En 1930 la impaciencia llevó a las fuerzas antimonárquicas a una huelga general revolucionaria que ni resultó general ni contó con el respaldo de los militares comprometidos en la conspiración.

La República, después de tanta «borricada continua», como definió Castelar las conjuras de Zorrilla, y tanto ardor estéril, como el de Azaña y los conjurados de San Sebastián, no vendría por el camino de las armas sino por el de las urnas. Con las primeras hojas de los chopos y las últimas de los almendros, que escribió Antonio Machado. La retórica revolucionaria de 1931, sin embargo, esculpió el mito de los capitanes Galán y García Hernández, los mártires de la fallida sublevación de Jaca, y grabó su sombra en las Cortes, invitando, sin saberlo, a otros oficiales, con una concepción muy diferente de la voluntad nacional, a intervenir cuando consideraran que el Estado había traicionado a la nación.

Fernando de los Ríos e Indalecio Prieto también estarían en San Sebastián el año 1930, en el hotel Londres, donde republicanos y socialistas se comprometieron a derribar la monarquía de la Restauración sin pasar por las urnas. Partidarios durante más de veinte años de la retórica reformista de su líder, Pablo Iglesias, los socialistas habían decidido transformar su discurso, legitimando en los mítines y en las páginas de *Solidaridad Obrera* el recurso a la violencia colectiva. La huelga sería la revolución hecha acto y 1917 el primer ensayo. Parecía que aquel año la ocasión se había presentado. Arrebatados por las revoluciones que sacudían el mundo, Rusia, México, los socialistas españoles desplazaron el «preparados para cuando la ocasión se presente» de Pablo Iglesias por la mística revolucionaria, más propia de los anarquistas, del «preparémonos para el gran advenimiento».

En aquel año la fascinación por la huelga general, convertida en mito de eficacia sobrehumana, prendió en socialistas tan diferentes y contradictorios como Largo Caballero, líder de UGT, Julián Besteiro, catedrático de Lógica, o el periodista asturiano Indalecio Prieto. Pero el ensayo resultó un fracaso. La utopía de 1917 se desintegró en un momento. Los socialistas se quedaron solos, los huelguistas fueron duramente reprimidos y los dirigentes de la huelga terminaron en la cárcel o en el exilio. El fracaso, sin embargo, no desterró de su palabra la legitimación de la violencia, y el recurso a la huelga general seguiría llenando las páginas de la prensa socialista, bien fuera para derribar la monarquía y, en alianza con las clases medias republicanas, traer la República, como en 1930; bien para conquistar el poder en solitario y hacer realidad la tan anhelada revolución, como en 1934. Trágico antecedente de la guerra civil fue aquella insurrección de octubre, que el desengañado Indalecio Prieto condenaría duramente en 1942, ya en el exilio: «Me declaro culpable ante mi conciencia, ante el Partido Socialista y ante España entera, de mi participación en aquel movimiento revolucionario. Lo declaro como culpa, como pecado, no como gloria... Colaboré en ese movimiento con el alma, acepté las misiones a que antes aludí y me encontré, ¡hora es ya de confesarlo!, violentamente ultrajado.»

Mártires de la palabra

El lenguaje de la violencia, fecundado por el mito que se remueve y se agita en palabras e imágenes capaces de sacudir la inercia de las masas y ponerlas en acción, hallaría un eco más temprano y delirante en el otro movimiento obrero, el anarquista. De este modo, al declinar el siglo XIX, mientras Pablo Iglesias hablaba de prepararse para cuando se presentara la ocasión, los anarquistas más impacientes se dejaban arrastrar por el fantasma que recorría Europa, «la propaganda por el hecho». La oleada de bombas empezaría en España en el mismo punto que en Italia o en Francia: la represión de la policía ante la agitación social. En el caso español fue la insurrección campesina de Jerez de 1892. Las torturas, las ejecuciones de los cinco supuestos inspiradores de aquel estallido de hoces y campesinos convirtieron la retórica revolucionaria de unos pocos jóvenes anarquistas en «propaganda por el hecho». Como escribió Blasco Ibáñez: «Miraban con ojos feroces a Jerez. El desquite de los pobres estaba próximo y la ciudad blanca y risueña, la ciudad de los ricos, con sus bodegas y sus millones, iba a arder, iluminando la noche con el esplendor de su ruina.»

La dialéctica de la dinamita estallaría en Barcelona en 1893 y su espiral de violencia, cada vez más difícil de detener —al atentado le sigue la represión indiscriminada de la policía y a ésta un nuevo acto terrorista— no se paralizaría hasta 1897, brotando nuevamente en forma de rosa de fuego el año 1906, en que

Mateo Morral arroja al paso de la comitiva de Alfonso XIII por la calle Mayor una bomba envuelta en un gran ramo de flores.

Ebrios de mística y de folletines revolucionarios, los mártires de la Idea lanzaron su desesperada protesta contra los símbolos de la burguesía y el poder. Jefes de Estado, presidentes de gobierno, representantes de la Iglesia, generales, empresarios... fueron víctimas de atentados anarquistas. Unos, como Alfonso XIII, Martínez Campos o Maura, salieron ilesos. Otros no tuvieron tanta suerte. En 1897 caía bajo sus balas Cánovas del Castillo y en 1923 lo hacía el arzobispo de Zaragoza, cardenal de Soldevilla, al igual que los jefes de gobierno Canalejas, tiroteado en Madrid en 1912, y Dato, atrapado en aquel acuario de sangre el año 1921. Los crímenes eran cometidos por activistas radicales, jóvenes que vivían en condiciones precarias, sin esperanza de un porvenir mejor, y que veían en la violencia el arma ideal con que sacudir los cimientos de la sociedad. Paulino Pallás, que había inaugurado aquella era de bombas en Barcelona al atentar contra Martínez Campos, razonaba su acción de la siguiente forma: «Llegué a ser hombre. He sostenido una lucha titánica con y por la existencia. He sentido los efectos de esta sociedad, mal constituida y peor gobernada [...]. He creído que debe destruirse y he querido llevar a la obra demoledora mi herramienta en forma de otra bomba.»

Los crímenes resultaron estériles. Contra lo que muchos anarquistas creían, la sangre de los mártires de la Idea no dio el fruto de la revolución. Los autores de los atentados quedarían en el recuerdo, glorificados como héroes, pero nada más, y los plumillas del anarquismo, difusores de «la propaganda por el hecho», ni siquiera se preocuparon de estudiar las repercusiones negativas que aquella táctica producía en el movimiento obrero: encarcelamientos masivos, torturas, fusilamientos, deportaciones, ilegalización de organizaciones y diarios... Literatos de vanguardia, inventores del héroe armado y su mito, muchos se limitaron a alentar o cantar los atentados desde las páginas de los periódicos sin haber tocado jamás ni una bomba ni una pistola.

Juan Montseny, periodista libertario y activista de renombre en los círculos anarquistas, refiriéndose a Pallás, escribiría: «¡Ah, cuando se muere tan bien, vale la pena morir! Cuando con la muerte se ha de beneficiarse a una idea como la de la Anarquía casi conviene hacerse matar.»

Las escenas, sin embargo, eran reales, como también lo era el rastro de cadáveres que las bombas Orsini dejaban en las calles de Barcelona: el patio de butacas del Teatro del Liceo cubierto de sangre, los cuerpos reventados en la calle de Cambios Nuevos, el día de la procesión del Corpus, la oleada de explosiones de comienzos del siglo XX... La capital catalana iba a ser el escenario de la utopía anarquista, con su ala de luz y de sangre. En sus calles estallarán la Semana Trágica y los actos terroristas protagonizados por sicarios de la patronal y pistoleros anarquistas. En su noche abierta y negra, poblada de hombres de acción y sindicalistas, labrará su épica de juventud Durruti, y en 1917 la CNT escribirá el mito de la huelga general, sembrando en el movimiento obrero la creencia ilusoria de que la suma de huelgas culminaría con el derrumbe del orden social capitalista. Hasta Barcelona llegarán del sur, como bocanadas de aire requemado, los rumores sobre una rebelión de campesinos que habían declarado la huelga y proclamado el comunismo libertario en Casas Viejas, un pueblo de la provincia de Cádiz. Y en Barcelona, desencadenada la guerra civil, los anarquistas soñarán despiertos con un mundo sin clases, sin partidos, sin Estado, hasta que la utopía se derrumbe en 1939.

Compañero del alma, compañero

Tiempo atrás, antes de que la quimera anarquista se congelara en la derrota y el exilio, Barcelona atrajo también la mirada de los militares. En 1923 la ciudad de las bombas se convirtió en el escenario del primer pronunciamiento militar del siglo XX: el golpe de Estado del general Miguel Primo de Rivera, que contaría con la complicidad del rey y el aplauso de la burguesía catalana. Como en el pasado, como en las palabras que Alcalá Galiano escribiera en 1820, el recurso a la violencia militar invocó el deber patriótico. El manifiesto publicado «al País y al Ejército» calificaba el levantamiento de gesto patriótico consagrado a la regeneración nacional:

«Españoles: ha llegado el momento más temido que esperado (porque hubiéramos querido vivir siempre en la legalidad y que ella rigiera sin interrupción la vida española) de recoger las ansias, de atender el clamoroso requerimiento de cuantos, amando la Patria, no ven para ello otra salvación que libertarla de los profesionales de la política, de los hombres que, por una u otra razón, nos ofrecen el cuadro de desdichas e inmoralidades que empezaron en el 98 y amenazan a España con un próximo fin trágico y deshonroso...»

Tras reducir su horizonte mental a la disciplina cuartelera, la algarabía patriótica, los métodos expeditivos y la mofa de la democracia, los generales regresaban a la política, dispuestos a dar una solución autoritaria a la quiebra de la monarquía y los conflictos sociales. El discurso y la escenografía eran los mismos que habían empleado los militares en el siglo XIX con el fin de dar un giro al gobierno. Lo único que diferenciaba de sus antecesores a los generales del XX, cada vez menos románticos y nada liberales, era que ya no intervenían como mero brazo ejecutor de los partidos políticos sino como parte de una institución, el ejército, y con una clara misión política: defender el orden público, el centralismo y la Corona.

El año del Desastre, mencionado por Primo de Rivera en su proclama, había sido el primer aldabonazo. El estupor que siguió a la derrota, el descrédito del Estado y de los partidos, unido a la marea catalanista y la creciente conflictividad social, crearon un clima propicio para abrir el sepulcro del Cid y sacar a sus descendientes decimonónicos, con el arma al costado y el uniforme militar. El antiparlamentarismo, o la agitación antipolítica, como lo llamó Maeztu, llenó los titulares de la prensa. «¡Fuera Cortes!», grita Macías Picavea. «La libertad no es un fin, el dictador es una esperanza», escribe la Pardo Bazán. Hace falta un cirujano de hierro, reclama Costa. Un régimen militar, pide el republicano Madrazo... Hubo ruido de sables y rumores de golpes de fuerza. Incluso se pensó en hombres: Polavieja... Weyler... En Barcelona la burguesía soñó con el general cristiano, convirtiéndose fugazmente al polaviejismo. En el Congreso algunos generales llegaron a hablar de sublevaciones militares. Unos, como Blanco, para lamentarse públicamente de no haberse rebelado. Otros, como Weyler, diciendo que no se arrepentía de haber sido fiel al gobierno, pero que España atravesaba por circunstancias críticas, que hacía falta una regeneración, y que en tiempos no muy lejanos la patria se había enderezado por medio de sublevaciones.

Al novelista Pérez Galdós, que tanto había escrito sobre los generales de la época isabelina en sus *Episodios Nacionales*, le resultaba inquietante el protagonismo que estaban recuperando los militares. Bastante había sufrido ya España con el espejismo de buscar la solución a sus problemas en cualquier espada. Preocupado, el escritor canario escribía: «El tradicional antagonismo entre el elemento civil y el militar en la dirección de la política se ha reverdecido como una de esas enfermedades crónicas que reaparecen cuando se creían curadas o por lo menos en estado de atenuación progresiva.»

El pulso entre el poder civil y el militar se inclinó éste en 1906, con la Ley de Jurisdicciones, que sometía a la jurisdicción militar las ofensas contra la patria y el ejército, y ese triunfo provisional no hizo sino consolidar el recurso del ejército a la violencia política según fue avanzando el siglo. El levantamiento militar que catapultó a Franco a la cumbre del Estado no fue sino la culminación de aquella triste y retórica tradición que, desde el siglo XIX al XX, había situado al ejército fuera y por encima de las instituciones civiles; aquel «albur de espadas» que lo había erigido en guardián último del ser de España. «Salvaré a España del marxismo, cueste lo que cueste», respondería Franco a la pregunta de un periodista norteamericano en julio de 1936. El recurso a las armas de nuevo, de nuevo la guerra civil, de nuevo la conquista del poder sin pasar por las urnas, la salvación de la patria de nuevo.

El golpe militar de 1936 sería recibido alborozadamente por

las formaciones políticas de la derecha, inmersas, como la izquierda, en la anticultura de la violencia que sacudió España y el mundo a comienzos del siglo XX. Las clases conservadoras ya se habían dejado fascinar por el héroe armado durante la primera guerra mundial, con los *escuadrones del mamporro* de las Juventudes Mauristas o la transformación del tradicional somatén catalán en una milicia burguesa, pero el uso de la violencia como medio de acción política no terminó de cuajar en su discurso hasta la huelga general de 1917, primero, y la caída de la monarquía, después. En 1931 Ramiro de Maeztu legitimaba en compañía de la derecha monárquica, tal y como lo había hecho antes al aplaudir el golpe de Estado de Primo de Rivera, el uso de la violencia contra todo sistema enemigo de los valores tradicionales, y los más jóvenes, deslumbrados por la mitología de la marcha de Roma y el ascenso del nazismo en Alemania, se entusiasmaban con la mística de la acción y la pedagogía de la pistola. Ledesma Ramos daba a la imprenta el mismo año de la proclamación de la Segunda República su manifiesto *La Conquista del Estado*...

«... No buscamos votos, sino minorías audaces y valiosas. Buscamos jóvenes equipos militantes, sin hipocresía frente al fusil y a la disciplina de guerra», y dos años más tarde José Antonio Primo de Rivera fundaba Falange Española, exaltando la violencia como medio de acción política desde su primer discurso:

«Bien está, sí, la dialéctica como primer instrumento de comunicación. Pero no hay más dialéctica admisible que la dialéctica de los puños y de las pistolas cuando se ofende a la justicia o a la Patria.»

Los destinos de ambos se cruzarían en 1934, con la fusión de sus respectivas organizaciones, FE y JONS, y desde entonces los jóvenes falangistas, sumidos en la histeria general, no dejarían de recurrir al pistolerismo para desestabilizar la República. Hechizados por el mito de la juventud y el culto a la lucha armada, vestidos con la camisa azul, con su saludo romano y sus cantos rituales, *¡Arriba España!, ¡España! ¡Una! ¡España! ¡Libre! ¡España! ¡Grande!,* los falangistas de la primera hora se internarían en los barrios obreros, provocando reyertas callejeras con las juventudes socialistas y creando una anarquía generalizada que, exagerada por la prensa de la derecha, serviría para justificar el levantamiento militar de 1936. La guerra civil les daría, además, un nuevo mito, el de su jefe, José Antonio Primo de Rivera, fusilado en el patio de la cárcel de Alicante el 20 de noviembre de 1936 —«santo predecesor del Caudillo», «una suerte de Jesucristo», «mártir de la cruzada»— como a los anarquistas se lo daría la muerte en Madrid de Buenaventura Durruti, ocurrida con simbólica simultaneidad, por las mismas horas.

La guerra civil fue eso: el poema al héroe armado, el exterminio del enemigo, la eliminación del que pensaba diferente. José María Pemán, en una arenga pronunciada el 24 de julio desde el micrófono de Radio Jerez, decía: «La guerra, con su luz de fusilería, nos ha abierto los ojos. La idea de turno o juego político ha sido sustituida para siempre por la idea de exterminio y de expulsión.»

Con la mirada en el pasado, la Iglesia rescribía el mito de la cruzada y la guerra santa, bendiciendo los cañones de Franco «si en las brechas que abren florece el Evangelio», como el obispo de Cartagena, o proclamando, como Gomá, «que no es posible otra pacificación que las armas». Pero «¿para qué sirve la sangre derramada si no junta los labios de la casta?», se preguntaba el poeta León Felipe.

Y mientras en la zona rebelde las cunetas, las tapias de los cementerios y los arrabales de las ciudades amanecían decorados de cadáveres, en la zona republicana, el anarquista García Oliver se alegraba de que «el espíritu de justicia revirtiera a su origen más remoto y puro», es decir, «el pueblo», «que crea y aplica su ley y procedimiento, el paseo», y el poeta José Bergamín, escribía:

Asoma la luz del día
enfrente del Guadarrama,
ensangrentado de albores
las luces de la esperanza.

Los labios de la patria

La última guerra civil fue la consecuencia del fracaso de una sociedad inmersa en la agitación antiparlamentaria y el mito de la violencia. Una herida que tardaría mucho tiempo en cicatrizar. En 1939 la derrota de la República no trajo a España la paz, sino la victoria, y entre el silencio de los vencidos y los rituales de los vencedores seguiría latiendo la leyenda del héroe armado. La alimentó el régimen de Franco, llenando el calendario de aquel país triste de supervivientes con recuerdos mortuorios y funerales por los caídos. Y la alimentó también el partido comunista, que durante los años cuarenta configuró la resistencia armada como la expresión más acabada de su política.

En el exilio, de todas las fuerzas republicanas, sólo el PCE confió en un revés del régimen franquista y siguió alentando la lucha. «Hay que pasar decididamente a la ejecución de los jefes de Falange responsables de la ola de crímenes y terror [...]. Por cada patriota ejecutado deben pagar con su vida dos falangistas», se leía en una carta abierta del partido que circuló de mano en mano entre los guerrilleros.

Los dirigentes comunistas eran de la opinión de que la segunda guerra mundial había empezado en España y que en España terminaría. Había que dar la impresión, con golpes de mano, de que el país seguía en guerra, incluso a costa de pagar con ello el alto precio de enviar al matadero a decenas de militantes sin esperanza ninguna de éxito. «Todo lo que impulse la lucha es justo, todo lo que frena la lucha es falso», se leía en otro panfleto de la época.

Entre cinco mil y seis mil guerrilleros expusieron su vida en aquella lucha desesperada y más de dos mil quinientos la perdieron en el intento, en la espesura de los montes o fusilados en la cárcel después de un simulacro de juicio. Impresiona todavía encontrar su rastro entre documentos, archivos y periódicos de la época. Para ellos, la guerra no había terminado: huían, se escondían, mataban, les mataban, se traicionaban, caían, desaparecían... Lo más triste es que se vertiera en su desesperanza armada la esperanza de sublevar a una población vencida, hambrienta, cansada de guerra y destrozada moralmente. Lo más triste es que con aquella literatura revolucionaria de *Nuestra Bandera*, *Mundo Obrero* o *Reconquista de España*, hombres que habían logrado salir de una guerra, que habían pasado por la cárcel y el exilio, se engañaran para meterse en otra. El mito del héroe armado seguía vivo, y los poetas seguían cantando en verso la gloria de la pistola:

Canto ahora a los caídos,
a los que estando en la tierra
ya están naciendo en el trigo.
¿A qué llorar, si la pena
sólo al corazón le pone
más grillos y más cadenas?
Mi mejor luto será
echarme un fusil al hombro
y al monte irme a pelear.
Y allí por descanso, el suelo;
y allí por llanto, las balas;
y el corazón por pañuelo...

escribía, en homenaje a la guerra del maquis, el poeta Rafael Alberti desde su exilio.

Pero la sangre de los guerrilleros, sacrificados funcionarialmente por los dirigentes comunistas en el exilio, resultó estéril. Su lucha no resquebrajó el régimen de Franco y, comprobado su fracaso, el partido renunciaría a la táctica de la guerrilla en 1950. Entonces el maquis y sus métodos se quedaron atrapados en el pasado, encerrados en la memoria de los montes. Unos lograron cruzar la frontera. Otros se escondieron o murieron. El 10 de marzo de 1965 caía abatido en una escaramuza el último guerrillero, José Castro Veiga, que estaba en el monte desde 1945. Dos años más tarde aparecía el cadáver de otro guerrillero de los primeros tiempos, Ramón Rodríguez Varela. Había fallecido de muerte natural y alguien lo había abandonado en el camino. Junto al cuerpo sin vida habían depositado una pistola Astra de 1921 cargada con munición de 1936. Aquello era el epitafio del maquis. Toda una metáfora sobre el tiempo, la muerte en el olvido y las utopías rotas.

Tras el fracaso del maquis, la pistola iría quedando relegada a los márgenes del silencio. A partir de los años cincuenta, consciente de su debilidad e impotencia ante el régimen franquista la oposición terminó desterrando de su discurso la vieja retórica de la violencia. Entre los grupos políticos disidentes, desde los monárquicos liberales hasta los comunistas, se llegaría al acuerdo generalizado de que, además de ilegítimo, el uso de la violencia podría conducir a otra nueva catástrofe civil como la del 36.

Por desgracia el rescoldo del héroe armado y guerrero aún permanecería vivo, sumido en la ensoñación de la victoria y la derrota del 36 o en la mitología revolucionaria del nacionalismo de la ira de ETA. La banda terrorista, cincelada desde el sesenta de explosivos y de atentados, asesinaría en 1973 al almirante Carrero Blanco, recordando con su desahogo de sangre lo que desde comienzos de siglo vivía olvidado: el recurso al magnicidio para derrumbar una estructura política. El crimen se justificó como un acto cargado de futuro y hubo literatos que, moviéndose en una palpitación arcaica, levantaron a los terroristas su estatua y su mito. La democracia española todavía está pagando la lectura que se dio a aquel atentado. Lo comenzó a pagar en la transición, pues la expectativa de que una vez instaurada la democracia y concedidas las sucesivas amnistías, el terrorismo iría perdiendo aliento hasta desvanecerse del todo, se vio defraudada por la realidad contraria.

Fascinados nuevamente por el brillante metal de las pistolas, grupos de la extrema izquierda, como el GRAPO, y de la ultraderecha, como los Guerrilleros de Cristo Rey, y grupos del ultranacionalismo, desde el catalán de Terra Lliure, el independentista del archipiélago canario y el gallego del Exército Guerrilleiro do Pobo Galego Ceibe, hasta el vasco de ETA, recurrieron con renovado vigor a los atentados para intervenir en el curso político del país e imponer su proyecto político sin pasar por las urnas. No lo lograron. Ni siquiera lo lograron los militares más reacios a la reforma de 1977, que el 23 de febrero de 1981 sacaban los tanques a las calles de Valencia e invadían el Congreso de los Diputados. Era ya tarde para la mística de los sables. Tarde para la pluma y la pistola. La legitimidad del Estado surgido de la Constitución de 1978, la primera en la historia de España pactada y no impuesta por el grupo dominante, había dejado al guerrero sin grandes poetas.

El canto al héroe armado sólo resistió en el País Vasco, tierra de silencios prendida del asesinato de Carrero Blanco y la nostalgia sabiniana; sólo en el delirio nacionalista de los pistoleros etarras, que necesitan devolver España a los tiempos violentos de la guerra civil y el franquismo para justificar su violencia actual; sólo en el lenguaje anacrónico de políticos y plumillas de retaguardia, cuya amoralidad, como dijo George Orwell de Auden en 1939, sólo es posible alcanzar «si se es el tipo de persona que siempre está en otro lugar cuando se aprieta el gatillo».

Ellos, los asesinos,
nos pusieron el pan sobre unos ojos bellos.
Fuimos muriendo todos
hasta que todo se volvió desierto.
Ellos, los asesinos,
vigilaban la caza del amor en silencio.

(Javier Egea)

Hace tiempo que el fantasma del totalitarismo vaga por las calles del País Vasco hambriento de carroña española, donde se viven tiempos de penumbra, de mitos y noches con cristales rotos, tiempos de silencio y desmemoria. Lento, matemático, el crimen etarra parece rescatar otro tiempo, trae al siglo XXI oscuras imágenes del XIX y de comienzos del XX, ráfagas de imágenes solidificadas en la historia, ráfagas de son humano, de hombres y mujeres sacrificados en el ara de Dios, la Libertad o el

Pueblo. Palabras... Dios, Libertad, Pueblo, hechas con sonido de viento, con aroma de sangre, testamento desolado del héroe, cuyo verso había roto en los años sesenta el poeta José Ángel Valente:

Para que nunca seas
pasto sólo del rito y las palabras
ni caigas nunca de tu inmensa muerte
ni nazcan de ella más que hombres armados,
votivo rompo el verso indigno
de ti y de esta hora.

Bibliografía

«España, pasión por la vida» proclamaba un eslogan de 1992 rompiendo un imaginario tradicional que acentuaba la fascinación española por la muerte. Antes se había dicho que los españoles tenían la sangre caliente y el temple de los héroes y que no les importaba morir o matar porque un vago moralismo de raíz cristiana venía actuando de factor de legitimación ideológica de la irracionalidad y hasta de la barbarie. Y porque el nuevo mundo no se alumbraría sin grandes dolores de parto. La *belle mort* era ensalzada religiosamente cada vez que un héroe caía en combate pero hoy sólo la patología nacionalista puede celebrarla en el seno de una comunidad sentimental y fanatizada y de acuerdo con los rituales de la tribu. Un etarra herido cuando era trasladado al hospital se incorporó en la camilla para gritar «Gora Euzkadi Azkatuta» y su acción desató emociones en la comunidad nacionalista. Aparte de la muerte, la cárcel es el símbolo del martirio supremo por la causa vasca, la máxima expresión de la entrega sacrificial del individuo a la patria. Fanáticos fueron llamados en la antigüedad los sacerdotes de Isis o Cibeles, que entraban en un delirio sagrado, durante el cual se automutilaban, corriendo en abundancia su sangre. Y es hoy fanático el apasionado por el triunfo de su propia fe que resulta insensible a cualquier otra cosa y que llega al extremo de estar dispuesto a emplear la violencia para convertir o destruir a los que no la comparten.

Hay quien pudiera pensar que si los españoles de principios del siglo XX hubieran recorrido *Los Episodios Nacionales* de Galdós, la guerra civil de 1936 no habría reventado España en sangre. La violencia del XIX los hubiera inmunizado de los falsos profetas de la sublevación popular o el pronunciamiento militar. Alguien dijo una vez que los héroes de las guerras no son más que ciegos con una pistola. Los campos de España han visto pasar una legión de ellos, apuntando el crimen y la sangre, llamando a las puertas de las casas, susurrando sus venganzas y creyendo que su violencia sería capaz de transformar el mundo.

Violencia individual de quien sueña solo en una turbia fusión de idealismo y crueldad y violencia colectiva elevada a mito revolucionario en el siglo XX a través de la huelga general o el atentado, que buscan tomar el poder sin pasar por las urnas. Para Lenin la violencia sería la compañera inevitable de la bancarrota, del capitalismo y del nacimiento de la sociedad comunista. Lo mismo que dijera el poeta Louis Aragon con más poesía: los ojos azules de la Revolución brillan con una luz necesaria.

Muchas ciudades españolas recibieron, a lo largo de los años, la visita de la vieja dama. La violencia se hizo cotidianidad y habitó entre sus calles. Queda constancia de ella en los diez volúmenes de *La historia en su lugar,* la nueva meditación sobre el pasado español a través de sus paisajes, de sus desfiladeros, montes y plazas. *Militarismo y civilismo en la España contemporánea* de Carlos Seco y *El poder militar en la España contemporánea hasta la guerra civil* de Gabriel Cardona ofrecen dos versiones de la violencia insurreccional del ejército.

La violencia se pensó era una consecuencia de toda creencia firme y por ello la historia de España, como la de otros países, rezuma acometividad. Dirigido por Santos Juliá, el libro *La violencia política en la España del siglo XX* muestra cómo católicos, monárquicos, fascistas, anarquistas, carlistas, comunistas, nacionalistas, militares y patronos recurrieron a la violencia buscando transformar el mundo que les había tocado vivir. El terrorismo anarquista, en sus años de grandes atentados, ha sido estudiado por Rafael Núñez mientras que Colin Winston se ha ocupado de *La clase trabajadora y la derecha en España (1900-1936)* observando cómo el conflicto político y social degeneraba rápidamente en violencia.

Thomas Carlyle creía que la historia del mundo era la biografía de los grandes hombres. Creía también que la historia tomaba la forma de una Escritura Sagrada que los hombres debían descifrar y escribir, y en la que también los escribían. Acertadamente o no, muchos biografiados lo han sido porque ejercieron violencia en grado sumo. El sociólogo Michael Ignatieff, autor de *El honor del guerrero*, irónico, se pregunta: ¿por qué si esos guerreros luchan por un fin honroso y digno, el honor de la patria, ponen luego tan poco honor en la lucha?

¿Qué quieren los terroristas? ¿Qué hay en la cabeza de un kamikaze? ¿Asistimos al fin de la Historia? El filósofo Bernard-Henri Lévy responde a estas preguntas en *Reflexiones sobre la guerra, el mal y el fin de la Historia.* También Antonio Elorza se ha hecho muchas preguntas y las ha respondido en *Historia de ETA.*

CAPÍTULO 7

Entre el arado y la Constitución

> Para la libertad sangro, lucho, pervivo.
> Para la libertad, mis ojos y mis manos,
> como un árbol carnal, generoso y cautivo,
> doy a los cirujanos.
> Para la libertad siento más corazones
> que arenas en mi pecho: dan espuma mis venas,
> y entro en los hospitales, y entro en los algodones
> como en las azucenas.
> Porque donde unas cuencas vacías amanezcan
> ella pondrá dos piedras de futura mirada
> y hará que nuevos brazos y nuevas piernas crezcan
> en la carne talada.
> Retoñarán aladas de savia sin otoño
> reliquias de mi cuerpo que pierdo en cada herida.
> Porque soy como el árbol talado, que retoño:
> porque aún tengo la vida.
>
> MIGUEL HERNÁNDEZ

Para la libertad muero

Tal vez muchos años después, frente al pelotón de fusilamiento, el general José María Torrijos recordó aquella mañana remota en que los oficiales Daoiz y Velarde se encontraban sin municiones en el parque de artillería y él, lejos aún de la utopía y la derrota final, fue enviado a negociar con el general francés Gobert. Corría el mes de mayo de 1808. La ira del pueblo madrileño había hecho una pausa, pero el aire seguía turbio y amenazador, y las calles tomadas por los soldados franceses exhalaban un tufo a sangre. Todo, pueblo, bayoneta y calles, iba a estallar de nuevo y, con ello, el nombre de las cosas, todo un mundo de ministros ilustrados y jardines melancólicos. El Antiguo Régimen, decían los profetas liberales, limitaba con la ceniza. La utopía, repetían los héroes románticos, era la verdad del mañana. Las naciones, pregonaban los poetas, tenían vida propia y todo era cuestión de despertarles el ánima ante el tirano...

Despertad, raza de héroes; el momento
llegó ya de arrojarse a la victoria;
que vuestro nombre eclipse nuestro nombre,
que vuestra gloria humille nuestra gloria...

cantaba Manuel José Quintana queriendo llevar con su voz el oro de la libertad a los campos de España. «¿Paz, paz con los tiranos? Guerra eterna», decía Martínez de la Rosa convencido de que la guerra contra el invasor francés o traía el ocaso del absolutismo o no era guerra. «¡Patria!, no existe donde sólo hay opresos y opresores», escribía un jovencísimo duque de Rivas.

Tal vez muchos años después, mirando a los ojos de los hombres que habrían de matarle, el general Torrijos recordó que el sueño había empezado a desbaratarse en pedazos el mismo día en que debía haber culminado, el mismo día en que el ejército francés se retiraba de la península y Fernando VII regresaba a Madrid. Tal vez muchos años después, frente al pelotón de fusilamiento, el mar, tembloroso de espumas, le trajo al general el rumor de un barco alejándose de la tierra, la tarde remota en que Robert Boyd le dio las cinco mil libras que acababa de heredar y le pidió incorporarse a la insurrección, el recuerdo de otra luz y de otro final no atado a la bala, no borrado en la arena... La vida le había enseñado motivos para saber que ninguna derrota era la última y aún después de la reacción absolutista que siguió a la guerra contra Napoleón, aún después de la cárcel, la efímera bullanga del trágala, la indiferencia del pueblo ante la invasión francesa de 1823 o el exilio, había hallado siempre artificios de tocador para no hundirse en el duelo y la vejez. En Londres, encerrado en la utopía con los jóvenes románticos de Cambridge, había trazado el pronunciamiento con gran precisión, describiendo los accidentes del terreno, moviendo ejércitos como piezas de ajedrez, anticipándose a los propósitos menos pensados de los espías de Fernando VII. Cuando el 29 de julio de 1830 una embarcación le esperaba en los muelles del Támesis el plan estaba terminado hasta en sus últimos detalles, y era delirante y minucioso. En los documentos que llevaba el general consigo se precisaba hasta las medidas educativas que debían aplicarse una vez alcanzado el poder:

«Darán los generales una particular atención a las escuelas de primaria y segunda enseñanza, a los teatros, al púlpito y a todo espectáculo, reunión o sociedad en que se instruya o hable a la juventud, teniendo particular cuidado se le inspiren ideas de virtud, de gloria y de libertad...»

La llegada a Gibraltar y la salida rumbo a Málaga estarían precedidas por urgencias revolucionarias en los Pirineos y sonoros fracasos liberales. En 1831 Torrijos era el único general exiliado que se mantenía en la convicción de permanecer cerca de las costas españolas y llevar el brillo de los sables hasta sus últimas consecuencias. La idea de que la nación estaba dispuesta para un cambio la había llevado desde el puerto de Londres a Marsella y seguía con él en Gibraltar después de las frustradas expediciones de los Pirineos, ideadas sin demasiado entusiasmo por Espoz y Mina, la otra cabeza militar de la España peregrina. En 1831 Torrijos estaba dispuesto a seguir adelante con su empresa, sin atender a los avisos de los liberales de Málaga, reacios a la aventura, ni reparar en la tela de araña en que los espías absolutistas le estaban envolviendo.

El general siempre había tenido la muerte como un riesgo profesional sin remedio y hasta se movía con una serenidad tan insensata que sus oficiales y compañeros de aventura se conformaban con la expresión fácil de que las tierras españolas tenían sed de mañana. En una carta que escribió por aquellos días el general decía que si pensaba desembarcar en las costas de Málaga e iniciar el levantamiento con apenas un puñado de hombres no era por menosprecio a los absolutistas sino por lucidez. Las precauciones de la Junta de Málaga y la escasa decisión de muchos liberales del exilio lo exasperaban tanto que un día decidió con un golpe en la mesa que no soportaba más los consejos ni de los unos ni de los otros: «¡Tres o cuatro mil hombres!», escribía el 25 de julio de 1831. «¿No hay en España catorce millones de habitantes? ¿Por qué irlos a buscar afuera? ¿Habrá español que piense en auxilios extraños y los exija como elemento preciso? Yo, con los pocos valientes que me acompañen, he ofrecido y repito estar en el punto que se me indique y que nuestra presencia sea la señal del alzamiento... El miedo confunde el patriotismo... Falta energía y sobra voluntad. Todos se comprometen, todos se ofrecen, pero al llegar a obrar todos temen...»

Los mensajeros del interior no eran partidarios de que en aquel momento se hicieran sacrificios inútiles, pero Torrijos era inflexible. Hizo embarcar a sus compañeros en Gibraltar y llevó su *Manifiesto a la Nación* a Málaga, resolviendo defender el grito *¡Viva la libertad!* hasta la muerte. No tuvo que esperar mucho tiempo. Las tropas de Fernando VII, atentas a todos sus movimientos, le esperaban en la costa, listas para triturar sus proclamas altisonantes. Todo —planes, barcos, banderas, armas...— había sido una locura. Todo —documentos, soldados, barricadas, pueblo...— había sido un sueño, pero el general no emergió del hechizo hasta que fue demasiado tarde, hasta que en medio del tropel de botas, informes contradictorios, disparos atolondrados y órdenes sin sentido supo que sus ojos, fértiles de promesas, se habían secado.

Tal vez la mañana en que lo iban a matar, frente al pelotón de fusilamiento, comprendió que la rebelión había sido un empeño desesperado y que ya sólo le quedaba morir como habían muerto otros antes que él. Desde 1814 ser liberal y español se había convertido en conspirar, pelear, sufrir destierros y cárceles, y morir desengañado. Tal vez las órdenes del oficial, apunten, disparen, ¡fuego!, se llenaron de voces del pasado, de murmullos de ilusiones antiguas, de desengaños anteriores a las nostalgias más tenaces del destierro. Tal vez pensó en los liberales españoles que le habían precedido y cuyo recuerdo alucinado, como escribía el 12 de junio de 1831, le había arrastrado hasta allí. Tal vez pensó que nada había ocurrido en vano y que su promesa de espejos no sería arrasada por el viento ni desterrada de la memoria de los hombres. Tal vez en aquel instante lo apuntaron las bocas ahumadas de los fusiles y oyó la orden de fuego y recordó aquella mañana remota en que los oficiales Daoiz y Velarde se encontraban sin municiones en el parque de artillería y él, lejos aún de la utopía y de aquella playa de Málaga, fue enviado a negociar con el general francés Gobert... La quemazón de los disparos, abriéndose como navajas en el cuerpo, le devolvería al mundo, a la tierra, el sabor de la tierra sílaba a sílaba: apunten, disparen, ¡fuego!

Torrijos y sus compañeros habían arado en el mar. El mar, donde los surcos no hacen huella. Torrijos y sus compañeros habían arado en el pueblo, pero no en el pueblo real que vive de lo que labra, de los bienes que comercia y de la artesanía que tan bien conoce, sino en el ilusorio que vive de la política mundial y que en 1812 los constitucionalistas de Cádiz habían inventado siempre noble y siempre dispuesto a luchar y a desangrarse para la libertad. En 1831 de aquel pueblo imaginado sólo quedaba el rumor de unas olas, el silencio impaciente y amargo de unos cuantos soñadores frente a un pelotón de fusilamiento y la canción desolada del poeta Espronceda.

Helos aquí: junto a la mar bravía.
Cadáveres están, ¡ay! los que fueron
honra del libre, y con su muerte dieron
almas al cielo, a España nombradía.
Ansia de patria y libertad henchía
sus nobles pechos que jamás temieron,
y las costas de Málaga los vieron
cuando el sol de gloria en desdichado día.
Españoles, llorad; mas vuestro llanto
lágrimas de dolor y sangre sean,
sangre que ahogue a siervos y opresores,
y los viles tiranos con espanto
siempre delante amenazando vean
alzarse sus espectros vengadores.

El fantasma de Robespierre

«¿No hay en España catorce millones de habitantes? ¿Por qué irlos a buscar fuera?», escribía Torrijos días antes de caer fulminado ante el pelotón de fusilamiento... El general escribía preso de los propios mitos que él mismo y los liberales de Cádiz habían creado durante la guerra contra Napoleón. Tenía razón Ortega y Gasset cuando en el siglo XX decía que los problemas seculares de España no respondían únicamente al absentismo o a la soberbia de las clases conservadoras sino también a la curiosa miopía de los eternos progresistas, que hacían confundir la nación con la tertulia o con unas concentraciones de entusiastas. La misma idea la había apuntado el exiliado Blanco White después de haber abandonado Sevilla en 1810, cuando, desengañado y refugiado en la ciudad del Támesis, anotaba que la recompensa que merecía la resistencia frente a Napoleón la habían arruinado los españoles por su inclinación a evadirse de la realidad y refugiarse en la imaginación, por su manía de olvidar lo que se es y glorificar lo que se debería ser. En un artículo publicado en 1825 el ilustrado y poeta andaluz escribía:

España podría hallarse en este momento en posesión de una carta constitucional garantizada por Francia e Inglaterra que le hubiera concedido más libertad real que el más libre de sus antiguos reinos soñara jamás. Pero se proclamó una constitución cuyos autores y comparsas miran como infinitamente superior a todos los sistemas de gobierno nunca ideados por el hombre. Alterar un solo artículo de la misma equivalía a privarse automáticamente del arrobo mental con que contemplaban perfección tan suprema. Antes que soportar esta imaginaria mácula, prefirieron dejar el país en manos de un despotismo que ellos mismos habían azuzado hasta la demencia. Se deleitaron un día en los insultos que las Cortes vertieron sobre las testas coronadas que habían propuesto el cambio, se sintieron arrebatados de felicidad con los emocionantes períodos que tan intrépidamente inflamaron contra la Santa Alianza y llevaron la gloria de ese triunfo a los países del destierro, en justa compensación a las desgracias nacionales y propias...

Torrijos era uno de aquellos liberales exiliados de los que hablaba el poeta sevillano, uno de aquellos hombres de caminar sonámbulo y espíritu arrebatado que estaban determinados a sacrificar cualquier horizonte real en aras de su dignidad ideal. Lejos de querer descifrar el grito clerical y tradicionalista que había brotado de las hoces y los trabucos del populacho durante los años de guerra, los liberales de Cádiz convirtieron una rebelión popular contra el ejército francés en una insurrección nacional contra la tiranía. Hipnotizados por el fantasma de Robespierre, los portavoces del liberalismo español desenterraron los esqueletos de Sagunto y Numancia, vieron en los comuneros el más claro antecedente del dos de mayo y quisieron servirse de aquella invención para llevar la promesa de Cádiz y el sueño de la nación a todos los corazones.

Argüelles decía que la batalla de Bailén había redimido a los españoles de la derrota de Villalar. Manuel José Quintana, que ya había navegado por las crónicas del siglo XVI y compuesto su *Oda a Juan Padilla*, veía en aquel pasado que había dado «a la tierra el admirable ejemplo de la virtud con la opresión luchando» las preocupaciones que le rodeaban en plena guerra. La insurrección iniciada con los madrileños el 2 de mayo de 1808, como la de los comuneros en 1520, era la lucha del pueblo contra la monarquía, de la libertad contra el absolutismo. Quintana llegó a escribir que con la insurrección popular ante el tirano francés se había presentado la ocasión de enderezar el curso de la historia y recuperar las libertades perdidas siglos atrás ante el absolutismo de Carlos V. En los artículos que escribía por aquellos días decía que la guerra no se limitaba a arrojar a los franceses, como si sólo fuera Napoleón quien abrumara al pueblo español, sino que venía a tallar las reformas para asegurar las leyes de Cádiz y los derechos constitucionales. Flórez Estrada resumía la misma idea en una frase: antes de convocarse las Cortes, los españoles se hallaban sin Constitución, y, por consiguiente, sin libertad y sin patria... Libertad y patria fueron las palabras que llevó Torrijos a la costa de Málaga. Las mismas que Martínez de la Rosa fundía en unos versos que dedicaba al sitio de Zaragoza:

¿Paz, paz con los tiranos? Guerra eterna,
guerra a la usurpación; muramos todos
sin libertad, sin patria arrodillados.
Así gritó la muchedumbre: ¡guerra, guerra!

El pueblo, insistía el poeta y político liberal, no se había levantado contra Napoleón para defender los injustos fueros de un avaro señor, ni los palacios de un déspota orgulloso, sino para hacer honor al terrible y «sacro voto de alzarnos libres o morir con gloria».

Queriendo crear nación en medio de los disparos y los cañonazos que hacían temblar la tierra, los liberales de Cádiz identificaron patriotismo con defensa de la libertad y Constitución con dicha y prosperidad. Inventaron una nación y dieron a los españoles unas leyes redactadas de espaldas a la realidad. Cuando en 1814 el rey fulminó todas aquellas reformas sin que nadie saliera a las calles en su defensa siguieron atrapados en el mito, soñando en la clandestinidad gloriosos pronunciamientos con que destronar al tirano o llevándose su nostalgia al destierro. *No en vano tu memoria doquiera me seguía,* explicaba en 1831 Martínez de la Rosa:

No en vano tu memoria
doquiera me seguía;
turbaba mi placer, mi paz, mi gloria;
¡el corazón y el alma me oprimía!
... y triste suspiraba,
y al ensayar tal vez alegre canto,
doblábase mi pena,
mi voz ahogaba el reprimido llanto.

La nostalgia fue el eco asordado, empañado, de aquellos desterrados a los que Blanco White veía pasear tristes y utópicos por las avenidas de Londres. El duque de Rivas, preso en las calles londinenses de fúnebres espacios, se decía que sin libertad no había patria y se preguntaba si cuando no se tiene patria se pueden entonar sus himnos. Torrijos, necesitado de dinero, traducía al español las memorias de Napoleón y los recuerdos del general Miller, un militar inglés que había dejado su tierra para luchar por la libertad de América del Sur sin conocer siquiera el idioma. Los pasos de aquel general inglés por América dejarían sus surcos en el liberal español, quien en 1829 relacionaba la lucha de los criollos americanos con la lucha contra el absolutismo y escribía: «Si el absolutismo en España es el que se opone a la felicidad completa y tranquila de la América y a la prosperidad y dicha de los españoles, ¿por qué no se unen para destruir ese edificio ensangrentado con tantas víctimas, y tan impropio de las luces de la edad presente?» Torrijos seguía aspirando en 1829 a que sus palabras, las que llevaba al papel o a las intrigas políticas, continuasen vivas —de pena, de fe, de esperanzas— porque él las había sentido vivas antes y Espronceda, ese mismo año, lloraba en verso la misma pena que ahogaba el pulso de Martínez de la Rosa o el duque de Rivas: el pasado perdido.

Yo, desterrado de la patria mía,
de una patria que adoro,
perdida miro su primer valía
y sus desgracias lloro.
Hijos espúreos y el fatal tirano
sus hijos han perdido,
y en campo de dolor su fértil llano
tienen ¡ay! convertido.

Que la nobleza y los sentimientos de aquellos hombres eran auténticos, que el tiempo, pese a los retrocesos, corría hacia el constitucionalismo y el fin del Antiguo Régimen, no cabe duda. Que la guerra de la Independencia fue lo que ellos dijeron y terminó cuajando con el tiempo es ya otra historia. Una cosa es lo que escribían los constitucionalistas desde Cádiz y otra lo que pensaban las gentes que brotaban de las sombras y degollaban franceses. Lo cierto es que la insurrección popular no estuvo animada ni por el amor a la libertad ni por el afán revolucionario de la plebe patriótica sino por la nobleza y, sobre todo, por el clero. Fue la Iglesia, y no los liberales sitiados en Cádiz, quien dio un enemigo al pueblo, lanzado a acuchillar franceses porque creía que así se defendía la monarquía católica de la impiedad revolucionaria. Por mucho que Argüelles o Quintana llamaran al pueblo a luchar por las viejas virtudes de los comuneros, por mucho que Torrijos imaginara un pueblo dichoso con su Constitución y sus soflamas patrióticas, el grito liberal tuvo mucho menos eco que el de las arengas del clero en defensa de la monarquía y la religión tradicionales.

En el Madrid del dos de mayo la muchedumbre enfurecida no gritaba «¡viva España!» ni «¡viva la Libertad!» sino «¡viva Fernando!» y «¡mueran los franceses!». El huracán de sangre que barrió las calles de la capital no sólo llenó de estupor la mirada de las élites y los ilustrados españoles, alineados la mayoría con José Bonaparte, sino también la de aquellos que habrían de reunirse en las Cortes de Cádiz. En 1810 Jovellanos escribía a lord Holland diciendo que el pueblo se sentía ante la guerra sin espíritu de patria y tiempo después Argüelles tendría que reconocer que los españoles exhibían más odio personal a los franceses que entusiasmo por la causa. El *Dos de Mayo* de Goya, con su muerte furiosa latiendo en los puñales, es un claro reflejo de ese odio feroz contra el francés, de la misma manera que los recuerdos de Blanco White abriéndose camino por las tierras ensangrentadas de España dejan en el papel un eco de turbas fanáticas guiadas por el clero y la nobleza, de turbas que parecen gritar. «¡Viva las cadenas!»

«Nunca», escribía el ilustrado sevillano, «nunca he sentido orgullo de ser español, pues, por serlo, me hallaba mentalmente envilecido, condenado a inclinarme ante el más mísero sacerdote o laico, que podían enviarme en cualquier momento a las cárceles del Santo Oficio. Durante muchos años presentí que una sentencia de destierro de tal país, lejos de ser para mí un castigo, sería una bendición. Pero había algo en mi pecho que me habría impulsado a sacrificarme gustosamente por el pueblo entre el que crecí hasta que me hice hombre, si hubiera habido un poder capaz de librarme del peso aplastante del sacerdocio; y, no obstante, con toda su carga encima, tuve bastante patriotismo para, en vez de permanecer con el bando francés sostenido por los ejércitos hasta entonces invictos de Napoleón, abrirme camino, a través de fatigas y peligros, hasta la sede misma del fanatismo, Sevilla, en donde me vi obligado a reanudar mi aborrecido y largo tiempo descuidado oficio de hierofante ante una multitud ciega, ignorante e ilusa. ¿Quién, entonces, era el verdadero patriota?; ¿quien, como yo, siguió a la mayoría de sus paisanos contra su propia convicción, porque no quería verlos forzados a aceptar lo que juzgaba bueno para ellos, o quienes, agregándose a sus filas, siguieron el mero impulso de sus sentimientos, por no decir el de sus ambiciones y deseos personales? Si se hubiera afianzado el gobierno de José Bonaparte, mi patria habría dejado de ser para mí un lugar de servidumbre mental; con todo, desde el instante en que oí que mi propia provincia se había alzado en armas, abracé mis cadenas y volví sin demora al lugar en donde sabía que me desollarían más: a Sevilla, en aquel momento bajo el dominio absoluto de una plebe supersticiosa e ignorante, guiada por esa porción del clero que era para mí objeto de un desprecio y horror igualmente grandes; regresé, sí, con constante peligro de mi vida, a través de provincias convulsionadas por una anarquía feroz y sanguinaria... pero me sentí asqueado de la vida cuando vi el panorama que ofrecía Sevilla.»

Agitadores de Casino

La guerra de la Independencia, como revelan el testimonio de Blanco White y otros muchos de la época, no fue una guerra hecha al grito «¡Constitución o muerte!». En 1808 el pueblo llano ni soñaba con una nación ni se lanzó ferozmente al degüello del francés en busca de la soberanía nacional. En 1808 el pueblo llano, cuya rebelión no fue más allá de los primeros meses, se levantó contra el ejército francés inflamado por la retórica del clero, en defensa del rey y la religión. Lejos de ser creación popular, barro multitudinario, las reformas liberales fueron obra de una minoría que, aislada en Cádiz, legisló un futuro a su gusto, transformando lo que en principio parecía una reunión estamental a la vieja usanza en una asamblea revolucionaria.

No hubo representación alguna del pueblo, ni un solo campesino tuvo asiento en la asamblea de Cádiz, ciudad bulliciosa y mercantil, laberinto de agitadores liberales y mercaderes extranjeros, cruce de imprenta y utopía. Las Cortes, privadas de las clases populares y con escasa presencia de la nobleza y el clero absolutistas, se nutrieron de funcionarios, clérigos e intelectuales deslumbrados por el mito de la Revolución francesa. Como en el siglo XVIII, como los ilustrados que colaboraban con Bonaparte, los padres de la Constitución de 1812 pretendían abrir camino a la reforma desde arriba, sin esperar el concurso de la gran población ignorante. Les faltaba a los constitucionalistas pueblo y les sobraban enemigos, pero la rica burguesía gaditana, contagiada del pensamiento europeo, se encargó de legitimar sus acciones con la mejor arma que tenía: la prensa y la opinión pública, falacia que a lo largo de la centuria servirá para justificar las acciones de los gobiernos, las ambiciones de los partidos políticos y el delirio populachero de los agitadores de café.

Crear opinión pública fue el motivo que llevó a Manuel José Quintana a fundar el *Semanario Patriótico* en plena guerra de la Independencia. Si después de tres siglos de tiranía había quedado rota la nave del Estado, diría el poeta en 1809, tras «las fatigas heroicas» de la guerra sólo las Cortes podían forjar la felicidad nacional mediante una buena Constitución. Crear opinión pública fue el objetivo de los liberales que llegaron al poder tras la estela de Riego y promovieron los primeros periódicos en defensa del orden constitucional. Únicamente en Madrid, entre 1820 y 1823, vieron la luz ciento veinte periódicos de enorme agresividad y vida efímera. Crear opinión pública fue también el sueño del moderado Andrés Borrego, fundador en 1835 de *El*

Español, primera gran empresa periodística con un capital de cuatro millones de reales, como lo fue de progresistas, demócratas y republicanos, quienes condenados a la oposición intentarían hacer pueblo llevando las discordias parlamentarias a los cafés, los casinos y las calles por medio del diario, el semanario o el panfleto.

El mito de la opinión pública entró en España a través de Cádiz. Según lo mucho que se hablaba de ella, según el papelón que hacía en el mundo, según los epítetos que se la prodigaban y las consideraciones que se la guardaban, la opinión pública debía ser en aquella época alguien muy ilustrado y muy viajado, no una palabra hueca de sentido, no una invención, sino un ente real y efectivo. Larra no dejaría de ironizar acerca de ello, sobre todo teniendo en cuenta el alto grado de analfabetismo de la población, que en 1860 todavía afectaría al 85 % de los adultos masculinos. Cansado de buscar al público y no encontrarlo, el articulista madrileño ironizaba en 1832 sobre aquella nueva voz *ilustrada, imparcial y respetable* que todos traían en la boca para apoyar sus opiniones, comodín de todos los partidos, de todos los pareceres:

¿Será el público el que en las épocas tumultuosas quema, asesina y arrastra, o el que en tiempos pacíficos sufre y adula? Y esa opinión pública tan respetable, hija suya sin duda, ¿será acaso la misma que tantas veces suele estar en contradicción hasta con las leyes y con la justicia? ¿Será la que condene a vilipendio eterno al hombre juicioso que rehúsa salir al campo a verter su sangre por el capricho o la imprudencia de otro, que acaso vale menos que él? ¿Será la que acata y ensalza al que roba mucho con los nombres de señor o de héroe, y sanciona la muerte infamante del que roba poco? ¿Será la que fija el crimen en la cantidad, la que pone el honor del hombre en el temperamento de su consorte, y la razón en la punta incierta de un hierro afilado?

La prensa y las imprentas serían en el siglo XIX más que un cuarto poder. Por medio del artículo los liberales de aquella España atravesada de curas trabucaires, pronunciamientos militares y constituciones en precario intentaron orientar la opinión, pero por mucho que se emocionaran con la nación en marcha, por mucho que recordaran el noble sacrificio del pueblo, lo cierto es que su discurso no halló eco más allá de los medios militares, la intelectualidad de las ciudades, y las reducidas capas populares sobre las que estos dos grupos tenían influencia directa. Con ello conseguirían agitar las ciudades en los momentos de crisis y derrocar gobiernos, pero no asentar un régimen liberal estable.

Lo había advertido Blanco White hacia 1812: «El pueblo no puede creer en soberanías en las que tiene tan poca parte y de que tan poco bien le resulta». El ilustrado sevillano acertaba de nuevo y prueba de ello es que en 1814 Fernando VII liquidara la obra de Cádiz sin problemas, que en 1823, tan sólo quince años después del levantamiento contra Napoleón, el ejército de Angulema no tropezara con ninguna resistencia popular cuando entró en España para restablecer los poderes absolutos del rey, que en 1833 y 1873 los campesinos tomaran el camino del trabuco para incorporarse a las filas del ejército carlista, y que la mayoría de las movilizaciones populares del siglo XIX surgieran contra cargas derivadas de la utopía liberal: protestas contra la centralización, creación de nuevos impuestos, subordinación del campo a la ciudad, liberalización de los mercados...

Las furias urbanas que después del ascenso de la reina niña al trono siguieron a la conspiración progresista en 1835, 1840, 1848 o 1854 tampoco saldrían a las calles al grito «¡sufragio universal o muerte!». Tras la bullanga callejera de aquellos años no resonaría el deseo de hacer realidad el programa liberal de Mendizábal, el librecambio de Espartero o la desamortización de Madoz sino la ira contra los curas y frailes, a los que se acusaba de envenenar las fuentes públicas e instigar a los carlistas, la protesta contra los consumos o las quintas y el descontento por la exclusión de los cargos municipales. Lo cierto es que el pueblo llano no sentía demasiada simpatía por los ideales de unos revolucionarios que no llevaban su futuro más allá de una desamortización que desposeía de modo acelerado al campesino y le forzaba a marchar a la ciudad, de un sufragio censitario que limitaba los derechos políticos a una exigua minoría o uno universal que no podía ser sincero dado el carácter rural y analfabeto de la mayor parte del país.

El pueblo liberal, el pueblo progresista y, luego, el republicano fue más bien escaso, objetivamente débil, de ahí que los conspiradores progresistas fiaran su suerte a los generales —Espartero, Prim...— y al pronunciamiento y de ahí que muchos republicanos, tras el desengaño del 73, reclamaran el auxilio de los militares. Lo haría Ruiz Zorrilla entre 1877 y 1886. Lo harían tras el desastre del 98 Blasco Ibáñez y Lerroux, que mirarían con simpatía los movimientos de Weyler. Lo haría Salmerón en 1902, quien seguía poniendo su confianza en los militares después del éxito de Lerroux y Blasco Ibáñez en los barrios populares de Barcelona y Valencia. Lo harían en 1917 varios republicanos al trabar relaciones con los oficiales juntistas, de la misma manera que en 1925 Blasco Ibáñez pediría a los militares que derrumbaran la dictadura y cinco años mas tarde el comité revolucionario de San Sebastián prepararía una conspiración militar para abrir las puertas a la República. Todo ello —pronunciamientos, reclamo de espadones, conspiraciones militares— no impidió que progresistas, demócratas y republicanos siguieran hablando de la nobleza de las clases populares ni que dejaran de soñar con el pueblo alzado, controlando las calles y vaciando las instituciones conservadoras. Las obras fracasadas, los planes ilusorios, la sed de futuro, les había hurtado la realidad: que aquel pueblo heroico de la barricada era sólo una invención.

Nunca medraron los bueyes

El pueblo revolucionario fue una de las grandes invenciones del siglo XIX y XX. El pueblo, según los agitadores que habitan los cafés y las redacciones de la España isabelina, tenía que ser liberal, progresista y republicano a la fuerza, en él residía la verdadera raíz moral de la nación y en ocasiones extremas era él y no las elites el salvador de la patria. Lo había demostrado en 1808 y lo demostraría cuando fuera necesario, cuando el general Espartero dijera aquello de hágase la voluntad nacional, cuando los promotores de rebeldías levantaran el grito de la República federal tras la caída de Isabel II o cuando mucho tiempo después los socialistas y anarquistas del siglo XX hicieran correr su escalofrío de utopías por los campos y ciudades de España.

¡Oh! ¡Es el pueblo! ¡Es el pueblo! Cual las olas
del hondo mar alborotado brama.
Las esplendentes glorias españolas,
su antigua prez, su independencia aclama...

escribía el poeta Espronceda hacia 1830 con el recuerdo del dos de mayo alterándole el pulso. Un siglo después su verso resonaba en la mano del poeta Antonio Machado, quien en medio de otras miradas de muerte cantaba:

¡Madrid, Madrid! ¡Qué bien tu nombre suena,
rompeolas de todas las Españas!
La tierra se desgarra, el cielo truena,
tú sonríes con plomo en las entrañas...

Según los poetas, los intelectuales progresistas y los agitadores políticos, la parte noble de la nación debía estar en la parte pobre... Lo noble de España estaba en sus hombres y mujeres: los que cultivaban sus campos y construían sus caminos, los que hablaban su claro idioma y conservaban en su estilo la más fina tradición de sus siglos, los que repetían e inventaban sus canciones, los que llevaban grabada en su imaginación el canon de la viva cultura —las proporciones de las casas, la forma de los cántaros, la medida de los sentires—, los que bailaban sus danzas en días de alegría y hacían guerra casera, guerra nación, a los tiranos de fuera y de dentro en días de opresión. El pueblo llano, «la gente a quien los grandes en su fanático orgullo llaman baja», «el común de los ciudadanos que, sin gozar de las particulares distinciones, rentas ni empleos, vive de sus oficios», había roto las cadenas del tirano en 1808, soñado con una República y un Estado federal en 1873 y salido a las calles en 1936 para defender la esperanza republicana.

«Nunca podrán imaginar los númenes de Salamanca», escribía María Zambrano desde el Madrid sitiado de 1938, «la terrible traición que hacen a lo que de mejor, de más original tiene España». El pueblo era la materialidad sagrada de la tierra, la realidad material de los caminos: los campos, las calles, las voces, el taller, los trajinantes... El pueblo todo, como trigo cuajado, resplandecía en las novelas de Cervantes y latía en los versos del romancero y estaba en el hombre anónimo que defendía la libertad a manos llenas, el hombre común que sangraba de gritos y utopías, de pólvora y milicia, en las novelas de Galdós, como aquel menestral que en un momento de furor santo se transformaba en héroe de la Libertad:

Don Benigno no había matado nunca a un mosquito; don Benigno no era intrépido, ni siquiera valiente, en la acepción que se da vulgarmente a estas palabras. Mas era un hombre de honradez pura, esclavo de su dignidad, ferviente devoto del deber hasta el martirio callado y frío; poseía convicciones profundas; creía en la libertad y en su triunfo y excelencias como en Dios y sus atributos... Era un alma fervorosa dentro de un cuerpo cobarde, pero valiente. Cuando vio que los suyos vacilaban indecisos, cuando vio el fulgor del sable y oyó el terrible grito del brigadier guerrero, su alma pasó velozmente, y en el breve espacio de unos segundos, de sensación a sensación, de terribles angustias a fogosos enardecimientos. Ante sus ojos cruzó una visión, y ¡qué visión, Dios poderoso! Pasó la tienda, aquel encantador templo de la subida de Santa Cruz, pasó la anaquelería, llena de encajes blancos y negros en elegantes cajas.

Pero aquel hombre pequeño estaba decidido a ser grande por la fuerza de la fe y de sus convicciones; borró de su mente la pérfida imagen doméstica que le desvanecía y no pensó más que en su puesto, en su deber, en su grado, en la individualidad militar y política que estaba metida dentro del don Benigno Cordero de la subida de Santa Cruz. Entonces el hombre pequeño se transfiguró. Una idea, un arranque de la voluntad, una firme aplicación del sentido moral bastaron para hacer del cordero un león, del honrado y pacífico comerciante un Leónidas de Esparta. Si hoy hubiera leyenda, si hoy tuviésemos escultura y don Benigno se pareciese a una estatua, ¡qué admirable figura la suya elevada sobre un pedestal en que se leyese: Cordero en el paso de Boteros*!*

La leyenda y la estatua se la pondría a don Benigno *vulgo* un poeta del siglo XX, Miguel Hernández, que en 1937 escribía:

No soy de un pueblo de bueyes,
que soy de un pueblo que embargan
yacimiento de leones,
desfiladeros de águilas
y cordilleras de toros
con el orgullo en el asta.
Nunca medraron los bueyes
en los páramos de España.

El pueblo, siempre vivo y siempre noble en los Episodios Nacionales de Galdós, llegó al siglo XX hasta el verso de los hermanos Machado, Lorca, Miguel Hernández o Alberti, poetas que precederían a Gabriel Celaya en su canto a Sancho *vulgo*:

Sancho vulgo, Sancho ibero,
porque tú existes, existen aún mi patria y mi esperanza.
porque hay patria y esperanza vas a existir tú de veras
con menos sueño y más tierra...

En 1936, llevado por el populismo que había llenado la literatura española con el cambio de siglo, Antonio Machado escribía que ser pueblo era la forma más humana de ser hombre, pero con ello y con decir que en la resistencia de los madrileños latía lo más noble y digno del alma española no venía sino a seguir la tradición que los poetas liberales, primero, y los políticos republicanos, después, habían hecho cuajar a lo largo del siglo XIX. Lejos de Quintana y el duque de Rivas pensar que las elites ilustradas, despavoridas ante la plebe arrebatada y fieles a Bonaparte, no fueran honorables: lo que querían decir es que no eran heroicas ni sentían la nación con pulso. Lejos de Pi i Margall y Valentí Almirall concluir que el duque, el general, el cura, el funcionario o el terrateniente no fueran patria: lo que querían decir es que pertenecían a una «clase parasitaria», lo que querían decir es que todos los problemas venían de su monopolio del poder, de que el 3 % de la población dominara al 97 % restante a través de la burocracia y el Estado. Los primeros luchaban por las libertades burguesas, no por la elevación de las clases populares, pero no tuvieron más remedio que difundir el mito del pueblo heroico viviendo y heroico luchando porque de él se derivaba la consecuencia política que les convenía: su derecho a fundar un Estado liberal y a tomar las riendas del poder. Los segundos porque pensaban que la regeneración de España debía pasar necesariamente por la revolución democrática, la República, y la emancipación del pueblo. En España habían tenido lugar guerras, pronunciamientos, motines, desamortizaciones, pero en ningún caso la revolución que transfiriera por la fuerza el poder del Estado a aquellos que poseían los méritos objetivos para gobernar, barriera los restos del universo feudal y liquidara los mecanismos de exclusión política. «Entre la revolución y el pronunciamiento», diría Álvaro de Albornoz ya en el siglo XX, «hay la misma diferencia que entre la Marsellesa y el trágala de Riego».

Los republicanos españoles hicieron en 1868 lo mismo que en 1831 habían hecho Torrijos y otros liberales impacientes: arar en el mar. El pueblo que poblaba sus artículos no era más que una ilusión que silenciaba al pueblo real, en su mayoría campesino y analfabeto, que vivía en las labranzas y latifundios de los terratenientes o trabajaba sus humildes tierras siempre con miedo a la sequía o a la mala cosecha. Ya en 1915 Ortega escribía que el pueblo era una idealización poética de la realidad. «La realidad del pueblo es el campesino, el obrero, el trabajador.» Miguel Hernández lo supo describir con hondura en uno de sus poemas más humanamente fieros, *El niño yuntero*:

Empieza a sentir, y siente
la vida como una guerra,
y a dar fatigosamente
en los huesos de la tierra.
Contar sus años no sabe,
y ya sabe que el sudor
es una corona grave
de sal para el labrador.
Trabaja, y mientras trabaja
masculinamente serio,
se unge de lluvia y se alhaja
de carne de cementerio.
A fuerza de golpes, fuerte,
y a fuerza de sol, bruñido,
con una ambición de muerte
despedaza un pan reñido.

El gran error de los republicanos españoles del siglo XIX fue pensar que el pueblo se interesaba tanto por la política nacional como ellos, pero el pueblo no vivía de la política nacional ni de nada que se le pareciera, y en eso se diferenciaba de los catedráticos y agitadores republicanos que en 1868 soñarían un sueño que no llegó a ser. Hubiera República o Monarquía se daban en la vida del campesino buenas y malas cosechas, fruta sana o podrida, ganado fértil o enfermizo, pasto abundante o escaso, lluvia a tiempo o a destiempo, sol que fecundaba o que no causaba más que sequía y desgracia. Hubiera soberanía nacional o no, sufragio universal o censitario, separación Iglesia-Estado, Estado federal o centralización administrativa, para las abigarradas clases populares de la ciudad, para el artesano y el obrero de oficio, la República quería decir instauración de un mundo más humano y igualitario y eliminación de aquellas leyes discriminatorias contra las que se habían amotinado una y otra vez: impuesto de consumos, quintas y exclusión de los cargos municipales. La confianza en el pueblo por parte de los prohombres republicanos sería el origen de muchas de las decepciones que vendrían luego. La anécdota referente a la conversación mantenida entre Francisco Giner de los Ríos y Joaquín Costa durante los años de la Restauración no deja de ser reflejo del desengaño sufrido por toda una generación, la de 1868.

—*Aquí se necesita un hombre, don Francisco* —dice Costa.
—*Aquí, Costa, se necesita un pueblo —replica Giner.*

Tardaría aún años en decantarse esa disyuntiva, y lo haría, por desgracia, de la parte del dictador. Antes los republicanos tendrían tiempo de ver cómo la utopía se les deshacía entre las manos. Cómo se desvanecía el sueño...

La República quemada

En 1891, a propósito de los pronunciamientos inspirados desde el exilio por Ruiz Zorrilla, Pi i Margall recordaba:

La historia de nuestra revolución está llena de parecidos acontecimientos, provocados contra la voluntad de los jefes, por hombres que obedecen más a los impulsos del corazón que a los consejos de la inteligencia y están dispuestos a sacrificarse por la causa que defienden.

Castelar, en pleno naufragio de ilusiones, lo había dicho ya en 1874: la utopía federal había sido quemada por la impaciencia de los intransigentes en el cantón de Cartagena. El hombre del Sinaí, como se le conoció tras su defensa de la libertad religiosa en los torneos oratorios del 69, tenía razón. La República se había derrumbado el mismo día en que comenzaba a cobrar realidad. Tampoco había sido una aspiración mayoritaria pero, a los ojos de los hombres que habían hecho la revolución y habían traído a Amadeo de Saboya por deseo de Prim, la República aparecía como la única fórmula que aún no se había ensayado para fijar los principios de 1868. No querían el regreso de los Borbones. Mucho menos el del pretendiente carlista o mendigar otro candidato por Europa. El día siguiente a la abdicación de Amadeo de Saboya, Congreso y Senado reunidos votaron la República. Todo ocurrió en dos o tres días: unos políticos redactaron en nombre de don Amadeo su escrito de abdicación, que fue contestado en nombre de las Cortes por Castelar. La República se proclamaba el día 11 de febrero de 1873, y en la madrugada del día 12 salía la familia saboyana de palacio y, en tren, de la estación del Mediodía, camino de Lisboa.

Es sabido que en la España del siglo XIX los gobiernos liberales y progresistas son cosa de trienios, de bienios y, a todo tirar, de sexenios. La utopía republicana ni siquiera duró un año. El sueño fue breve y agitado. Se discutió una Constitución, pero antes de que viera la luz el país se desgarró con el movimiento cantonalista y los conflictos sociales. Se sucedieron cuatro presidentes: dos catalanes, Figueras y Pi i Margall, y dos andaluces, Salmerón y Castelar. Los prohombres republicanos eran catedráticos e intelectuales de buena voluntad, dotados de una ética laica de raíz krausista, pero les faltó pragmatismo y unidad ante los enemigos comunes y les sobraron problemas: una guerra carlista, la insurrección cubana, agitaciones campesinas, el localismo irracional de los intransigentes, un conato de revolución social en el arco litoral mediterráneo, desde Cataluña hasta Andalucía, y las intrigas de la burguesía conservadora. El refresco intelectual, no sin fundamentos utópicos, que llevaron a las Cortes —su humanismo, su aspiración a una sociedad más justa, su deseo de que los derechos políticos no pertenecieran restrictivamente a una minoría definida por su riqueza o su profesión, sino que pasaran a ser patrimonio de cada hombre, todavía no de cada mujer, su interés por una educación popular, su resuelto compromiso con la causa de la abolición de la esclavitud en las colonias, su proclamación de la libertad religiosa...— quedaría enterrado por la patulea cantonalista que los intransigentes llevaron a las provincias y la furia popular, trágica de rencores, milagrera y alucinante, que se infantilizó con presagios igualitarios en las horas de máxima turbulencia.

Hubo más de inquietud, desasosiego, confusión mental, y anarquía política que de gobierno. Hubo más de aliento ético, justiciero y popular que de eficacia. Hubo más de quimera que de realismo. Los dirigentes republicanos nunca tuvieron un proyecto claro, ni un programa de gobierno consistente, ni apoyos parlamentarios sólidos. Cinco tipos de República —la unitaria, la federal, la social, la cantonal, la de orden— una Constitución nonata, una guerra colonial, dos guerras civiles y una danza macabra de algaradas y cantones fue demasiado para llenar once meses, sobre todo si se venía de la agitada revolución de septiembre de 1868, del brevísimo reinado de Amadeo, o, retrayendo la mirada aún más, de los últimos años isabelinos, con su albur de espadas, su férreo conservadurismo, su alboroto estudiantil y sus pronunciamientos progresistas.

Los hombres responsables no pudieron más. Castelar diría que todo aquel caos era un retroceso a los tiempos de zegríes y abencerrajes, de agromonteses y beamonteses. Figueras tomaría el camino de Francia al ver fracasado su proyecto de República unitaria. Valera había renunciado a la esperanza desde los días de llamas de 1868. Galdós, por aquellas fechas un joven escritor que se estrenaba en la prensa política, conservó el optimismo hasta el asesinato de Prim y la abdicación de Amadeo. «Triste, menguada e irrisoria república», diría después sordo de tristezas, y se retiraría a su cuarto a escribir la primera serie de los Episodios Nacionales... se refugiaría en la literatura, hambriento de éxito y «cansado de la violencia y las insensateces de muchos, y la escasa fuerza y poder de quienes no podían contenerlos y encauzarlos». Tiempo después, ya en la Restauración, al llevar aquella época a su obra, Galdós escribiría:

¡Oh España!, ¿qué haces, qué piensas, qué imaginas? Tejes y destejes tu existencia. Tu destino es correr tropezando y vivir muriendo...

Galdós no aceptaría la identificación simplista entre régimen republicano y anarquía, pero sí retendría su fracaso histórico en el papel y subrayaría el desorden, la crisis de autoridad, el mal entendido idealismo y la ineptitud de los cuadros políticos y administrativos. La República de 1873 había sido, según el gran novelista canario, el relato de fatigas, desazones y horribles discordias que afligieron a nuestra patria, tan animosa como incauta, y por fin, del traqueteo nervioso y epiléptico que la precipitó a su desdichada caída.

Galdós no se equivocaba al hablar de fatiga y desazón. En 1874, antes de que el general Pavía irrumpiera en las Cortes, el desengaño se había hecho unánime. La Primera República dejó en los republicanos división y desaliento, en la burguesía temor al radicalismo obrero y desapego a una época de confusión y anarquía, en el clero la herida abierta de la libertad religiosa y la ceniza amarga de los conventos incendiados, y en las clases populares una sensación de nostalgia, frustración e incluso de traición de ideales soñados. Todo ello explica el clima que hizo posible, deseada y estable la Restauración.

La leyenda gris

Hacia 1876 un periodista de provincias escribía: «La política duerme; ya no necesitamos preguntar cuándo nos levantamos, ¿dónde fue ayer el motín?, ni al acostarnos nos preocupará esta idea, ¿cuál será el conflicto de mañana?» La frase de aquel plumillla describía con acierto el cansancio que se había apoderado de los españoles al caer la Primera República. Tras seis años de sobresalto continuo el pueblo estaba dispuesto a convivir en concordia y cordura, aunque fuese a costa de limitaciones, renuncias, poda de ambiciones o inclinación a la mediocridad. Si el Sexenio se había consumido pronto en su propia hoguera, la Restauración se dejaría mecer lentamente por el tedio y la apatía. Por fin, se dijo, la burguesía conservadora y provinciana había logrado crear un régimen a su imagen y semejanza. Llegaban, en voz de Azaña, los años inútiles, los años huecos, las ilusiones perdidas.

Las críticas a la Restauración han sido abundantes, y en ellas dejaron su sello muchos de los mejores espíritus de aquella España de fin de siglo. Con el impacto emocional del Desastre, y de la mano de los intelectuales, primero, y de la corte literaria de Franco, después, la Restauración brotaría a la historia como una época de marasmo, una época ridícula, primitiva, medio corrupta medio africana, medio náufraga medio sonámbula.

Costa hablaría en 1901 del régimen liberal como de una necrocracia: los oligarcas y los caciques eran los muertos que gobernaban la fantasmagoría de la nación. Los españoles, vivos en apariencia, no eran más que cadáveres insepultos como los soldados de Cuba, seres a medio camino entre la podredumbre y el espectro. Tal era, decía el pensador aragonés, el resultado del esfuerzo de implantar las libertades políticas en el que se habían embarcado los españoles de comienzos del XIX. La España de la Restauración era para Costa un país de cadáveres, y éstos a su vez el fruto de un siglo de liberalismo. «Restauración = oligarcas, caciques rurales y gobernadores civiles.» Leopoldo Alas «Clarín» llevaría su desencanto a la novela y definiría al cacique rural como un Cánovas en pequeño. Los regeneracionistas siguieron esa línea y redundaron en la farsa electoral y en el feudalismo de nuevo cuño que se había apoderado de España: sus ataques se dirigían a los políticos porque eran «vividores contribuidos que cobraban y no trabajaban», porque eran «caciques», «aventureros que no representaban ideas sino intereses particulares», «mercaderes que se apoderaban del presupuesto y lo disfrutaban al servicio de sus amigos». Los del 98 incidirían también en esa brecha y en la apatía de los españoles y excitarían a la rebeldía e incluso echarían de menos la guerra, la lucha entre hermanos, entendida como signo de vitalidad. Pío Baroja llegaría a hacer elogio de las guerras civiles que habían atravesado el siglo XIX. Ortega, tiempo después, hablaría de colapso, de detención de la vida nacional:

¿Qué es la Restauración? Según Cánovas la continuación de la historia de España. ¡Mal año para la historia de España si legíti-

mamente valiera la Restauración como su secuencia! Afortunadamente, es todo lo contrario. La Restauración significa la detención de la vida nacional. No había habido en los españoles durante los primeros cincuenta años del siglo XIX complejidad, reflexión, plenitud de intelecto, pero había habido coraje, esfuerzo, dinamismo. Si se quemaran los libros y los discursos compuestos en ese medio siglo y fueran sustituidos por las biografías de sus autores, saldríamos ganando ciento por uno... En el año 1854, seguía Ortega «que es donde en lo soterraño se inicia la Restauración, comienzan a apagarse sobre este haz triste de España los esplendores de aquel incendio de energías; los dinamismos van viniendo luego a tierra como los proyectiles que han cumplido su parábola; la vida española se repliega sobre sí misma, se hace hueco de sí misma. Este vivir el hueco de la propia vida fue la Restauración.

Vivir el hueco de la propia vida, según Ortega. Los años bobos, desperdiciados, perdidos, en voz de Azaña... Que la Restauración trajo el final de los espasmos anteriores, de la pasión, la irracionalidad y el prosaísmo, que su artificio institucional se sostenía en el cacique, el político sin inspiración y la abulia ciudadana, que sus gobiernos no resolvieron los problemas reales de España, que la Restauración supuso un reflujo de viejas modas —volvieron las recepciones en el palacio de Oriente, volvieron también las fiestas mundanas en los viejos palacios de la aristocracia, se restablecieron las órdenes religiosas a pesar de las limitaciones que imponía el Concordato, e incluso, a fines de siglo hallarían refugio en España los religiosos expulsados de la Francia republicana...— no tiene discusión. Que la obra de Cánovas del Castillo se limitara a eso, que sólo fuera un marasmo o una sucesión de años perdidos, es ya otra cosa.

En 1898 el pesimismo fatalista que trajo la pérdida de las últimas colonias lo revistió todo de naufragio, enterrando aquello que de positivo había tenido y tenía la obra de Cánovas del Castillo y Sagasta. La Restauración dejó muchos problemas sin resolver y enconó otros, pero también liquidó un tiempo de permanente guerra civil, sustituyendo el fusil por la palabra. Hubo, por fin, convivencia pacífica entre españoles. Tras más de setenta años de bayonetas y espadones, el civilismo se impuso al militarismo. Hubo también un despertar de la economía y un aumento en el nivel de vida. Hubo una aproximación a los ritmos modernos de crecimiento de la Europa occidental y un estirón demográfico que se agiganta si se recuerda la intensa corriente migratoria en dirección a América. Hubo industrialización y crecimiento urbano. Llegado el siglo XX Madrid, Barcelona, Valencia, Sevilla, Málaga, Murcia, Zaragoza y Bilbao superaban los cien mil habitantes.

Hubo también en aquellos años un resurgimiento de las letras, las artes y la ciencia, cuyo camino ascendente desembocaría al llegar el siglo XX en un periodo de esplendor, una segunda edad de oro en la que convivirán tres generaciones: los ensayistas del 98, los europeístas del 14 y los poetas del 27. Hubo, más que nunca, un Estado de derecho, con libertades y elecciones no plenamente democráticas, lo que sí abrió una zanja entre el país real y el oficial pero no un abismo entre los gobiernos liberales de España y los europeos, ya que la introducción del sufragio universal supuso en toda Europa un aumento de la manipulación electoral. Los republicanos y los intelectuales de comienzos del siglo XX hicieron oír su voz contra un orden político que ahogaba de raíz el anhelo de una mayor democracia y no dejaban de decir que había que europeizar España, pero no querían ver o no alcanzaban a ver que aquella Europa que soñaban estaba tan lejos de la Europa real como la España de la Restauración lo estaba de la España de la emergente rebelión de las masas.

Hasta la Primera Guerra Mundial, en la Europa industrializada pervivieron también secuelas del Antiguo Régimen con mucha fuerza. Hasta la Primera Guerra Mundial el gran problema de los políticos liberales de Europa no fue cómo hacer política de masas sino cómo manipular la voluntad popular y conservar las apariencias. Cuando los hombres que gobernaban querían decir lo que realmente pensaban tenían que hacerlo en la oscuridad de los pasillos del poder, en los clubes, en las reuniones sociales privadas, durante las partidas de caza o durante los fines de semana de las casas de campo, donde se reunían o se encontraban en una atmósfera muy distinta a la del debate parlamentario.

En Europa, no sólo en España, la era de instauración del sufragio universal —1880 a 1914— se convirtió en la era del sabotaje y la hipocresía política y, por tanto, de la sátira: la de Sagasta perseguido por urnas y papeletas, la del liberal italiano y maestro del clientelismo Giovanni Giolitti, la de los poderosos daneses, prusianos y húngaros que controlaban las elecciones y dictaban votos con hacer un solo gesto, la de los obreros ingleses a los que por arte de magia se les hacía desaparecer del censo electoral, la de revistas de caricaturas amargas, como el *Simplicissimus* alemán, el *Assiette au beurre* francés o *Fackel* en Viena.

El malhadado poder que descansa en el privilegio
y se asocia a las mujeres, el champaña y el brigde
se eclipsó: y la democracia reanudó su reinado,
que se asocia al bridge, las mujeres y el champaña...

Lo que separaba a la España de la Restauración de la Europa industrializada no estaba en el desarrollo político ni en la administración sino en la economía y en la ciencia. «Europa = ciencia», dirá Ortega y Gasset con razón. «Europa es ciencia antes que nada: amigos de mi tiempo, ¡estudiad! Y luego a vuestra vuelta encendamos el alma del pueblo con las palabras del idealismo que aquellos hombres de Europa nos hayan enseñado...»

El 98, más que una crisis nacional, que no hubo, fue una crisis de modernización, a la que no sólo trataron de poner remedio los regeneracionistas de Costa, los catalanes de Cambó, los ensayistas del 98, los europeístas del 14 o los socialistas de Pablo Iglesias. Hubo, tras la pérdida de las últimas colonias, una modernización económica, favorecida sobre todo por la repatriación de capitales y de talentos, y hubo también un regeneracionismo desde dentro del sistema, «una revolución desde arriba» o «una revolución desde el poder», como decían entonces conservadores y liberales y temían sus amigos políticos. Silvela, Maura y Dato, desde la derecha, Canalejas y Alba, desde la izquierda, y

Melquíades Álvarez desde un reformismo que se quedó en ilusión, intentaron renovar el sistema y se preocuparon y ocuparon de la cuestión militar, la religiosa, la social y la regional. Que fracasaran, que no resolvieran aquellas cuestiones, que lo más literario fuera el caciquismo y no el reformismo, que lo más subrayado fuera el conservadurismo de Maura y no el liberalismo social del asesinado Canalejas, que lo más romántico fuera la rebeldía y no el análisis objetivo de las realidades, que lo más progresista fuera la ruptura y no la reforma gradual, sucesiva, que Alfonso XIII frecuentara más a los militares que a los intelectuales, terminaría hundiendo el régimen liberal de la Restauración y ensombreciendo su imagen ante la historia. Todavía hoy, después de tantos años, después de una guerra civil, una dictadura y una transición democrática, la época que va de 1874 a 1923 sigue estando amasada con aquellas imágenes del 98. Imágenes que acuñaron los regeneracionistas de Costa, los ensayistas del 98 y los europeístas del 14 y que, más tarde, utilizarían los visionarios y alucinados militares del siglo XX para terminar de secar las últimas raíces del liberalismo español, el mismo liberalismo, paradojas de la historia, que aquellos intelectuales habían llenado de contenido ideológico e impulso ético.

Militares como Primo de Rivera... Militares como Franco...

Los gallos de la aurora

Franco hablaría en 1939 del fracaso liberal y de los demonios familiares paridos en el siglo XIX. Imbuido en las imágenes del 98 el general que gobernó España en dictadura casi cuarenta años diría una y otra vez que el país en manos del liberalismo había sido un barco sin rumbo. Tiempo atrás, otro general, Miguel Primo de Rivera, había recurrido a la misma retórica para devolver el país al mesianismo militar del XIX y, llevando hasta sus últimas consecuencias lo denunciado por Joaquín Costa y los regeneracionistas, destruir la legalidad constitucional.

«Ha llegado para nosotros», diría el dictador campechano

en 1923, «el momento más temido que esperado de recoger las ansias, de atender el clamoroso requerimiento de cuantos amando la Patria no ven para ella otra salvación que libertarla de los profesionales de la política, de los hombres que por una u otra razón nos ofrecen el cuadro de desdichas e inmoralidades que empezaron el año 98 y amenazan a España con su próximo fin trágico y deshonroso. La tupida red de la política de concupiscencias ha cogido en sus mallas, secuestrándola, hasta la voluntad real. Con frecuencia parecen pedir que gobiernen los que ellos dicen no dejar gobernar, aludiendo a los que llevaron a las leyes y costumbres la poca ética sana, el tenue tinte moral y equidad que aún tienen; pero en la realidad se avienen fáciles y contentos al turno y al reparto y entre ellos mismos designan la sucesión.»

Fue precisamente el apoyo de Alfonso XIII al golpe de Primo de Rivera y el abismo que separaba la España oficial de la España real lo que llevó a los intelectuales del 98 y a la generación de Ortega a creer plenamente en el mito republicano. La Segunda República, antes que una expresión jurídica, antes que urna y calle, antes que Constitución y Parlamento, fue una ilusión... «Delenda est Monarchia», escribió Ortega en 1930. Antes, en 1913, Antonio Machado, que saludará con emoción la nueva primavera del pueblo español, la de 1931, había escrito:

¡Oh, tú, Azorín, escucha: España quiere
surgir, brotar, toda una España empieza!
¿Y ha de helarse en la España que se muere?
¿Ha de ahogarse en la España que bosteza?
Para salvar la nueva epifanía
hay que acudir, ya es hora,
con el hacha y el fuego al nuevo día.
Oye cantar los gallos de la aurora...

La Segunda República sería soñada y vivida por muchos españoles como ese canto que traían los gallos de la aurora, como esa esperanza que quería surgir, brotar, como esa esperanza que quería vivir, no dejarse vivir, como ese hacha y ese fuego.

El caos y la ingobernabilidad en la que se había hundido la Primera República y el estigma de caciquismo y corrupción que tiñó a muchos de sus líderes en la época de la Restauración, habían plasmado el fracaso del republicanismo español del siglo XIX y llevado al desencanto a muchos pensadores y políticos, pero no había deshecho el mito de la República como solución a los males de España. Había, antes del Desastre, mucho antes de la dictadura de Primo de Rivera y el embarco de Unamuno, Machado y la generación de Ortega en la travesía republicana, liberales del exilio y del interior, utopistas o regeneracionistas, que seguían moviéndose en el mito de la República necesaria, que seguían identificando este régimen con el progreso y la modernización del país. Todo un fondo de creencias emocionales, de nostalgias humanistas, de llamamientos mesiánicos y populismo callejero resonaba en sus corazones. La monarquía de Alfonso XIII, se decía en la tertulia y el banquete, se repetía en el artículo y la caricatura, como antes la de Isabel II y Alfonso XII, era nociva al alma nacional, era el régimen de los egoísmos, del negociante y del feudal mientras que la República llevaba cosida a su bandera la igualdad entre los ciudadanos, la supresión de la crueldad y el terror, de la ignorancia y la superstición, del dolor y la miseria. Condenados al ostracismo, a los republicanos históricos les quedaba la verborrea. Lo había dicho a comienzos de siglo Blanco White en relación a los exaltados de Cádiz y bastaría echar un simple vistazo a los primeros artículos de Blasco Ibáñez o Lerroux para comprobar que su impresión, llevada a los republicanos de fin de siglo, no había envejecido: «El amor al parloteo y las bravatas de café es entre ellos un mal incurable.» Bastaría para comprobarlo leer la canción con la que en 1903 los republicanos de Barcelona recibían a Salmerón:

En el bendito altar de las ideas
Amor y libertad
como hostia sacrosanta la República
alzándose hoy está.
Hijos de España: ¡el soberano yugo

tratemos de romper!
De libertad en el altar vayamos
a comulgar con fe.
La República abole el egoísmo
y el dolor y la traición.
La República es justa, buena, sabia...
¡¡La República es Dios!!

Sentimental y vocinglera, la esperanza republicana no se había desvanecido con el pronunciamiento en Sagunto de Martínez Campos. El sueño, aunque otoñal, aunque dividido y desgarrado en cantones de café, seguía vivo, prendido de la nostalgia de viejas figuras del porte de Ruiz Zorrilla, Pi y Margall, Castelar o Salmerón.

«¡Viva la República! Es la voz de la ley, de la libertad y del progreso...», escribía en 1881, sin ningún eco popular, el regeneracionista Macías Picavea, a quien años después, metido a fondo en los problemas de España, le repugnaría la revolución por la revolución o la instauración de la República sin una regeneración previa de raíz. Libertad, progreso, República... fueron también los lemas unidos al discurso incendiario del periodista Alejandro Lerroux y el novelista Blasco Ibáñez, quienes sí sacarían aquel grito, del elitismo de la tertulia y el casino, al cielo abierto del mitin y los barrios populares de Barcelona y Valencia. Lerroux y Blasco Ibáñez, con su lenguaje de la calle y desgarrado, con su populismo obrero y su anticlericalismo incendiario, con su afición al tumulto y el ruido, serían las cabezas de la nueva esperanza republicana hasta los años de la dictadura de Primo de Rivera, cuando los europeístas del 14 llevaron contenido y modernidad al ideario impreciso de aquellos emperadores de la demagogia.

Futuro impaciente

Lejos de soñar con los tiempos de Pi y Margall o con los caballeros del Santo Sepulcro, lejos de deshacerse en cantos a una revolución hueca, sin pueblo real detrás, como hacían Lerroux y otros republicanos históricos, el ideal de los nuevos arbitristas giraba hacia una España moderna, tolerante y democrática, con una legislación social avanzada y una enseñanza de vanguardia. El pasado, decía Azaña, debía olvidarse para construir un país en el que lo racional ocupase el lugar de lo tradicional. La Segunda República nacería de ese deseo, del agotamiento fisiológico de la monarquía de Alfonso XIII y del naufragio del republicanismo histórico, que en pleno siglo XX seguía reclamando pruebas de pureza de sangre y se limitaba a recitar sin parar las más decrépitas antífonas de la caduca beatería democrática.

En 1931, la proclamación de la Segunda República significó para la generación de Ortega, que años atrás había fundado la Liga de Educación Política, mucho más que un cambio de régimen. Significó, sobre todo, la culminación de un cuarto de siglo de incorporación intelectual española a la cultura europea contemporánea y la posibilidad de ofrecer una alternativa genuinamente liberal y nacional al revenido sistema de la Restauración. La Segunda República fue, para ellos y para otros españoles, el júbilo de sentir a España dentro de la historia moderna de Europa, en sincronía política con los países más avanzados del mundo... el júbilo de haber empezado a realizar el sueño de sus años mozos. En junio de 1931 Ortega aseguraba que la República se encontraba ante la oportunidad de construir una nación para generaciones, de anticipar el porvenir, creándolo:

«Queramos o no, desde el 14 de abril todos vamos a ser otra cosa de lo que éramos —en la política y en la conversación, en nuestro trabajo profesional y en nuestras faenas sentimentales—. Todos: los republicanos y los monárquicos.»

La Segunda República sería el camino ancho y limpio que desterraría del porvenir de España el fantasma de la revolución y el de la represión de quienes querían seguir viviendo con anacrónicas desigualdades. El problema fue que el camino ancho y limpio de la Segunda República, al hacerse carne, al hacerse expresión jurídica, no resultó tan ancho ni tan limpio. El problema fue que el sueño de Azaña —construir y regir una nación en la que la idea de comunidad civil superase la de lucha de clases en el corazón de todos los españoles— no consiguió salir del gueto de una minoría. El problema fue el abismo existente entre la versión popular de la República y la versión culta e ilustrada. El problema fue que los moderados se hallaron rebasados por la algarabía revolucionaria de la izquierda más exaltada y la nostalgia clerical y militarista de la derecha más reaccionaria. El problema fue que el modo de discutir y llevar a la realidad las reformas se tradujo en un laberinto explosivo de ineficacia, lentitud e iconoclastia. El problema también fue, como escribió Gregorio Marañón en 1932, que había un escaso nivel de preparación entre muchos de los dirigentes y responsables técnicos encargados de atender a las graves urgencias de España:

Todos los hombres del Estado anterior han sido anulados en sus diversas graduaciones, para la vida oficial. Ésta, entonces, tiene que valerse de personalidades inéditas, de gentes que de un salto han de pasar del anónimo, o a lo sumo de una reputación extraña a la política, a ejercer la responsabilidad directa del Poder. Todos son, pues, desconocidos en el campo de la política... Uno de estos hombres, sin antecedentes políticos, pasa, por ejemplo, del ejercicio de una profesión liberal en un rincón del país, a ocupar un ministerio difícil, en el que hay que reunir el tesón con la ductilidad, la energía de hierro con el sentido de estricta justicia...

Lo cierto es que muchos de aquellos intelectuales que, en un ambiente de optimismo generalizado, habían luchado desde la cátedra y el artículo por liquidar la monarquía fueron también los primeros en sentirse profundamente desilusionados. Ya en diciembre de 1931 Ortega y Gasset llamaba la atención sobre el rumbo equivocado que estaba tomando el régimen y la necesidad de rectificarlo:

«Lo que no se comprende», decía Ortega en una conferencia pronunciada en el cinema de la ópera de Madrid, «es que habiendo sobrevenido la República con tanta plenitud y tan poca discordia, sin apenas herida, ni apenas dolores, hayan bastado siete meses para que empiece a cundir por el país desazón, descontento, desánimo, en suma, tristeza... la República, durante su primera etapa, debía ser sólo República, radical cambio en la forma de Estado, una liberación del Poder Público detentado por unos cuantos grupos, en suma, que el triunfo de la República no podía ser el triunfo de ningún determinado partido o combinación de ellos, sino la entrega del Poder Público a la totalidad cordial de todos los españoles... porque no se ha hecho eso, o, para hablar con más cautela y tal vez con más justicia, porque se ha dado la impresión de que no se hacía eso, sino que se aprovechaba ese triunfo espontáneo y nacional —¡y nacional— de la República para arropar en él propósitos, preferencias, credos, es por lo que resulta que al cabo de siete meses ha caído la temperatura del entusiasmo republicano y trota España, entristecida, por ruta a la deriva. Y esto es lo que hay que rectificar.»

Que, tras la ilusión desbordada de abril de 1931, también hubo en las clases populares desazón, tristeza, desánimo y desencanto con el proyecto de Azaña lo demuestra el triunfo de la derecha en las elecciones de 1933 y el auge del viejo republicanismo, representado en la figura de Lerroux. Hubo muchos errores y muchas ilusiones perdidas. Muy ajena al relato imaginado por cierta izquierda de nuestro tiempo, la crónica de los años republicanos es la historia de una esperanza que se fue deshaciendo en pesadilla a medida que la razón iba transformándose en arbitrariedad; a medida que el sectarismo desplazaba a la ciudadanía.

Años turbulentos, de fracasos colectivos e ilusiones trituradas, los que van de 1931 a 1936 pero el mito de la Segunda República como época de idealismo y pueblo en marcha tiene su arraigo y su barricada en la cultura de la izquierda española. Sin embargo sabemos que la ruina de la Segunda República no sólo se debió a la soberbia de las clases conservadoras y a la conspiración de la derecha sino que a derrumbarla también contribuyeron la ceguera sectaria y la incompetencia de una gran parte de las fuerzas consideradas progresistas. Los errores políticos de los republicanos de izquierda, sobre todo en lo que atañe a la cuestión religiosa, fueron numerosos y llevaron a las derechas a organizarse por primera vez en un poderoso movimiento de masas de muy diversa procedencia, cuya meta radicaba «en la creación de una gran nación profundamente cristiana». La actitud excepcional entre los socialistas no fue la intransigente de Largo Caballero y Luis Araquistain, que al primer fracaso electoral dejaron de lado la «República burguesa y reformista» para hacer la revolución y, hechizados por el mito de la Unión Soviética, derruir el régimen que decían defender, sino la moderada de Fernando de los Ríos, Prieto o Besteiro. Lo mismo puede decirse de los anarquistas, cuya impaciencia revolucionaria señaló desde el primer momento su fe en la barricada y empujó a la CNT por el sendero de la insurrección permanente.

El mal entendido idealismo, que decía Galdós en relación a los días de llamas de la Primera República, fue también el mal incurable que asoló —desde la izquierda— la Segunda República. El secreto para cometer un acto atroz, piensa un personaje de Borges, es imaginar que ya ha sido cometido, y que por lo tanto, antes de suceder, ya es irreparable: Largo Caballero y las masas de octubre pensaron en 1934 que la destrucción de la democracia era irreparable si «el fascista» Gil Robles llegaba al poder y se fueron a la revolución para destruirla ellos antes. El mismo razonamiento, pero localizando el fantasma en la lejana Unión Soviética, utilizarían los generales sublevados de 1936. La República resistió a la primera sacudida, como antes había resistido al alzamiento armado de la derecha monárquica, pero sucumbió a la segunda.

El mito de la Segunda República tiende a presentar una democracia asediada y derribada únicamente por la derecha, pero lo cierto es que la revolución de octubre y el idealismo sectario de la izquierda contribuyeron también a desbaratar la esperanza del 31. En 1937, desahogándose con Fernando de los Ríos, Azaña reconocería el grave error en el que habían caído los republicanos de su generación: «Viviremos o nos enterrarán persuadidos de que nada de esto era lo que había que hacer.» «La República», escribiría ya desolado y sin fe, «no tenía por qué embargar la totalidad del alma de cada español, ni siquiera la mayor parte de ella, para los fines de la vida nacional y del Estado.» Muy al contrario, añadía: «La República había de desembargar muchas partes de la vida intelectual y moral y oponerse a otros embargos pedidos con ahínco por los banderizos». La República, por las fechas en que Azaña, aislado en Barcelona, escribía *La velada de Benicarló*, era ya un ideal que se alejaba de España, como se alejaba también toda una época de plenitud intelectual, aquella que llevaban sus palabras...

«Liberalismo no es más que humanismo, es decir, libertad de conciencia, libertad de pensamiento, anchura de espíritu para recibir en él todas las experiencias de la vida...» Liberalismo, libertad, anchura de espíritu... gestos, palabras, pensamientos que desaparecerían de España con el hundimiento de la República, que se marchitarían en el exilio de los que se fueron o en el silencio de los que permanecieron.

Voces ancestrales

Los republicanos de 1931 se quedaron sin país en 1939, de la misma manera que se quedó sin país la cultura a la que pertenecían, la gran cultura liberal española, triturada por la dictadura, apenas recobrada por la olvidadiza democracia de ahora, negada por el delirio de los nacionalismos, febriles en su invención de pasados libres de toda impureza hispánica. Lo que ocurrió con el recuerdo de los Machado, los Azaña, los Fernando de los Ríos, los Max Aub... es lo mismo que le ocurría al verso de Alberti en el exilio: su eco se perdía, como las raíces rotas al viento:

Y cantaré más alto,
aunque esta tierra ni me escuche y hable.
Y echaré mis raíces
de manera que crezcan hacia el aire.
¿De quién es esa voz,
esas ramas que pasan sin pararse?
De los álamos tienen

el tiemblo, y el silbido de los sauces.
¿Adónde irán, perdidas,
cantando, ciegas, sin mirar a nadie?
Van a la mar, al mar. Si no volvieran,
es que quieren quedarse.

Hubo que esperar a 1975 para que el mito de la República regresara a la calle, pero por entonces no había, como en el 31, una necesidad histórica; por entonces la República seguía siendo el régimen inestable que había terminado en una guerra civil. La República por la República, además, nunca había sido un hondo sentimiento popular, sino que, en el pasado, el antimonarquismo siempre había venido asociado a un anhelo de mayor democracia y libertad: había sido así en 1873 y así había sido también en 1931. Tampoco podía ser de otra manera en un país donde no ha existido un hondo sentimiento monárquico, capaz de suscitar la emoción contraria. Al contrario que en Gran Bretaña o Francia, los reyes de España han carecido de un doble cuerpo simbólico, perecedero el uno, incorruptible el otro, teniéndose que contentar con ser plenamente humanos. Si los monarcas franceses son los ungidos del Señor, los milagreros descendientes de San Luis, los españoles no aspiran más que a ejercer el poder temporal con las mimas armas y mejores fundamentos que sus nobles.

A Carlos I, dueño de medio mundo y emperador sacramentado, de nada le sirve el carisma en las peleas con sus súbditos peninsulares, que reclaman sus derechos sin importarles la condición sagrada de la investidura imperial. Cuando por toda Europa se halagan los oídos reales con argumentos divinos del poder coronado, las meditaciones de Francisco de Vitoria aguan la fiesta monárquica abriendo camino, sin embargo, al desarrollo del derecho internacional. En pleno proceso europeo de fortalecimiento monárquico, Juan de Mariana defiende la existencia de leyes nacidas del pueblo, cuya modificación sólo puede hacerse con el consentimiento de la comunidad. De otra forma, la monarquía degenera en tiranía, contra la que el pueblo está autorizado a defenderse mediante la revuelta e incluso el tiranicidio. Esta teoría y la de Vitoria sobre la obligación del rey de cumplir las leyes, en aras de la ejemplaridad, serían muy mal acogidas por el poder político que, sirviéndose de la Inquisición, condena el *De rege* de Mariana y quema públicamente ejemplares del tratado en París.

Ni se ungen, ni se coronan, los reyes de España ofrecen el aspecto hondamente humano de los guerreros, los burócratas o los cazadores de mirada prensil con pocas ganas de transportes por los trayectos del cielo. Nada hay de divino en el retrato de Felipe II, patrón del mayor imperio de la cristiandad, ni en la retina de su pintor Sánchez Coello al vestirlo de sombría negritud e investirlo de impasible talante. Entre grises y sepias, su coetánea Isabel de Inglaterra oculta, en cambio, su condición mortal con la complicidad del anónimo artista de la National Gallery londinense que la ve como Astrea, la diosa de la Justicia. Pisa tierra Carlos III, retratado por Mengs, respondiendo en su sincera frialdad al ideal progresista de su reinado y hay un verismo justiciero en la estampa vulgar de Carlos IV transmitida por Goya. Por el contrario, la grandeza francesa, aunque sea revolucionaria, tiene algo de hierático, que el neoclasicista Louis David reflejó al perpetuar a Napoleón en su epopeya de triunfo sacralizado.

Esta naturaleza temporal y cotidiana de la monarquía española, más militar que sacerdotal, más cercana al mundo y sus contingencias que a la divinidad, ha ahorrado a sus representantes el vía crucis de otras majestades europeas. Al carecer de cuerpo inmortal, los reyes españoles han podido ser desposeídos de su corona sin el requisito de cortarles la cabeza. Bastó con enviarlos al exilio como los otros perdedores de cada época. Del cadalso o la guillotina no pudieron librarse, por el contrario, los soberanos franceses e ingleses cuando la libertad y la igualdad para hacerse efectivas tuvieron que desacralizar el cuerpo de la monarquía. En España, los reyes superan el desafío de la Revolución con argucias meramente humanas, transigiendo y luego imponiendo, como Fernando VII, o imponiendo y, más tarde, marchándose, al estilo de su hija Isabel II. Con naturalidad se despiden reyes y con parecida emoción se les vuelve a poner en su sitio. Por ello, las manifestaciones de entusiasmo de los madrileños al expulsar a la reina castiza volvieron a repetirse al cabo de seis años al recibir a su hijo, el restaurado Alfonso XII.

La monarquía española es una institución de un solo cuerpo, profundamente humano, reacia a complicidades divinas que a la larga no tolera el pueblo. Ni el nacionalismo del siglo XIX, auténtica religión encubierta, lograría sacralizarla, fracasando en 1868 y 1931. De ahí que la historia manifieste una profunda veta anticlerical y antimilitarista pero no antimonarquismo en sentido estricto. De ahí que en los años de la Transición, cuando la monarquía supo reconvertir su deuda franquista en crédito democrático, cuando el rey Juan Carlos hizo suya la ilusión republicana por las libertades y la modernidad y se dispuso, no a gobernar, sino a reinar —nada más— el carlismo y la esperanza republicana desaparecieron de la escena política, aliviando a la Corona de las amenazas que durante cien largos años habían gravitado sobre ella.

Los grandes perdedores de la Transición no fueron como aún se escribe o se dice con adherencias de nostalgia, la Niña Bonita ni tampoco aquellos jóvenes de los sesenta que militaron en la resistencia antifranquista y estaban encuadrados en partidos cuyos programas anhelaban la revolución violenta y la dictadura del proletariado. La gran perdedora de la Transición fue la memoria. Entre la urna y la metralla terrorista, la senda hacia la democracia se pavimentó sobre el olvido del pasado, de sus tragedias colectivas y personales, pero sobre todo se construyó sobre el olvido de la tradición liberal e ilustrada, aquella que había dado nervio ético e impulso cultural a la nación durante dos siglos. La gran perdedora de la Transición fue la España liberal del 31, cuyo latido quedó enterrado definitivamente en los cementerios de la historia. Franco la había triturado de exilios y penas durante su estancia en el poder y la democracia del 78 dejó que se secaran sus últimas raíces.

Por paradójico que parezca, la izquierda fue uno de los grandes responsables de esta última derrota infringida a los republicanos progresistas del 31. La asociación de regionalismo y libertad por un lado, y unidad nacional y represión por el otro, supuso el último asalto a la tradición de aquellos perdedores de la historia. Españoles de fe y de profesión... en los años de la Transición se rechazó el nombre de España, entendido desde los sesenta como símbolo de la reacción, y se insufló energía a unos nacionalismos peninsulares que repetían los mismos gestos excluyentes y la misma teología identitaria que había practicado Franco durante décadas. Españoles en el destierro, en cada línea y en cada página que escribían... en los años de la Transición se dio crédito a la versión franquista de la historia, se renegó del ideal democrático de nación que había acompañado siempre a su España peregrina y se dio a entender por lo mismo que la dictadura había representado la voluntad del pueblo, como si la mayoría de la población no hubiera vivido sometida al capricho del general ni otra porción hubiera tenido que refugiarse en el extranjero.

Terminaron perdiendo otra vez porque, en un infantil y enfermizo rechazo a hacer una simple profesión de fe nacional, la izquierda de la Transición redujo España a El Escorial y al Valle de los Caídos, y con ello liquidó la fértil herencia de la España más utópica y quijotesca, pero también la más universal y rica, la que acumuló continentes en la retina y coleccionó desdenes de campanario, la España trashumante, y en ocasiones trasatlántica, que se fatigó el atlas leyendo, viajando o huyendo, la España esteparia que se desamarró de la aldea y el arado, se abrió al mundo y soñó una nación de ciudadanos libres. Sin Sancho *vulgo* ni Sísifos ilustrados, aquella vena, la vena patriótica que va desde Torrijos y Espronceda hasta Blas de Otero y Gil de Biedma, pasando por Azaña, Antonio Machado, Fernando de los Ríos, Max Aub o Luis Cernuda, quedó cegada entre descreimientos nacionales y fervores regionalistas.

«¡Cuídate, España, de tu propia España!», escribió en los años inciviles de la guerra César Vallejo con genial intuición:

¡Cuídate, España, de tu propia España!
Cuídate de la hoz sin el martillo.

Cuídate del martillo sin la hoz...
Cuídate del futuro.

Rectificar lo tradicional por lo racional, decía Azaña en 1931. Curiosamente, setenta años después, lo progresista se ha convertido en todo lo contrario: rectificar lo racional por lo tradicional. Que ese mensaje venga de los nacionalistas y los regionalistas se comprende porque proceden del fondo más rancio del tradicionalismo de toda la vida. Lo que no se entiende es que la izquierda se tome en serio que la modernidad política y cultural pase por satisfacer aspiraciones parecidas a las que tenían los carlistas de hace siglo y medio. Lo que no se entiende es que la modernidad esté en devolver el país al Antiguo Régimen, con sus valores, sus usos y costumbres regionales rebosantes de salud, bendecidos por los curas domésticos y los ordinarios del lugar. Diversidad, aluvión, contagio, préstamo, mestizaje... son palabras que sirven para describir la realidad española, histórica y actual mejor que cualquier argumento uniformista, pero cuando pluralidad y autonomía se confunden con taifa o virreinato lo que se hace es consagrar una antigualla política, muy parecida a la que brotaba de los viejos folletos que los carlistas ponían en circulación en el siglo XIX:

España para ser libre necesita primero de todo tener un gobierno descentralizador, es necesario dar a las provincias y al municipio la libertad que han de menester para administrarse a sí mismos. Es necesario volver a las provincias con sus fueros y franquicias. En cuanto a la parte moral, dentro del respeto debido a la unidad católica, libertad absoluta de enseñanza. Todas las tradiciones, todas las glorias de este país están unidas a la monarquía.

El sueño de los liberales de 1812 fue durante más de medio siglo un desvarío quijotesco que tenía en su contra todos los malos augurios de la realidad, de la misma manera que la utopía republicana de 1873 y 1931 fue un ensayo esperanzador que se hundió entre cantones, días de fuego, generales y fusiles, pero si los españoles del siglo XXI hablan en libertad y disfrutan de derechos civiles y garantías constitucionales, es porque aquel sueño y aquella utopía se han convertido, a la muerte del dictador, en cotidianidad, en una malla legal tan aceptada que se vuelve invisible.

Por esta razón sigue resultando desolador pensar que cuando por primera vez en siglos nos ha sido posible disfrutar de un sistema de libertades basado en la igualdad jurídica y en la ciudadanía es cuando más nos hemos volcado en la vindicación de lo primitivo, en la exaltación de un estado de naturaleza en el que se es lo que se es de nacimiento y para siempre, por pertenencia étnica y lingüística, por una especie de pureza ancestral siempre agraviada y sin embargo intacta, originada en un tiempo anterior a la historia. Sigue resultando desolador pensar que lo que los regionalistas y los nacionalistas se disponen a recuperar, muchas veces con la colaboración de una izquierda cegada por la versión franquista del pasado, es una rancia particularidad que los ilustrados del XVIII, los liberales progresistas del XIX, los socialistas de Pablo Iglesias y los republicanos de Azaña quisieron enterrar en el sepulcro del Cid: la pureza de sangre, raza, lengua y territorio, la posibilidad de trazar fronteras entre españoles, de diferenciarnos según procedencia regional, de obligarnos a lealtades místicas, de inaugurar un régimen de servilismo, esta vez a supuestas identidades telúricas, cuando se han acabado otras servidumbres parecidas.

Hace unos años, contrariado por la complacencia, e incluso la satisfacción, con que la opinión pública asistía a la sacralización del terruño y la aldea, Julio Caro Baroja escribía:

Parece que la gente con el autonomismo siente una mayor impresión de libertad. Hablan de las libertades forales, de las leyes de cada reino antes de la Nueva Planta impuesta por Felipe V... Sí, en efecto, con todas esas leyes en Navarra, en Aragón, Cataluña, serían muy libres, pero en las cosas fundamentales desde el Renacimiento, que son la libertad de conciencia del hombre, la de expresión, la de elección, no sólo no lo eran, sino que vivieron cientos de años con la

Inquisición y no les importó. Luego, este foralismo y las clamadas libertades colectivas no comportaban las libertades que quiere y necesita el hombre de hoy, las individuales.

Libertad de elección, libertad de pensamiento, anchura de espíritu fueron los materiales con los que ilustrados, liberales y republicanos quisieron construir una nación de ciudadanos, una monarquía o una República de españoles. Todo lo contrario a lo que los tradicionalistas del siglo XXI, debidamente travestidos de progresismo, desean hacer cuajar en las provincias de España. Todo lo contrario al espíritu de campanario, aquel espíritu del que se reía Cadalso en el siglo XVIII y que en el siglo XXI confunde el amor al mundo ceñido y mínimo del que se procede con la exaltación de la frontera y la agresividad identitaria.

Bibliografía

Desde hace tiempo España se ha ido transformando en un país donde las gentes parecen tener el presente en el pasado. La guerra de palabras que cunde entre nosotros es una guerra de nostalgias contra el silencio de las bibliotecas. Suspirar por la Tercera República o el federalismo, cuando resulta difícil encontrar un solo español que consiga explicar las novedades prácticas que el sistema federal introduciría respecto del Estado de las Autonomías, distrae de la seriedad de la vida y de la historia, aunque a alguien le pueda parecer ejercicio de progresismo. Los artículos que escribía Sartre en los cafés de París con los bolsillos llenos de anfetaminas eran un directo a la mandíbula de la vieja Europa posterior al milagro alemán, de la misma manera que la República que soñó Azaña fue un intento de pulverizar los dogmas de la vieja España, rectificar, en fin, lo tradicional por lo racional. Las palabras, aquellas palabras, tenían entonces sentido, respiraban su época. El extravagante capricho de quien, en el siglo XXI, las recuerda y las exalta, ese extravagante capricho de airear formas carentes de la necesidad histórica que en su tiempo las había producido, no es más que moverse por una ideología a la que se le han amputado las ideas.

Escribía Marx que todos los grandes hechos y personajes de la historia universal se producen dos veces: una vez como tragedia y otra como farsa. En España, después de muchas utopías en huesos, horas pobres, pequeños sosiegos o ilusiones, grandes esperanzas desviadas de la Historia, penas como cuartos donde no se entra, ciertos poemas cargados de futuro, cierta Europa, cierta modernidad y progreso, nos movemos entre lo ridículo y lo grotesco. En 1942, en un Londres sitiado por los bombardeos alemanes, Orwell repasó las verdades y las mentiras que vivió, escuchó y leyó en torno a la guerra civil española, y denunció que lo que se dijo y se escribió, entonces y después, no guardaba ninguna relación con los acontecimientos sucedidos en España. «Vi cómo la historia se contaba no en términos de lo que ocurrió sino en términos de lo que debería haber ocurrido según la conveniencia de los distintos partidos.» Hay demasiado español que ríe y llora de prestado pero también hay muchos que creen que las ideas no están hechas para morir o matar por ellas sino para argumentar su validez.

«¡Ojalá vivas tiempos interesantes!» La vieja maldición se cumple con todo su patetismo de esplendor y crepúsculo en las once biografías, editadas por I. Burdiel y M. Pérez Ledesma, que se recogen en *Liberales, agitadores y conspiradores,* inspiradoras de algunos retratos del libro. Aquí es de agradecer la figura de José María Torrijos, ofrecida por Irene Castells. También la obra colectiva *Cultura y movilización en la España contemporánea,* coordinada por R. Cruz y M. Pérez Ledesma aborda las más diversas formas de acción colectiva, desde el nacionalismo español, el republicanismo, la clase obrera o las movilizaciones por la amnistía en los años de transición a la democracia. La guerra de la Independencia con sus enfrentamientos entre los ocupantes y los ocupados y la construcción de la nación española son estudiadas por Pierre Vilar en *Hidalgos, amotinados y guerrilleros. Pueblo y poderes en la historia de España.* Las ideas políticas y el conflicto social, protagonistas de la España contemporánea ocupan la atención de A. Elorza y M. Pérez Ledesma en la *Enciclopedia de la Historia de España.* Por debajo de la teórica articulación del Estado, los españoles no traspasaron en la época de la Restauración las lindes domésticas de su propia provincia y fue en el ámbito local donde cómodamente se tejió la telaraña del caciquismo, cuya crónica se lee en *Los amigos políticos de J. Varela.* Para comprobar que los españoles no eran los únicos marrulleros en la Europa liberal conviene leer a E. Hobsbawm en *La era del Imperio (1875-1914)*.

El 98 está muy presente a lo largo de todo el libro. José María Marco habla de su invención en *Imágenes del 98*. El mito de la República necesaria lo han desmontado Ricardo Martín de la Guardia y Guillermo Pérez Sánchez. La Historia debe su vida a la utopía, entendida ésta como ideal de mejora y camino hacia la perfección. Las utopías que se esgrimen en el arranque del siglo XXI nada tienen que ver ni con el optimismo ingenuo de los renacentistas ni con el idealismo radical del XIX, ni con ensueño revolucionario del XX; ahondan sus raíces en las imperfecciones del presente y ponen su esperanza en la posibilidad humana de cambio futuro. Una larga trayectoria de frustraciones y desengaños las ha hecho más terrestres y menos etéreas, más continentales y menos insulares. *La historia en su lugar* ha seguido el itinerario de la utopía a su paso por los paisajes españoles.

CAPÍTULO 8

Los odios que me habitan

La raíz de mi árbol, retorcida;
la raíz de tu árbol, compañero,
de todos nuestros árboles,
bebiendo sangre, húmeda de sangre,
la raíz de mi árbol, de tu árbol.

NICOLÁS GUILLÉN. España

Otra vez la noche

«Todas las guerras civiles están irremisiblemente perdidas», escribió Ramón J. Sender en 1966. Guerra de ideas, última guerra romántica, como vocearon infinidad de poetas e idealistas extranjeros creyendo que en las calcinadas tierras de España confluía el palpitar existencial de toda una época. Guerra forastera, como dijo Juan Ramón Jiménez mientras a su alrededor una luz mortecina de crepúsculo acechaba en las calles, viejas calles rotas de sangre, silenciosas, a las que decía adiós tras una última duda, tras el último asalto de los hábitos y la nostalgia. Guerra de la Bestia demoníaca contra el Ángel divino, como popularizó José María Pemán, esperando que en sus versos amaneciera el milagro del disparo. Guerra de futuro, guerra que había de helar el corazón de un pasado moribundo, como sugeriría con ardor Rafael Alberti, pidiendo a versos balas, balas, sufriendo lo pobre, lo mezquino, lo triste, lo desgraciado y muerto que tiene una garganta cuando siente heridas de muerte las palabras. Guerra civil / incivil, como la adjetivó Miguel de Unamuno, llevado por la vaga intuición de que, a pesar de los errores de la República y el desencanto, los españoles tenían muchas cosas que perder y que quizá las habían perdido ya para siempre. Guerra, en fin, de nostalgias y de paraísos violentos, la española de 1936 hizo correr mares de palabras... y de sangre.

¡Venid a ver la sangre por las calles,
venid a ver
la sangre por las calles,
venid a ver la sangre
por las calles!,

gritó Pablo Neruda después de ver cómo su querido barrio de Argüelles ardía de pronto, estallando una mañana en bombas y en cadáveres, tal vez con la sospecha de que aquel mundo suyo, días de vino blanco y rosas blancas, calor bajo los árboles, nostalgia de sueños y mujeres sin dormir, rumor de conversaciones, de música, de versos, de noches de libertad completa, rumor de voces que gritan nombres, Federico, Rafael, Miguel, Miguel con su cara de surco articulado, Miguel con su cara de patata recién sacada de la tierra... que aquel mundo, ganara quien ganara la guerra, estaba ya irremisiblemente perdido.

Como la mirada de decenas, de cientos, de miles de españoles, la mirada del poeta y cónsul chileno se quedó partida en dos torrentes de imágenes: el recuerdo de cómo era la vida antes de que sobreviniera el hachazo de odios del verano de 1936, el recuerdo de una casa en un barrio de Madrid, con campanas, con relojes, con árboles, desde cuyo balcón se veía el rostro seco de Castilla como un océano de cuero...

Mi casa era llamada
la casa de las flores, porque por todas partes
estallaban geranios: era
una bella casa
con perros y chiquillos.
Raúl, ¿te acuerdas?
¿Te acuerdas, Rafael?
Federico, ¿te acuerdas
debajo de la tierra,
te acuerdas de mi casa con los balcones en donde
la luz de junio ahogaba flores en tu boca?

... el recuerdo jovial de los años felices, su temblor de presentes simultáneos, con tranvías, con edificios fantasmas, con organillos, con carteles publicitarios, con frescas tabernas entoldadas, con desconocidos que caminan por las calles adoquinadas, cruzadas por garabatos de raíles, todo aquello que se da tan por supuesto que ni siquiera se mira...

todo
eran grandes voces, sal de mercaderías,
aglomeraciones de pan palpitante,
mercados de mi barrio de Argüelles con su estatua
como un tintero pálido entre las merluzas:
el aceite llegaba a las cucharas,
un profundo latido
de pies y manos llenaba las calles,
metros, litros, esencia
aguda de la vida,
pescados hacinados,
contextura de techos con sol frío en el cual
la flecha se fatiga,
delirante marfil fino de las patatas,
tomates repetidos hasta el mar...

y las imágenes de ese mundo en llamas, cambiado de golpe, abolido, desfigurado, borrado...

Y una mañana todo estaba ardiendo
y una mañana las hogueras
salían de la tierra
devorando seres,
y desde entonces fuego,
pólvora desde entonces,
y desde entonces sangre

... las imágenes de las calles arrasadas, de las batallas indiferentes a los muertos; las imágenes de los cuerpos desarticulados en las veredas de los caminos, en las tapias de los cementerios, en las calles rociadas de bombas; las imágenes de los cuerpos tiroteados, mutilados, quemados, decapitados...; las imágenes de las casas rotas y las tierras calcinadas y los cielos abiertos por estrellas fugaces, estrellas de metal y de fuego... aviones.

En 1936 la mano de los generales rebeldes, ancha lira de tropas hacia el pasado, trazó «zonas de guerras, crestas militares» en los llanos, lomas, alcores y serranías de España. Trajo terror, destrucción, hambre, dolor, muertos, ríos de muertos. El inmenso drama, el feroz paisaje mesetario que se le abrió a Neruda delante de los ojos hizo conjugar a otro poeta, el viejo y ya cansado don Antonio Machado, los versos más tristes de todos los versos de la guerra:

Otra vez es la noche. Es el martillo
de la fiebre en las sienes vendadas
del niño. —Madre, ¡el pájaro amarillo!
¡Las mariposas negras y moradas!
—Duerme, hijo mío. Y la manita oprime
la madre, junto al lecho. —¡Oh flor de fuego!
¿Quién ha de helarte, flor de sangre, dime?
Hay en la pobre alcoba olor de espliego;
fuera la oronda luna que blanquea
cúpula y torre a la ciudad sombría.
Invisible avión moscardonea.
—¿Duermes, oh dulce flor de sangre mía?
El cristal del balcón repiquetea.
—¡Oh, fría, fría, fría, fría, fría!

Tal vez la verdad desnuda de la guerra civil esté en estos versos de Machado. La guerra del 36, más allá de los delirios de cruzada o los cantos a la revolución, de la lírica y la épica que juglares y escribanos concedieron a sus héroes armados, fue ese compás fúnebre —¡oh, fría, fría, fría, fría, fría!— que acertó a poner en el papel el poeta sevillano, fue la vida tronchada en sazón, extirpada del sueño brutalmente, fue la tristeza de los niños ateridos de hambre, miedo y muerte, los rostros desvalidos de los ancianos, las miradas de odio y terror de los jóvenes, el golpe de ataúd de los hombres que luchaban en la batalla por un ideal que imaginaban grandioso, los montones de cadáveres hacinados por calles y cunetas... la pesadilla de una tierra ensangrentada.

Tenía razón Ramón J. Sender: todas las guerras civiles están irremisiblemente perdidas. La de 1936 resultó, además, tres veces perdida: primero en aquellos tres años de infierno jamás mitigados; luego en el exilio de quienes tuvieron que huir para salvar la poca vida que les restaba en España, y en el silencio, la cárcel o la miseria de quienes se quedaron; y, finalmente, durante muchos años, en la historia. Decía Francis Bacon que las nociones falsas se apoderan del entendimiento de los hombres con gran facilidad y suelen permanecer muy firmemente arraigadas, de modo que la verdad encuentra sólidas resistencias para abrirse paso. Francis Bacon escribía en el siglo XVII, pero sus palabras explican perfectamente lo que ha ocurrido en el siglo XX con el recuerdo de la guerra civil española.

Los años feroces de aquella lucha fratricida que atenazó la mirada del mundo están hechos de memorias, de tiempos y relatos diferentes, de gritos, susurros y silencios, de ídolos, prejuicios e imposturas que componen un haz de relatos sólidos. Hoy la guerra civil es un episodio cerrado que ha quedado fijo en la historia universal y que el cine o la literatura recuerda a veces, perpetuando en la pantalla, en el papel, ciertos flashes, ciertos mitos: la idea trágica de la guerra, su erupción volcánica como algo natural e inevitable, producto de la embestida ancestral de dos Españas... la guerra como una lucha de buenos contra malos, de demócratas contra fascistas, de cruzados católicos contra republicanos ateos... la guerra como una guerra de independencia contra el invasor extranjero, fascista o comunista... la guerra como una tierra de héroes... como una tierra de utopías y soñadores románticos... Leyendas y narraciones, visuales o escritas, que justifican, cuando no edulcoran, el latido de espanto que removió las tierras de España aquel verano de 1936, aquel horror que supo atrapar Antonio Machado en un poema o Camilo José Cela en las frases torrenciales de una de sus novelas:

> *... lo malo es la sangre que se derrama fuera de sus cauces y va perdiendo su color y su velocidad, yo soy un asesino o un asesinado tú eres un asesino o un asesinado él es un asesino o un asesinado, poco importa, lo malo es el plural, nosotros somos unos asesinos o unos asesinados vosotros sois unos asesinos o unos asesinados ellos son unos asesinos o unos asesinados, la gente no suele dar importancia a la memoria y al final se estrella contra un muro de muertos impasibles, de muertos acusadores, hieráticos e impasibles...*
> *lo malo es el reguero de sangre con que las disculpas manchan las conciencias y las hojas de los periódicos...*

La tierra de Caín y Abel

En 1919 Ortega y Gasset escribía: «Hoy, sobre el horizonte de España, aparecen dos fantasmas: el de la revolución, agitado por unos, y el de la represión, sostenido por los del bando opuesto. ¿No habrá nada más que eso en el inmediato porvenir de España? ¿No se sabrá elegir un camino ancho y limpio?»

Para muchos españoles la Segunda República fue aquel camino ancho y limpio, un camino que se abría paso en 1931 sin ruido de armas ni derramamientos de sangre. El camino, rodeado desde el comienzo de una atmósfera de amenaza, duró seis años. En 1936, el estallido de la guerra civil destripó sus terrones de progreso y sembró en muchos intelectuales la convicción de que todo había sido un sueño —las obras fracasadas, los ilusorios planes de Azaña...—, de que arrancándose la carne a dentelladas los españoles cumplían un destino funesto, como los héroes de una tragedia griega, como esos dos individuos que pintó Goya enterrados hasta las rodillas y matándose a garrotazos.

Una guerra se justifica desde el momento en que se fija su mitología. El mito de la guerra civil como una tragedia, como una riña inevitable entre dos Españas ancestrales, inventado sobre la marcha de las batallas y repetido hasta el delirio en los años de la dictadura, permitió en la transición diluir las historias viejas y terribles de aquellos años en el cementerio de las culpas colectivas, que son de todos, y por tanto, de nadie. Como si se dijera: la guerra tenía que reventar y reventó; España era una nación absurda y metafísicamente imposible, dislocada en dos por quienes tiraban hacia atrás y quienes corrían hacia adelante; puesto que el guerracivilismo estaba latente en los ijares del pueblo, nada tenía de extraño que los españoles, empujados por las corrientes profundas de la historia hacia la barbarie unánime de 1936, resolvieran sus cuentas pendientes matándose a mansalva.

Lo pensaron Franco y la Iglesia, que imaginaron la guerra como un designio divino y durante más de treinta años mantuvieron el país dividido en dos Españas: una España auténtica, privilegiada por Dios, la España de los vencedores, y una anti-España castigada, la de los vencidos. Lo pensaron muchos intelectuales españoles que vivieron el drama con desolación, dando por resuelta la explicación a tanta sangre. Lo pensaron en el Vaticano, espantados algunos de sus diplomáticos por la brutalidad y la hondura de los odios. Lo pensaron no pocos cancilleres y políticos extranjeros para mantenerse en la bruma de la no intervención. España, después de todo, era la tierra de Caín y Abel, la tierra de las guerras civiles, de los pronunciamientos, de las partidas armadas y las guerrillas.

«Tenía que ocurrir», dice el coronel Labayen, personaje de *Días de llamas*, una de las mejores novelas escritas sobre la guerra civil. «Tenía que ocurrir», dice, y lo dice, ya viejo y enfermo, retirándose al interior de su casa como quien se retira a un castillo, y solitario, y ensimismado, se queda allí dejando correr la historia al otro lado de la ventana. «Tenía que ocurrir», repite con el corazón helado por el terror de los paseos y los escombros de los bombardeos. «Tenía que ocurrir...» como si los españoles hubieran vivido el siglo XX cercados en el laberinto del XIX, como si no quisieran salir de él, como si se hubieran olvidado dónde estaba la salida o, simplemente, no hubieran tenido otra salida que enterrar en el mar a quienes disentían de lo creído y soñado por utopistas y reaccionarios.

Las desesperadas palabras del coronel Labayen recogen en la ficción lo que no pocos contemporáneos españoles y extranjeros pensaron, escribieron o dijeron en la realidad antes y después de que los campos de la Península comenzaran a sembrarse de cadáveres. «El héroe, el protagonista de la tragedia —escribía Unamuno en 1918—, lo es porque tiene conciencia del hado, del sino que sobre él pesa.» En 1927, hablando de Unamuno, Américo Castro escribía en un artículo publicado en Buenos Aires: «El no hallar modo de armonizar el íntimo anhelo con la convivencia social nos hace vivir (a los españoles) en guerra y en debate perenne: somos guardias fronterizos de nuestra personalidad cuyos senos dan su mejor producción en la lucha y en la agonía...»

El sentimiento trágico de la historia española, la conciencia de un sino colectivo, respiraba ya en las palabras del historiador liberal, que, resignado, dolorido por el sonambulismo fiero de aquellos dos fantasmas de los que hablaba Ortega, concluía su artículo con estas palabras proféticas: «No habrá paz para nosotros. Y justamente están condenados a no gozar de ella los hombres de mejor voluntad. Cada raza, su sino.» Sino sangriento era precisamente el poema que Miguel Hernández recitaba por los micrófonos de Unión de Radio el 13 de julio, después de que el asesinato de Calvo Sotelo hubiera comenzado a llenar de lúgubres presagios las calles de Madrid:

Me dejaré arrastrar hecho pedazos
ya que así se lo ordenan a mi vida
la sangre y su marea,
los cuerpos y mi estrella ensangrentada.
Seré una sola y dilatada herida,
hasta que dilatadamente sea
un cadáver de espuma: viento y nada.

La voz de la tragedia, encarnada en la voz de Unamuno, de Américo Castro, de Miguel Hernández, encarnada en la voz del coronel Labayen, hombre de papel como muchos hombres de carne y hueso de aquellos años aciagos, es larga. La guerra, en ella, viene a adquirir realidad mucho antes de 1936, cuando ni siquiera existe la Segunda República, cuando aún el sueño de Azaña es un gesto de la mano o una mirada que se posa en la ventana. La guerra, en el relato trágico, comienza a adquirir realidad en el siglo XIX, con las luchas carlistas; en 1917, con la huelga socialista en la calle y el grito anarquista conmocionando los campos de Andalucía y Extremadura; en 1923, con el pronunciamiento de Primo de Rivera; en 1931, con la marcha de Alfonso XIII...

El remolino, llevado por las voces del coro, se acelera de vivo en vivo y cuando se proclama la Segunda República y arde la primavera, y con ella las primeras iglesias, ya es demasiado tarde para escapar a la tragedia: una presunción agobiante parece acotar la vida de los españoles. Todos los hechos, el pronunciamiento de Sanjurjo, las agitaciones campesinas, la revolución de Octubre, la represión del gobierno, la violencia callejera, los editoriales de la prensa, la ceniza de los conventos... toman, retrospectivamente, un aire de presagio, adquieren un significado mayor del que representan en el puro presente en el que habían sucedido, como de ríos que van a morir inevitablemente a la guerra, como de corrientes que empujan a los españoles hasta el fondo del abismo. La voz del coronel Labayen, ese anciano militar que vive en un epílogo prolongado, en el intervalo entre el crepúsculo y el final, suena entonces, «Tenía que ocurrir», pero sus palabras, enconadas en el unamuniano sentimiento trágico de la vida, no son más que un consuelo, otra derrota.

La guerra civil fue la consecuencia del fracaso de una sociedad, pero no fue inevitable ni su latido de sangre puede explicarse en términos de tragedia. Ocurrió, pero pudo no haber ocurrido. La crisis de 1917; la incapacidad del sistema político de la Restauración para encauzar el torrente de masas que trajo el siglo XX; la revolución de Octubre y su secuela de mitos, las derechas gritando que la República estaba traicionando a España, retirándose ante el marxismo masónico internacional, y la izquierda más radical comparando la revolución de Asturias con la sublevación de Espartaco, la Comuna de París o la resistencia de los obreros vieneses a Dollfuss; el vendaval de huelgas, la multiplicación de luchas callejeras y atentados, las venas abiertas de la España campesina, hambrienta de tierras y utopías; la radicalización del discurso de Largo Caballero, convaleciente de un izquierdismo ridículo e infantil, y las amenazas de Calvo Sotelo; el murmullo enfermizo de una Europa crecientemente hechizada por el auge de los fascismos y el frentepopulismo... todo aquel magma de fracasos y amenazas explican la erupción de la guerra, pero no la determinan.

El 19 de febrero, salido vencedor el Frente Popular en las urnas, después de ser despertado a las seis de la mañana con el rumor de que había estallado el tan temido golpe militar y comprobar que ni había golpe ni había estallado nada, Azaña anotaba en su diario:

«Estas alarmas no vencían mi incredulidad. Desde hace dos años vivimos así... Pasar de la murmuración y de las fantasías a la acción no es tan fácil. Hace poco, el ministro de Agricultura, Álvarez Mendizábal, que es muy basto, ha soltado unas declaraciones respecto a las probabilidades de acción por parte de los militares, que son una imprudencia y una pifia en boca de un ministro, pero que expresan la pura verdad. No creo que haya ninguno resuelto a jugarse nada en serio.»

Tiempo después, ya como presidente de la República, Azaña aseguraba tanto a políticos como a periodistas que la presente efervescencia pasaría rápidamente y se dejaba ver en conciertos y exposiciones de arte, imperturbable y digno. Las palabras y la actitud de Azaña no responden a un comportamiento frívolo o a la ceguera de un político que no ve más allá de su mundo. En 1936, aún los sucesos de 1934 en carne viva, la brecha entre izquierdas y derechas era honda, corrían rumores de rebeliones que barrían el viento, pero pocos españoles, o ninguno, ni siquiera aquellos que tejían las redes de la rebelión, pensaban en la posibilidad de una guerra civil. A primeros de julio, miles de esposas se llevaron a sus niños a sus casas de veraneo, mientras sus maridos se quedaban en la ciudad, trabajando. Miles de familias enviaron a sus hijos a los campamentos de vacaciones abiertos por la UGT, los sindicatos católicos o la Iglesia. Miles de españoles pensaban que el mundo que les rodeaba era tan inmutable, permanente y real como el de una fotografía. A primeros de julio, Manuel Machado, y como él muchos otros, se despidió de su hermano sin saber que detrás de aquellas palabras inocentes —«adiós, Antonio»— no había un hasta luego sino un sombrío hasta nunca.

Las vidas de muchas de aquellas familias que a primeros de julio se despedían con la rutina de un sencillo adiós se vieron separadas por el tajo geográfico de la guerra civil. Si se hubiera anticipado una guerra, si la guerra hubiera sido ese gigantesco laberinto en el que estaban encerrados inevitablemente los españoles de la República, si la guerra hubiera sido la única salida posible a los viejos problemas de España, Azaña no hubiera hecho aquella anotación en su diario, las esposas no se hubieran separado de sus maridos, los padres no habrían enviado a sus hijos a los campamentos de verano, los oficiales de caballería no habrían ido a Berlín ni Largo Caballero habría asistido a una conferencia de la Segunda Internacional en Londres.

La barbarie desatada en el verano de 1936 ha ocultado el hecho de que, en la primera semana de julio, la mayoría de los españoles llevaba una vida normal, sin sospechar siquiera que un día el paisaje llano y firme que tenían ante los ojos sería ocupado y arrasado por las primeras tempestades de la guerra. Las fotografías de la época, que recogen el temblor de todos aquellos presentes simultáneos aún no desfigurados por la memoria, no convertidos en arqueología, muestran el instante de cientos, miles de personas, que en el momento mismo en que estaban sucediéndose las conversaciones de Mola con otros jefes militares intentaban pasárselo bien y olvidarse de dramas, tensiones políticas y luchas sociales. Hoy miramos esas fotografías y podemos vaticinar lo que va a suceder, lo que la historia reserva a aquellas gentes más allá del presente en el que pasean, respiran y sonríen.

Tras contemplar el fulgor de la sangre y el bárbaro espectáculo de unos y otros destrozándose en los campos de batalla o en la retaguardia, el coronel Labayen también mira el pasado, recuerda las fotografías, los periódicos, las trifulcas políticas... y percibe el olor cercano de la tragedia, piensa que las embestidas habían comenzado mucho antes del verano, que ningún español podía escapar a ellas, que todo intento de huida habría sido un nuevo fracaso. «Tenía que ocurrir...» Las catástrofes empujan a los hombres a buscar raíces profundas donde sólo hay incendios palmarios; así también son las guerras.

La guerra de 1936 estalló, pero podía no haber estallado: hubiera bastado con que los conspiradores militares se hubiesen mantenido fieles al juramento de lealtad a la República que pronunciaron un día. Hay un desencadenante, una mecha fulminante que revienta y extiende la guerra por los campos de España: la rebelión militar del 18 de julio. En 1936 la República, tras el nombramiento de Azaña como presidente, no tenía el pulso de 1931, pero tampoco estaba destruida ni representaba la imagen de un anciano cuya muerte, cercana, le podía llegar por cualquier resfriado. Fue el tajo abierto por los militares sublevados lo que rompió definitivamente las estructuras de convivencia.

La guerra de 1936 estalló, pero podía no haber estallado: hubiera bastado con que un buen número de españoles no hubiese olvidado, como escribió Azaña: «lo que nunca debió ser desconocido por los que lo desconocieron, que todos somos hijos del mismo sol y tributarios del mismo arroyo»; hubiera bastado con que un buen número de españoles no hubiese decidido resolver sus decepciones a cañonazos o revoluciones; hubiese bastado con que un buen número de españoles no hubiera considerado indigno convivir en la misma República y compartir el mismo país. El 16 de junio de 1936, tras escuchar el discurso pronunciado por Gil Robles en el Congreso de los diputados, un discurso en el que se daba cuenta de los atentados, la violencia callejera, las huelgas inútiles, la quema de iglesias y conventos; tras escuchar al jefe de la CEDA decir: «... condeno la violencia, de la que ningún bien me prometo, y deploro que amigos muy queridos y numerosos se acojan a esa esperanza como única solución...», Indalecio Prieto le confesaba al también socialista Julián de Zugazagoitia: «Una sola cosa está clara: que vamos a merecer, por estúpidos, la catástrofe.»

Tiempo después, a finales de 1938, el ministro socialista escribía: «Data muchísimo tiempo la afirmación de que en todas las ideas hay algo de verdad. Me viene esto a la memoria a cuento de los manuscritos que José Antonio Primo de Rivera dejó en la cárcel de Alicante. Acaso en España no hemos confrontado con serenidad las respectivas ideologías para descubrir las coincidencias, que quizá fuesen fundamentales, y medir las divergencias, probablemente secundarias, a fin de apreciar si éstas valían la pena ventilarlas en el campo de batalla.»

La guerra de 1936 pudo no haber estallado, pudo haberse evitado, pero no fue así, estalló, unos militares dieron un golpe de Estado y una República se vino abajo, y tan absurdo resulta que nos concentremos en tratar las cosas que no llegaron a ser, las ocasiones que se perdieron o que ni siquiera existieron, como en perpetuar en el papel la representación de un destino funesto, profundo y trágico, que aprisiona a los españoles en el purgatorio de la República y los arrastra, quizá sin saberlo, hasta las puertas del infierno. La guerra civil no fue una necesidad histórica ni un designio divino. Ocurrió, y el silencio roto de las armas, el resoplar de los odios, la sombra de los muertos colándose, como hilos de viento, por las mirillas de las puertas, por las ventanas, por las calles... petrificaron el porvenir de aquellos españoles del verano de 1936, todos ellos perdedores de algo: la vida, la decencia, la libertad, la ilusión, la infancia, la inocencia...

En 1977 Felicidad Blanc, esposa del poeta Leopoldo Panero, recogía en breves y fugaces líneas la horrible facilidad con que todo aquel mundo que un día había imaginado permanente e invariable había quedado, de pronto, destruido, abolido:

«Es una mañana como otra cualquiera. Acabo de despertarme. Oigo gritos abajo: la muchacha explica agitada que se ha sublevado el Cuartel de la Montaña. Luis entra en mi habitación: *¡Levántate! ¿no oyes los cañonazos?* Abrimos la ventana. Huele a madreselvas. Se asoma conmigo: *Escucha, ¿no oyes?* Se oyen unos cañonazos fuertes, algunos más tenues. Estamos callados los dos, me mira, yo le miro a él. Nos estamos despidiendo de algo, algo que ya no tendremos nunca más. *¿No oyes?* Hay una vaga tristeza en sus ojos. Es nuestra juventud que se marcha. Es el comienzo de la guerra.»

La tercera España

El mito congeló la lectura trágica de la guerra civil, de modo que la realidad fratricida y brutal que había envuelto a los españoles durante tres años, y cuyo recuerdo no dejó de atenazar al país hasta la muerte de Franco, se contempló como una consecuencia inevitable de la anómala constitución del ser de España, una consecuencia inevitable de su enigma histórico. Miradas de muerte habían recorrido la espina dorsal de aquellas dos Españas atávicas de las que hablaba la Historia, y los siglos, podridos de odio, habían reventado en los campos, en las ciudades, en las calles, en los periódicos, en los corazones... haciendo brotar la sombra más sombría.

La guerra civil, sin embargo, no fue una guerra en la que se enfrentaron dos Españas, no fue una guerra entre fanáticos de izquierda y de derecha. La guerra civil no fue una, sino muchas guerras que se solaparon entre sí, exacerbando las amarguras y los desgarros individuales. El mito de dos Españas extremistas devorándose mutuamente proyecta al mundo la imagen de una lucha de fascistas contra comunistas, de católicos contra ateos, de separatistas contra centralistas, de campesinos hambrientos contra terratenientes rapaces... pero tritura el matiz humano, el matiz que nos dice que los hombres y mujeres de las fotografías de aquellos años inciviles tienen nombres y apellidos, no son tipos ni ejemplos, ni siquiera habitantes perdidos de ese reino imaginario, la memoria. Traspasado de herrumbrosas lanzas y en traje de cañón, el mito de las dos Españas borra la singularidad absoluta de los seres humanos, y al borrar ese matiz distorsiona la realidad profunda de la guerra, la sepulta.

España, en el fondo, eran más Españas. Hubo muchísimas

personas, se podría decir la mayoría de la población, que vieron la guerra con horror, rebasados por el extremismo de quienes necesitaban el fusil y la venganza para construir el sueño del mundo en que vivían. Hubo muchísimas personas, políticos, periodistas, jueces, abogados... que sufrieron a manos tanto de la izquierda como de la derecha sencillamente por ser moderados. Los que no pensaban que los ideales opuestos se debían resolver por la sangre y tenían el dinero o los títulos profesionales para poder vivir en el extranjero y no se vieron brutalmente atrapados en el remolino de detenciones, juicios sumarísimos y paseos del verano del 36, se fueron al exilio. El resto, la gran mayoría, se vio atropellada por la guerra: pasivamente, como víctimas de bombardeos o de represalias, o activamente, como reclutas, bien porque creían que aquélla era la manera de cumplir con sus responsabilidades, bien por hacer lo que fuera necesario para sobrevivir.

En 1988, uno de aquellos muchos españoles desbordado por los extremismos, el filósofo Julián Marías, recordaba cómo la guerra le había herido los ojos con el horror de tanto heroísmo estéril, cómo le había hecho llorar como se llora dentro de un pozo, en la raíz desconsolada del agua, del sollozo:

«Imagínese lo que significó, a los veintidós años, ver a mi país entregado a la locura, la violencia, el odio y el crimen. No se me ocultaba que había, por ambas partes, un elemento de heroísmo y sacrificio; pero, ¡tan mal empleado! ¿Cómo tener buena opinión de España? ¿Cómo confiar en su porvenir? Todos los proyectos, personales o colectivos, se habían derrumbado. La impresión de estar rodeado de asesinos, unos de hecho y otros de afición, me abrumaba. La única palabra que expresaba mi realidad presente era desolación.»

Hubo una tercera España, una región invisible que no se puede reducir a la tierra de nadie habitada por Ortega, Marañón, Madariaga y otros intelectuales del 14 que se negaron a participar en la guerra y abandonaron el país. La tercera España fue más que esa tierra de nadie. Fue un latido de horror en las sienes de la mayoría de los españoles que se vieron involucrados en la guerra. Fue el desasosiego de quienes se refugiaron en sus hogares con la mirada llena de tristezas, esperando a que terminaran los días de llamas y comenzaran los días de humo, de ceniza. Fue un temple intelectual, político o moral no sólo existente en el exilio y cuyas figuras más trágicas tal vez se encuentren en dos hombres tan diferentes y contradictorios como Miguel de Unamuno y Manuel Azaña.

La queja de Unamuno es una instantánea desolada de esa tercera España. Unamuno era para el mundo entero la viva encarnación del florecimiento cultural iniciado en España a finales del siglo XIX. En 1935 Antonio Machado se había referido al rector de la Universidad de Salamanca como la figura más alta de la actual política española, un auténtico vitalizador: «Es Unamuno un símbolo y una bandera para el movimiento republicano.» Don Miguel mismo había dicho en 1931 que él había contribuido más que ningún otro español —con su pluma, con su oposición al rey y al dictador, con su exilio...— a que la Segunda República cuajara en su país. El desencanto, sin embargo, no tardó en llegar y el rector de la Universidad de Salamanca empezó muy pronto a expresarse críticamente con el nuevo régimen, revolviéndose pluma en mano contra la reforma agraria, la política religiosa, la clase política, el gobierno, Azaña...

En 1936, lleno de paradojas, Quijote y Quijano, soñador y soñado, fiel hasta el final a sí mismo y contra sí mismo, Unamuno quiso ver en los militares alzados un conjunto de regeneracionistas autoritarios dispuestos a encauzar un país a la deriva. Que declarara en el verano del 36 que el ejército sublevado representaba la defensa de la civilización occidental y de la tradición cristiana causó tristeza y horror en el mundo. Contemplada España como un cuerpo enfermo, sólo las armas atajarían el mal, sólo los militares rebeldes podrían ser los cirujanos que le devolvieran la salud perdida. Lo que sucedía era un estallido de malas pasiones, del que había que salvar a la civilización occidental, que estaba en peligro. Lo que ocurría era otra carlistada, otra militarada más, pensaba el viejo intelectual mientras paseaba por la clara carretera de Zamora o se sentaba en la terraza del café Novelty, en la plaza Mayor.

Poco le duró aquella ilusión. La negra cosecha de muertos sobre la tierra castrense de Salamanca no cesó de crecer y los bolsillos comenzaron a llenársele de cartas de mujeres de amigos, de mujeres que pedían caridad, justicia y esperanza para sus maridos, encarcelados, acusados, fusilados. Lento y brutal, el despertar llegó con los nombres de amigos, con nombres de asesinados que le abren los ojos y le torturan y le dejan en medio de una pesadilla confusa y opresiva, en una tierra llena de escombros.

«La barbarie es unánime —escribe a Lorenzo Giusso el 21 de noviembre de 1936—. Es el régimen de terror por las dos partes. España está asustada de sí misma, horrorizada. Ha brotado toda la lepra católica y anticatólica. Aúllan y piden sangre *hunos* y *hotros*. Y así está mi pobre España, se está desangrando, ensangrentando, arruinando, envenenando y entonteciendo...»

La sorpresa que había producido su alineamiento con los militares sublevados quedó borrada el 12 de octubre, durante la celebración del día de la Raza en la Universidad de Salamanca, cuando, viejo, cansado y digno, con la voz desgarrada de quien se siente extranjero en su mundo, Unamuno gritó aquel «Venceréis pero no convenceréis»; cuando dijo: «Vencer no es convencer y hay que convencer sobre todo, y no puede convencer el odio que no deja lugar para la compasión, el odio a la inteligencia»; cuando en medio del griterío y los espasmos verbales de Millán Astray, ¡Muera la inteligencia! ¡Viva la muerte!, lanzó una última acusación: «Os falta razón y derecho a la lucha. Es inútil pediros que penséis en España.»

Unamuno volvió a empezar partiendo de allí, de aquel 12 de octubre, de aquella acusación y de aquella resignada desolación, de aquella desesperación y de aquella soledad. Decía Walter Benjamin que el saber del hombre y su experiencia vital adquieren carácter de legado únicamente en el moribundo. La muerte de Unamuno en diciembre de 1936 fijó para siempre, para la historia, aquel gesto de protesta, aquella agonía. Las cartas que escribió entonces, cartas escritas «desde una cárcel disfrazada», están llenas de alusiones desesperadas a una ciudad mitad cuartel mitad convento, a disparos que se hacen como en sueños y van resonando hacia la realidad a través de pueblos y campos de sangre; son imprecaciones contra el aciago destino encarnado en un horror incivil que nunca había contemplado antes —... él que había nacido arrullado por otra guerra civil—; son lamentos de quien sufre un lacerante dolor y no es capaz de imaginar nada más terrible. Unamuno fue siempre un intelectual en guerra continua con sus entrañas, y más que nunca después de aquel verano del 36. «Señalemos hoy —escribió Antonio Machado tras conocer la noticia de su fallecimiento— que Unamuno ha muerto repentinamente, como el que muere en la guerra. ¿Contra quien? Quizá contra sí mismo.»

Las quejas de Unamuno son comparables en desolación a las de Manuel Azaña: dos intelectuales sin tierra, con una expresión de desconcierto trágico en la mirada, con el alma desgarrada por la catástrofe. Unamuno murió en Salamanca, reseco y consumido, inventando la noche en sonetos, otra noche, viendo cuajar en su pecho, «frío, cerrado, deshecho», el fin. Manuel Azaña se quedó sin país y murió en Francia. La guerra destruyó la obra de toda su vida, aquel afán de rectificar lo tradicional por lo racional, y le sumió en un ocaso melancólico del que nunca se recuperó.

El presidente de la República permaneció en su puesto hasta el final porque la deserción de los intelectuales le parecía intolerable, porque, si se marchaban todos, la República dejaría de existir. Pensaba que su mayor deber era quedarse y buscar una manera de trazar la paz. Reconstruir el Estado, levantar de la nada un ejército, resistir, garantizar el orden interno, pero no para la ilusión de ganar la guerra sino para forzar una paz bajo los auspicios de las grandes potencias, fue su obsesión y el encargo que insistentemente transmitió a Juan Negrín, presidente del gobierno desde mayo de 1937. Pensaba que su mayor deber era condenar tajantemente la violencia fratricida. Las quimeras que iban derramando el silencio ahogado de los muertos, los paseos que no cesaban, que caían como un derrumbamiento de martillos feroces, le azotaban las sienes, le desesperaban, le ultrajaban. Hablando en el Ayuntamiento de Valencia el 18 de julio de 1937, decía:

«Hacemos una guerra terrible. Guerra sobre el cuerpo de

nuestra propia patria. Pero nosotros hacemos la guerra porque nos la hacen. Vendrá la paz y espero que la alegría os colme a todos vosotros. Y a mí no. Permitidme decir esta terrible confesión, porque desde este sitio no se cosechan, en circunstancias como ésta, más que terribles sufrimientos, torturas del ánimo de español, que hieren mis sentimientos de republicano. La victoria será impersonal, porque no será el triunfo de ninguno de nosotros, ni de nuestros partidos, ni de nuestras organizaciones. No será un triunfo personal, porque cuando se tiene el dolor de español que yo tengo en el alma, no se triunfa contra compatriotas. Y cuando vuestro primer magistrado erija el trofeo de la victoria, su corazón de español se romperá y nunca se sabrá quién ha sufrido más por la libertad de España.»

Fuera quien fuese el vencedor, la guerra, pensaba Azaña, terminaría para él con una derrota. La paz se había desprendido de España y con ella, el proyecto de toda una vida, su vida; y con ella, el aliento de toda una generación, su generación; y con ella el sueño de un país que, después de dos siglos de ausencia, estaba de nuevo presente en el mundo gracias a sus hombres de letras y de ciencia... el sueño de un país que ya no existía, que era pasado, ruinas... su país. El presidente de la República se sintió más que herido por la guerra. Tras la imagen impasible, digna, que mostraba en los mítines y en los actos oficiales, estaba la desolación, la desolación que bate en las entrañas como el relámpago. No era ya su fracaso, sino el fracaso de la República, el fracaso de España por entrar en la modernidad.

Tal vez por esa razón, porque presentía que la derrota iba más allá de utopías o banderas, escribió *La Velada de Benicarló*. Tal vez por esa razón siguió escribiendo todos los días, porque sabía que la escritura es la lucha de la inteligencia contra el tiempo, porque presentía que un lejano día, mutilados los nombres de las cosas, los españoles comprenderían mal las causas que habían llevado a sus antepasados a mirarse con miradas de muerte. Siguió escribiendo porque quería ser testigo, testigo fiel, hasta el final, de aquellos años de sangre, de inundaciones, porque mientras se siguiera escribiendo se estaba vivo todavía. Siguió escribiendo porque intuía que el único país verdadero que le quedaba era aquella Europa de todas las diásporas, donde tantos millones de expulsados y fugitivos compartían el mismo destino que le llevaría a él a morir a Montauban el 3 de noviembre de 1940. Porque pensaba que al hombre había que dejarle donde cayera... Porque pensaba que los únicos restos de un ser humano que debían ser removidos, si lo merecían, eran sus ideas.

El esfuerzo y la canción

Los escritos de Azaña enseñan el valor supremo que hay algunas veces en el acto de escribir y desvelan cómo la tercera España contenía mucha más tierra que aquella región del exilio donde se refugiaron Ortega, Marañón, Pérez de Ayala o Madariaga. El mito de las dos Españas, sin embargo, llenó de silencio aquella tierra. Fue en sus imágenes cargadas de idealismo donde hallaron los ideólogos de uno y otro bando la justificación de la lucha. Fue su ronco lenguaje enrojecido el que enturbió los micrófonos de la radio y los papeles de los poetas. No cesó de sangrar, ni atravesado de inundaciones. En tiempos de guerra el corazón necesita de sueños, de utopías, de razones...

La tragedia, se dijo en la zona rebelde, era un plebiscito armado de la España tradicional, movida por su ideal religioso y su conciencia católica, contra una España extranjera, removida por el virus del liberalismo y el comunismo infiltrado de Rusia. Por mucho que los cabecillas de la rebelión se olvidaran al comienzo de los curas y la Iglesia, transformado el pronunciamiento militar en conflicto civil, no dudaron un instante en echar mano de tan altos altavoces.

Una guerra necesitaba de unos apoyos sociales y de una mística con los que no contaba un mero golpe militar. Nadie mejor que la Iglesia para unificar la pluralidad de razones posibles de la lucha en un solo principio excluyente y totalizador. Hubo que volver a recordar la tradición de guerra santa y la lectura providencialista de la historia, lectura que podía hacer necesarios hasta los más terribles y disparatados acontecimientos. En la historia palpitaban rotundos ejemplos de metamorfosis de la guerra en empresa santa y sublime. Sin embargo, fue la persecución indiscriminada contra eclesiásticos y católicos en la zona republicana la que puso en bandeja a los sublevados la sanción religiosa de sus operaciones.

Hermanadas la religión y la patria, eran ellas las que hacían ineludible el conflicto armado y su dolorosa radicalización. Enrique Pla y Deniel, obispo de Salamanca, definía la lucha en 1936 como el combate entre dos concepciones de la vida, dos sentimientos, dos fuerzas que estaban aprestadas para una lucha universal en todos los pueblos de la tierra: a un lado, la ciudad terrenal de los sin Dios; al otro, la ciudad celeste de los hijos de Dios. La guerra no era una guerra civil, sino una cruzada por la religión, por la patria y por la civilización... «Toda criatura tiene derecho a entrar en guerra contra otra cuando esta última se pone en guerra contra Dios», escribía el cardenal Gomá en 1937. Legitimación que la corte literaria de Franco, encabezada por José María Pemán, extendió instantáneamente al verso.

No hay más: Carne o Espíritu.
No hay más: Luzbel o Dios.

Que la guerra se considerase una cruzada no dejó de ser, sin embargo, más que un intento de convencer a fieles e infieles de que el conflicto no tenía ninguna raíz social ni política. Hoy el mito no se sostiene, pero ya entonces fueron algunos los que, como León Felipe, vendaval republicano y poeta siempre en voz alta y siempre peregrino, crisparon su verso para demoler aquella absurda idea de que los rebeldes combatían en nombre de Dios.

Quisiera ser un profesor
de
amor.
Y no sé si vosotros
sois hijos del Carpintero o del Dictador.

Sé que todos, todos los que me oís,
sois hijos legítimos de Dios.
Y os digo finalmente,
para acabar esta lección,
y en tono sencillo,
sin demagogia y sin rencor,
que a unos hombres ayer
otros hombres nos lo robaron todo...
la patria, el esfuerzo y la canción.
Y
que hoy
esos mismos hombres, hijos míos,
nos han robado a Dios.

Pero el recurso de la guerra civil como una lucha a muerte entre una España racial, verdadera, y otra España extranjera, surcada de hombres e ideas importadas, no fue una exclusiva de los juglares de la rebelión. En la zona republicana, políticos y poetas extendieron también la imagen de dos Españas enfrentadas a muerte: una real, encarnada por el pueblo, el mismo pueblo que se había levantado contra el invasor romano y resistido contra los ejércitos de Napoleón, y otra falsa, poblada por el Ejército, la Iglesia, la Guardia Civil, los señores del capitalismo y los invasores fascistas. La guerra era la lucha del pueblo contra el fascismo, la lucha del noble pueblo español, todo él sangrando por la libertad, todo él por la libertad desprendiéndose a balazos, desprendiéndose a golpes de los pies, de los brazos, de la casa, de todo... contra el terrateniente y el aristócrata rapaces.

Tal vez fue Miguel Hernández el poeta que mejor cantó el mito del pueblo en aquella guerra de 1936. El poeta de Orihuela, lleno como otros muchos de utopías, incorporó el verso «a la España de la pobreza», recorriendo los campos de Jaén y Teruel fusil en mano y recitando sus poemas en las trincheras. Vientos del pueblo llevaban su voz sincera, dolorida. Vientos del pueblo la arrastraban...

Si yo salí de la tierra,
si yo he nacido de un vientre
desdichado y con pobreza,
no fue sino para hacerme
ruiseñor de las desdichas,
eco de la mala suerte,
y cantar y repetir
a quien escucharme debe
cuanto a penas, cuanto a pobres,
cuanto a tierra se refiere.
Ayer amaneció el pueblo
desnudo y sin qué ponerse,
hambriento y sin qué comer,
y el día de hoy amanece
justamente aborrascado
y sangriento justamente...

Los versos que Miguel Hernández escribió en la guerra son un testimonio sobrecogedor de las ilusiones y sueños por los que lucharon o creyeron estar luchando miles de españoles en los viejos campos de Iberia. Tiempo de utopías, donde cultiva el hombre raíces y esperanzas desesperadas, la guerra, se decía por calles y trincheras, era una lucha popular contra el fascismo, contra el militar traidor y sus aliados, los invasores italianos y alemanes. La realidad, sin embargo, la realidad profunda, era menos esquemática. Igual que los cantos que escuchaba Antonio Machado en los labios niños, las canciones de la guerra civil llevaban confusa la historia y clara la pena.

Fieros y pragmáticos, los militares que habían asaltado el poder en 1936 eran militares reaccionarios, defensores de un futuro que estaba en el pasado, guardianes del viejo orden social, pero no eran unos simples fascistas carentes de representación popular. La Iglesia, con sus afirmaciones de que luchaban la España y la antiEspaña, la religión y el ateísmo, la civilización cristiana y la barbarie, les dio pueblo, les dio un pueblo, entre gótico y plateresco, que también cayó embravecido en los campos de batalla, luchando magnánimamente por lo que imaginaban un ideal grandioso: la defensa de la sociedad cristiana y la lucha contra el comunismo, enemigo común de la humanidad. Crucifijos, sagrados corazones de Jesús, vírgenes del Pilar, banderas bicolor... suscitaban también adhesiones y fervores en aquella España de 1936. No obstante, el mito de la guerra popular contra el fascismo perduró. Madrid, la resistencia de Madrid ante el avance de Franco, el pueblo madrileño hecho mito, había llenado el mundo con imágenes demasiado poderosas para que el tiempo las borrara. Ya lo había escrito Machado en 1937:

«Los que presenciamos la toma del Cuartel de la Montaña, en julio de 1936, guardamos el recuerdo de una intuición directa, inconfundible y concreta, del espíritu arrollador del pueblo madrileño cuando, guiado por un ideal de justicia o enardecido por el sentimiento de su hombría ultrajada, se decide a afrontar todos los peligros...»

El poeta tenía razón. El mundo, que leyó la batalla de Madrid en los periódicos, guardó su recuerdo.

Rompeolas de gloria

La resistencia de Madrid no es una fábula ni una leyenda modelada con el barro del pueblo, pero sí ha sido idealizada por los perdedores de 1939, idealizada hasta el mito, idealizada de la misma manera que los vencedores exaltaron y poetizaron la resistencia del Alcázar de Toledo. En una guerra, los bandos necesitan de héroes, sean éstos individuos concretos o muchedumbres sin rostro; necesitan reinventar la realidad, darle una apariencia más noble y digna, sacralizar sus propios actos y demonizar los del enemigo. En una guerra, los bandos necesitan sus mártires, sus símbolos de resistencia, sus canciones...

«Pero ya está Toledo derruido; es decir, edificado», escribía Agustín de Foxá al contemplar las ruinas del Alcázar, liberado de los milicianos por el ejército de Franco. «España varonil —continuaba el conde, poeta barroco y diplomático escéptico—. España desvelada, inesperada, tiende sobre la mesa sus planos de ciudades en ruinas, exalta la arquitectura heroica de sus fortalezas minadas. Nuevo trabajo a los futuros cicerones; ya no habrá que detenerse ante el lívido conde de Orgaz cadavérico de aceites eléctricos, ni ante la Biblia de San Luis, granizada de gotas de oro, ruborizada de diminutas vírgenes con manzanas, sino que habrá que subir por escombros y polvo, habrá que visitar las catacumbas de la epopeya nueva, recorrer las galerías contemporáneas y evocar magníficos héroes de romancero que andan en tranvía por nuestras ciudades, que tienen novias en nuestras familias y nos sonríen y nos tienden la mano...»

En 1936, la resistencia que protagonizó el coronel Moscardó con un millar de hombres dentro de los muros del Alcázar, infructuosamente bombardeados y estérilmente asaltados por los milicianos, se convirtió en símbolo de la lucha de los sublevados. Toledo encerraba en sus calles y los muros de su Alcázar el latido de la historia. Toledo era la ciudad imperial. La propaganda franquista, movida por escritores, periodistas y poetas que conocían lo que de héroes y pueblo armado sueltan a chorros las leyendas, aprovecharon aquel asedio y aquella resistencia para propagar el nacimiento de una nueva España. «Así, como es, queremos a España —escribía el conde de Foxá— ... con la fe intacta, aunque ardan todas sus iglesias románicas, con la sangre heroica aunque se derrumben todos sus alcázares...»

Pero las imágenes que extendieron aquellos relatos estaban, y siguen estando, sembradas de mitos, desde la conversación telefónica en la que Moscardó, con el auricular en la mano, oía la descarga de fusil que acababa con la vida de su hijo, hasta el heroísmo de los jóvenes cadetes que habían defendido el Alcázar sitiado. Leyenda amasada con el barro de la realidad, lo cierto es que los verdaderos protagonistas del asedio no fueron los jóvenes cadetes del relato franquista, pues en aquel momento, por tratarse del período de vacaciones, apenas quedaban cadetes, sino soldados y guardias civiles de toda la provincia que se habían concentrado en Toledo por órdenes de su jefe. Tampoco el coronel Moscardó oyó aquel disparo desgarrador al otro lado del teléfono ni pensó que los milicianos fueran a llevar hasta el final la amenaza de matar a su hijo si no rendía el Alcázar. Su hijo sería fusilado un mes más tarde, pero no como hijo de un héroe, ni por compartir la causa de su padre, sino anónimamente, víctima de una saca de presos.

El mito, no obstante, es largo. En el Alcázar resonó el eco de los disparos durante muchos, demasiados años. En el Alcázar se estremeció la voz de los juglares de la cruzada. Isidro Gomá vibró de emoción tras su toma: «Oídme. Va un grito de júbilo. ¡Toledo es nuestro! La habíamos perdido, toledanos; porque la ciudad no son las piedras, sino el espíritu, y Toledo ha vivido dos meses sin su alma.» Manuel Machado templó el verso de historia, sumergiendo a los vivos y los muertos en una misma tierra:

Hoy, ante su magnífica ruina,
honor universal, sol en la Historia,
puro blasón del español denuedo,
canta una voz de gesta peregrina:
¡Mirad, mirad cómo rezuman gloria
las piedras del Alcázar de Toledo!

Y Pemán vio en su reconquista un camino claro hacia Madrid:

¡Toledo por España!... Soldados de El Mizzian,
entre piedras las uñas agarrotadas, van
escalando los muros venerables. La Historia
corta plumas de cisne. Se estremece Madrid.

Madrid, si embargo, resistió. Resistió tres años. El 7 de noviembre, fecha del primer ataque frontal del ejército sublevado contra la capital, Antonio Machado escribió unos versos que resumen la emoción de aquellos días de 1936:

¡Madrid, Madrid! ¡Qué bien tu nombre suena,
rompeolas de todas las Españas!

La tierra se desgarra, el cielo truena,
tú sonríes con plomo en las entrañas.

El poeta de *Campos de Castilla* había dejado Madrid días antes de la batalla, pero el ambiente que respiraba el pueblo madrileño mientras los atardeceres se veían interrumpidos por el resplandor de los primeros cañonazos, se le había quedado prendido en la mirada. «¡No pasarán!», se gritaba a voz en cuello. «¡Madrid será la tumba del fascismo!», se repetía. Nunca como antes se había puesto en marcha en España un aparato de movilización tan intenso, reiterativo y eficaz. La prensa, la radio, el mitin, el folleto, la octavilla, el cartel, la fotografía, el cine, todo estaba al servicio de la mentalización popular para la defensa. Había llegado la dolorida hora de mirar cómo se sostenía el pueblo a puro diente, a puras uñas, a pura bala. Y Madrid resistía. En 1937, luego de que Franco se hubiera estrellado en la capital, desde Valencia, Machado escribía: «En España lo mejor es el pueblo. Por eso la heroica y abnegada defensa de Madrid, que ha asombrado al mundo, a mí me conmueve, pero no me sorprende. Siempre ha sido lo mismo. En los trances duros, los señoritos invocan la patria y la venden; el pueblo no la nombra siquiera, pero la compra con su sangre.»

La imagen del pueblo madrileño en armas, su lucha con sed de mañana, la vida al desnudo entre las bombas y los obuses, su grito herido que necesita más vidas, más balas, más sueños, más alimento... llevó a muchos poetas a meterse en la sangre de la capital hasta la cintura. Jamás antes una ciudad inspiró una sinfonía como la que inspiró aquel Madrid sitiado de 1936. Sobre los ataúdes feroces en acecho, sobre los mismos muertos sin remedio y sin fosa, Alberti escribía:

Capital ya madura para los bombardeos,
avenidas de escombros y barrios en ruinas,
corre un escalofrío al pensar en tus museos
tras las barricadas que impiden las esquinas.
Hay casas cuyos muros humildes, levantados

a la escena del aire, representan la escena
del mantel y los lechos todavía ordenados,
el drama silencioso de los trajes vacíos...

El dolor de las ruinas no enfría ni aplaca la mano del poeta. Es preciso luchar para seguir viviendo. Madrid... Madrid...

Ciudad, ciudad presente,
guardas en tus entrañas de catástrofe y gloria
el germen más hermoso de tu vida futura.
Bajo la dinamita de tus cielos, crujiente,
se oye el nacer del nuevo hijo de la victoria.
Gritando, y a empujones, la tierra lo inaugura.

Emilio Prados es otro de los poetas que canta a Madrid durante la guerra civil. Canta la ciudad por la radio, en los frentes, en las revistas. La canta hasta ser ciudad, casa, calle, polvo...

Entre cañones me miro,
entre cañones me muevo:
castillos de mi razón
y fronteras de mi sueño,
¿dónde comienza mi entraña
y dónde termina el viento?...
¿Dónde comienzas, Madrid,
o es, Madrid, que eres mi cuerpo?

Y frente al ejército rebelde, el miliciano, el miliciano armado de ideales y de plomo, el miliciano que ciñe la espuma y queda donde se planta, como la roca. «No me preguntéis su nombre», escribe Vicente Aleixandre...

Madrid entero lo adivina;
Madrid late por sus sienes;
sus pulsos vibran hirviendo
de hermosa sangre caliente,

y en su corazón rugiendo
cantan millones de seres.
No sé quién fue, quién ha sido:
¡toda la ciudad lo tiene!
¡Madrid, a su espalda, le alienta,
Madrid entero lo sostiene!

Estertores de retaguardia

Los poetas elevaron Madrid a capital de la gloria, prolongando el eco del pueblo al mundo entero. Espejo de escombros y banderas, la resistencia de Madrid salvó a la República y contrarió a los militares sublevados, pero, más allá del mito extendido por la literatura y el cine, la realidad de aquellos días está hecha de claroscuros, se compone de grandeza y miseria. Unas gentes hicieron la lucha, otras, la gran mayoría, la sufrieron, y otras temieron y esperaron.

La defensa de Madrid no se debió únicamente al entusiasmo de los madrileños por acudir a las trincheras. Hubo milicias combatiendo en Guadarrama, Somosierra, Gredos, Talavera... pero la resistencia hubiera sido imposible de no ser por las tropas regulares traídas de otros frentes, la lucha de las Brigadas Internacionales, que tuvieron su bautismo de fuego en Pozuelo, y no donde los sitúa la épica, en el puente de los Franceses y la Ciudad Universitaria, o por la riada de voluntarios que llegaban a la capital y se alistaban en Madrid, por ser Madrid.

Hubo heroísmo, ideales, puños cerrados, canciones, hambre, bombardeos, muertos inocentes... sementera que engendró la sinfonía de los poetas, pero el día a día del asedio, la realidad cotidiana, tuvo también su crónica negra. La crónica que describe la represión de los disidentes, los supuestos o reales espías del enemigo, gente que fue asesinada sin haber cometido más delito que ser católico, «señorito» o estar adscrito a un partido de derechas. La crónica que describe el día a día de las personas sometidas al terror de grupos incontrolados que actuaban con la cobertura o se beneficiaban de la indiferencia de responsables políticos y organizaciones sindicales. Tomás Labayen, el hijo del viejo coronel y protagonista de *Días de Llamas*, juez de instrucción perteneciente a una familia de clase media con raíces militares, recoge con su tragedia amasada de verdad literaria la terrible experiencia que padecieron personas como Melquíades Álvarez, Ramiro de Maeztu o Muñoz Seca, víctimas de las sacas y los paseos, víctimas del «crimen motorizado» de la capital, como escribió Agustín de Foxá en *Madrid de corte a checa*. Habla Tomás Labayen: «Se han acostado todos y se oyen ronquidos que para mí son un presagio de los estertores que oiré. La puerta continúa cerrada. ¡Cuántas veces he mirado hacia ella! Pero la van a abrir enseguida y, enseguida, dirán mi nombre y me levantaré, buscaré a gatas mis zapatos y recordaré que no me los he quitado porque habría sido un exceso de confianza y no hay que tener ninguna. Cogeré mi chaqueta, me temblarán los dedos al abrocharme los botones y recordaré la calma que había en el rostro de Miguel y la impasibilidad del marino que, para despedirse, dijo tan sólo *Bye, bye!*... Iré recitando oraciones que creía tener olvidadas, despidiéndome de Luisa, de mi madre, de todo, hasta de la caja de zapatos que me servía de mesa...»

Madrid resistía a costa de enormes pérdidas humanas y materiales el acoso de las tropas de Franco. En las tertulias había sed de venganza por los estragos y el temor a una rebelión de los partidarios de la derecha, a la existencia de una quintacolumna fascista, como daban a entender algunos discursos de los generales sublevados. Los paseos habían comenzado mucho antes del asedio, con trágicos episodios como el de las ejecuciones de la cárcel Modelo, pero fue en aquel Madrid eufórico y temeroso cuando se escribió uno de sus capítulos más negros. Más de dos mil personas, entre militares, religiosos, falangistas, aristócratas y personalidades de la vida pública, fueron sacadas a comienzos de noviembre de 1936 de las prisiones y fusiladas en Torrejón de Ardoz y Paracuellos del Jarama.

La historia de la represión es la peor de las historias de la guerra civil. Había que eliminar al enemigo, se decía, limpiar el ambiente, aplicar el bisturí a los órganos enfermos de la sociedad. Muchos resentimientos de años atrás se desahogaron criminalmente aquellos días. Hubo atrocidades en ambas zonas, y esas atrocidades sumadas a las muertes en los campos de batalla, encendieron el deseo de venganza entre las familias y los camaradas de las víctimas. En la zona republicana, la Iglesia vio agigantarse la nómina de sus mártires a manos de grupos incontrolados que también se vengaron en la burguesía, los caciques rurales y los políticos conservadores. Mientras tanto en la zona sublevada por los militares fueron corrientes los paseos y asesinatos de gentes de izquierdas o de simples simpatizantes de la República.

«Mis tropas pacificarán España cueste lo que cueste y todo esto parecerá una pesadilla», le había respondido Franco a un periodista estadounidense en 1936. El ciclón de sangre llevado por sus ejércitos y algunos pistoleros de Falange a los campos y ciudades de España hizo realidad la pesadilla. Lorca, el poeta Federico García Lorca fue una de aquellas personas que los sublevados, como en una película de cine mudo a la que no parece pertenecer el grito de las víctimas, mataron cuando la luz asomaba. «Que fue en Granada el crimen... —gritó Antonio Machado al conocer la noticia— ... sabed —¡pobre Granada!—, en su Granada...», gritó el poeta sevillano en la revista *Hora España*. Y su eco no se ha extinguido todavía.

Quedó la palabra

Lorca no fue el único intelectual de altura asesinado en aquellos días de llamas —los franquistas fusilaron a Manuel Ciges Aparicio y Blas Infante y los republicanos a Ramiro de Maeztu, Manuel Bueno, Pedro Muñoz Seca o Jose María Hinojosa—, pero sí uno de los principales poetas de su tiempo. «Muere un poeta —escribía Miguel Hernández—, y un cósmico temblor de escalofríos mueve temiblemente las montañas, un resplandor de muerte la matriz de los ríos...»

El asesinato de Lorca se convirtió de inmediato en uno de

lo símbolos trágicos de la cultura universal del siglo XX. Fue, para muchos, ese cósmico temblor de escalofríos. En su caminar entre fusiles, en su salida al campo frío, aún con estrellas de la madrugada, los poetas de medio mundo plasmaron la fragilidad de la poesía ante las balas, el hallazgo espontáneo del compromiso político, la alianza sagrada de lo popular y la revolución. Poco importaba que Lorca fuera un poeta más culto que popular y que su compromiso con sus amigos de izquierda fuera más que moderado. La necesidad de comprometer el arte con los rumbos de la época removía la conciencia del intelectual de entreguerras. Europa era entonces un latido febril de sueños y pesadillas. España, los campos calcinados donde habría de palpitar su murmullo enfermo.

La guerra civil española fue vivida en todo el mundo como una guerra universal. Desde los primeros estertores de sangre hasta el último suspiro de bala, los intelectuales del mundo siguieron con puntualidad su evolución y estuvieron atentos a las batallas, avances o retrocesos de los ejércitos, informados por un inusual despliegue de periódicos. Italo Calvino diría después que «el momento español» había sido todo a la vez: revolución, realidad, moral y poesía. Ser escritor y no tomar partido parecía imposible. Había que sentir la trinchera en la palabra; dejar el ramo de lirios y entrar en el verso o en el artículo con los dientes y las uñas... con el puño. «Preguntaréis...» escribía Pablo Neruda...

Preguntaréis ¿y dónde están las lilas?
¿Y la metafísica cubierta de amapolas?
¿Y la lluvia que a menudo golpeaba
sus palabras llenándolas
de agujeros y pájaros?...
Preguntaréis ¿por qué su poesía
no nos habla del sueño de las hojas
de los grandes volcanes de su país natal?
¡Venid a ver la sangre por las calles,
venid a ver

la sangre por las calles,
venid a ver la sangre
por las calles!...

Fueron los menos los entusiastas de la causa rebelde: Paul Claudel, Drieu La Rochelle, Robert Brasillach... La mejor nómina de escritores e intelectuales correspondió a la causa republicana, en la que militaron algunas de las más grandes personalidades del siglo: Thomas Mann, Faulkner, Gide, Bernanos, Hemingway... Poetas de una y otra lengua pusieron su verso al servicio de la República. Louis Aragon, W. H. Auden y Stephen Spender compusieron el más conmovedor espejo de ilusiones que alentó el conflicto en la izquierda de la época. Octavio Paz escribió que nunca podría olvidar las caras de los españoles humildes que vio en 1937. Pablo Neruda amasó *España en el corazón* con el torbellino de hojas, vientos, lutos y llantos que le dejó la guerra en la mirada. Nicolás Guillén puso la voz en «las callosas, duras manos», de los milicianos, y César Vallejo dejó para la imprenta uno de los libros capitales de la poesía hispanoamericana, *España aparta de mí este cáliz.*

Hubo también quien creyó más importante ser un hombre comprometido que hacer una literatura comprometida y viajó a España para combatir en lo que pensaba era una guerra romántica, una guerra en la cual la justicia estaba sólo de un bando. Fue quizá Orwell quien mejor explicó el impulso que llevó a miles de jóvenes de todo el mundo a alistarse en las Brigadas Internacionales y luchar en los campos de España: «Si me hubiesen preguntado contra quién luchaba habría dicho contra el fascismo y si me hubieran preguntado por qué, habría dicho, simple y llanamente, por decencia.» La realidad no resultó tan clara ni el camino tan limpio.

Orwell halló en España las razones de su desencanto. El escritor británico llegó a Barcelona pensando que había llegado al reino de la utopía y acabó sumido en un oscuro pesimismo. Tras las intrigas políticas protagonizadas por los comunistas y las sórdidas luchas por el poder desatadas en mayo de 1937, anotó:

«Flotaba en el ambiente un peculiar ambiente maligno; una atmósfera de sospecha, temor, incertidumbre y odio velado.» España dictó a Orwell la lección que el escritor iba a dar más tarde al mundo con *Rebelión en la Granja* o *1984*: que la mentira y la manipulación de la historia eran los instrumentos y los rasgos genéticos del totalitarismo, tanto comunista como fascista.

La presencia en la Península de Orwell, Malraux, Koestler y Spender o la muerte de dos jóvenes poetas ingleses como Bell o Conford alimentó la idea errónea de que la mayoría de los extranjeros que acudieron a la España republicana eran intelectuales y escritores, cuando lo cierto es que la inmensa mayoría de los voluntarios de las Brigadas Internacionales eran obreros de origen humilde. Forjada, como *El Halcón Maltés*, con el material de los sueños pero también con el bronce de la realidad, la historia de los miles de jóvenes —de 35 000 a 60 000— que lucharon en las Brigadas Internacionales está aún rodeada de penumbra. Sus defensores los describen como idealistas que vinieron a combatir a España por la libertad del mundo. Sus detractores opinan que eran simples peones de la Unión Soviética, una partida del ejército internacional de Stalin, y que al acabar la guerra muchos se integraron en los órganos represivos de las dictaduras comunistas del Este. La apertura de los archivos de la extinta Unión Soviética demuestra que las Brigadas, surgidas en el seno del *Komintern,* fueron una empresa orquestada por Stalin, y que André Marty, su jefe, un tipo duro y sin escrúpulos que no dudaba en liquidar a quien se enfrentara públicamente con la línea oficial del Partido.

Otra cosa es la óptica humana. Otra cosa son las intenciones individuales, en su inmensa mayoría llenas de entrega, de fe, de generosidad. Las sórdidas luchas por el poder protagonizadas por sus jefes, obcecados en la idea de que el partido comunista debía ocupar la cabeza del Frente Popular, no deben ensombrecer el idealismo de unos hombres que aún no habían descubierto la perversión estalinista de la revolución y que en una edad más propicia para el amor decidieron sacrificar su seguridad y su vida por lo que muchos creían era una cuestión de dignidad: frenar el fascismo en Europa.

La guerra fue para muchos la mayor aventura de sus vidas. Hubo quienes, como George Orwell, Arthur Koestler o Ralph Bates, vieron derrumbarse en su corazón la fe en el comunismo. Hubo quien vio confirmadas sus razones. Hubo muchos, demasiados, que perdieron la vida. Luego la novela, el teatro, la poesía o el cine se encargarían de recordar el dolor, las ilusiones y la ruina de aquellos años.

Golpe de Estado que se vuelve guerra cuando fracasa el objetivo de Mola por hacerse con el control del Estado, pero triunfa lo suficiente como para asegurar a los rebeldes una amplia base territorial desde la que avanzar hasta la capital, muchos intelectuales e idealistas vieron después en la República la última gran causa de la izquierda. Albert Camus señaló que también las buenas causas podían ser derrotadas. En 1945, tal vez conmovido por el recuerdo del triste final de Antonio Machado, el intelectual francés anotaba en su diario:

«Machado: *Un golpe de ataúd en la tierra es algo perfectamente serio...*

Ya estamos solos mi corazón y el mar...

Traducir los discursos de Juan de Mairena.»

La guerra civil española dejó una huella indeleble en el mundo. En las calcinadas tierras de España, el año 1936 confluyó el palpitar existencial de toda una época y los españoles se acostumbraron a vivir durante tres años, no una vida corriente y privada, no una época humana y una existencia humana, sino la historia del mundo. Fue aquella guerra, y lo sigue siendo, el acontecimiento de España que más pasión y esperanzas ha inspirado y que más papel, celuloide y desvelos ha consumido. Ocurrió hace más de sesenta años, pero aún sigue despertando retrospectivas e interesadas adhesiones líricas. Ocurrió hace casi setenta años, pero aún hay quien manipula su rumor de sangre y aspira a verla con rescoldos de rencor.

Fue un objetivo central en la política del régimen de Franco mantener la división de España en dos Españas: la España de los vencedores y la España de los vencidos. Una España supuestamente auténtica, la nacida de las cenizas de la guerra; y la anti-España de la República, aquella que en palabras del general estaba poblada «de indeseables, los verdaderos criminales comunes de nuestra guerra, que después de ensangrentar el país con sus martirios se llevaron al extranjero el fruto de sus saqueos». Hoy, después de una transición y una democracia, la óptica es la misma, pero al revés, como si nos hubiéramos metido en el espejo que Lewis Carroll inventó para Alicia. Es un lugar común en el discurso de muchos políticos españoles que la guerra civil fue una lucha entre «fascistas» y «demócratas». La manipulación de la historia se repite y se olvida interesadamente que el odio podrido reventó tanto en Badajoz como en Madrid; que la lucha incivil no era una lucha sola, sino muchas luchas enconadas en el corazón de España; que en la ruina de la República no sólo contribuyó «la agresión fascista» sino la ceguera sectaria y la incompetencia de una gran parte de la izquierda; que en el bando republicano no todos eran, ni mucho menos, demócratas ni defensores de la libertad...

Olvidar el olvido: don Ramón Gómez de la Serna contó de alguien que tenía tan mala memoria que un día se olvidó de que tenía mala memoria y se acordó de todo. La guerra civil es ya Historia, historia universal, y no debe ser interpretada con reproches ni en términos de culpabilidad o condena anacrónica de quienes aún no habían nacido, sino tan sólo, y ya es bastante, con un impulso insobornable de saber de verdad qué ocurrió y averiguar por qué. No para que los vivos seamos ventrílocuos de los muertos, sino para deshacer las mitologías del pasado en las que suelen basarse algunas ideologías, para ser capaces de hablar con voces no condenadas al eco perpetuo de la estupidez o del ajuste de cuentas con el presente... Para que las dos Españas del 36 se conviertan por fin en esa tercera España que nos envía con destellos de su luz tranquila y remota, como la de una estrella, el mensaje de Manuel Azaña: Paz, Piedad, Perdón.

Bibliografía

El derecho de recordar no figura en el elenco de los derechos humanos pero hoy más que nunca es necesario reivindicarlo y ponerlo en práctica. Si ayer las generaciones más jóvenes crecían pensando que la guerra de 1936 había sido la batalla de la moral contra el crimen, de la patria contra la antipatria, hoy escuchan que fue un combate entre buenos —partidarios de la izquierda, separatistas y campesinos hambrientos, es decir, demócratas— y malos —simpatizantes de la derecha, centralistas y terratenientes sin escrúpulo, es decir, fascistas. El problema es que, adoctrinados por los mensajes políticos, muchos españoles continúan observando los estereotipos de la guerra a través del catalejo de Franco. El problema de España es que las dos Españas de la retórica del general se han convertido en la piedra angular de nuestro pasado

Sin embargo los campos de España fueron removidos y arados con la sangre de todos. Era la patria suicida, los siglos ulcerados explotando. La mayoría de la población se vio desbordada por el extremismo de aquellas dos Españas divididas, estampa de la Europa de entreguerras, que necesitaban el fusil y la lepra de la guerra para construir su ideal de nación. Ellos pertenecían a la Tercera España, ese imaginario colectivo que se vio envuelto en los bombardeos y las represalias, testigos a la fuerza del crimen y el desvelo... No existen héroes en una guerra civil, sólo hombres y mujeres normales cargando con vivencias y sufrimientos excesivos, conviviendo con un horror sin sentido. Todos ellos perdedores de algo: la vida, la infancia, la libertad, la ilusión, la esperanza, la decencia.

La guerra civil continúa inspirando la investigación de numerosos historiadores que enriquecen las visiones ofrecidas de aquella lucha en los tristes páramos de España. Con motivo del cincuentenario de la contienda, diecinueve historiadores, bajo la dirección de E. Malefakis reflexionaron sobre el acontecimiento en *La guerra de España (1936-1939)* que fue puesto al día diez años más tarde. La obra se lee a gusto, lo mismo que la que luego escribieron nueve historiadores dirigidos por J. Tusell y S. Payne: *La guerra civil. Una nueva visión del conflicto que dividió España.*

Los intelectuales españoles, convertidos en embajadores de la agredida República, buscaron alianzas sin conseguir poco más que unas simples palabras de aliento provenientes de las naciones democráticas. La República sólo logró el inútil reconocimiento internacional y el aliento literario de los Mann, Faulkner, Gide, Orwell, Dos Passos o Sartre. A los intelectuales comprometidos ha dedicado Juan Marichal su recuerdo en *El secreto de España.* La alta temperatura ideológica hizo que un ejército de poetas cargara de ilusiones y bellos ideales sus versos. Dario Puccini recogió una buena selección de ellos en *Romancero de la resistencia española* y la Agencia EFE las *Imágenes inéditas de la Guerra Civil (1936-1939).*

Han pasado casi setenta años del comienzo de la guerra civil y todavía la Iglesia española sigue suscitando opiniones encontradas respecto de su participación en ella. Para muchos españoles la herida de la guerra continúa sangrando del lado de la Iglesia. De Julián Casanova —*La Iglesia de Franco*— e Hilari Raguer —*La pólvora y el incienso*— son los estudios más recientes. Distintos ejemplos de la mitología de la derecha en torno a la guerra han sido estudiados por A. Reig Tapia en *Memoria de la guerra civil. Los mitos de la tribu* mientras que las maquinaciones de Stalin y sus turbios intereses ya inventariados por César Vidal han sido puestos de relieve por Ronald Radosh, Mary R. Habeck y Grigory Sevostianov en *España traicionada. Stalin y la guerra civil.* La España desbordada de Alcalá Zamora, Julián Besteiro, Miguel Maura... y de cientos de miles de personas que se sintieron involucrados en la contienda con horror es homenajeada en el ensayo de Paul Preston *Las tres Españas del 36.* Y el siempre vivo asunto historiográfico de la magnitud del exterminio y la represión cuenta con una última investigación *Víctimas de la guerra civil,* obra de un grupo de historiadores coordinados por Santos Juliá. *Días de llamas* es una novela de Juan

Iturralde sobre la guerra civil que relata el drama de un personaje de ideas republicanas encarcelado por los revolucionarios de su bando. La lectura de Albert Camus —*Carnets*— siempre nos purifica.

CAPÍTULO 9

Volverán banderas victoriosas

Un mundo como un árbol desgajado.
Una generación desarraigada.
Unos hombres sin más destino que
apuntalar las ruinas.

BLAS DE OTERO, *La Tierra*

Las heridas de la memoria

Todo lo del cuerpo es un río, lo del alma sueño y vapor, la vida una guerra y un exilio y la fama póstuma, olvido, dice el emperador Marco Aurelio. El destino común es el olvido, escribe también Borges. Quedan las ideas, si algo queda o merece la pena que quede, murmura Manuel Azaña. Quedarán de los hombres y de los sueños del siglo XX las hojas muertas, un buque fantasma de ilusiones, tal voz atrapada en el tiempo de una radio, tal vida soñada en un libro, la escena de una vieja y rayada película, esas fotografías que se van poniendo con los años un algo de sepia, un algo pardusca, un algo gris. Quedará el recuerdo, o la ceniza.

Espartero fue en el siglo XIX un general aclamado por el pueblo, un ídolo hecho de verso y espada que tuvo poder y delirio y gloria. En ocasiones fue laureado como un rey y los monarcas extranjeros le condecoraron varias veces: la reina Victoria de Inglaterra le concedió honores y homenaje, el rey Felipe de Francia le otorgó la Legión de Honor, y la reina María de Portugal, la orden de la Torre. En 1843, cuando se exilió a Inglaterra, la prensa y los poetas lo recibieron con efusión y entusiasmo. En 1868 los revolucionarios españoles se vieron en apuros para encontrar un respetable monarca, se pensó en el viejo general progresista, y en 1870 Juan Prim llegó a escribir a Espartero para preguntarle si aceptaría la corona en el caso de que las Cortes quisieran elegirle. Hoy, aquel viejo militar que encarnó muchas de las paradojas y tristezas del siglo XIX apenas es un nombre labrado en la placa de una calle, que los nacionalistas vascos en cuanto se hicieron con el Ayuntamiento de Bilbao, la ciudad liberal escenario de su aureola, se apresuraron a quitar.

El porvenir es un mundo desconocido, un país del que a veces se destierra a algunos hombres o algunos recuerdos o algunas pesadillas. El porvenir dura mucho tiempo. Hace poco la ciudad de El Ferrol asistió a uno de esos destierros: el destierro de otro general, el destierro de una estatua... La piedra estaba firme y anónima, era ya materia de sueño, paisaje. Tal vez el dictador, congelado en su delirio de estatua, perdido entre la lluvia y las palomas, pensaba en la gloria pasada, en los océanos de gente que gritaban su nombre en la plaza de Oriente: las fosilizadas consignas, los antiguos ¡Franco, Franco, Franco! Tal vez pensaba en su viejo país inmóvil, fijado al tiempo como el epitafio a la piedra negruzca. Tal vez soñaba con un movimiento sin duración, un movimiento en blanco y negro, la duración sin tiempo... En las calles de El Ferrol lo declaraban ahora enemigo de la historia, derribaban su figura, extirpaban su recuerdo moribundo. Lejos quedaban los años de grandeza militar y fiebre mitológica. Unos jóvenes abrían champán en la noche. Una señora, encogida por el frío, miraba con tristeza las maniobras de quienes se llevaban la estatua ecuestre. Una polea echaba sombra en la cara del general. ¿Era esto la historia de los hombres? ¿Este laberinto, este vano juego de sombras? El general, piel de piedra, ojos sin luz, se descolgaba de tanta altura, bajaba por la ciudad hacia su ría profunda, hacia la última tierra en el destierro. Sin ceremonias ni oraciones, bajo la vigilancia de un puñado de curiosos, Francisco Franco se despedía de El Ferrol como quien se retira a un castillo, y solitario, y ensimismado, se queda allí, dejando correr los siglos sobre su cadáver.

Hay veces en que los sueños de los perdedores, los deseos que parecían más imposibles, se cumplen. Quien aguarda sabe que la victoria es suya, dice Antonio Machado. De los resistentes es la última palabra, apostilla Albert Camus. Hay veces en que la historia es un relato contado por la voz transterrada de los vencidos, aunque quien perdió y se refugió en la espera haya muerto derrotado, no llegue a saberlo y tal vez ni siquiera le sirva de consuelo lo que dice el filósofo que el porvenir es largo, y además no importa. En vida, los perdedores de la guerra civil tuvieron que exiliarse o sobrevivir a la oscuridad, el vacío y la soledad de un presente tallado en la mitología de los vencedores: réquiem por los caídos, sombríos cipreses, brazos en alto, escombros... Muchos cerraron los ojos al mundo imaginando una muerte sin fin, soñando entre dientes un sueño que pocos se atrevían a soñar en voz alta.

Muchos murieron pensando que no habían dejado nada de sus ilusiones por el mundo, que les había faltado tiempo o fuerza o decisión o coraje para hacer realidad lo que soñaban. Muchos esperaron sin fin a que el dictador y su régimen se transformara en pasado, historia. Muchos esperaron, esperaron, esperaron... Por esta razón, el día en que se retiró de El Ferrol la estatua de Franco, hubo quien dijo que aquello era un acto de justicia poética, como si desterrando la figura inmóvil del general se pudieran desagraviar miles de vidas demasiado corroídas por una tristeza y un desencanto que ya no se puede extirpar; como si desgajar al dictador de la ciudad de su infancia sirviera de consuelo a los primeros muertos, aquellos muertos invisibles de la posguerra que andaban por un paisaje sin árboles, entre zanjas abiertas, zanjas antiguas, zanjas recientes de tierra que no cabía en el hoyo de donde se había sacado; como si decapitar una estatua pudiera devolver a aquella generación desarraigada de la que habla Blas de Otero, aquellos hijos de la ira, la luz prodigiosa de Antonio Machado o Max Aub, las rotas raíces de una cultura deshecha de exilios, de cárceles, de penas, de olvidos.

Las justicias poéticas nunca son justas ni poéticas. El riesgo para las víctimas amortajadas en silencio está en morir una segunda vez, morir sin dejar rastro. El riesgo está en pasar las páginas de la historia, en cerrar el recuerdo, en abolir las imágenes. La memoria, tanto la personal como la histórica, se compone de narraciones, pero también de imágenes. Hay quien escribió que jamás nadie podrá conocer una época si no trata de interrogar a aquéllas y descubrir el misterio de su más íntima existencia. La imagen es siempre una pregunta, un misterio que la narración ilumina con su pequeña historia. Una estatua no es sólo piedra y usura de tiempo. Una estatua es una memoria dormida. Hay voces y pasiones reconocibles atrapadas en su geografía inmóvil. Hay ecos y esperanzas antiguas. Hay victorias que se convierten en derrotas, y viceversa, derrotas que se transforman en victorias.

En las estatuas de los dictadores siempre se puede oír la respiración de la boca amordazada, las voces subterráneas de los humillados y los vencidos. En las estatuas y los monumentos que sobrevivieron a la muerte de Franco y a los primeros veinticinco años de democracia hay tristezas erráticas sobrevolando una leva de personajes fantasmales. Intelectuales y poetas perseguidos. Un hombre, un pueblo masticado, como cortado en dos por un sollozo de metal —la sangre, el dogma, la espada—. Un hombre, un pueblo enclaustrado.

Las palabras, los libros, pueden descansar abandonados en largas y oscuras filas de estantes, su aliento puede llenarse de polvo, conservarse no como un pensamiento, no como un espíritu, sino como un objeto muerto e inútil, como un simple libro que le hace preguntarse al lector, cuando por casualidad cae entre sus manos, si alguien lo habrá abierto jamás antes que él y si alguien lo cogerá jamás tras él, mientras el mundo exista. Un libro puede llegar a ser un cúmulo de páginas amarillas, un abanico de partículas de polvo, una urna de pensamientos muertos. Una estatua antigua en la vía pública es siempre una pregunta que un niño hace a su padre —¿Quién es ese hombre a caballo?—. Una estatua antigua es siempre una imagen que envuelve una historia. La figura hechizada en la piedra contiene un relato oculto, un subsuelo en el que yacen los fantasmas de ayer, como un iceberg sumergido en el agua. En el pasado los monumentos se levantaban para mayor gloria de los reyes, de los generales, de los dictadores... pero el porvenir dura mucho tiempo y, a veces, aquello que se erigió en honor de un tirano se convierte en memoria de la tiranía y de las víctimas de esa tiranía.

La estatua despierta la curiosidad del niño que pregunta en busca de un significado. Las palabras del padre la iluminan con una pequeña historia. La estatua es como aquellos hombres de *Fahrenheit 451* que en tiempos de oscuridad iban por los caminos y vías férreas abandonadas, vagabundos por el exterior, bibliotecas en el interior, con un libro que querían recordar y salvar de la hoguera. Las estatuas de Franco que han sobrevivido al paso de los años son como esos hombres que archivaban en su cabeza las páginas de un libro: contienen una historia, un tiempo anónimo, contienen las lágrimas cerradas, pero nunca secas, del poeta...Yo ya no lloro, escribe José Hierro...

excepto por aquello que algún día
me hizo llorar:
los aviones que proclamaban
que todo había terminado;
la estación amarilla diluida en la noche
en la que coincidían, tan sólo unos instantes,
el tren que partía hacia el norte
y el que partía hacia el oeste
y jamás volverían a encontrarse;
y la voz de Juan Rulfo: «Diles que no me maten»;
y la malagueña canaria;
y la niña mendiga de Lisboa
que me pidió un «besiño».

Las estatuas de Franco que han sobrevivido a la paz de 1978 y al paso de los años contienen la memoria de una época hecha y deshecha con la canción de los vencedores, hecha y deshecha con años de muerte y supervivencia, hecha y deshecha con exiliados y afectos, cartillas de racionamiento y estraperlo, radios y televisiones, turistas y emigrados, hierro y conformismo... Las estatuas del antiguo dictador contienen una larga noche de piedra, aquella que sufría otro poeta, el gallego Celso Emilio Ferreiro:

El techo es de piedra.
De piedra son los muros
y las tinieblas.
De piedra es el piso
y las rejas.
Las puertas,
las cadenas, de piedra.
El aire,
las ventanas,
las miradas,
son de piedra.
El corazón de los hombres
que a lo lejos acechan,
hechos están
también
de piedra.
Y yo, muriendo,
en esta larga noche
de piedra.

La mayoría de los españoles no ha conocido el franquismo de posguerra y un alto porcentaje de la población apenas si tiene algún recuerdo directo de la larga dictadura. Terminada la transición, la voluntad de no hurgar en las heridas obligó a pasar la página de la historia de aquellos cuarenta años de excepción. A los políticos nunca les han gustado las palabras tristes, ni las cosas antiguas, ni tienen mucha paciencia con las evocaciones del pasado, aunque ese pasado sea el suyo. No hay que contar historias viejas. Es mejor cubrir de olvido y sombra las estatuas, echar paletadas de ceniza oscura por el suelo. Lo hizo la izquierda cuando en los ochenta le entró el tic de la modernidad y procuraron eludir aquellas palabras que tuvieran adherencias de dolor o paisajes de plomo. Lo ha hecho la derecha, callando en los homenajes de Federico García Lorca los versos que escribiera Antonio Machado —*... Que fue en Granada el crimen / sabed ¡pobre Granada!, en su Granada...*— y haciendo mohines de desagrado ante los recuerdos inevitables de soledad y cementerio que despierta el nombre de Franco... No hay que contar historias viejas. No hay que desamordazar las historias tristes y terribles que envuelven la figura de Franco, aunque su régimen de cárcel y muerte en el camino haya sido durante muchos años la biografía de España, aunque aquel dictador que tuvo un poder tan grande como nunca gobernante alguno había tenido en España sea ya historia, aunque su nombre siga envuelto en mitos.

La crónica del franquismo es la crónica de una dictadura y un pueblo anónimo que sólo podía comunicarse con mitos: Franco, patriota que libró a España del comunismo y de la segunda guerra mundial; Franco, motor del desarrollo del país; Franco, escultor de la paz... La crónica del franquismo es la crónica de un nacionalismo histórico y providencialista que negó el patriotismo a media España. Hay ocasiones en que hacer la biografía de un tirano y sus mitos puede enseñar a amar la libertad.

Decía Flaubert, con no poco optimismo, que si los gobernantes de su época hubieran leído *La educación sentimental* la guerra franco-prusiana no habría tenido lugar. Quizá si los españoles de finales de los setenta y comienzos de los ochenta, en lugar de emparedar los años de silencio, se hubieran enfrentado con las historias viejas y terribles de su educación sentimental los nacionalismos excluyentes no se hubieran perpetuado a través de la democracia. Quizá los españoles hubieran dejado de sacralizar pasados de campanario y hoy en el País Vasco el verdugo no gozaría de respeto, el horror y el chantaje no serían, como los árboles, un objeto más en el paisaje, las víctimas del terror tendrían la piedad de los sacerdotes, la gente podría decir ciertas cosas en voz alta y comprar ciertos periódicos sin sufrir miradas de odio, en las escuelas no se enseñaría el dogma ni el rencor, y los perseguidos no se verían forzados a marcharse lejos por miedo a morir...

Hay veces en que no borrar el pasado es una manera de curarse contra la repetición de las patrias excluyentes; una manera de mantener el recuerdo de sus víctimas; una manera de impedir que éstas mueran dos veces, sigan muriendo. Hay veces en que las estatuas de los dictadores, con el tiempo, dejan de ser canto y gloria del tirano para convertirse en eco perenne de los perseguidos, para hablar el lenguaje ahogado de los vencidos. Como aquel albañil del poema de Miguel Hernández, el general Franco, también sin saberlo, terminó por labrar su cárcel y su pena: la historia... el porvenir...

Un albañil quería... Pero la piedra cobra
su torva densidad brutal en un momento.
Aquel hombre labraba su cárcel. Y en su obra
fueron precipitados él y el viento.

... El niño interroga a la estatua. La estatua antigua es siempre un pequeño dique contra la amnesia, el hilo de una historia: érase una vez un general que ganó una guerra civil... Érase una vez un dictador de mesa camilla que a la hora del café, en tertulia con el expediente y la historia de cada hombre que iba a matar o a encarcelar, anotaba al margen de una página «Garrote y Prensa»... Érase una vez un dictador de homilía y pistola que proclamó con una voz metálica y delgada la Paz, pero los muertos hondos, como los cementerios, latían bajo la luna, paseaban por las calles un terror oscuro de zanja sin cerrar... Érase una vez un general que ganó una guerra civil y proclamó la paz, pero ...

Al paso triste de la paz

... Una guerra civil jamás acaba el día en que se firma el último parte de la contienda. Una guerra civil sólo termina cuando desaparecen de la memoria cotidiana las miradas de muerte, cuando se cierran en la vida diaria los campos de sangre, cuando las emociones dejan de latir como volcanes y se calman y la lava se cubre de otros sedimentos, de otra vegetación. En España la guerra de 1936 no terminó hasta la muerte de Franco, aunque los altavoces del régimen propagaran lo contrario, aunque sustituidos los ministros falangistas por los tecnócratas del Opus Dei se quisiera blanquear el rugido negro de posguerra, aunque de repente todas las voces sonaran a paz y a presente y a renta per capita.

Caudillo y santo, Franco fue como un rey de la Edad de Oro, tenía la bendición de los obispos y los sacerdotes, había salvado la España eterna del comunismo —la herejía moderna que se debía quemar en las nuevas hogueras de la Inquisición— había liquidado la violencia y la división de la República y había forjado una paz duradera y generosa. El mito cuajó en un espeso silencio de papel de periódico. En 1964 los juglares de la dictadura festejaban hasta la extenuación, hasta enterrar los desolados años cuarenta en el big-bang del electrodoméstico y el *seiscientos*, el vigésimo quinto aniversario del régimen. Después de esa fecha, y sin olvidar jamás los méritos de la guerra, el discurso de la victoria fue sustituido por el de la paz, «los veinticinco años de paz». Franco desertaba del uniforme militar para mostrarse paternalmente civil en los televisores y las imágenes en blanco y negro expandían el mito recién creado, le daban significado, prolongaban la emoción de aquella quimera y la intensificaban. La paz de Franco, sin embargo, era una paz imposible; era la paz del vencedor, que jamás es paz sino un coro de coros —los vencedores—, un silencio de silencios —los vencidos—.

La paz de Franco fue la crónica amarga de unos españoles que hacían negocios y se repartían el botín de la guerra, y otros españoles que se quedaban sin nada y sufrían el desgaste continuo del miedo, la estrechez de todo, la mezquindad de la denuncia, la soledad que iba ahogando la ilusión y terminaba cavando el cementerio, el fatalismo mediocre que frustraba no sólo los sueños más insensatos, sino las aspiraciones más prudentes: la de renunciar al pasado, la de salir de la cárcel con un boquete en el alma que no se puede tapar nunca, la de regresar a casa hecho un destrozo, con la mirada llena de sombra, la de vivir de un trabajo deprimente y mal pagado, la de soñar en algo mejor que no llega...

La paz de Franco es la melancolía del derrotado que emprende un viaje hacia adelante, hacia el tiempo llamado porvenir, porque ya no posee ninguna tierra, porque ya ninguna patria será jamás la suya, porque en ningún país puede arraigar ya su corazón. La paz de Franco es la melancolía que empaña la última escena de *Las bicicletas son para el verano*, cuando en medio de un paisaje yerto —edificios desventrados, escombros, ruinas...— un padre de antecedentes republicanos le confiesa a su hijo que es muy posible que le detengan, que están deteniendo a mucha gente y que seguramente su nombre esté temblando ya en un papel, y un día también vengan a buscarle a él... cuando en medio de un paisaje yerto un padre le dice a su hijo: «Es que no ha llegado la paz, Luis. Ha llegado la victoria.»

La paz de Franco fueron treinta y seis años de victoria. En 1939 el poeta Manuel Machado cantaba: «De tu soberbia campaña, Caudillo, noble y valiente, ha surgido nuevamente una grande y libre España. Que sean tu nueva hazaña estas paces, que unirán en un mismo y puro afán al hermano y el hermano.» Pero Franco no trajo a los españoles ni paz ni perdón ni piedad, sino orden, un orden policial. Franco no perdonó ni un solo día a los vencidos, no suprimió hasta 1948 el estado de guerra y los tribunales militares, a los que se dotó de amplias competencias, bien distintas de las propias de su esfera, no dejaron de funcionar hasta su muerte.

Para desesperación de millares de republicanos que quedaron atrapados en el laberinto de la derrota, el 1 de abril de 1939 la voz distante y delgada del general proclamó el fin oficial de la guerra. Lo rebeldes *ya habían pasao,* como popularizó en la canción Celia Gámez. Larguísimas hileras de prisioneros, demacrados y hambrientos, podían contemplarse por las carreteras y calles de las ciudades. Por los caminos se veían gentes despavoridas, familias errantes, unos en busca de lugares seguros, otros caminando sin descanso hacia sus hogares. Todos eran culpables hasta que los avales y los informes no demostraran lo contrario.

Franco dejó fuera de la ley —reos de delito de rebelión— a quienes se habían mantenido fieles a la República. Para ellos la paz era la terrible rueda de los juicios sumarios, las penas de muerte y las cárceles. Hubo paseos, ejecuciones a garrote, crueles procesos de depuración que se prolongaron en el tiempo. Hubo miles de personas que se vieron obligadas a desertar del pasado. Hubo miles de personas que se escondieron en sótanos y desvanes para ponerse a salvo. Hubo miles de personas asesinadas con la cobertura de la Ley de Responsabilidades Políticas. Hubo miles de personas que vieron pasar los años entre los muros de una prisión. Hubo miles de personas condenadas durante años a trabajos forzados. La paz de Franco supuso la muerte, el exilio o la reclusión de miles de periodistas, intelectuales, funcionarios, políticos, poetas, republicanos de derechas y de izquierdas, monárquicos de izquierdas, obreros, profesores, campesinos...

Los muros de las cárceles crecieron más alto que la frente del país, y en sus catacumbas se enjambraron todos aquellos vencidos que no pudieron buscar valedores que garantizaran su «honradez política» y su afección al régimen, o que buscándolos no servían para decolorar su pasado. Miguel Hernández, el poeta del pueblo que Sánchez Mazas y Cossío salvarían del garrote, el poeta que había soñado con el mar y luego vio cómo aquel mar temblaba y se pudría entre muros y rejas, sería uno de ellos, uno más entre aquellos cientos, miles de hombres y mujeres perseguidos, masticados y tragados por la paz... Hacia 1938, como presagiando que la guerra civil era a libertad o cárcel, como presagiando que, de perder, el aire que respirara, el suelo que pisara, todo sería de prestado, había escrito:

Las cárceles se arrastran por la humedad del mundo,
van por la tenebrosa vía de los juzgados:
buscan a un hombre, buscan a un pueblo, lo persiguen,
lo absorben, se lo tragan.
No se ve, no se escucha la pena de metal,
el sollozo del hierro que atropellan y escupen:
el llanto de la espada puesta sobre los jueces
de cemento fangoso...

Temprano levantó la muerte el vuelo

Miguel Hernández fue una de las miles de personas sacrificadas funcionarialmente en la cárceles de los vencedores. Con el desmoronamiento final de la República, el poeta se vio atrapado en el engranaje de la colonia penitenciaria que, con la colaboración de alcaldes, curas, jueces militares, guardias civiles, falangistas y delatores, extendió sus mandíbulas por todo el país. Las cartas y los poemas que escribió desde la cárcel, antes de morir, ilustran lo que fue, en toda su crudeza, aquel vivir muriendo en una lejanía de opacos latidos.

Sangre ligera, redonda, granada:
raudo anhelar sin perfil ni penumbra.
Fuera, la luz en la luz sepultada.
Siento que sólo la sombra me alumbra.

Los papeles que emborrona el poeta en la cárcel son un cuaderno de bitácora por la senda de aquella España de prisión y sollozo: tienen una huella de presencias reales, una instantaneidad de vidas que no pertenecen al pasado canónico de la historia, sino al presente mismo en que la letra queda fijada en la hoja en blanco. Por los papeles del poeta pasan los trenes siniestros, vagones de mercancías o ganado con las ventanillas clausuradas, en que se transportaban los prisioneros de una cárcel a otra. Por los papeles del poeta cruza el frío y la cruda humedad de las prisiones...

Llegó la ropa y la recibí con los brazos abiertos, como cosa tuya. Hace frío de verdad aquí. Al que le da por reírse, le queda cuajada la risa en la boca, y al que le da por llorar, le queda el llanto hecho hielo en los ojos...

Por los papeles del poeta deambula el tiempo podrido de nadas, echado al olvido, pendiente de que una noche, tras un chasquido de cerrojos, una voz pronuncie el nombre, Miguel Hernández, o tú, y tú, y yo, y lo conduzca al patio de ejecución...

Sólo la sombra. Sin astro. Sin cielo.
Seres. Volúmenes. Cuerpos tangibles
dentro del aire que no tiene vuelo,
dentro del árbol de los imposibles.

Por la letra quebrada del poeta late el pozo voraz del hambre sin remedio, ese pozo desde el que escribe a su hijo, aquel niño que, según le dice Josefina en una carta, se alimenta sólo de pan y cebolla...

La cebolla es escarcha
cerrada y pobre.
Escarcha de tus días
y de mis noches.
Hambre y cebolla,
hielo negro y escarcha
grande y redonda.
En la cuna del hambre
mi niño estaba.
Con sangre de cebolla
se amamantaba.
Pero tu sangre,
escarchada de azúcar,
cebolla y hambre.

Por la letra quebrada del poeta se oye el murmullo de las enfermedades —tifoideas, neumonía, bronquitis...— que van tiñendo de luto el papel...

Querido Vicente: ya lo sabes, he pasado unos días con una bronquitis que me ha dejado mucha flojera. Además la falta absoluta de preparados farmacéuticos atrasa la cura completa

> *y todavía no ando firme... Cada día se hace más preciso mi salida a un sanatorio, aquí no me recuperaré nunca... Josefina, manda inmediatamente tres o cuatro kilos de algodón y gasa, que no podré curarme hoy si no me mandas. Se ha acabado todo en esta enfermería. Comprenderás lo difícil de curarme aquí. Ayer se me hizo la cura con trapos y mal...*

En las palabras del poeta se ahonda la soledad estrechada de negrura...

> *Josefina... no sabes cómo es estar como estoy, por eso no sabes tampoco el valor que tiene una carta y la alegría que da... Aún me suena el beso que me diste en la oreja. Todas las cosas me acompañan en esta soledad de franciscanos que tengo...*

En las palabras del poeta se ahonda la melancolía de la vida pasada, cuando aún en el mundo no se había hundido la risa, y el horizonte único del hijo: Manolillo...

> *Tu risa me hace libre,*
> *me pone alas.*
> *Soledades me quita,*
> *cárcel me arranca.*
> *Boca que vuela,*
> *corazón que en tus labios*
> *relampaguea.*
> *En tu risa la espada*
> *más victoriosa,*
> *vencedor de las flores*
> *y las alondras.*
> *Rival del sol.*
> *Porvenir de mis huesos*
> *y de mi amor.*

En el verano de 1940 el poeta todavía soñaba más vida, hacía juguetes de madera a Manolillo e imaginaba poemas que a veces ponía a salvo en el papel y otras veces recitaba a sus compañeros de infortunio, como aquel que recuerda Buero Vallejo haber escuchado de sus labios:

Un albañil quería... No le faltaba aliento.
Un albañil quería, piedra tras piedra, muro
tras muro, levantar una imagen al viento
desencadenador en el futuro...

Hacia finales de aquel mismo año había dejado ya de escribir poesía y desde junio de 1941 sus cartas, pedazos de papel oscuro, fragmentos arrugados, hojas de cuaderno sin fecha siempre, con letras distintas de compañeros que escriben al dictado del poeta, llegan con hedores de muerte...

Carne sin norte que va en oleada
hacia la noche siniestra, baldía.
¿Quién es el rayo de sol que la invada?
Busco. No encuentro ni rastro del día...

Lo que queda de España

Miguel Hernández se despedía del mundo un 28 de marzo de 1942. Moría tres años después de que Franco hubiera dado por concluida la guerra civil. La crónica carcelaria del poeta es la crónica de muchos otros vencidos que desaparecieron aquellos años sin dejar rastro, entre el silencio y el olvido. En 1939 la cifra oficial de encarcelados ascendía a más de 270 000 reclusos. En 1942 eran 140 000 los presos políticos que todavía poblaban las cárceles de España. El número de reclusos descendió debido a los fusilamientos y al garrote, la muerte por enfermedad, los indultos forzados por el colapso administrativo del sistema penitenciario y aquellos presos que, siendo «adaptables a la vida social del patriotismo», se acogían al sistema de redención de penas y trocaban el lúgubre techo de piedra de la cárcel por el cielo abierto de los trabajos forzados.

Fueron muchos los presos republicanos que recorrieron los caminos de España, agotados y cubiertos de andrajos, vigilados de cerca por guardias o escoltas, para trabajar en la reconstrucción de un país devastado, atravesado de escombros. Los vencidos, se decía, eran los culpables de la guerra y de todas sus desgracias: por tanto, ¡que reconstruyan lo que han destruido! Fábricas de llanto negro, las abarrotadas prisiones se despejaron poco a poco sin necesidad de promulgar una amnistía, ese perdón que hubiera permitido a los vencedores dar la mano a los vencidos, reconocer que los sueños y la vida de muchos de ellos no merecía ser hundida en el abismo de aquellas terribles palabras: condenado por auxilio a la rebelión... condenado por adhesión a la rebelión. Los vencidos fueron, de este modo, la mano de obra barata del Estado y de muchas empresas. Carne de cañón de la paz, con su trabajo forzado se construyeron los embalses más importantes de la época, se completó la red ferroviaria, se reconstruyeron pueblos enteros, se levantaron cuarteles y viviendas por todo el país, el dictador labró su tumba de faraón y numerosas empresas rellenaron sus cuentas de resultados. Era el perdón. Era la patria, que llegaba a fuerza de golpes y a fuerza de sol, con un sueño despedazado de pan reñido. Un cronista de la época narraba así el trabajo de los penados:

«Prestos a su quehacer, una ancha alegría renace a la faz de esos hombres... envueltos en la luz que soñaron van recobrando lentamente la perdida paz.»

Las condiciones de vida en las cárceles eran deplorables. Hacinamiento, miseria, suciedad, hambre, soledad, tedio y aquella incertidumbre de si la misma noche en que se vivía no sería la última, de si los pasos o el chirrido nocturno no traerían un fin que no se sabía si iba a ser el propio.

José Hierro, cuya vida, entre 1939 y 1944, transcurrió también en diversos presidios, ha escrito:

Después, fue un hombre muerto,
y otro hombre, muchos más...
He perdido la cuenta.
En los balcones los dejaban
por la noche, delante de la fuente
de aquel patio interior. Muertos calzados
con alpargatas nuevas, su sudario.
Amanecía y se les despedía
cantando el Dies irae
(ya no recuerdo si el de Verdi,
o es muy posible que el de Mozart)

La vida en las prisiones de la posguerra se iba apagando al ritmo de un reloj insensible, por eso, aunque los trabajos forzados no eran la libertad —pico y pala de sol a sol, hambre, humillación, escasez de condiciones higiénicas...— siempre suponían una mejoría con respecto a una condena larga o perpetua en un lóbrego penal. En el campo de trabajo, el tiempo era un latir de tiempo desvaído y moroso, pero tiempo vivo después de todo. La condena, frente la continua inseguridad de la cárcel, tenía una fecha máxima. El aire libre se contraponía al encierro y dejaba de ser un mito antiguo imaginado entre muros. Había incluso la posibilidad de pasar un día en compañía de la familia, como en Cuelgamuros, donde trabajaron miles de presos republicanos, y familias enteras construyeron precarias chabolas dentro del valle para estar cerca del padre, del hijo...

Luego, un día de 1944, como a José Hierro, unos años antes o después, o nunca, llegaba la libertad, la calle, la lucha por el día a día, el caminar como un barco viejo. La vida, en la cárcel, era de piedra oscura. Fuera, al aire libre, de lutos y cartillas de racionamiento, tampoco resultaba más clara. La España de la posguerra se parecía a una prisión, un país triste de supervivientes obligados a vivir de pensamientos de muerte y misas ofrecidas a los caídos del bando de Franco.

El *Cara al sol* cantaba «volverán banderas victoriosas, al paso alegre de la paz», pero no era verdad. Todas las posguerras son tristes. Los años cuarenta fueron años de hambre y estrecheces, años de penuria y ciclos epidémicos de tuberculosis, tifus o disenterías. Fueron los años del piojo verde, como recuerda Francisco Umbral, cronista de aquella España desolada y sola:

«La enfermedad de la posguerra —escribe Umbral— fue el piojo verde. Cosas que traen las guerras, la suciedad, el no lavarse. A los chicos nos pelaban al cero, pues parece ser que el piojo verde hacía un nido en la cabeza de los niños como la cigüeña en la torre de la iglesia.»

Madrid —escribía el poeta Dámaso Alonso— *es una ciudad de más de un millón de cadáveres*
(según las estadísticas).
A veces en la noche yo me revuelvo y me incorporo en este nicho en el que hace 45 años que me pudro,
y paso largas horas oyendo gemir el huracán, o ladrar los perros, o fluir blandamente la luz de la luna.
Y paso largas horas gimiendo como el huracán, ladrando como un perro enfurecido, fluyendo como la leche de la ubre caliente de una gran vaca amarilla...

La lucha diaria alejaba los recuerdos de la guerra, pero el trasfondo trágico permanecía: los muertos domésticos de la contienda, los presos políticos, las represalias ideológicas, los trabajos forzados, las personas escondidas en sótanos o desvanes... Lo ha escrito Juan Marsé al recopilar en sus novelas los recuerdos de su infancia en la Barcelona de aquella posguerra, al dar aliento a esos niños rapados y pícaros que se refugian de lo gris cotidiano situando a sus padres y a ellos mismos en días de peligros, intrigas y batallas, como en el cine, como en aquella luz tornasolada y polvorienta que surgía tras la ventanilla de la cabina de proyección, y que al llegar a la pantalla se convertía prodigiosamente en rostros humanos, en cabalgadas, en ataques sioux y tempestades marinas...

«Todo el mundo busca a alguien —decía Sarnita—, fijaos bien, todo el mundo espera o busca a alguien. Cartas o noticias de algún pariente desaparecido, o escondido, o muerto. Siempre veréis a alguien que llorando busca a alguien que sabe algo malo de alguien... No hay ningún secreto, chavales —les repetía Sarnita—. Aquí ahora todo son denuncias y chivatazos, redadas y registros. Qué tiene de raro. El padre de Fulano ha resultado ser un rojo de armas tomar, te dicen de pronto, y mengano, ¿no lo sabías?, oye, pues todo lo que tiene en casa es robado, el cabrón dice que es confiscado, pero es robado. O bien: ¿sabes la noticia?, la hermana mayor de tal se ha metido a puta, fíjate, una chica tan fina, o el tío de cual lleva dos años escondido en una barrica de vino, hace crucigramas día y noche y le dan comida por un agujero... Mirad los diarios, leed esos anuncios pidiendo noticias de hijos y maridos desaparecidos.»

La mayoría de los españoles a los que les tocó vivir los duros años de la posguerra y el larguísimo himno de la victoria tuvieron que limitar todos los sueños a la cruda lucha por la supervivencia y al triste tedio de ir borrando el pasado —el aire viejo que fue sangre, ilusión, lumbre, beso, ceniza...— y acostumbrarse a la filosofía del régimen: «Franco manda y España obedece.» Los españoles que se exiliaron tampoco vivieron mejor suerte, pues debieron adaptarse a los países de acogida en una situación nada favorable y con la segunda guerra mundial encima.

Decía Max Aub que el desterrado siempre muere más veces. Los exiliados españoles del 39 murieron tres veces. Primero sufrieron una extinción lenta, corrosiva e implacable, provocada por la penuria que hallaron delante y la nostalgia de lo que habían dejado atrás. Luego, con el tiempo, fallecieron de verdad y acabaron condenados a un exilio sin fin en los cementerios europeos o americanos donde fueron enterrados. Finalmente, les sobrevino el olvido histórico, el olvido de una historia que los españoles del interior no conocieron o se interesaron poco en conocer. Las anotaciones que Max Aub deja en su diario el año 1962 son un reflejo de ese dolor, del dolor que le produce a un escritor exiliado esa tercera muerte:

«No somos nadie. Mal dicho: somos nadie para los españoles. Fuimos nadie; no fuimos, habiendo sido, por lo menos para mi generación y la que nos siguió. Me lo dicen dos más, interesados: ¿Max Aub?, no lo había oído nombrar hasta que salí. (Hasta que salió de España. Y eso por casualidad y sin poder leer mis libros: no se encuentran.)»

El último parte de guerra de Franco puso fin a la Edad de Plata de la cultura española, una de las más ricas y fértiles de todas las historias de la historia de España. Tras las huellas de aquellos cientos, miles, cientos de miles de hombres y mujeres que perdieron su país al perder la guerra civil, se perdía también, entre tantos tesoros, las raíces de la gran cultura liberal española, el viejo país de Antonio Machado y Max Aub. En 1940 Gonzalo Torrente Ballester escribía que aproximadamente el 90 % de la inteligencia se protegía de la paz en el exilio. Con el parte victorioso de Franco, España dijo adiós para siempre a científicos, investigadores, historiadores, pintores, poetas, ensayistas, novelistas, músicos, cineastas... Hablar de la paz de Franco es hablar de una cultura que se impone por decreto y arranca páginas enteras de la historia. Hablar de la paz de Franco es negar Severo Ochoa, Américo Castro, Sánchez Albornoz, Joan Miró, Pablo Picasso, Pedro Salinas, Juan Ramón Jiménez, Rafael Alberti, Salvador Madariaga, María Zambrano, Ramón J. Sender, Manuel de Falla, Pau Casals, Luis Buñuel... todo un país de ideas que se va al exilio y su latir se silencia. Lo que queda en España tras el fin de la guerra es ya una cultura disminuida, una cultura sin sus raíces más modernas y arrebatadoras. Unas raíces que, arrancadas de su tierra, se irán secando con el tiempo, se irán apagando, como el ocaso en el verso de Juan Ramón Jiménez...

Este ocaso que se apaga,
¿qué es lo que tiene detrás?
¿lo que yo perdí en el cielo,
lo que yo perdí en el mar,
lo que yo perdí en la tierra?

El franquismo rompió la continuidad de un renacimiento cultural que había comenzado a finales del siglo XIX y culminado en la época de la Segunda República y la guerra civil. «¿España?», se pregunta un exiliado en el verso amargo de Luis Cernuda,

¿España? —dijo—. Un nombre.
España ha muerto...

Las mejores inteligencias que había en Europa central a principios de los años treinta escaparon del nazismo o fueron expulsadas por las tiranías que arraigaron en sus países, y ese inmenso alud migratorio fue el fermento en Estados Unidos de una edad de oro que abarcó todas las artes y todos los saberes, desde el cine de Hollywood hasta la pintura o la física nuclear. Las mejores inteligencias que había en España a finales de los años treinta escaparon de los vencedores del 39 por miedo a las represalias o por convicciones ideológicas, y ese aluvión de transterrados llevó al otro lado del Atlántico, además de la derrota, una cultura liberal y sólida que enriqueció el latido de vida de un México recién nacido a la modernidad.

León Felipe escribió que Franco se quedaba con todo, con la hacienda, la casa, el caballo y la pistola, pero que suya y del exilio era la voz antigua de la tierra, que suya era la canción...

Hubo, es cierto, quien se llevó su canción y, aunque la luz no cantara con igual voz ni creciera al mismo cielo, pudo continuar su obra o su profesión sedimentando el paisaje cultural de América del Sur, y hubo quien nunca tuvo América ni voz ni letra ni canción y sólo pudo escribir su vida en el viento. Hubo quien desapareció en el viento. Los soldados del ejército republicano, las mujeres, niños y ancianos que cruzaron a Francia en 1939 por miedo a las represalias escribieron sus penas en el viento, desaparecieron en el viento, desaparecieron en las imágenes de una fotografía.

Morir con los ojos abiertos

Las fotografías contienen una burbuja de presente que nunca se convierte en pasado. Esos antiguos combatientes que recorren las carreteras nevadas de los Pirineos con la mirada cansada y la derrota a cuestas, esa mujer, no se sabe si vieja o joven, que sentada en el banco de un puesto fronterizo, rodeada de maletas y una cesta de mimbre, da de comer a un niño, ese soldado de un ejército vencido solo frente al mar, siguen estando en presente, siguen contando una historia: la historia de un éxodo... Hablan de unos ojos que pesan como un monte, de pasos que se retardan en la nieve, de exilios sin fin en una Europa de desarraigo y temor, de arrestos y larguísimos confinamientos en campos y playas cercadas de alambres, de noticias confusas sobre el comienzo de otra guerra, de nuevas conquistas y nuevas luchas y nuevas derrotas...

Cuando se habla de España se piensa en la Inquisición, la intolerancia, la sangre caliente, los generales del XIX y las dictaduras del XX. Cuando se habla de Francia se piensa en el país de Voltaire y la Marsellesa, pero no se recuerda el trato vejatorio que sus gobernantes dieron a los fugitivos de la guerra civil española ni que el gobierno de Vichy detuvo a decenas de miles de judíos y extranjeros y los envió en trenes franceses a los campos de concentración alemanes.

En 1939 el pánico de la derrota empujó a miles de españoles a buscar amparo al otro lado de la frontera, pero se equivocaron. Francia recibió aquella ola humana que buscaba cobijo después de una guerra y una larga marcha a pie en pleno invierno como se recibe ganado, y la trató con golpes y alambradas. Manuel Azaña habla en sus *Memorias* de la caza del español fugitivo en los caminos de la frontera de Perpiñán. Libertad, fraternidad e igualdad parecían pertenecer a un código secreto, solamente descifrable por ciudadanos franceses. Unos 450 000 españoles entraron en el país vecino aquel invierno de 1939. Más de la mitad regresarían a España en los meses siguientes como espectros que vuelven muy despacio a la vida, viéndose atrapados de nuevo en un mundo de crueldad carcelaria. El resto, los que decidieron no regresar se convirtieron en apátridas errantes, seres de viento arrastrados por los azares y los horrores de la Segunda Guerra Mundial.

La primera calamidad fue la de los campos de concentración donde el gobierno francés los encerró para tenerlos controlados y evitar que se desparramaran por pueblos y ciudades mendigando pan y trabajo. «Por primera vez en mi vida los hombres me limitan el espacio —escribe José Garcés, el personaje y narrador de *Crónica del Alba*, de Ramón J. Sender—. No pueden mis pies ir a donde irían, ni mis manos hacer lo que querrían...», dice Garcés, convertido de pronto, sin saber nada ni comprender nada, en un refugiado sospechoso a quien los gendarmes y los senegaleses de Pétain tratan a culatazos y empujan al rincón estepario de una tierra abierta a los mares de febrero. Como otros exiliados, el personaje de Sender halla refugio en la escritura y se niega a dejar el campo de concentración cuando hacia 1940 el gobierno francés, acosado por la sombra de los tanques nazis, busca en los olvidados refugiados españoles mano de obra barata y soldados: «Es inútil. No quiero arrastrar la vida por ahí. Si salgo ¿sabes lo que seré? En el mejor caso, un héroe engañado. Nos ha engañado todo el mundo...»

José Garcés moría el 18 de noviembre de 1939 en el campo de concentración de Argelés, uno de los mayores y más importantes de aquellos páramos cercados que el gobierno francés puso en funcionamiento para acoger «a los rojos» españoles. Tiempo después, cuando el fin de la segunda guerra mundial descubrió al mundo que muchos de aquellos rojos habían decidido salir de los campos para luchar contra los nazis o construir fortificaciones, carreteras y aeródromos, se diría que su sacrificio debía repicar en la conciencia de Francia como si las campanas de John Donne siguieran doblando por todos.

«Muchos de nosotros —escribía Albert Camus en 1944— jamás hemos pensado en ese país fraternal sin experimentar una secreta vergüenza. Vergüenza por partida doble: primeramente por haberle dejado morir solo, y segundo, cuando nuestros hermanos, vencidos con las mismas armas que habían de aplastarnos a nosotros más tarde, han reclamado nuestra ayuda, les hemos ofrecido los gendarmes para guardarlos a distancia. Los que llamábamos entonces nuestros gobernantes inventaron pretextos para esta dimisión. Según los días, aplicaban la *no intervención,* el *realismo político*. ¿Qué podía pesar ante esos términos imperiosos el pobre concepto del honor? Pero ese pueblo... apenas se despierta de seis años de silencio en la miseria y la opresión, se dirige a nosotros para liberarnos de nuestra vergüenza. Como si comprendiera que era él el llamado ahora a tendernos la mano. Ahí lo tenemos enteramente en su generosidad, sin pena ni dificultades, encontrando con justeza lo que precisaba decir.»

La segunda guerra mundial fue una nueva desgracia para los exiliados españoles. Hubo quienes se vieron empujados por el gobierno francés a realizar trabajos forzados en África —cubrir las obras del Ferrocarril Transahariano, construir aeródromos—, hubo quienes combatieron en Narvik y en los campos helados de Rusia, quienes se alistaron en la Legión extranjera o nutrieron la resistencia francesa, luchando en las guerrillas y el maquis, creyendo continuar en los campos de la guerra europea la guerra que habían perdido en España...

> *Hombres*
> *de España entre los muertos*
> *de la Alta Saboya* —escribe Jose Ángel Valente—.
> *Ellos lucharon por su luz visible,*
> *su solar o sus hijos, mas vosotros*
> *sólo por la esperanza.*

Hubo quien vio cómo la ocupación nazi de París se le cerraba como un cepo y sufrió el acoso de la Gestapo o de los gendarmes que cumplían con celo escrupuloso la tarea de detener judíos y extranjeros para entregarlos a las autoridades alemanas. Julián Zugazagoitia, ex ministro socialista, y Lluís Companys, presidente de la Generalitat, vieron un día cómo los nazis irrumpían funcionarialmente en sus casas de apátridas para detenerlos y entregarlos a España. Franco y sus consejeros habían trazado una señal al lado de sus nombres, habían dado el primer paso en un procedimiento que llevaría a su captura, su traslado en un tren de ganado al otro lado de la frontera, una farsa de juicio y, finalmente, la ejecución y la muerte. La noche que se lo iban a llevar, Julián Zugazagoitia, tenía los ojos abiertos en la oscuridad, quizá pensando en el cuento marinero que había estado escribiendo para su hijo con letra clara, menuda y regular. Lluís Companys fue fusilado en los fosos del castillo de Montjuïc veinticuatro horas después de haber sido condenado en un consejo de guerra sumarísimo. Dicen que antes de morir exclamó: «Asesináis a un hombre honrado.»

Hubo quienes fueron devueltos a España, y fusilados o encarcelados en las lóbregas prisiones de la posguerra, y quienes fueron detenidos por nutrir la resistencia y terminaron en los campos de concentración nazis de Mauthausen, Dachau, Buchenwald o Auschwitz —sólo al primero se calcula que fueron deportados unos quince mil españoles, de los cuales murieron más de siete mil.

Era, aquélla, una época de seres apátridas y perseguidos. La gran noche de Europa estaba cruzada de largos trenes siniestros que avanzaban muy lentamente hacia páramos invernales rodeados de torres de vigilancia. Primo Levi decía poco antes de morir que seguían dándole terror los vagones de carga sellados que veía a veces en las vías muertas de las estaciones. Jorge Semprún, liberado de Buchenwald un domingo de abril de 1945, ha escrito que todavía hoy le bastaría cerrar los ojos para regresar al extraño olor, al olor de los hornos crematorios, al olor de aquel limo mareante que llenaba toda la noche cuando el viento soplaba sobre el campo.

Quienes sufren persecución, esclavitud y exterminio tienen siempre mejor memoria que quien ha cometido la caza, ha custodiado el crimen y ha planificado el infierno. Entre las alambradas de Mauthausen, Pere Vives i Clavé, un joven soldado republicano, culto e ilustrado, que había luchado en el campo porque la derrota del cuerpo no conllevase la del espíritu, le dijo moribundo a Joaquim Amat Piniella que esperaba, secretamente, que algún día se enorgulleciera de haberle conocido. Pere Vives i Clavé murió de inyección letal en Mauthausen el 30 de octubre de 1941. Murió en aquel infierno construido a orillas del Danubio. Desapareció entre el olvido y la niebla.

Como su amigo, Joaquim Amat Piniella había luchado en la guerra civil, también había llegado un día a una estación de tren con un nombre indescifrable, que casi nadie por entonces había oído nombrar, Mauthausen; también había vivido la muerte que se instala en los seres mucho antes de acabarlos, como si los hiriese; había sufrido el hambre, los trabajos forzados, las palizas... y contemplado la barbarie desenfrenada y el gusto matemático y frío por la sangre, y la falta de piedad y el acre sabor del dolor ajeno. Pero Joaquim Amat Piniella sobrevivió, no se hizo viento sin haber dejado antes una muesca de su paso por la historia, y en 1945, quizá porque su amigo Pere Vives i Clavé no regresaría jamás y había que hablar en su nombre, en nombre de su silencio, de todos los silencios, quizá porque «a veces los aparecidos tienen que hablar en lugar de los desaparecidos, los salvados en lugar de los hundidos», escribió una novela sobre su estancia en el infierno: *K. L. Reich*. Tal vez porque la verdadera crisis está en el olvido absoluto, en la noche carente de sueños; tal vez porque su voz fue nadie durante un larguísimo tiempo; tal vez porque la dictadura robó su historia y la democracia no se preocupó por recobrarla; tal vez porque la memoria se compone de imágenes y de narraciones, hoy *K. L. Reich* resulta una lectura absorbente y sobrecogedora.

Después de Auschwitz, ha escrito Imre Kertész, ya sólo pueden escribirse versos sobre Auschwitz. Una novela, como la escrita por Amat Piniella:

Que los campos devastados no son estériles
y yo, que callo entre silencios, hablaré.

Unos versos, como los del poeta Paul Celan:

Negra leche del alba te bebemos de noche
te bebemos a mediodía la muerte es un maestro venido de Alemania
te bebemos en la tarde y la mañana bebemos y bebemos
la muerte es un maestro venido de Alemania sus ojos son azules
te hiere con una bala de plomo con precisión te hiere
un hombre habita en la casa tus cabellos de oro Margarete
azuza contra nosotros sus mastines nos sepulta en el aire
juega con serpientes y sueña la muerte es un maestro venido de Alemania
tus cabellos de oro Margarete
tus cabellos de ceniza Sulamita.

Rusia es culpable

Franco y su régimen cultivaron un silencio espeso sobre el holocausto nazi y los miles de españoles que habían ido a parar a los campos de exterminio. Los exiliados del común, la gente de a pie, eran los rojos asesinos de la guerra. Los políticos y prohombres de la República eran los ladrones que habían huido con el botín salpicado de sangre, los usurpadores del tesoro de España, los forajidos a los que el alud nazi arrastraba lejos de la Francia de Vichy. Las reservas de oro del Banco de España, que la República había tenido que devorar hasta la última onza para comprar armas y víveres en todo el mundo y así no derrumbarse en los campos de batalla, que Negrín había trasladado a Rusia y convertido en aviones, tanques, piezas de artillería y fusiles con que combatir al ejército rebelde y sus aliados, aquellas reservas de oro del Banco de España se transformaron de pronto, a los ojos de los españoles de la posguerra, en el botín de guerra de los republicanos, en un relato mítico lleno de codicia y delincuencia que permitía a los vencedores ensordecer la voz dolorida del exiliado.

La gente siempre pide culpables, y Franco y sus juglares concentraron todos los males y las desgracias de la posguerra en un enemigo concreto, visible, fusilable: el masón, el rojo, el político liberal, el comunista... que había ensangrentado los campos de la Península y saqueado el tesoro de España y luego se había refugiado de sus crímenes en el extranjero. Los mismos argumentos y adjetivos servían tanto para los españoles que buscaban cobijo en Francia como para quienes habían podido marchar a América o para los pocos dirigentes republicanos que el gobierno británico aceptó en su país. En 1940 Augusto Assía, corresponsal español en Londres, escribía: «Si para cientos de pobres ingleses que se han quedado sin hogar, no ha podido ser hallado aún un nuevo domicilio, en cambio los gerifaltes rojos españoles, que hace unas semanas andaban brujuleando por cafés y cabarets, se han proporcionado guarida segura y cómoda en el campo. No bien cayeron las primeras bombas sobre Londres, desaparecieron de la ciudad como por encanto. Uno de los primeros en huir con todo su botín y personal, cerrando la grotesca Agencia Española, ha sido el notorio ex embajador Azcárate. Casares y Méndez Aspe se han escondido en una aldea en el centro de Inglaterra. Los únicos que quedan aquí son los malaventurados milicianos evacuados de Dunkerque y Narvik, los cuales, como les he dicho, ya no salen de las profundidades del Metro.»

Eran aquellos primeros años cuarenta, años de retórica fascista en España. Un impulso formidable recibía entonces el totalitarismo falangista: sus modelos italiano y alemán, levantados en armas, amenazaban con dominar Europa y suscitaban oleadas de entusiasmo y vehemencia entre sus imitadores españoles. En los homenajes a los caídos y en los actos oficiales se imponía el saludo romano, la exaltación del héroe armado y la épica imperial, el uniforme azul, el yugo y las flechas. Obispos orondos, obreros desleídos, falangistas de corto y de largo, amas de casa y niños de la guerra y el hambre fueron sorprendidos con el ritual del saludo fascista que en espectáculos como el fútbol o los toros resultaba todavía más disparatado.

En los quioscos de periódicos se anunciaban libros como *Mi lucha,* de Adolfo Hitler, y los niños hablaban de Stukas y otros aviones alemanes como si estuvieran pilotándolos todos los días. Serrano Suñer, ideólogo de Falange y ministro de Asuntos Exteriores, se desvivía en elogios hacia el régimen de Hitler, cuya ascensión constante, «obra del mejor espíritu del pueblo alemán», había transformado la Alemania vencida de 1932 en la Gran Alemania del cuarenta, y Franco, que no quería perderse aquella página de la historia, se alineaba política, ideológica y culturalmente con el Eje. Mientras tanto la prensa competía con ditirambos políticos y militares en su zalamería y adulación a Franco equiparando éste a los héroes de la historia de España y los emperadores romanos hasta llegar a proclamarlo Caudillo de Occidente, al lado del cual, Churchill o Roosevelt no eran más que insignificantes enanos.

Uno de los mitos más perseverantes del franquismo fue el de la entrevista de Hitler y Franco en Hendaya, que convirtió al dictador español en un político valiente y hábil, que frenó al alemán y ahorró a España las penalidades de otra guerra. El engaño se llenó de imágenes y relatos, y millones de españoles lo creyeron. La verdad, sin embargo, iba por otro camino. Franco había deseado en todo momento entrar en guerra y compartir el festín que anunciaban los tanques alemanes con su fulminante paseo por Europa. Tras la invasión de Polonia y el estallido de la contienda, el general proclamó una neutralidad engañosa que buscaba dejarse seducir por el Eje e inició la danza de viajes, presiones y entrevistas que miles de españoles se aburrieron de ver en los pases sucesivos de los cines de barrio. En Hendaya, Franco estaba dispuesto a participar en la guerra y reclamó como botín las posesiones francesas del norte de África, así como ayuda militar y regalos económicos, pero el Führer, más interesado en la Francia colaboracionista de Pétain, pensó que era un precio demasiado alto por el concurso bélico de un país extenuado y dijo que no. Hitler no llegó en ningún momento a lanzar ultimátum alguno a Franco, sino que hizo lo que más le convino y si España se mantuvo al margen de la segunda guerra mundial fue debido a la situación catastrófica que atravesaba el país y a la parsimonia con que el general tomaba sus decisiones.

Hitler esperó en Hendaya unos minutos, descortesía venial

que la lisonja convirtió en una hora y en cálculo magistral de un Franco retorcido y exigente. Para realzar la figura del generalísimo español, exitoso negociador, que pasa revista, sonriente y seguro, a una unidad de tropas alemanas en la estación francesa, la Agencia EFE difundió, entre otras, una fotografía trucada. Las figuras de Franco —con la medalla militar individual y no con la cruz del Águila alemana exhibida en la entrevista— y Hitler fueron tomadas de otro acto anterior y pegadas sobre el original de Hendaya. También son «de pega» los dos militares que aparecen detrás de Hitler.

A pesar de su negativa, Franco no rebajó su adhesión sentimental hacia el Eje ni cesó de repetir ante Mussolini o Hitler su salmodia de debilidad y sus deseos de participar en la guerra, previa recepción de las posesiones africanas y la ayuda alemana. El ataque alemán a Rusia le dio una nueva oportunidad para perderse en el vapor de los discursos, en ese quiero y no puedo que marcaría la política exterior del régimen hasta que Europa comenzara a vislumbrar el crepúsculo de los dioses nazis. El 23 de junio de 1941, un día después de que Alemania abriera el frente contra la Unión Soviética, riadas de falangistas se arremolinaban en la madrileña calle de Alcalá, ante la Secretaría General del Movimiento, para gritar «¡Muera la Rusia Soviética!», cantar el *Cara al Sol* y dar el saludo «¡José Antonio! ¡¡Presente!! ¡¡Arriba España!!»... Fue entonces cuando Serrano Suñer, llevado por el delirio bélico de aquel océano de brazos en alto, desenvolvió el mito de la guerra y puso en el paredón de la palabra al enemigo eterno... ¡Rusia era culpable!... «Camaradas: no es hora de discursos. Pero sí de que la Falange dicte en estos momentos su sentencia condenatoria: ¡Rusia es culpable! Culpable de nuestra guerra civil. Culpable de la muerte de José Antonio, nuestro fundador. Y de la muerte de tantos camaradas y tantos soldados caídos en aquella guerra por la opresión del comunismo ruso. El exterminio de Rusia es exigencia de la Historia y del porvenir de Europa. ¡Arriba España! y ¡Viva Franco!»

La idea de abrir un banderín de enganche para enviar una división de voluntarios a combatir a Rusia cuajó al instante.

Franco esperaba devolver de este modo el apoyo prestado en la guerra civil y millares de jóvenes falangistas, carlistas y aventureros firmaron su solicitud en las sedes del Movimiento. La voz de la guerra civil seguía hirviendo en la calle: «Morir por la patria, no era morir, no moría quien se alzaba eternamente a la gloria refulgente de la historia...» La tarde del 14 de julio de 1941, rodeados por una jauría de brazos en alto y rostros enfervorizados, los voluntarios de la División Azul salían de la estación de Atocha hacia el frente del Este. Entre ellos, el poeta Dionisio Ridruejo, que soñaba revivir en los campos helados de Rusia la vieja tradición española donde se unían las armas y las letras —Jorge Manrique, Garcilaso, Cervantes, Cadalso...—. El poeta llevó un diario de aquella odisea bélica que, con el tiempo, con el hundimiento nazi y el crepúsculo totalitario del régimen, terminaría convirtiendo a muchos españoles en extranjeros de sí mismos.

«El vagón que nos transporta, España arriba, hacia el Pirineo, es un simple vagón sin asientos, de los que se destinan al transporte de ganado. No parece a primera vista muy halagador. Pero si han de pasarse en él dos días enteros, pronto se comprueba que es más cómodo —por ejemplo— que un vagón común de los de tercera clase. Aquí, en la plataforma desnuda y usando una manta como tenue colchón y un macuto como cabezal, es posible tenderse a pierna suelta, y aunque el traqueteo es horrible y los huesos quedan molidos se puede dormir...

»En fin, vamos marchando. Tierra de Segovia, Valladolid y Burgos, de La Rioja y Álava, y luego la verde y húmeda, un poco opresora dulzura de Guipúzcoa. En muchas estaciones hay manifestaciones copiosas, con banderas, músicas, muchachas que reparten obsequios y todo lo demás. Nunca tan innumerables y conmovedoras como la de Madrid a nuestra partida, teorías de ojos queridos preñados de mensajes, velados de lágrimas que se reprimen tensando las gargantas mientras nosotros cantábamos hasta enronquecer y desgarrando el alma las sílabas simples y entonces perfectamente vivas: si te dicen que caí. Y al fondo la multitud ensordecedora. Cosas éstas de la guerra para hacer muy mala literatura, pero cosas éstas de la muerte, siquiera sea sólo posible que no se debilitan con literatura alguna.»

Irún fue la última ciudad española que cruzaron los soldados de la División Azul. Luego llegaron los campos de Francia, el Rin, Alemania... la estepa rusa... Luego vino la guerra, los primeros combates, el primer invierno, la vida, como escribía Ridruejo, en un círculo de nieve ceñida por el bosque. Luego vino el segundo invierno, el sitio de Leningrado, el frío como de fondo de pozo, como de aliento de piedra húmeda y de tierra helada y removida —el termómetro no subía de los 25º bajo cero—, la batalla de Krasny Bor, la artillería rusa, el cielo desplomándose sobre la nieve, las órdenes —¡Resistir! ¡Resistir!— en medio del tornado de metralla

La División Azul parecía la oportunidad de una aventura aplazada, una especie de guerra colonial en compañía de los gestores del Nuevo Orden Europeo. El mito de una Rusia culpable de la tragedia de 1936 lanzaba a la masacre a miles de jóvenes que preferían llenarse los ojos de quimeras y romances a ver cómo el terrible esplendor del guerrero se difuminaba en el tedio cotidiano de la vida civil, jóvenes que vistieron el uniforme del ejército nazi y que con un escudo rojo y gualda y la leyenda de España en la manga defendieron en los campos de batalla el orden de Hitler. Escribía Dionisio Ridruejo en memoria a los soldados alemanes muertos en Stalingrado:

Cuando los cien mil hombres han, al fin, sucumbido
como una isla de honor y terquedad bajo la presión del cataclismo,
el paisaje era blanco y helado en torno a mi conciencia
y más realmente que mi cuerpo en los días recientes
mi alma se erguía arropada en vuestro sagrado uniforme.
... «Cosas estas de la guerra para hacer muy mala literatura...»

El desengaño azul

Los reveses de las potencias del Eje harían cambiar la liturgia a Franco y orientar el régimen hacia otra dirección. En el verano de 1942, cuando aún Hitler conservaba la iniciativa en todos los frentes, el dictador español hacía salir del gobierno a Serrano Suñer porque la Falange andaba muy crecida y su cuñado comenzaba a ser un peligro, por su camisa azul y su germanofilia, ante la crecida de las democracias liberales. En 1943, tras el desembarco de los aliados en Sicilia, Franco decidía retirar la División Azul. Hubo voluntarios que no desertaron del frío y quisieron continuar al lado de los nazis hasta el descalabro de Stalingrado y la derrota final. Hubo voluntarios que murieron defendiendo hasta el último suspiro el régimen nazi y voluntarios que fueron capturados por las tropas soviéticas y vivieron en sus carnes los rigores del Gulag, el universo de los campos de concentración creado por Lenin y engrasado hasta el delirio depurador por Stalin. Hubo voluntarios, la gran mayoría, que regresaron a España y hallaron un recibimiento desangelado y triste.

En 1943, ante la bajamar de sus amigos alemanes e italianos, Franco busca ya maquillar el régimen alejándolo de las camisas negras y coloreándolo con mayores dosis de catolicismo. La Iglesia española podía respirar tranquila, pues estaba a punto de ganar la batalla ideológica por la dominación y el control de la capacidad adoctrinadora del Estado. Los primeros tiempos de la posguerra, sin embargo, no habían sido fáciles. Tras el último parte de la guerra, había llegado el momento de repartirse el botín de la victoria entre las diversas familias del bloque triunfador: el tradicionalismo, la Falange, los grupos monárquicos y el catolicismo más conservador, con la jerarquía a la cabeza. A la hora de plasmar el discurso ideológico de la guerra, la superioridad del pensamiento católico había quedado de manifiesto por su capacidad de reducir la pluralidad de razones posibles del enfrentamiento a una sola, excluyente y totalizadora. No obstante, con el término de la contienda, la hegemonía eclesial comenzó a ser puesta en cuestión por el ascenso y vertiginoso crecimiento de Falange, cuyos militantes se lanzaban a la conquista del poder. Por entonces los falangistas recibían el impulso de la marea totalitaria que cubría Europa y en sus programas doctrinales no faltaban, al lado de rotundas declaraciones sobre la identificación del catolicismo con el ser de España, serias reticencias respecto del lugar que debía ocupar la Iglesia en la construcción del régimen.

Hasta 1942, siempre con la segunda guerra mundial al fondo, Falange e Iglesia disputaron su liderazgo ideológico en tres años de hostigación mutua, saldados con serias fricciones entre la jerarquía y el poder político. El cardenal Gomá moría desilusionado del régimen, que no le había ahorrado el mal trago de la censura de una carta pastoral con llamadas a la reconciliación entre los españoles, en la que se quiso ver exceso de indulgencia para con los opositores al gobierno. Una orden ministerial conminaba a los obispos a que pusieran fin a las homilías en catalán y vascuence. La confederación de estudiantes católicos era absorbida por el sindicato universitario falangista, el SEU, y la misma suerte corría el movimiento obrero católico, dirigido por el sindicalismo vertical. En Sevilla, mientras la diplomacia franquista luchaba en Roma por arrancar al papa el derecho de presentación de obispos, el cardenal Segura incordiaba a los falangistas prohibiendo esculpir las flechas joseantonianas en la fachada de la catedral, como el gobierno había ordenado que se hiciera en todos los templos del país. Se le acusaba de fomentar las diatribas de su clero contra el totalitarismo falangista. En un sermón, el combativo cardenal se había atrevido a declarar que el título de Caudillo se aplicaba en la literatura clásica al jefe de una banda de forajidos. A pesar de los desplantes del mitrado, Franco no consiguió que Pío XII le sacara de Sevilla, si bien luego, firmado el Concordato, le envió un obispo con derecho a sucesión y a la policía para que lo mantuviera a raya. Al mismo tiempo, otro cardenal español, Vidal i Barraquer, refugiado en Italia, pedía insistentemente volver a su sede tarraconense, apremiando a la Santa Sede para que consiguiera un perdón imposible del gobierno franquista. Su muerte en Suiza resolvería en 1943 un problema que venía enconando las relaciones entre ambas potestades desde el final de la guerra.

Todo cambiaría con el ocaso de los totalitarismos en Europa. El rumbo de la segunda guerra mundial y el atisbo de la derrota alemana empujó a Franco a domesticar definitivamente la Falange y a buscar la cobertura internacional de la Iglesia para asegurar la supervivencia propia y la de su régimen. La caída de Serrano Suñer anticipaba un cambio de vía, ratificado más tarde con la depuración de los falangistas duros y con el nombramiento de Alberto Martín Artajo, presidente de Acción Católica, como ministro de Asuntos Exteriores. Franco y la Iglesia se utilizarían mutuamente. El general aspiraba a dirigir la vida por entero de los españoles y a instaurar un régimen en el que todo estuviera reglamentado; los obispos iban a explotar su oportunidad única de hacer de España, por fin, verdaderamente católica. Tenía razón Azaña cuando en 1937, en medio de la guerra civil, escribía: «Hay o puede haber en España todos los fascistas que se quiera. Pero un régimen fascista no lo habrá. Si triunfara un movimiento de fuerza en España, recaeríamos en una dictadura militar y eclesiástica de tipo tradicional. Por muchas consignas que se traduzcan y muchos motes que se pongan. Sables, casullas, desfiles militares y homenajes a la Virgen del Pilar. Por ese lado, el país no da otra cosa...»

Los grandes apoyos que Franco tuvo a su lado fueron los militares, la Iglesia, la burocracia del Estado y el gran empresariado agrícola, industrial y financiero. Mientras en Italia y Alemania el jefe del partido se había apoderado del Estado, en España, el jefe del Estado se apoderaba del partido. Franco, el militar que desdeñaba la política, se convirtió en hombre de partido y jefe de Falange con el propósito de controlar los resortes de la vida española. El general reprimió el obrerismo de algunos dirigentes, convirtió a otros al franquismo con puestos y prebendas, manipuló sentimientos y desterró y encarceló cuando fue preciso para sentarse en el cómodo trono de un partido de funcionarios, arribistas, desengañados y aduladores, un partido destinado a labores secundarias y a cargar con muchos de los errores de su dictadura personal. La carta que Dionisio Ridruejo escribe a Serrano Suñer a su regreso de Rusia, donde el poeta meditaba la situación y decidía salirse de Falange, sigue siendo un eco del desencanto que inundó a numerosos camisas viejas cuando comprobaron que la ideología de Primo de Rivera era transformada en puro conservadurismo nacionalcatólico:

«Hemos servido a Franco hasta el suicidio y Franco —gratuitamente— ha tenido en nosotros una fuerza mucho más sólida que cualquiera de los creadores de regímenes que conocimos. Tú sabes de esto porque te pertenece la gloria de este proceso... Perdóname si yo empiezo a pensar que esa gloria es una triste gloria... creo que el Caudillo no ha dado el paso decisivo que le convierta en nuestro jefe. Él es el dueño del Estado pero la Falange no informa ese Estado. La Falange lo encubre, carga con todos sus errores y nada más. La Falange tiene menos resortes efectivos de poder que nadie, y son las eternas fuerzas de la reacción las que mandan...»

El desengaño de Ridruejo, que padecerá detenciones y confinamientos y cárcel y exilios, se repite en el corazón de otro falangista de primera hora, el poeta Luys Santa Marina, quien hasta el final de sus días, como en un arrebato de legionario romano o de viejo soldado, seguiría vistiendo la polvorienta camisa azul:

Los que hicieron a diario cosas propias de arcángeles,
los niños hechos hombres de un estirón de pólvora,
los que con recias botas la vieja piel de toro
trillaron, en los ojos quimeras y romances,
¿adónde están ahora? —decidme—, ¿qué se hicieron?
Pocos años bastaron para enfriar sus almas,
aquel sueño glorioso creen que no vivieron,
no yerguen las cabezas ni les brillan los ojos
al mirar cómo pasan sus marchitas banderas.
¿Adónde están ahora? —decidme—, ¿qué se hicieron?
Al florecer la plata de las primeras canas,
piensan ya que pidieron demasiado a la vida,
que va siempre más baja la bala que el deseo.

Escepticismo en suma, final de juventudes...
¿Adónde están ahora? —decidme—, ¿qué se hicieron?
Pero no naufragaron ante grandes tragedias,
cayeron entre tedios, roídos por la hormiga
de lo vulgar; penurias, mujer ajada y agria,
el mes que no se acaba, la ilusión de otra hembra...
¿Adónde están ahora? —decidme—, ¿qué se hicieron?
Ya no sé si la paz es mejor que la guerra
—quizá sea lo mismo en el pausado péndulo
de la vida y la historia— pero aquella alegría,
aquellos ojos llenos de quimeras y romances,
¿adónde están ahora? —decidme—, ¿qué se hicieron?

La revolución pendiente

Para muchos falangistas de primera hora y, en especial, para quienes se consideraban seguidores de Ramiro Ledesma Ramos y sus JONS, la Revolución Nacional-Sindicalista no era la palabrería en que estaba convirtiéndose por el oportunismo de Franco. Era uno de los síntomas de la crisis de la generación de entreguerras, como lo fue el «no conformismo» francés de los años treinta que agrupó a gente completamente diversa. La inclusión del falangismo en la gran coalición franquista y la muerte de los fundadores de Falange y de las JONS en 1936 permitió al régimen de Franco desahogarse no sólo con la retórica de la victoria consumada sino también con la de la verdadera revolución joseantoniana. Era la «revolución pendiente» de la que se aprovechó todo lo que pudo la mitología franquista, lo mismo que hizo con la figura de José Antonio Primo de Rivera, conocido como el Ausente, pero al que paradójicamente se le consideraba «¡Presente!», cuando se invocaba su nombre en los rituales funerarios.

«Por Dios, por España y por la Revolución Nacional-Sindicalista» era la fórmula empleada a lo largo de muchos años para despedirse en los escritos oficiales de la Secretaría General del Movimiento. Pero desde un tempranero Fuero del Trabajo de

1938, la suerte estaba echada para la revolución y para los falangistas contestarios que debieron aceptar el modelo económico capitalista, eso sí, sin los «defectos» del sistema liberal, con las libertades sindicales prohibidas. Añoranza, cortina de humo o inocente banderín de enganche, el mito de la revolución pendiente animó tanto los discursos de algunos dirigentes del régimen franquista como los de los falangistas de la oposición: para unos podía tratarse de una coartada pero para otros fue una aspiración más frustrante en la medida en que el franquismo usurpaba los símbolos de su propuesta política.

Y hasta la muerte de Franco, la mística de la revolución pendiente acompañó el caminar del régimen. Cuando en 1974, el presidente del gobierno Carlos Arias Navarro tanteó un período de pretransición en vida del propio dictador con el deseo de controlar una sucesión imprevisible, de nuevo la voz de la mala conciencia del franquismo, la revolución pendiente, se hizo carne en las palabras del antiguo ministro de Trabajo y ahora guardián del búnker del inmovilismo José Antonio Girón de Velasco:

«Nosotros estamos en el deber, y lo cumpliremos frente a toda suerte de dificultades y sacrificios, de ejecutar un mandato revolucionario que recibimos de las manos estremecidas de nuestros caídos; queremos que si un día se nos derrota en el campo de las ideas, y la juventud se aparta de nosotros, no sea porque previamente se ha secuestrado o deformado con impudor el pensamiento de José Antonio y la promesa revolucionaria del 18 de julio. A José Antonio se le quiere secuestrar ideológicamente, se le proscribe; pero en cambio se tienen toda clase de liberalidades administratrivas y de licencias para que circule el pensamiento marxista o el pensamiento de los enemigos de la eterna metafísica de España.»

José Antonio Primo de Rivera y su Falange estaban de capa caída desde que en 1945 con el final de la segunda guerra mundial, los apoyos exteriores más importantes del dictador habían sucumbido y éste se encontraba indefenso ante el mundo. Con la depuración de los políticos e ideólogos fascistas que se avecinaba en Europa, nuevas voces internacionales y viejas voces del exilio pusieron el acento personal en la condena de la excepción española y exigieron el relevo de Franco. Fueron los peores momentos de la historia del régimen. El gobierno republicano en el exilio recobró, momentáneamente, su viejo horizonte. La correspondencia epistolar con don Juan de Borbón subió de tono y el pretendiente se sintió con arrestos suficientes para disparar su manifiesto de Lausana, emplazando solemnemente a Franco para que «reconociendo el fracaso de su concepción totalitaria del Estado» abandonase el poder. La guerrilla del maquis, que desde la guerra civil venía luchando en los montes por un puro acto de fe o de supervivencia, se cargó de utopía con la esperanza de que las potencias aliadas sostuviesen la causa republicana española.

Hubo derrotas, pero el sueño de más libertad no se derrumbó con ellas. La invasión del valle de Arán, ideada por la cúpula del partido comunista y llevada a cabo por muchos de aquellos españoles que habían entrado en París con la bandera de la Segunda República en las manos, fracasaría, como fracasaría el llamamiento del Borbón invitando a los monárquicos a abandonar los puestos que ocupaban en la administración franquista. El mundo, sin embargo, siguió considerando a Franco y a su régimen enemigos de la libertad, y el cierre de la frontera francesa y la resolución condenatoria de la ONU en diciembre de 1946, con la posterior retirada de los embajadores de la casi totalidad de los países, continuaron manteniendo viva la esperanza, al menos por un tiempo. Escribiría años después Gil de Biedma:

Os acordáis: Europa estaba en ruinas...
Era la paz —después de tanta sangre—
que llegaba harapienta, como la conocimos
los españoles durante cinco años.
Y todo un continente empobrecido,
carcomido de historia y de mercado negro,
de repente nos fue familiar.
¡Estampas de la Europa de la posguerra,
que parecen mojadas en lluvia silenciosa,

ciudades grises adonde llega un tren
sucio de refugiados: ¡cuántas cosas
de nuestra historia próxima trajisteis, despertando
la esperanza en España, y el temor!
Hasta el aire de entonces parecía
que estuviera suspenso, como si preguntara,
y en las viejas tabernas de barrio
los vencidos hablaban en voz baja...

El sol sale por el Oeste

El sueño, de todos modos, fue efímero. Franco no se arredró en ningún momento y tuvo la habilidad de convertir la ofensiva exterior contra su régimen en días de gloria doméstica. Las apelaciones a la dignidad nacional frente a la injerencia extranjera jugaron a favor del Caudillo, que se daba baños de multitudes por todo el país, como el de la plaza de Oriente, y conseguía capitalizar en forma de adhesión personal el nacionalismo herido. Hacia finales de 1947 el general se sabía ya ganador de la batalla por la supervivencia. La paciencia y la obstinación de Franco obtenían por fin su recompensa. Todos los acontecimientos internacionales, desde las desavenencias en el seno de la ONU, la doctrina Truman, el golpe de Praga o el colofón bélico de Corea, sirvieron para que el dictador español, con su currículum vitae anticomunista bajo el brazo, consiguiera ser admitido como amigo de Estados Unidos y sus aliados. ¿Qué había pasado? Los mitómanos de la dictadura dirían que el tiempo había dado la razón a España. El Caudillo se había adelantado a la historia, y Estados Unidos, y detrás aquella Europa que había castigado al régimen por su escasa afición a la democracia, habían reconocido por fin al centinela de Occidente. La verdad, sin embargo, era menos poética y el celebrado centinela de Occidente tan sólo una pequeña pieza secundaria en el intrincado mapa de la guerra fría.

La verdad era que Estados Unidos y la guerra fría vinieron

en ayuda de Franco y no al revés. La verdad era que el dictador no podía haberse anticipado de ninguna manera en la guerra contra el demonio comunista por el simple hecho de que jamás había combatido contra el comunismo, por el simple hecho de que en España, hasta el desmoronamiento de la República, e incluso después, el número de comunistas era bien escaso. Prueba de ello es que en 1936 sólo había en las Cortes diecisiete diputados comunistas, muchos de los cuales debían su escaño a votos republicanos y socialistas. Ramón J. Sender llegó a decir, con el paso de los años y el exilio, que Franco había traído los tanques rusos a España, y Stalin, con su juego de espías, había terminado trayendo los tanques de Franco a Madrid.

Si bien resulta exagerado hacer recaer la culpa de la derrota republicana en las conspiraciones de los enviados de Moscú, no lo es pensar que sin Franco y sin los mitos de la tribu, el fantasma del comunismo jamás habría recorrido las calcinadas tierras de España con tanto eco como lo hizo en los años de la dictadura. Franco halló en el grito «¡Rusia es culpable!» la justificación de una guerra civil y en el mito de que el país se encontraba amenazado por el comunismo y la masonería la manera más efectiva de reducir los márgenes estrechos de la oposición a la tierra abstracta de la anti-España. El general no dejó ni un solo día de anticipar nuevos combates contra el espíritu del mal, denominación teológica con que liquidaba la voz temblorosa de los opositores domésticos y la errante conjura exterior, puesta de largo en el «contubernio» de Munich de 1962 con el venenoso efluvio del «oro de Moscú». Un centenar de delegados procedentes de la Península se reunieron en la ciudad alemana para denunciar la naturaleza autoritaria del régimen, en un momento en el que España pretendía colarse en el Mercado Común sin asumir el peaje de las libertades políticas. Franco estaba bien enterado de los nombres de los conspiradores pero la presencia de Gil-Robles lo sublevó. «¡Qué pronto se ha olvidado éste —comentó furioso— de que una de las víctimas señaladas después del asesinato de Calvo Sotelo iba a ser él, que se libró de milagro!»

Los publicistas del régimen enterraron los cánticos de la

Alemania nazi con alabanzas a los nuevos campeones de Occidente, y éstos, a la pesca de aliados por toda Europa, interesados en cambiar bases militares por préstamos, dejaron que el dictador se creyera aquello de ser el gran Centinela. Los perdedores del trato, de aquel tráfico de mitos y dólares, fueron los de siempre, la España peregrina, pues tras el abrazo yanqui la oposición se redujo a un patético ir y venir de promesas rotas, diluyéndose su voz como lágrimas en la lluvia... Historias de exilios y derrotas, historias subterráneas que, a veces, después de cenar, se contaban en voz baja. Historias como las que pueblan los relatos de Juan Marsé, historias como las de aquellos maquis que al despedirse hablarían... «... de armas que nunca llegaron y de oscuros desalientos, de aquel desamparo y aquella obstinada soledad del escondido tejiendo laberintos en la memoria, de amigos torturados y baleados hasta los huesos; hablarían de la noble causa que acabaría sepultada bajo un sucio código de atracadores y estafadores, de un hermoso ideal cuyo origen ya casi no podían precisar, de una ilusión que los años corrompieron. Evocarían hombres como torres que se fueron desmoronando, compañeros que no regresarían nunca de sus sueños, y que no quedaría de ellos ni el recuerdo, ni una imagen: ni la postura en que cayeron acribillados, quedaría...

»Hombres de hierro, forjados en tantas batallas, soñando como niños.»

Horas de comisaría

Pero el régimen de Franco tampoco fue sólo represión y fórmulas excluyentes. Una vez que el amigo yanqui le metió en su equipo de barras y estrellas, y gracias a su alianza férrea con las clases poseedoras, el franquismo se encontró con las ondas benefactoras del desarrollo. El general seguía haciendo morder el polvo de la derrota a los vencidos, pero las imágenes de pobreza, los niños indigentes, la cartilla de racionamiento y el luto, color nacional, iban desapareciendo del paisaje cotidiano y poco a poco, con el lento fluir de los años, emergió una clase media cómoda y adaptada.

El modelo autárquico se hizo insostenible a finales de los cincuenta y en el despacho de El Pardo se abrieron nuevas posibilidades de vincular España a la evolución normal de las economías occidentales. Los años sesenta, con los responsables del desarrollismo al frente, conocieron un progreso material sin precedentes, con la definitiva industrialización del país, la reducción de la España campesina, el aumento del poder adquisitivo de los trabajadores y la creación de una clase media consumidora. Luego, al desarrollo económico de aquellos años, dada la raíz religiosa del país, se le aplicaría la categoría de milagro, que llevaba implícita la condición de imposibilidad manifiesta de pasar de la ruina casi absoluta al bienestar y adelanto modernos. Hay, no obstante, distintos grados de realización milagrosa. Si bien alemanes, italianos y japoneses curaron pronto las heridas de la posguerra y superaron con rapidez la reválida del progreso, el ejemplo español requirió un expediente largo y de penosa tramitación en que lo peor corrió a cargo de los propios españoles. Al esperpéntico autismo económico de Franco y a la época de la cartilla de racionamiento siguieron casi tres lustros de semiapertura comercial, veranos de turistas que cambiaban divisas por sol y sangría, y lágrimas de emigrantes en busca del arca europea, en busca de un trabajo y un salario digno con el que seguir adelante.

Con el milagro económico en marcha, los problemas políticos, la democracia, las libertades y los recuerdos de los vencidos pasaron a un segundo plano: el objetivo nacional era el desarrollo, la renta per capita, el televisor y el frigorífico. Seguía la militarización del orden y la arbitrariedad; el general seguía conservando todos los poderes en la mano; seguía la censura; muchas palabras —libertad, piedad, perdón— seguían pudriéndose en la boca, haciéndose cicatriz en un pasado remoto e inexistente; debajo del oropel del turismo, los veinte años de paz y la modernización corría todavía, aunque ya mucho menos caudaloso, un río amargo de penas, cárcel y exilios; seguía el Santo Oficio del dictador —Tribunal de Orden Público—, los autos de fe, los herejes y las persecuciones... El régimen se había entregado a liberalizar la economía sin aflojar la tenaza del Estado, pero lo cierto es que a pocos españoles parecía preocuparles la falta de libertades políticas, lo cierto es que no eran demasiados los que las echaban de menos. La creencia actual en un abrumador antifranquismo no se compagina con la real tolerancia con que la mayoría de la población soportó el rigor de los cuarenta años de dictadura.

La niebla de la transición, sin embargo, permitió a muchos entrar en el terreno de la literatura fantástica y poblar las habitaciones del mito. Hay ocasiones en que el tiempo inventa pasados. Después de 1975 muchos empezaron a decir: yo estuve en tal sitio y tal sitio, yo milité aquí y allá, yo firmé aquel manifiesto, yo, como Blas de Otero, escribía un día sí y otro no pidiendo la paz y la palabra, yo pasé unas horas en una comisaría, a mí una mañana me registraron la casa a la caza de unos papeles, poca cosa, letra muerta, a mí casi me detienen los grises en una manifestación, yo conozco a uno que era de la secreta y llegaba a casa borracho, siempre de noche, ¿sabes que la luna es el sol de los agentes que andan dando palizas a los presos?, llegaba el tío con la camisa manchada de sangre... El que más el que menos, si se da crédito a su memoria, era un fervoroso partidario de la democracia, era republicano o monárquico o socialista o comunista, era, sin duda alguna, un furibundo adversario de Franco.

Hay ocasiones en que lo necesario es borrar un rastro, marcar distancia, dar pruebas de una hostilidad hacia un dictador y unos colaboradores que no se mostró cuando el dictador vivía y los colaboradores mandaban. De alguna forma, tras la muerte de Franco, en España ha ocurrido lo mismo que sucedió en Francia cuando se liberó París. Todos los franceses habían estado en la resistencia y todos habían cantado en alguna ocasión delante de algún alemán la *Marsellesa*, porque todos los franceses estaban convencidos de que aquella escena de *Casablanca*, aquella escena en el bar de Rick de Casablanca cantando la *Marsellesa*, la habían protagonizado ellos mismos. Los miles de franceses que habían agitado banderitas al paso de los carros alemanes o que habían guardado silencio mientras los gendarmes detenían a los judíos o a los maquis de la resistencia y los enviaban a los campos de concentración, habían desaparecido el mismo día de la liberación.

Las cosas, sin embargo, no son como se sueñan. Franco tuvo a su lado a los militares, a la Iglesia, la burocracia del Estado, la clientela del Movimiento, al gran empresariado y a las burguesías enriquecidas de Cataluña y el País Vasco, pero el general no hubiera podido sobrevivir a las crisis, las presiones exteriores, la voz rota del exilio y la soledad del mando sin la existencia de una gran mayoría ausente, dominada por la apatía política y encerrada en el ámbito de su vida privada. Cuarenta años son muchos años para mantenerse sentado sobre las bayonetas. Es verdad que el bienestar de los sesenta se hizo subversivo. Hubo cierta agitación, ciertas conspiraciones ingrávidas, ciertos juegos de salón y ciertos puños crispados en voz alta, pero siempre se trató de una minoría que nunca inquietó realmente al régimen.

La historia de la oposición doméstica, por mucho que se la quiera rodear de canciones, es una historia más bien triste. Los más viejos, los intelectuales del insilio, se refugiaban en la ironía o en el ingenuo comentario «de este año no pasa», dando por supuesto que la caída de Franco tenía ya una fecha. Los más jóvenes, los que llegaban a la política con toda la propensión romántica de la adolescencia, esperaban algo definitivo y general, soñaban con la revolución violenta y más que correr delante de los grises para traer una democracia corrían para traer otra dictadura, la del proletariado: los regímenes de Rusia, China o Cuba, según los gustos.

La historia del antifranquismo de ayer es una historia de la que en vida del dictador no llegó a enterarse casi nadie. Luego, con el general en el Valle de los Caídos, el coro de silencios se haría grito, pero la realidad es que la resistencia fue siempre minoritaria. La realidad es que tras el rugido del *seiscientos* había surgido una sociedad discreta, tímida, convencional y acomodada que se había acostumbrado a pasar por la vida sin ningún argumento colectivo; una sociedad que gozaba de una holgura económica que nunca antes había tenido y que había entrado en un remanso de calma sólo trastornada por los restos de represión del régimen; una sociedad que se ponía en sintonía con la cultura del placer y no quería poner en peligro la conquista de aquel confort que empezaba en un televisor, pasaba por el silencio en la cuestión espinosa de la política, y terminaba en un piso y una hipoteca.

Si en los años cuarenta y cincuenta de lo que se había tratado era de sobrevivir, en los sesenta lo que se había buscado era prosperar aunque fuera a mínima escala. *El verdugo*, de Luis García Berlanga, refleja con su pasado en blanco y negro, con su crónica triste de pobres amantes que empiezan a vivir y están dispuestos a todo con tal de cumplir la ilusiones más prudentes, con tal de tener algo suyo —un piso confortable— la intrahistoria de aquella sociedad española del milagro económico... «No lo haré más, entiende, no lo haré más», dice el joven verdugo de la película después de haber agarrotado por primera vez a un condenado a muerte, pero no es verdad y él sabe, con la melancolía de las ilusiones perdidas, que cuando le llamen otra vez y le den la orden desde la Administración de nuevo todo volverá a comenzar y él volverá a coger el siniestro maletín donde viaja la muerte para poder seguir teniendo un piso y una mujer y un niño y un trabajo bien pagado y una vida mezquina y sórdida, pero cómoda y segura, después de todo.

Franco y sus colaboradores se aseguraron la obediencia pasiva de sus súbditos, a los que se adiestró durante años en el rechazo a la política y a la que se orientó hacia la adormidera radiofónica o televisiva y la fijación en objetos superficiales, de corte deportivo o folclórico, siempre inocuos para el poder. El dictador murió en la cama, atesorando las arcas del poder que nadie se había atrevido a quitarle en vida. Un mito crea a veces otros mitos. Una estatua es siempre una pregunta de un niño. Una película, una comedia negra, es a veces un pedazo de historia enterrada, de historia íntima, que nos cuenta el mundo o el sueño del mundo en que vivíamos. La paz de Franco nunca fue paz porque ésta es imposible sin libertad, porque la paz nunca es compatible con la cárcel, el exilio o la mordaza. La romántica juventud del gran antifranquismo tampoco fue tan romántica ni tan joven ni tan grande. La crónica de aquellos sueños coloreados, y luego su nada utópica desaparición, tienen también su pregunta y sus mitos.

Bibliografía

En el cuento de Faulkner, *La paga de los soldados*, un ciego desde la oscuridad permanente en la que está instalado, hace una estremecedora pregunta: «¿Cuándo me van a dejar salir?» En 1937, los campos de España temblorosos de luto, el poeta Antonio Machado escribía: «Cuando pienso en un posible destierro, en una tierra que no sea esta atormentada tierra española, mi corazón se llena de pesadumbre. Tengo la certeza de que el extranjero significaría para mí la muerte.» La guerra civil terminó, llegó la victoria y aquella pregunta que resonaba insistentemente en la voz del personaje de Faulkner y aquel morir la vida en el exilio se hicieron reglamento, latir cotidiano en la España de la posguerra. En 1939 la historia se empecinaba en descuidar el sueño de los poetas, llevando hacia su cementerio la ráfaga de ilusiones que había traído la proclamación de la II República. Todo un mundo de imágenes en blanco y negro nos queda de aquel tiempo de ilusiones perdidas. Por Europa el ejército de sombras del fascismo desfilaba triunfalmente, en España las masas regresaban al silencio amarillo de los generales y la cultura, aquella edad de Plata que había arrancado a comienzos de siglo, se marchitaba en un otoño de exilios y censura. Lejos, el deseo de abordar los viejos problemas. Había llegado la paz de los generales.

La insidiosa niebla del olvido —un alzheimer de silencios, mística patriótica y peregrinaciones militares— yuguló los corazones hasta que ya no fue posible creer que existiera un mundo fuera de la dictadura.

Sin embargo, la mayoría de los españoles no vivió la dura posguerra del 39 y un alto porcentaje de la población apenas si tiene recuerdo alguno de la pesada tutela de Franco. Al cabo de casi treinta años, el Caudillo es, como él dijera de sí, la historia misma. Y desde esa perspectiva, en aspectos muy diversos, compendia toda la crónica contemporánea de nuestro país. Franco y su largo régimen son, quiérase o no, hojas de la biografía de España, el fruto vergonzante de su pasado y la consecuencia anacrónica de unas creencias y un ideario nacionalcatólico ampliamente compartidos por sus habitantes. El general más joven de Europa después de Napoleón tuvo millones de entusiastas. A pesar de la ira ciudadana y de los gritos de sus opositores, el general se murió en la cama con el brazo de santa Teresa al lado y el poder intacto que nadie se atrevió a quitarle en vida. Un 20 de noviembre, fecha en rojo del santoral franquista, efemérides martirial del falangismo, los médicos desengancharon la vida artificial a la que estaba sometido Franco y dejaron expirar el hilo de naturaleza que le quedaba.

La violencia no fue sólo una consecuencia de la guerra civil. Fue una práctica bien meditada de los vencedores de 1939 para modelar a su gusto la sociedad española y detener el tiempo. En *Morir, matar, sobrevivir*, J. Casanova, F. Espinosa, C. Mir y F. Moreno estudian las formas cambiantes de violencia a lo largo del franquismo. Los campos de concentración y las prisiones como pieza fundamental del sistema político del franquismo son reflejados por un equipo de investigadores, coordinados por C. Molinero, M. Sala y J. Sobrequés que han editado el libro *Una inmensa prisión*. Al mismo asunto se ha acercado Isaías Lafuente en *Esclavos por la patria*. Las reservas de oro y plata del Banco de España destinadas a generar divisas con las que hacer frente a las necesidades bélicas de la República, parte de las cuales desembarcaron en la Unión Soviética, están en el origen de uno de los mitos más duraderos del franquismo: la responsabilidad de Rusia en la tragedia de 1936. Ángel Viñas fue pionero en el estudio del mito franquista que también analizó Pablo Martín Aceña en *El oro de Moscú y el oro de Berlín*.

En *Crónica de los años perdidos*, Javier Alfaya sigue el itinerario sentimental de una generación que sufrió las estrecheces culturales del franquismo que aparecen descritas en el libro de

José Antonio y Mónica Carbajosa *La corte literaria de José Antonio*. La miseria moral y material de la posguerra es recreada por Juan Marsé en *Si te dicen que caí* y también es evocada por José Luis Ferris en *Miguel Hernández. Pasiones, cárcel y muerte de un poeta.*

Con el expresivo título de *Franco, «Caudillo»: mito y realidad*, Alberto Reig Tapia se adentra en el análisis crítico de la mitología política del franquismo, de la que es especialista. De Heleno Saña es *El franquismo sin mitos* y de Fernando García de Cortázar *Fotobiografía de Franco*, una biografía del general a través de 300 fotos. Cara y cruz, luces y sombras, pros y contras, el libro *Franco* de dos autores antagónicos, Ángel Palomino y Paul Preston, ofrece enfoques novedosos de la figura política española más controvertida del siglo XX.